2012年世界发展数据手册

世界银行 著

中国财政经济出版社

目录

致 谢

《2012 年世界发展数据手册》是由 Soong Sup Lee 领导的小组编撰，小组成员包括 Awatif Abuzeid、David Cieslikowski、Liu Cui、Federico Escaler、Mahyar Eshragh – Tabary、Shota Hatakeyama、Masako Hiraga、Wendy Huang、Bala Bhaskar Naidu Kalimili、Buyant Erdene Khaltarkhuu、Ibrahim Levent、Sulekha Patel、William Prince 和 Jomo Tariku，并且与主管发展经济学的副行长属下的发展数据小组密切合作。本项工作是在 Shaida Badiee 的管理下完成的。Alison Kwong 和 Azita Amjadi 对本书生产和排版的各个环节进行了协调。对外事务部门的工作人员负责监督本书的出版和发行。

引 言

《2012年世界发展数据手册》是《2012年世界发展指标》的袖珍版。它旨在为《2012年世界发展指标》数据库、印刷版和CD-ROM的使用者提供一个快捷的参照。《世界发展指标》数据库囊括了横跨50多年的1000多项指标，可在网站data. worldbank. org上获得。

《世界发展数据手册》的国别篇共216页，提供了人口在3万以上的世界银行成员国及其他经济体最新可获得的数据。综述部分14页，涵盖了按地区和收入组别划分的合计数。欲知有关这些数据或世界银行其他数据类出版物的更多信息，请访问我们的数据网站：data. worldbank. org；或给我们发电子邮件至data@ worldbank. org；或拨打我们的热线电话：800-590-1906或202-473-7824。

欲订购《2012年世界发展指标》（英文版）或《2012年世界发展指标》CD-ROM者，请访问世界银行出版物网站：www. worldbank. org/publications，或拨打电话：800-645-7247或703-661-1580，传真：703-661-1501。

关于数据的说明

本书数据为1990年、2000年和2010年或最近年份可获得的数据，正文表或者词汇表中另有说明的除外。

- 增长率指与前一年相比的变化比例，另有说明的除外。
- 地区合计数仅包括低收入经济体和中等收入经济体的数据。
- 斜体数字表明该数据是几年或者一段时期的，而不是特定年份的数据。

符号用法：

..	指该数据不可获得或由于数据缺失而无法计算出合计数。
0或0.0	指零或很小，小数位的数字四舍五入为零。
$	为现值美元。
	一些国家的表中标有字母的注释，见第234页的“注释”。

本书提供了人口在3万以上以及世界银行较小成员经济体的数据。“国家”（与“经济体”交替使用）一词并不意味着政治的独立或世界银行对其地位的官方认可，而是指任何一个其当局分别报告了社会或经济统计数据的经济体。

本书所选指标包含了那些用于检测千年发展目标进展情况的指标。要了解有关8个目标的更多信息——在2015年前实现将贫困人口减少一半以及提高生活水平——请参阅《2012年世界发展指标》类别的其他图书。

地区篇

各地区的国家构成是基于世界银行为进行分析而做的地区划分，可能与通用的地理划分有别。

东亚和太平洋地区

美属萨摩亚、柬埔寨、中国、斐济、印度尼西亚、基里巴斯、朝鲜、老挝、马来西亚、马绍尔群岛、密克罗尼西亚联邦、蒙古、缅甸、帕劳、巴布亚新几内亚、菲律宾、萨摩亚、所罗门群岛、泰国、东帝汶、汤加、图瓦卢、瓦努阿图、越南

欧洲和中亚

阿尔巴尼亚、亚美尼亚、阿塞拜疆、白俄罗斯、波斯尼亚和黑塞哥维那、保加利亚、格鲁吉亚、哈萨克斯坦、科索沃、吉尔吉斯共和国、拉脱维亚、立陶宛、前南马其顿、摩尔多瓦、黑山、罗马尼亚、俄罗斯联邦、塞尔维亚、塔吉克斯坦、土耳其、土库曼斯坦、乌克兰、乌兹别克斯坦

拉丁美洲和加勒比地区

安提瓜和巴布达、阿根廷、伯利兹、玻利维亚、巴西、智利、哥伦比亚、哥斯达黎加、古巴、多米尼克、多米尼加共和国、厄瓜多尔、萨尔瓦多、格林纳达、危地马拉、圭亚那、海地、洪都拉斯、牙买加、墨西哥、尼加拉瓜、巴拿马、巴拉圭、秘鲁、圣基茨和尼维斯、圣卢西亚、圣文森特和格林纳丁斯、苏里南、乌拉圭、委内瑞拉

中东和北非

阿尔及利亚、吉布提、埃及、伊朗、伊拉克、约旦、黎巴嫩、利比亚、摩洛哥、叙利亚、突尼斯、西岸和加沙、也门

南亚

阿富汗、孟加拉国、不丹、印度、马尔代夫、尼泊尔、巴基斯坦、斯里兰卡

撒哈拉以南非洲地区

安哥拉、贝宁、博茨瓦纳、布基纳法索、布隆迪、喀麦隆、佛得角、中非共和国、乍得、科摩罗、刚果民主共和国、刚果共和国、科特迪瓦、厄立特里亚、埃塞俄比亚、加蓬、冈比亚、加纳、几内亚、几内亚比绍、肯尼亚、莱索托、利比里亚、马达加斯加、马拉维、马里、毛里塔尼亚、毛里求斯、马约特岛、莫桑比克、纳米比亚、尼日尔、尼日利亚、卢旺达、圣多美和普林西比、塞内加尔、塞舌尔、塞拉利昂、索马里、南非、南苏丹、苏丹、斯威士兰、坦桑尼亚、多哥、乌干达、赞比亚、津巴布韦

世界

人口(百万)	6,894.6	人口增长率(百分比)	1.2
陆地面积(千平方公里)	134,222	国家贫困率(占人口的百分比)	..
GNI,图表集法(10 亿美元)	62,525.2	人均 GNI,图表集法(美元)	9,069
PPP 衡量的 GNI(10 亿美元)	76,295.6	PPP 衡量的人均 GNI(美元)	11,066

	1990	2000	2010
人口			
最贫困的 20% 人口占国家消费/收入的份额(百分比)	..	..	..
出生时的预期寿命(岁)	65	67	70
总生育率(每个女性生育数)	3.2	2.7	2.5
青年女性生育率(每千名 15—19 岁女性生育数)	..	63	53
避孕普及率(占 15—49 岁已婚女性的百分比)	58	61	62
在熟练医护人员护理下的分娩(占总数的百分比)	62	62	66
5 岁以下儿童死亡率(每千人)	90	75	58
儿童营养不良,体重不足(占 5 岁以下儿童的百分比)	..	..	..
儿童麻疹免疫接种率(占 12—23 个月年龄组的百分比)	73	73	85
小学毕业率,总数(占适龄年龄组的百分比)	*79*	82	*88*
中学总入学率,总数(占适龄年龄组的百分比)	*50*	60	*68*
小学和中学中女孩与男孩的比率(百分比)	*87*	92	*96*
HIV 感染率(占 15—49 岁人口的百分比)	0.3	1.0	*0.8*
环境			
森林(千平方公里)	41,582	40,738	40,204
森林采伐(1990—2010 年,平均年度百分比)	..	0.2	0.1
淡水使用量(占内陆水资源的百分比)	..	..	*7.3*
获得改善的水资源的人口(占总人口的百分比)	76	83	88
获得改善的卫生设施的人口(占总人口的百分比)	47	56	62
人均能源使用量(千克石油当量)	1,661	1,638	*1,788*
人均二氧化碳排放量(吨)	4.2	4.0	*4.8*
人均用电量(千瓦时)	2,113	2,376	*2,803*
经济			
GDP(10 亿美元)	21,921	32,249	63,242
GDP 增长率(年度百分比)	3.0	4.3	4.2
GDP 隐含价格平减指数(年度增长百分比)	7.6	4.5	4.4
农业增加值(占 GDP 的百分比)	5	4	*3*
工业增加值(占 GDP 的百分比)	33	29	*25*
服务业增加值(占 GDP 的百分比)	61	68	*72*
货物和服务出口(占 GDP 的百分比)	19	25	28
货物和服务进口(占 GDP 的百分比)	20	25	28
资本形成总额(占 GDP 的百分比)	23	22	20
中央政府收入(占 GDP 的百分比)	..	*25.8*	*23.8*
中央政府现金盈余/赤字(占 GDP 的百分比)	..	*-0.2*	*-7.0*
政府与市场			
创办企业的时间(天)	..	*51*	31
股票市场资本总额(占 GDP 的百分比)	47.5	101.6	91.5
军费支出(占 GDP 的百分比)	3.6	2.3	2.6
移动电话用户(每 100 人)	0.2	12.1	78.2
互联网用户(每 100 人)	0.0	6.7	30.2
铺敷道路(占总数的百分比)	..	*49.4*	*64.9*
高科技出口(占制成品出口的百分比)	18	24	18
全球联系			
商品贸易(占 GDP 的百分比)	32	41	48
净易货贸易条件指数(2000 年 =100)	..	..	..
外债总额(10 亿美元)	..	..	..
债务还本付息总额(占出口的百分比)	..	..	..
净移民(千人)	..	..	..
获得的侨汇(10 亿美元)	68	136	449
外国直接投资,净流入额(10 亿美元)	204	1,408	1,430
获得的净官方发展援助(10 亿美元)	59	50	131

东亚和太平洋地区

人口(百万)	1,961.6	人口增长率(百分比)	0.7
陆地面积(千平方公里)	16,302	国家贫困率(占人口的百分比)	..
GNI,图表集法(10亿美元)	7,249.4	人均GNI,图表集法(美元)	3,696
PPP衡量的GNI(10亿美元)	13,058.0	PPP衡量的人均GNI(美元)	6,657

	1990	2000	2010
人口			
最贫困的20%人口占国家消费/收入的份额(百分比)	..	..	..
出生时的预期寿命(岁)	68	70	72
总生育率(每个女性生育数)	2.6	2.0	1.8
青年女性生育率(每千名15—19岁女性生育数)	..	20	19
避孕普及率(占15—49岁已婚女性的百分比)	75	78	78
在熟练医护人员护理下的分娩(占总数的百分比)	82	85	91
5岁以下儿童死亡率(每千人)	56	39	24
儿童营养不良,体重不足(占5岁以下儿童的百分比)	20.4	..	5.8
儿童麻疹免疫接种率(占12—23个月年龄组的百分比)	89	83	95
小学毕业率,总数(占适龄年龄组的百分比)	*101*	96	*97*
中学总入学率,总数(占适龄年龄组的百分比)	*41*	60	*76*
小学和中学中女孩与男孩的比率(百分比)	*89*	98	*103*
HIV感染率(占15—49岁人口的百分比)	0.1	..	*0.2*
环境			
森林(千平方公里)	4,602	4,524	4,698
森林采伐(1990—2010年,平均年度百分比)	..	0.1	-0.4
淡水使用量(占内陆水资源的百分比)	..	..	*9.9*
获得改善的水资源的人口(占总人口的百分比)	68	80	90
获得改善的卫生设施的人口(占总人口的百分比)	30	48	66
人均能源使用量(千克石油当量)	712	826	*1,436*
人均二氧化碳排放量(吨)	1.8	2.3	*4.3*
人均用电量(千瓦时)	461	876	*2,095*
经济			
GDP(10亿美元)	671	1,727	7,631
GDP增长率(年度百分比)	5.5	7.5	9.7
GDP隐含价格平减指数(年度增长百分比)	6.7	3.0	4.7
农业增加值(占GDP的百分比)	25	15	11
工业增加值(占GDP的百分比)	40	44	45
服务业增加值(占GDP的百分比)	35	41	43
货物和服务出口(占GDP的百分比)	22	35	37
货物和服务进口(占GDP的百分比)	21	31	33
资本形成总额(占GDP的百分比)	35	31	41
中央政府收入(占GDP的百分比)	7.1	8.2	*13.5*
中央政府现金盈余/赤字(占GDP的百分比)	..	*-2.6*	..
政府与市场			
创办企业的时间(天)	..	*53*	39
股票市场资本总额(占GDP的百分比)	*16.4*	46.9	79.9
军费支出(占GDP的百分比)	2.3	1.8	1.9
移动电话用户(每100人)	0.0	5.8	73.3
互联网用户(每100人)	0.0	1.9	29.8
铺敷道路(占总数的百分比)	..	*14.4*	*30.7*
高科技出口(占制成品出口的百分比)	*17*	32	29
全球联系			
商品贸易(占GDP的百分比)	47	59	57
净易货贸易条件指数(2000年=100)	..	..	..
外债总额(10亿美元)	234	496	1,014
债务还本付息总额(占出口的百分比)	17.7	11.4	4.8
净移民(百万)	-0.2	-1.8	-5.2
获得的侨汇(10亿美元)	3.1	16.7	94.0
外国直接投资,净流入额(10亿美元)	10	45	231
获得的净官方发展援助(10亿美元)	7.7	8.6	9.9

欧洲和中亚

人口(百万)	405.2	人口增长率(百分比)	0.4
陆地面积(千平方公里)	23,603	国家贫困率(占人口的百分比)	..
GNI,图表集法(10亿美元)	2,946.7	人均GNI,图表集法(美元)	7,272
PPP衡量的GNI(10亿美元)	5,428.2	PPP衡量的人均GNI(美元)	13,396

	1990	2000	2010
人口			
最贫困的20%人口占国家消费/收入的份额(百分比)	..	..	..
出生时的预期寿命(岁)	68	68	71
总生育率(每个女性生育数)	2.3	1.6	1.8
青年女性生育率(每千名15—19岁女性生育数)	..	35	27
避孕普及率(占15—49岁已婚女性的百分比)	..	..	69
在熟练医护人员护理下的分娩(占总数的百分比)	93	92	98
5岁以下儿童死亡率(每千人)	51	38	23
儿童营养不良,体重不足(占5岁以下儿童的百分比)	8.5	..	1.9
儿童麻疹免疫接种率(占12—23个月年龄组的百分比)	*82*	93	96
小学毕业率,总数(占适龄年龄组的百分比)	*92*	94	95
中学总入学率,总数(占适龄年龄组的百分比)	*85*	86	*89*
小学和中学中女孩与男孩的比率(百分比)	*98*	96	*97*
HIV感染率(占15—49岁人口的百分比)	0.1	0.3	*0.6*
环境			
森林(千平方公里)	8,735	8,754	8,784
森林采伐(1990—2010年,平均年度百分比)	..	0.0	0.0
淡水使用量(占内陆水资源的百分比)	..	..	*5.0*
获得改善的水资源的人口(占总人口的百分比)	90	93	96
获得改善的卫生设施的人口(占总人口的百分比)	80	83	84
人均能源使用量(千克石油当量)	4,067	2,692	*2,831*
人均二氧化碳排放量(吨)	*9.8*	6.8	*7.8*
人均用电量(千瓦时)	4,515	3,338	*3,859*
经济			
GDP(10亿美元)	952	710	3,059
GDP增长率(年度百分比)	-1.1	7.6	5.7
GDP隐含价格平减指数(年度增长百分比)	13.6	22.7	6.9
农业增加值(占GDP的百分比)	19	11	7
工业增加值(占GDP的百分比)	42	35	32
服务业增加值(占GDP的百分比)	39	55	61
货物和服务出口(占GDP的百分比)	20	37	31
货物和服务进口(占GDP的百分比)	23	31	31
资本形成总额(占GDP的百分比)	28	20	23
中央政府收入(占GDP的百分比)	..	..	25.6
中央政府现金盈余/赤字(占GDP的百分比)	..	..	-2.2
政府与市场			
创办企业的时间(天)	..	*41*	16
股票市场资本总额(占GDP的百分比)	*2.4*	17.4	51.8
军费支出(占GDP的百分比)	14.6	3.4	3.0
移动电话用户(每100人)	0.0	6.6	124.3
互联网用户(每100人)	0.0	2.0	39.3
铺敷道路(占总数的百分比)	..	*83.7*	*85.8*
高科技出口(占制成品出口的百分比)	..	10	7
全球联系			
商品贸易(占GDP的百分比)	..	52	52
净易货贸易条件指数(2000年=100)	..	..	..
外债总额(10亿美元)	138	368	1,273
债务还本付息总额(占出口的百分比)	..	18.4	24.2
净移民(百万)	-1.2	-2.3	-0.6
获得的侨汇(10亿美元)	3.2	9.3	36.0
外国直接投资,净流入额(10亿美元)	0.7	9.8	87.0
获得的净官方发展援助(10亿美元)	1.4	4.5	7.2

拉丁美洲和加勒比地区

人口(百万)	582.6	人口增长率(百分比)	1.1
陆地面积(千平方公里)	20,394	国家贫困率(占人口的百分比)	..
GNI,图表集法(10 亿美元)	4,504.9	人均 GNI,图表集法(美元)	7,733
PPP 衡量的 GNI(10 亿美元)	6,365.1	PPP 衡量的人均 GNI(美元)	10,926

	1990	2000	2010
人口			
最贫困的 20% 人口占国家消费/收入的份额(百分比)	..	..	..
出生时的预期寿命(岁)	68	72	74
总生育率(每个女性生育数)	3.2	2.6	2.2
青年女性生育率(每千名 15—19 岁女性生育数)	..	83	72
避孕普及率(占 15—49 岁已婚女性的百分比)	58	..	75
在熟练医护人员护理下的分娩(占总数的百分比)	74	88	90
5 岁以下儿童死亡率(每千人)	54	35	23
儿童营养不良,体重不足(占 5 岁以下儿童的百分比)	7.5	..	3.0
儿童麻疹免疫接种率(占 12—23 个月年龄组的百分比)	76	93	93
小学毕业率,总数(占适龄年龄组的百分比)	*84*	97	*102*
中学总入学率,总数(占适龄年龄组的百分比)	*57*	83	*90*
小学和中学中女孩与男孩的比率(百分比)	*99*	101	*102*
HIV 感染率(占 15—49 岁人口的百分比)	0.4	..	*0.5*
环境			
森林(千平方公里)	10,389	9,900	9,460
森林采伐(1990—2010 年,平均年度百分比)	..	0.5	0.4
淡水使用量(占内陆水资源的百分比)	..	..	*1.6*
获得改善的水资源的人口(占总人口的百分比)	86	90	94
获得改善的卫生设施的人口(占总人口的百分比)	68	75	79
人均能源使用量(千克石油当量)	1,048	1,139	*1,245*
人均二氧化碳排放量(吨)	2.3	2.5	*2.8*
人均用电量(千瓦时)	1,170	1,577	*1,892*
经济			
GDP(10 亿美元)	1,117	2,054	4,981
GDP 增长率(年度百分比)	0.3	4.0	6.2
GDP 隐含价格平减指数(年度增长百分比)	22.5	6.9	5.1
农业增加值(占 GDP 的百分比)	9	6	6
工业增加值(占 GDP 的百分比)	36	30	31
服务业增加值(占 GDP 的百分比)	56	65	63
货物和服务出口(占 GDP 的百分比)	17	20	22
货物和服务进口(占 GDP 的百分比)	15	21	22
资本形成总额(占 GDP 的百分比)	19	20	22
中央政府收入(占 GDP 的百分比)	19.4	18.1	..
中央政府现金盈余/赤字(占 GDP 的百分比)	-2.6	-1.5	..
政府与市场			
创办企业的时间(天)	..	*76*	57
股票市场资本总额(占 GDP 的百分比)	7.6	31.7	57.6
军费支出(占 GDP 的百分比)	1.6	1.4	1.4
移动电话用户(每 100 人)	0.0	12.1	98.4
互联网用户(每 100 人)	0.0	3.8	34.0
铺敷道路(占总数的百分比)	..	*28.1*	*22.5*
高科技出口(占制成品出口的百分比)	6	16	11
全球联系			
商品贸易(占 GDP 的百分比)	23	36	35
净易货贸易条件指数(2000 年 = 100)	..	..	..
外债总额(10 亿美元)	441	751	1,039
债务还本付息总额(占出口的百分比)	24.5	40.4	13.8
净移民(百万)	-3.2	-3.9	-5.1
获得的侨汇(10 亿美元)	5.7	20.2	57.3
外国直接投资,净流入额(10 亿美元)	8	79	117
获得的净官方发展援助(10 亿美元)	5.1	4.8	10.8

中东和北非

人口(百万)	331.3	人口增长率(百分比)	1.7
陆地面积(千平方公里)	8,775	国家贫困率(占人口的百分比)	..
GNI,图表集法(10亿美元)	1,283.5	人均GNI,图表集法(美元)	3,874
PPP衡量的GNI(10亿美元)	*2,627.3*	PPP衡量的人均GNI(美元)	*8,068*

	1990	2000	2010
人口			
最贫困的20%人口占国家消费/收入的份额(百分比)	..	..	..
出生时的预期寿命(岁)	64	69	72
总生育率(每个女性生育数)	4.9	3.2	2.7
青年女性生育率(每千名15—19岁女性生育数)	..	43	37
避孕普及率(占15—49岁已婚女性的百分比)	42	61	62
在熟练医护人员护理下的分娩(占总数的百分比)	47	71	81
5岁以下儿童死亡率(每千人)	74	49	34
儿童营养不良,体重不足(占5岁以下儿童的百分比)	11.8	..	*7.9*
儿童麻疹免疫接种率(占12—23个月年龄组的百分比)	83	90	88
小学毕业率,总数(占适龄年龄组的百分比)	..	83	*88*
中学总入学率,总数(占适龄年龄组的百分比)	*54*	67	*72*
小学和中学中女孩与男孩的比率(百分比)	*80*	89	*93*
HIV感染率(占15—49岁人口的百分比)	0.1	0.1	*0.1*
环境			
森林(千平方公里)	207	208	211
森林采伐(1990—2010年,平均年度百分比)	..	-0.1	-0.1
淡水使用量(占内陆水资源的百分比)	..	..	*70.0*
获得改善的水资源的人口(占总人口的百分比)	86	87	89
获得改善的卫生设施的人口(占总人口的百分比)	73	81	88
人均能源使用量(千克石油当量)	812	1,065	*1,399*
人均二氧化碳排放量(吨)	2.5	3.1	*3.8*
人均用电量(千瓦时)	733	1,063	*1,497*
经济			
GDP(10亿美元)	266	434	1,207
GDP增长率(年度百分比)	7.4	3.4	4.3
GDP隐含价格平减指数(年度增长百分比)	17.0	4.9	6.3
农业增加值(占GDP的百分比)	18	13	*11*
工业增加值(占GDP的百分比)	32	43	*43*
服务业增加值(占GDP的百分比)	50	44	*47*
货物和服务出口(占GDP的百分比)	23	27	*38*
货物和服务进口(占GDP的百分比)	34	25	*33*
资本形成总额(占GDP的百分比)	29	24	28
中央政府收入(占GDP的百分比)	..	..	*30.5*
中央政府现金盈余/赤字(占GDP的百分比)	..	..	*-3.0*
政府与市场			
创办企业的时间(天)	..	*48*	23
股票市场资本总额(占GDP的百分比)	..	19.7	*37.8*
军费支出(占GDP的百分比)	2.9	3.5	3.3
移动电话用户(每100人)	0.0	2.2	86.1
互联网用户(每100人)	0.0	0.9	20.9
铺敷道路(占总数的百分比)	..	*73.5*	*75.2*
高科技出口(占制成品出口的百分比)	..	3	3
全球联系			
商品贸易(占GDP的百分比)	42	48	61
净易货贸易条件指数(2000年=100)	..	..	..
外债总额(10亿美元)	137	139	144
债务还本付息总额(占出口的百分比)	24.2	14.3	5.1
净移民(百万)	-0.6	-1.3	-1.6
获得的侨汇(10亿美元)	9.6	11.5	34.7
外国直接投资,净流入额(10亿美元)	0.7	3.9	25.7
获得的净官方发展援助(10亿美元)	11.7	4.6	12.3

南亚

人口(百万)	1,633.1	人口增长率(百分比)	1.4
陆地面积(千平方公里)	5,131	国家贫困率(占人口的百分比)	..
GNI,图表集法(10亿美元)	1,920.1	人均GNI,图表集法(美元)	1,176
PPP衡量的GNI(10亿美元)	5,101.4	PPP衡量的人均GNI(美元)	3,124

	1990	2000	2010
人口			
最贫困的20%人口占国家消费/收入的份额(百分比)	..	..	..
出生时的预期寿命(岁)	59	62	65
总生育率(每个女性生育数)	4.2	3.3	2.7
青年女性生育率(每千名15—19岁女性生育数)	..	101	73
避孕普及率(占15—49岁已婚女性的百分比)	42	45	51
在熟练医护人员护理下的分娩(占总数的百分比)	32	36	48
5岁以下儿童死亡率(每千人)	120	89	67
儿童营养不良,体重不足(占5岁以下儿童的百分比)	52.2	..	32.9
儿童麻疹免疫接种率(占12—23个月年龄组的百分比)	56	57	77
小学毕业率,总数(占适龄年龄组的百分比)	*62*	68	*86*
中学总入学率,总数(占适龄年龄组的百分比)	*37*	44	*55*
小学和中学中女孩与男孩的比率(百分比)	*69*	79	*92*
HIV感染率(占15—49岁人口的百分比)	0.1	0.3	*0.3*
环境			
森林(千平方公里)	795	794	817
森林采伐(1990—2007年,平均年度百分比)	..	0.0	-0.3
淡水使用量(占内陆水资源的百分比)	..	..	*33.4*
获得改善的水资源的人口(占总人口的百分比)	71	81	90
获得改善的卫生设施的人口(占总人口的百分比)	22	29	38
人均能源使用量(千克石油当量)	340	405	*514*
人均二氧化碳排放量(吨)	0.7	1.0	*1.2*
人均用电量(千瓦时)	242	350	*517*
经济			
GDP(10亿美元)	402	608	2,090
GDP增长率(年度百分比)	5.4	4.3	8.1
GDP隐含价格平减指数(年度增长百分比)	8.6	4.5	6.9
农业增加值(占GDP的百分比)	29	24	19
工业增加值(占GDP的百分比)	26	26	26
服务业增加值(占GDP的百分比)	45	50	54
货物和服务出口(占GDP的百分比)	9	14	20
货物和服务进口(占GDP的百分比)	12	16	25
资本形成总额(占GDP的百分比)	23	23	32
中央政府收入(占GDP的百分比)	13.6	12.3	11.7
中央政府现金盈余/赤字(占GDP的百分比)	-3.4	-4.0	-3.8
政府与市场			
创办企业的时间(天)	..	*47*	23
股票市场资本总额(占GDP的百分比)	10.8	26.1	83.8
军费支出(占GDP的百分比)	3.4	3.1	2.4
移动电话用户(每100人)	0.0	0.3	58.8
互联网用户(每100人)	0.0	0.5	8.1
铺敷道路(占总数的百分比)	..	*57.0*	*53.9*
高科技出口(占制成品出口的百分比)	3	5	7
全球联系			
商品贸易(占GDP的百分比)	16	24	33
净易货贸易条件指数(2000年=100)	..	..	..
外债总额(10亿美元)	126	161	401
债务还本付息总额(占出口的百分比)	31.6	17.4	6.4
净移民(百万)	-1.9	-2.5	-8.6
获得的侨汇(10亿美元)	5.6	17.2	82.2
外国直接投资,净流入额(10亿美元)	0.5	4.4	27.9
获得的净官方发展援助(10亿美元)	6.0	4.1	15.4

撒哈拉以南非洲地区

人口(百万)	853.4	人口增长率(百分比)	2.5
陆地面积(千平方公里)	24,243	国家贫困率(占人口的百分比)	..
GNI,图表集法(10亿美元)	1,003.6	人均GNI,图表集法(美元)	1,176
PPP衡量的GNI(10亿美元)	1,833.4	PPP衡量的人均GNI(美元)	2,148

	1990	2000	2010
人口			
最贫困的20%人口占国家消费/收入的份额(百分比)	..	..	..
出生时的预期寿命(岁)	50	50	54
总生育率(每个女性生育数)	6.2	5.6	4.9
青年女性生育率(每千名15—19岁女性生育数)	..	130	108
避孕普及率(占15—49岁已婚女性的百分比)	15	22	22
在熟练医护人员护理下的分娩(占总数的百分比)	..	43	46
5岁以下儿童死亡率(每千人)	175	155	121
儿童营养不良,体重不足(占5岁以下儿童的百分比)	29.0	..	22.0
儿童麻疹免疫接种率(占12—23个月年龄组的百分比)	57	55	75
小学毕业率,总数(占适龄年龄组的百分比)	*51*	51	*67*
中学总入学率,总数(占适龄年龄组的百分比)	*22*	25	*36*
小学和中学中女孩与男孩的比率(百分比)	*82*	84	*89*
HIV感染率(占15—49岁人口的百分比)	2.4	6.3	*5.5*
环境			
森林(千平方公里)	7,379	6,960	6,605
森林采伐(1990—2010年,平均年度百分比)	..	0.6	0.5
淡水使用量(占内陆水资源的百分比)	..	..	*2.2*
获得改善的水资源的人口(占总人口的百分比)	49	55	61
获得改善的卫生设施的人口(占总人口的百分比)	26	28	31
人均能源使用量(千克石油当量)	681	661	*689*
人均二氧化碳排放量(吨)	0.9	0.8	*0.8*
人均用电量(千瓦时)	517	492	*511*
经济			
GDP(10亿美元)	301	342	1,098
GDP增长率(年度百分比)	1.1	3.7	4.8
GDP隐含价格平减指数(年度增长百分比)	9.1	5.4	7.8
农业增加值(占GDP的百分比)	19	16	*13*
工业增加值(占GDP的百分比)	32	29	*30*
服务业增加值(占GDP的百分比)	49	54	*57*
货物和服务出口(占GDP的百分比)	26	32	30
货物和服务进口(占GDP的百分比)	25	31	32
资本形成总额(占GDP的百分比)	18	17	24
中央政府收入(占GDP的百分比)	..	..	*24.3*
中央政府现金盈余/赤字(占GDP的百分比)	..	..	*-1.0*
政府与市场			
创办企业的时间(天)	..	*64*	34
股票市场资本总额(占GDP的百分比)	*52.1*	89.8	152.7
军费支出(占GDP的百分比)	3.0	2.0	1.6
移动电话用户(每100人)	0.0	1.7	44.9
互联网用户(每100人)	0.0	0.5	11.3
铺敷道路(占总数的百分比)	..	*18.1*	*18.8*
高科技出口(占制成品出口的百分比)	..	4	3
全球联系			
商品贸易(占GDP的百分比)	42	51	58
净易货贸易条件指数(2000年=100)	..	..	..
外债总额(10亿美元)	176	211	206
债务还本付息总额(占出口的百分比)	..	11.8	3.3
净移民(百万)	-1.3	-1.3	-2.0
获得的侨汇(10亿美元)	1.8	4.8	21.1
外国直接投资,净流入额(10亿美元)	1.2	6.6	25.0
获得的净官方发展援助(10亿美元)	17.8	13.1	45.1

收入组别篇

为便于操作和分析，世界银行对世界各经济体分组的主要标准是人均国民收入（GNI）。在《世界发展数据手册》中，每个经济体被划分为低收入经济体、中等收入经济体或者高收入经济体。低收入经济体和中等收入经济体有时被称为发展中经济体。使用这一术语是为了方便，而并不意味着这一组别中所有经济体都经历着类似的发展阶段或者其他经济体达到了较佳的或最终的发展阶段。根据收入作出的分类并不一定反映发展状况。注：因为在世界银行财年期间（6 月 30 日结束）的分类是固定的，因此，各国依然在其被划分的类别，不考虑是否对其人均收入数据进行了修订。

低收入经济体是指 2010 年人均国民收入为 1,005 美元及其以下的经济体。

中等收入经济体是指人均国民收入高于 1,005 美元但低于 12,276 美元的经济体。中低收入经济体和中高收入经济体以人均国民收入 3,975 美元为界限划分。

高收入经济体是指人均国民收入为 12,276 美元及其以上的经济体。

欧元区包括采用欧元作为其货币的欧洲经济与货币联盟的成员国：奥地利、比利时、塞浦路斯、爱沙尼亚、芬兰、法国、德国、希腊、爱尔兰、意大利、卢森堡、马耳他、荷兰、葡萄牙、斯洛伐克、斯洛文尼亚和西班牙。

低收入经济体

人口（百万）	796.3	人口增长率（百分比）	2.1
陆地面积（千平方公里）	15,551	国家贫困率（占人口的百分比）	..
GNI，图表集法（10亿美元）	420.2	人均GNI，图表集法（美元）	528
PPP衡量的GNI（10亿美元）	1,040.5	PPP衡量的人均GNI（美元）	1,307

	1990	2000	2010
人口			
最贫困的20%人口占国家消费/收入的份额（百分比）	..	..	..
出生时的预期寿命（岁）	53	55	59
总生育率（每个女性生育数）	5.7	4.8	4.1
青年女性生育率（每千名15—19岁女性生育数）	..	120	94
避孕普及率（占15—49岁已婚女性的百分比）	22	32	34
在熟练医护人员护理下的分娩（占总数的百分比）	..	33	44
5岁以下儿童死亡率（每千人）	165	137	108
儿童营养不良，体重不足（占5岁以下儿童的百分比）	40.2	..	23.0
儿童麻疹免疫接种率（占12—23个月年龄组的百分比）	57	61	78
小学毕业率，总数（占适龄年龄组的百分比）	*44*	51	*65*
中学总入学率，总数（占适龄年龄组的百分比）	*26*	29	*39*
小学和中学中女孩与男孩的比率（百分比）	*80*	86	*91*
HIV感染率（占15—49岁人口的百分比）	1.8	3.3	*2.6*
环境			
森林（千平方公里）	4,721	4,424	4,155
森林采伐（1990—2010年，平均年度百分比）	..	0.6	0.6
淡水使用量（占内陆水资源的百分比）	..	..	*4.3*
获得改善的水资源的人口（占总人口的百分比）	54	58	65
获得改善的卫生设施的人口（占总人口的百分比）	21	31	37
人均能源使用量（千克石油当量）	386	321	*365*
人均二氧化碳排放量（吨）	..	0.3	*0.3*
人均用电量（千瓦时）	221	174	*229*
经济			
GDP（10亿美元）	144	165	416
GDP增长率（年度百分比）	2.9	3.6	5.9
GDP隐含价格平减指数（年度增长百分比）	9.3	5.4	7.7
农业增加值（占GDP的百分比）	38	34	25
工业增加值（占GDP的百分比）	20	21	25
服务业增加值（占GDP的百分比）	43	45	50
货物和服务出口（占GDP的百分比）	12	17	20
货物和服务进口（占GDP的百分比）	21	25	32
资本形成总额（占GDP的百分比）	18	19	23
中央政府收入（占GDP的百分比）	..	*10.4*	..
中央政府现金盈余/赤字（占GDP的百分比）	..	*-1.7*	..
政府与市场			
创办企业的时间（天）	..	*62*	33
股票市场资本总额（占GDP的百分比）	..	..	..
军费支出（占GDP的百分比）	2.7	2.2	1.4
移动电话用户（每100人）	0.0	0.3	33.1
互联网用户（每100人）	0.0	0.1	5.6
铺敷道路（占总数的百分比）	..	*14.4*	*20.7*
高科技出口（占制成品出口的百分比）	..	4	*3*
全球联系			
商品贸易（占GDP的百分比）	29	39	53
净易货贸易条件指数（2000年=100）	..	..	..
外债总额（10亿美元）	89	108	117
债务还本付息总额（占出口的百分比）	26.0	11.0	4.8
净移民（百万）	-3.0	-2.9	-6.8
获得的侨汇（10亿美元）	1.4	4.1	24.6
外国直接投资，净流入额（10亿美元）	0.6	2.4	13.0
获得的净官方发展援助（10亿美元）	14.2	10.4	40.7

中等收入经济体

人口（百万）	4,970.8	人口增长率（百分比）	1.1
陆地面积（千平方公里）	82,896	国家贫困率（占人口的百分比）	..
GNI，图表集法（10亿美元）	18,508.7	人均GNI，图表集法（美元）	3,723
PPP衡量的GNI（10亿美元）	33,538.4	PPP衡量的人均GNI（美元）	6,747

	1990	2000	2010
人口			
最贫困的20%人口占国家消费/收入的份额（百分比）	..	..	..
出生时的预期寿命（岁）	64	67	69
总生育率（每个女性生育数）	3.3	2.6	2.3
青年女性生育率（每千名15—19岁女性生育数）	..	60	51
避孕普及率（占15—49岁已婚女性的百分比）	59	63	65
在熟练医护人员护理下的分娩（占总数的百分比）	60	66	71
5岁以下儿童死亡率（每千人）	85	68	51
儿童营养不良，体重不足（占5岁以下儿童的百分比）	..	..	..
儿童麻疹免疫接种率（占12—23个月年龄组的百分比）	74	73	86
小学毕业率，总数（占适龄年龄组的百分比）	*83*	85	*92*
中学总入学率，总数（占适龄年龄组的百分比）	*47*	59	*69*
小学和中学中女孩与男孩的比率（百分比）	*85*	92	*97*
HIV感染率（占15—49岁人口的百分比）	0.2	..	*0.7*
环境			
森林（千平方公里）	27,387	26,717	26,420
森林采伐（1990—2010年，平均年度百分比）	..	0.2	0.1
淡水使用量（占内陆水资源的百分比）	..	..	*7.0*
获得改善的水资源的人口（占总人口的百分比）	73	82	90
获得改善的卫生设施的人口（占总人口的百分比）	39	50	59
人均能源使用量（千克石油当量）	1,019	950	*1,254*
人均二氧化碳排放量（吨）	2.4	2.4	*3.4*
人均用电量（千瓦时）	939	1,058	*1,675*
经济			
GDP（10亿美元）	3,555	5,708	19,632
GDP增长率（年度百分比）	1.9	5.4	7.6
GDP隐含价格平减指数（年度增长百分比）	11.6	6.8	6.0
农业增加值（占GDP的百分比）	18	11	10
工业增加值（占GDP的百分比）	37	36	36
服务业增加值（占GDP的百分比）	46	53	55
货物和服务出口（占GDP的百分比）	19	27	28
货物和服务进口（占GDP的百分比）	19	26	28
资本形成总额（占GDP的百分比）	26	24	29
中央政府收入（占GDP的百分比）	..	14.6	*18.8*
中央政府现金盈余/赤字（占GDP的百分比）	..	-2.3	..
政府与市场			
创办企业的时间（天）	..	56	36
股票市场资本总额（占GDP的百分比）	*18.9*	36.4	72.6
军费支出（占GDP的百分比）	5.0	2.1	2.0
移动电话用户（每100人）	0.0	4.8	78.0
互联网用户（每100人）	0.0	1.7	23.8
铺敷道路（占总数的百分比）	..	*39.0*	*53.5*
高科技出口（占制成品出口的百分比）	..	19	18
全球联系			
商品贸易（占GDP的百分比）	32	45	48
净易货贸易条件指数（2000年=100）	..	..	..
外债总额（10亿美元）	1,164	2,018	3,960
债务还本付息总额（占出口的百分比）	21.7	21.0	9.9
净移民（百万）	-5.4	-10.3	-16.3
获得的侨汇（10亿美元）	28	76	301
外国直接投资，净流入额（10亿美元）	21	147	501
获得的净官方发展援助（10亿美元）	33.2	27.3	52.2

中低收入经济体

人口（百万）	2,518.7	人口增长率（百分比）	1.5
陆地面积（千平方公里）	23,568	国家贫困率（占人口的百分比）	..
GNI，图表集法（10 亿美元）	4,077.7	人均 GNI，图表集法（美元）	1,619
PPP 衡量的 GNI（10 亿美元）	9,147.8	PPP 衡量的人均 GNI（美元）	3,632

	1990	2000	2010
人口			
最贫困的 20% 人口占国家消费/收入的份额（百分比）	..	..	..
出生时的预期寿命（岁）	59	62	65
总生育率（每个女性生育数）	4.2	3.4	2.9
青年女性生育率（每千名 15—19 岁女性生育数）	..	85	68
避孕普及率（占 15—49 岁已婚女性的百分比）	40	46	50
在熟练医护人员护理下的分娩（占总数的百分比）	38	48	57
5 岁以下儿童死亡率（每千人）	113	90	69
儿童营养不良，体重不足（占 5 岁以下儿童的百分比）	38.1	..	24.6
儿童麻疹免疫接种率（占 12—23 个月年龄组的百分比）	61	62	80
小学毕业率，总数（占适龄年龄组的百分比）	*68*	74	*88*
中学总入学率，总数（占适龄年龄组的百分比）	*42*	47	*58*
小学和中学中女孩与男孩的比率（百分比）	*81*	84	*93*
HIV 感染率（占 15—49 岁人口的百分比）	0.3	0.7	*0.7*
环境			
森林（千平方公里）	7,003	6,577	6,364
森林采伐（1990—2010 年，平均年度百分比）	..	0.6	0.3
淡水使用量（占内陆水资源的百分比）	..	..	*12.6*
获得改善的水资源的人口（占总人口的百分比）	70	79	87
获得改善的卫生设施的人口（占总人口的百分比）	29	39	47
人均能源使用量（千克石油当量）	607	584	*665*
人均二氧化碳排放量（吨）	1.1	1.3	*1.5*
人均用电量（千瓦时）	449	470	*644*
经济			
GDP（10 亿美元）	872	1,259	4,312
GDP 增长率（年度百分比）	3.7	4.1	6.9
GDP 隐含价格平减指数（年度增长百分比）	10.8	5.5	7.0
农业增加值（占 GDP 的百分比）	26	20	17
工业增加值（占 GDP 的百分比）	30	34	31
服务业增加值（占 GDP 的百分比）	44	46	52
货物和服务出口（占 GDP 的百分比）	18	27	28
货物和服务进口（占 GDP 的百分比）	22	27	31
资本形成总额（占 GDP 的百分比）	24	22	28
中央政府收入（占 GDP 的百分比）	*16.3*	*13.8*	14.9
中央政府现金盈余/赤字（占 GDP 的百分比）	*-1.5*	*-4.0*	-3.6
政府与市场			
创办企业的时间（天）	..	*58*	34
股票市场资本总额（占 GDP 的百分比）	9.6	24.3	65.9
军费支出（占 GDP 的百分比）	3.0	2.8	2.1
移动电话用户（每 100 人）	0.0	1.2	71.7
互联网用户（每 100 人）	0.0	0.6	13.5
铺敷道路（占总数的百分比）	..	*29.6*	*48.6*
高科技出口（占制成品出口的百分比）	..	16	11
全球联系			
商品贸易（占 GDP 的百分比）	31	46	48
净易货贸易条件指数（2000 年 =100）	..	..	..
外债总额（10 亿美元）	454	599	1,021
债务还本付息总额（占出口的百分比）	24.3	16.7	10.1
净移民（百万）	-4.9	-8.6	-12.6
获得的侨汇（10 亿美元）	16	40	161
外国直接投资，净流入额（10 亿美元）	4.2	11.9	90.2
获得的净官方发展援助（10 亿美元）	23.5	17.5	38.9

中高收入经济体

人口（百万）	2,452.1	人口增长率（百分比）	0.7
陆地面积（千平方公里）	59,328	国家贫困率（占人口的百分比）	..
GNI，图表集法（10亿美元）	14,429.0	人均GNI，图表集法（美元）	5,884
PPP衡量的GNI（10亿美元）	24,447.4	PPP衡量的人均GNI（美元）	9,970

	1990	2000	2010
人口			
最贫困的20%人口占国家消费/收入的份额（百分比）	..	..	..
出生时的预期寿命（岁）	69	71	73
总生育率（每个女性生育数）	2.6	1.9	1.8
青年女性生育率（每千名15—19岁女性生育数）	..	33	29
避孕普及率（占15—49岁已婚女性的百分比）	75	81	81
在熟练医护人员护理下的分娩（占总数的百分比）	89	94	98
5岁以下儿童死亡率（每千人）	49	34	20
儿童营养不良，体重不足（占5岁以下儿童的百分比）	12.5	..	3.0
儿童麻疹免疫接种率（占12—23个月年龄组的百分比）	90	88	96
小学毕业率，总数（占适龄年龄组的百分比）	*97*	97	*98*
中学总入学率，总数（占适龄年龄组的百分比）	*67*	72	*83*
小学和中学中女孩与男孩的比率（百分比）	*98*	99	*103*
HIV感染率（占15—49岁人口的百分比）	0.2	..	*0.7*
环境			
森林（千平方公里）	20,384	20,140	20,056
森林采伐（1990—2010年，平均年度百分比）	..	0.1	0.0
淡水使用量（占内陆水资源的百分比）	..	..	*5.0*
获得改善的水资源的人口（占总人口的百分比）	76	85	93
获得改善的卫生设施的人口（占总人口的百分比）	46	60	73
人均能源使用量（千克石油当量）	1,375	1,291	*1,848*
人均二氧化碳排放量（吨）	3.6	3.6	5.3
人均用电量（千瓦时）	1,363	1,606	*2,714*
经济			
GDP（10亿美元）	2,683	4,449	15,317
GDP增长率（年度百分比）	1.4	5.8	7.8
GDP隐含价格平减指数（年度增长百分比）	15.4	8.2	5.1
农业增加值（占GDP的百分比）	15	9	8
工业增加值（占GDP的百分比）	38	36	37
服务业增加值（占GDP的百分比）	46	55	55
货物和服务出口（占GDP的百分比）	19	27	29
货物和服务进口（占GDP的百分比）	18	25	27
资本形成总额（占GDP的百分比）	27	24	30
中央政府收入（占GDP的百分比）	..	14.9	*19.7*
中央政府现金盈余/赤字（占GDP的百分比）	..	*-1.8*	..
政府与市场			
创办企业的时间（天）	..	*54*	38
股票市场资本总额（占GDP的百分比）	*20.3*	39.5	74.4
军费支出（占GDP的百分比）	5.6	2.0	2.0
移动电话用户（每100人）	0.0	8.3	84.5
互联网用户（每100人）	0.0	2.7	34.1
铺敷道路（占总数的百分比）	..	*49.4*	*57.6*
高科技出口（占制成品出口的百分比）	..	20	19
全球联系			
商品贸易（占GDP的百分比）	32	45	48
净易货贸易条件指数（2000年=100）	..	..	..
外债总额（10亿美元）	710	1,419	2,939
债务还本付息总额（占出口的百分比）	20.8	22.3	9.9
净移民（百万）	-0.5	-1.7	-3.7
获得的侨汇（10亿美元）	11	36	139
外国直接投资，净流入额（10亿美元）	17	135	411
获得的净官方发展援助（10亿美元）	9.6	9.1	12.1

低收入和中等收入经济体

人口（百万）	5,767.2	人口增长率（百分比）	1.3
陆地面积（千平方公里）	98,447	国家贫困率（占人口的百分比）	..
GNI，图表集法（10亿美元）	18,948.9	人均GNI，图表集法（美元）	3,286
PPP衡量的GNI（10亿美元）	34,577.9	PPP衡量的人均GNI（美元）	5,996

	1990	2000	2010
人口			
最贫困的20%人口占国家消费/收入的份额（百分比）	..	..	..
出生时的预期寿命（岁）	63	65	68
总生育率（每个女性生育数）	3.6	2.9	2.6
青年女性生育率（每千名15—19岁女性生育数）	..	69	58
避孕普及率（占15—49岁已婚女性的百分比）	56	59	61
在熟练医护人员护理下的分娩（占总数的百分比）	58	59	65
5岁以下儿童死亡率（每千人）	98	81	63
儿童营养不良，体重不足（占5岁以下儿童的百分比）	28.7	..	17.9
儿童麻疹免疫接种率（占12—23个月年龄组的百分比）	72	71	84
小学毕业率，总数（占适龄年龄组的百分比）	*78*	80	*87*
中学总入学率，总数（占适龄年龄组的百分比）	*44*	55	*64*
小学和中学中女孩与男孩的比率（百分比）	*84*	91	*96*
HIV感染率（占15—49岁人口的百分比）	0.3	..	*0.9*
环境			
森林（千平方公里）	32,108	31,141	30,575
森林采伐（1990—2010年，平均年度百分比）	..	0.3	0.2
淡水使用量（占内陆水资源的百分比）	..	..	*6.7*
获得改善的水资源的人口（占总人口的百分比）	71	79	86
获得改善的卫生设施的人口（占总人口的百分比）	37	47	56
人均能源使用量（千克石油当量）	963	888	*1,162*
人均二氧化碳排放量（吨）	2.2	2.2	*3.0*
人均用电量（千瓦时）	876	971	*1,525*
经济			
GDP（10亿美元）	3,695	5,875	20,072
GDP增长率（年度百分比）	1.9	5.4	7.6
GDP隐含价格平减指数（年度增长百分比）	10.7	6.2	6.3
农业增加值（占GDP的百分比）	18	12	10
工业增加值（占GDP的百分比）	36	35	35
服务业增加值（占GDP的百分比）	46	53	54
货物和服务出口（占GDP的百分比）	19	27	28
货物和服务进口（占GDP的百分比）	19	25	28
资本形成总额（占GDP的百分比）	26	24	29
中央政府收入（占GDP的百分比）	..	14.5	*18.6*
中央政府现金盈余/赤字（占GDP的百分比）	..	*-2.3*	..
政府与市场			
创办企业的时间（天）	..	*58*	35
股票市场资本总额（占GDP的百分比）	*18.7*	36.0	72.3
军费支出（占GDP的百分比）	5.0	2.1	2.0
移动电话用户（每100人）	0.0	4.2	71.8
互联网用户（每100人）	0.0	1.5	21.5
铺敷道路（占总数的百分比）	..	*30.2*	*44.8*
高科技出口（占制成品出口的百分比）	..	19	18
全球联系			
商品贸易（占GDP的百分比）	32	45	48
净易货贸易条件指数（2000年=100）	..	..	..
外债总额（10亿美元）	1,253	2,126	4,076
债务还本付息总额（占出口的百分比）	21.8	20.9	9.8
净移民（百万）	-8.4	-13.1	-23.2
获得的侨汇（10亿美元）	29	80	325
外国直接投资，净流入额（10亿美元）	22	149	514
获得的净官方发展援助（10亿美元）	56	49	131

高收入经济体

人口（百万）	1,127.4	人口增长率（百分比）	0.6
陆地面积（千平方公里）	35,774	国家贫困率（占人口的百分比）	..
GNI，图表集法（10 亿美元）	43,682.7	人均 GNI，图表集法（美元）	38,745
PPP 衡量的 GNI（10 亿美元）	42,072.5	PPP 衡量的人均 GNI（美元）	37,317

	1990	2000	2010
人口			
最贫困的 20% 人口占国家消费/收入的份额（百分比）	..	..	..
出生时的预期寿命（岁）	75	78	80
总生育率（每个女性生育数）	1.8	1.7	1.8
青年女性生育率（每千名 15—19 岁女性生育数）	..	23	18
避孕普及率（占 15—49 岁已婚女性的百分比）	70	70	..
在熟练医护人员护理下的分娩（占总数的百分比）	..	..	..
5 岁以下儿童死亡率（每千人）	12	8	6
儿童营养不良，体重不足（占 5 岁以下儿童的百分比）	..	..	..
儿童麻疹免疫接种率（占 12—23 个月年龄组的百分比）	84	91	93
小学毕业率，总数（占适龄年龄组的百分比）	..	97	*97*
中学总入学率，总数（占适龄年龄组的百分比）	*91*	99	*100*
小学和中学中女孩与男孩的比率（百分比）	*100*	100	*100*
HIV 感染率（占 15—49 岁人口的百分比）	0.2	0.3	*0.3*
环境			
森林（千平方公里）	9,474	9,597	9,629
森林采伐（1990—2010 年，平均年度百分比）	..	-0.1	0.0
淡水使用量（占内陆水资源的百分比）	..	..	*9.4*
获得改善的水资源的人口（占总人口的百分比）	99	99	100
获得改善的卫生设施的人口（占总人口的百分比）	100	99	100
人均能源使用量（千克石油当量）	4,649	5,148	4,943
人均二氧化碳排放量（吨）	11.8	12.3	*11.9*
人均用电量（千瓦时）	7,394	8,947	*9,064*
经济			
GDP（10 亿美元）	18,226	26,375	43,240
GDP 增长率（年度百分比）	3.2	4.1	3.1
GDP 隐含价格平减指数（年度增长百分比）	5.4	3.3	1.4
农业增加值（占 GDP 的百分比）	3	2	*1*
工业增加值（占 GDP 的百分比）	32	28	*24*
服务业增加值（占 GDP 的百分比）	65	71	*75*
货物和服务出口（占 GDP 的百分比）	19	24	28
货物和服务进口（占 GDP 的百分比）	20	25	28
资本形成总额（占 GDP 的百分比）	23	22	18
中央政府收入（占 GDP 的百分比）	..	*27.5*	*24.9*
中央政府现金盈余/赤字（占 GDP 的百分比）	..	*0.1*	*-7.5*
政府与市场			
创办企业的时间（天）	..	*33*	17
股票市场资本总额（占 GDP 的百分比）	51.0	115.1	99.7
军费支出（占 GDP 的百分比）	3.4	2.3	2.9
移动电话用户（每 100 人）	1.1	49.9	110.5
互联网用户（每 100 人）	0.3	30.7	73.4
铺敷道路（占总数的百分比）	..	*88.8*	*81.1*
高科技出口（占制成品出口的百分比）	19	26	17
全球联系			
商品贸易（占 GDP 的百分比）	32	40	47
净易货贸易条件指数（2000 年 = 100）	..	..	..
外债总额（百万美元）	..	..	..
债务还本付息总额（占出口的百分比）	..	..	..
净移民（百万）	8.5	13.3	22.9
获得的侨汇（10 亿美元）	39	56	124
外国直接投资，净流入额（10 亿美元）	183	1,259	916
获得的净官方发展援助（百万美元）	2,648	340	223

欧元区

人口（百万）	331.8	人口增长率（百分比）	0.3
陆地面积（千平方公里）	2,628	国家贫困率（占人口的百分比）	..
GNI，图表集法（10亿美元）	12,794.4	人均GNI，图表集法（美元）	38,565
PPP衡量的GNI（10亿美元）	11,399.6	PPP衡量的人均GNI（美元）	34,360

	1990	2000	2010
人口			
最贫困的20%人口占国家消费/收入的份额（百分比）	..	..	..
出生时的预期寿命（岁）	76	78	81
总生育率（每个女性生育数）	1.5	1.5	1.6
青年女性生育率（每千名15—19岁女性生育数）	..	11	8
避孕普及率（占15—49岁已婚女性的百分比）	..	..	..
在熟练医护人员护理下的分娩（占总数的百分比）	..	..	..
5岁以下儿童死亡率（每千人）	10	6	4
儿童营养不良，体重不足（占5岁以下儿童的百分比）	..	..	..
儿童麻疹免疫接种率（占12—23个月年龄组的百分比）	74	87	93
小学毕业率，总数（占适龄年龄组的百分比）	*101*	100	*101*
中学总入学率，总数（占适龄年龄组的百分比）	..	103	*107*
小学和中学中女孩与男孩的比率（百分比）	..	100	99
HIV感染率（占15—49岁人口的百分比）	0.2	0.2	*0.3*
环境			
森林（千平方公里）	859	924	952
森林采伐（1990—2010年，平均年度百分比）	..	-0.8	-0.3
淡水使用量（占内陆水资源的百分比）	..	..	*16.4*
获得改善的水资源的人口（占总人口的百分比）	100	100	100
获得改善的卫生设施的人口（占总人口的百分比）	100	100	100
人均能源使用量（千克石油当量）	3,509	3,732	3,641
人均二氧化碳排放量（吨）	*8.9*	8.3	*8.0*
人均用电量（千瓦时）	5,338	6,322	*6,592*
经济			
GDP（10亿美元）	5,688	6,256	12,149
GDP增长率（年度百分比）	3.5	3.8	1.9
GDP隐含价格平减指数（年度增长百分比）	4.4	3.4	1.0
农业增加值（占GDP的百分比）	3	2	2
工业增加值（占GDP的百分比）	33	28	26
服务业增加值（占GDP的百分比）	64	70	72
货物和服务出口（占GDP的百分比）	27	37	41
货物和服务进口（占GDP的百分比）	28	36	39
资本形成总额（占GDP的百分比）	23	22	19
中央政府收入（占GDP的百分比）	..	36.3	*34.7*
中央政府现金盈余/赤字（占GDP的百分比）	..	0.1	*-5.2*
政府与市场			
创办企业的时间（天）	..	*51*	12
股票市场资本总额（占GDP的百分比）	21.1	86.9	51.7
军费支出（占GDP的百分比）	2.5	1.8	1.6
移动电话用户（每100人）	0.4	59.9	122.4
互联网用户（每100人）	0.1	22.7	71.2
铺敷道路（占总数的百分比）	..	*91.8*	*87.3*
高科技出口（占制成品出口的百分比）	13	20	15
全球联系			
商品贸易（占GDP的百分比）	44	61	65
净易货贸易条件指数（2000年=100）	..	..	..
外债总额（百万美元）	..	..	..
债务还本付息总额（占出口的百分比）	..	..	..
净移民（百万）	2.1	3.0	6.3
获得的侨汇（10亿美元）	27.9	33.3	72.0
外国直接投资，净流入额（10亿美元）	61	511	395
获得的净官方发展援助（10亿美元）	43.7	82.1	..

中国

除非另有说明，中国的数据不包括中国香港、中国澳门和中国台湾。

塞浦路斯

GNI 和 GDP 数据以及利用 GNI 和 GDP 计算的数据为塞浦路斯政府控制地区的数据。

格鲁吉亚

GNI、GDP 和人口数据以及使用 GNI、GDP 和人口计算的数据都不包括阿伯卡茨和南奥塞梯。

科索沃、黑山和塞尔维亚

如果数据可以获得，各国的数据单独给出。然而，2006 年以前塞尔维亚的一些指标包括黑山，这些数据在表中给予了注释。此外，1999 年以来塞尔维亚的大多数指标数据不包括科索沃。根据联合国安理会第 1244 号决议（1999 年），科索沃在 1999 年由国际托管。科索沃于 2009 年 6 月 29 日成为世界银行成员国，数据如果可以获得，则给出该国数据。

马尔代夫

GNI、GDP 和人口数据以及利用 GNI、GDP 和人口计算的数据不包括德涅斯特。

摩洛哥

GNI 和 GDP 数据以及利用 GNI 和 GDP 计算的数据包括前西属撒哈拉。

荷属安的列斯

荷属安的列斯于 2010 年 10 月 10 日起正式解体。库拉索岛与圣马丁岛成为荷兰王国的构成国家，波内赫、萨巴岛和圣尤斯特歇斯则成为荷兰的特别行政区。

南苏丹和苏丹

如果数据可以获得，则单独给出南苏丹的数据。但是苏丹公布的数据包含南苏丹，除非另有说明。

坦桑尼亚

GNI 和 GDP 数据以及利用 GNI 和 GDP 计算的数据仅为坦桑尼亚大陆的数据。

更多的信息见《2012 年世界发展指标》及其网站 data. worldbank. org。

阿富汗

南亚			低收入经济体
人口（百万）	34.4	人口增长率（百分比）	2.8
陆地面积（千平方公里）	652	国家贫困率（占人口的百分比）	*36.0*
GNI，图表集法（10亿美元）	14.3	人均GNI，图表集法（美元）	410
PPP衡量的GNI（10亿美元）	36.5	PPP衡量的人均GNI（美元）	1,060

	1990	2000	2010
人口			
最贫困的20%人口占国家消费/收入的份额（百分比）	..	..	*9.4*
出生时的预期寿命（岁）	42	45	48
总生育率（每个女性生育数）	8.0	7.7	6.3
青年女性生育率（每千名15—19岁女性生育数）	..	182	107
避孕普及率（占15—49岁已婚女性的百分比）	..	5	*23*
在熟练医护人员护理下的分娩（占总数的百分比）	..	12	*24*
5岁以下儿童死亡率（每千人）	209	151	149
儿童营养不良，体重不足（占5岁以下儿童的百分比）	..	*32.9*	..
儿童麻疹免疫接种率（占12—23个月年龄组的百分比）	20	27	62
小学毕业率，总数（占适龄年龄组的百分比）	*28*	..	..
中学总入学率，总数（占适龄年龄组的百分比）	11	*11*	46
小学和中学中女孩与男孩的比率（百分比）	*54*	*0*	64
HIV感染率（占15—49岁人口的百分比）	..	..	..
环境			
森林（千平方公里）	14	14	14
森林采伐（1990—2010年，平均年度百分比）	..	0.0	0.0
淡水使用量（占内陆水资源的百分比）	..	42.0	*35.6*
获得改善的水资源的人口（占总人口的百分比）	..	22	50
获得改善的卫生设施的人口（占总人口的百分比）	..	32	37
人均能源使用量（千克石油当量）	..	..	..
人均二氧化碳排放量（吨）	0.14	0.03	*0.03*
人均用电量（千瓦时）	..	..	..
经济			
GDP（10亿美元）	..	*2.5*	17.2
GDP增长率（年度百分比）	..	*14.3*	8.2
GDP隐含价格平减指数（年度增长百分比）	..	*3.8*	3.7
农业增加值（占GDP的百分比）	..	*45*	30
工业增加值（占GDP的百分比）	..	*20*	22
服务业增加值（占GDP的百分比）	..	*35*	48
货物和服务出口（占GDP的百分比）	..	*31*	15
货物和服务进口（占GDP的百分比）	..	*62*	54
资本形成总额（占GDP的百分比）	..	*12*	16
中央政府收入（占GDP的百分比）	..	..	10.1
中央政府现金盈余/赤字（占GDP的百分比）	..	..	1.4
政府与市场			
创办企业的时间（天）	..	..	7
股票市场资本总额（占GDP的百分比）	..	..	..
军费支出（占GDP的百分比）	..	*2.0*	*1.8*
移动电话用户（每100人）	0.0	0.0	37.8
互联网用户（每100人）	0.0	*0.0*	3.7
铺敷道路（占总数的百分比）	..	*23.7*	*29.3*
高科技出口（占制成品出口的百分比）	..	..	..
全球联系			
商品贸易（占GDP的百分比）	..	*72*	28
净易货贸易条件指数（2000年=100）	..	100	147
外债总额（百万美元）	..	..	2,297
债务还本付息总额（占出口的百分比）	..	..	..
净移民（千人）	-1,484	-376	-381
获得的侨汇（百万美元）	..	..	..
外国直接投资，净流入额（百万美元）	*-0.3*	0.2	75.7
获得的净官方发展援助（百万美元）	122	136	6,374

阿尔巴尼亚

欧洲和中亚 **中高收入经济体**

人口（百万）	3.2	人口增长率（百分比）	0.4
陆地面积（千平方公里）	29	国家贫困率（占人口的百分比）	*12.4*
GNI，图表集法（10 亿美元）	12.7	人均 GNI，图表集法（美元）	3,960
PPP 衡量的 GNI（10 亿美元）	27.3	PPP 衡量的人均 GNI（美元）	8,520

	1990	2000	2010
人口			
最贫困的 20% 人口占国家消费/收入的份额（百分比）	..	*9.1*	*8.1*
出生时的预期寿命（岁）	72	74	77
总生育率（每个女性生育数）	3.2	2.2	1.5
青年女性生育率（每千名 15—19 岁女性生育数）	..	15	16
避孕普及率（占 15—49 岁已婚女性的百分比）	..	58	69
在熟练医护人员护理下的分娩（占总数的百分比）	93	99	*99*
5 岁以下儿童死亡率（每千人）	41	29	18
儿童营养不良，体重不足（占 5 岁以下儿童的百分比）	..	17.0	*6.3*
儿童麻疹免疫接种率（占 12—23 个月年龄组的百分比）	88	95	99
小学毕业率，总数（占适龄年龄组的百分比）	..	102	86
中学总入学率，总数（占适龄年龄组的百分比）	89	72	89
小学和中学中女孩与男孩的比率（百分比）	95	97	98
HIV 感染率（占 15—49 岁人口的百分比）	..	..	..
环境			
森林（千平方公里）	7.9	7.7	7.8
森林采伐（1990—2010 年，平均年度百分比）	..	0.3	-0.1
淡水使用量（占内陆水资源的百分比）	4.5	6.8	*4.4*
获得改善的水资源的人口（占总人口的百分比）	97	98	95
获得改善的卫生设施的人口（占总人口的百分比）	76	84	94
人均能源使用量（千克石油当量）	809	575	*538*
人均二氧化碳排放量（吨）	2.3	1.0	*1.3*
人均用电量（千瓦时）	522	1,217	*1,747*
经济			
GDP（10 亿美元）	2.1	3.7	11.8
GDP 增长率（年度百分比）	-9.6	7.3	3.5
GDP 隐含价格平减指数（年度增长百分比）	-0.5	4.3	3.5
农业增加值（占 GDP 的百分比）	36	29	20
工业增加值（占 GDP 的百分比）	48	19	19
服务业增加值（占 GDP 的百分比）	16	52	61
货物和服务出口（占 GDP 的百分比）	15	19	30
货物和服务进口（占 GDP 的百分比）	23	37	52
资本形成总额（占 GDP 的百分比）	29	25	26
中央政府收入（占 GDP 的百分比）	..	*23.4*	..
中央政府现金盈余/赤字（占 GDP 的百分比）	..	*-6.7*	..
政府与市场			
创办企业的时间（天）	..	*41*	5
股票市场资本总额（占 GDP 的百分比）	..	..	..
军费支出（占 GDP 的百分比）	5.9	1.2	1.6
移动电话用户（每 100 人）	0.0	1.0	141.9
互联网用户（每 100 人）	0.0	0.1	45.0
铺敷道路（占总数的百分比）	..	39.0	..
高科技出口（占制成品出口的百分比）	..	1	1
全球联系			
商品贸易（占 GDP 的百分比）	29	37	52
净易货贸易条件指数（2000 年 = 100）	..	100	95
外债总额（10 亿美元）	*0.5*	1.1	4.7
债务还本付息总额（占出口的百分比）	*4.3*	3.4	11.1
净移民（千人）	23	-270	-48
获得的侨汇（百万美元）	*152*	598	1,156
外国直接投资，净流入额（百万美元）	*20*	143	1,110
获得的净官方发展援助（百万美元）	11	318	338

阿尔及利亚

中东和北非			中高收入经济体
人口（百万）	35.5	人口增长率（百分比）	1.5
陆地面积（千平方公里）	2,382	国家贫困率（占人口的百分比）	*22.6*
GNI，图表集法（10亿美元）	155.7	人均GNI，图表集法（美元）	4,390
PPP衡量的GNI（10亿美元）	287.2	PPP衡量的人均GNI（美元）	8,100

	1990	2000	2010
人口			
最贫困的20%人口占国家消费/收入的份额（百分比）	6.5	..	..
出生时的预期寿命（岁）	67	70	73
总生育率（每个女性生育数）	4.7	2.6	2.3
青年女性生育率（每千名15—19岁女性生育数）	..	10	7
避孕普及率（占15—49岁已婚女性的百分比）	*51*	64	*61*
在熟练医护人员护理下的分娩（占总数的百分比）	*77*	93	*95*
5岁以下儿童死亡率（每千人）	68	49	36
儿童营养不良，体重不足（占5岁以下儿童的百分比）	*9.2*	5.4	*3.7*
儿童麻疹免疫接种率（占12—23个月年龄组的百分比）	83	80	95
小学毕业率，总数（占适龄年龄组的百分比）	81	82	96
中学总入学率，总数（占适龄年龄组的百分比）	62	*75*	*95*
小学和中学中女孩与男孩的比率（百分比）	82	*98*	*98*
HIV感染率（占15—49岁人口的百分比）	0.1	0.1	*0.1*
环境			
森林（千平方公里）	17	16	15
森林采伐（1990—2010年，平均年度百分比）	..	0.5	0.6
淡水使用量（占内陆水资源的百分比）	*38.0*	*52.7*	*52.7*
获得改善的水资源的人口（占总人口的百分比）	94	89	83
获得改善的卫生设施的人口（占总人口的百分比）	88	92	95
人均能源使用量（千克石油当量）	877	885	*1,138*
人均二氧化碳排放量（吨）	3.1	2.9	*3.2*
人均用电量（千瓦时）	541	695	*971*
经济			
GDP（10亿美元）	62.0	54.8	162.0
GDP增长率（年度百分比）	0.8	2.2	3.3
GDP隐含价格平减指数（年度增长百分比）	30.3	24.6	16.2
农业增加值（占GDP的百分比）	11	9	7
工业增加值（占GDP的百分比）	48	59	62
服务业增加值（占GDP的百分比）	40	33	31
货物和服务出口（占GDP的百分比）	23	41	31
货物和服务进口（占GDP的百分比）	25	21	21
资本形成总额（占GDP的百分比）	29	25	41
中央政府收入（占GDP的百分比）	..	..	*37.3*
中央政府现金盈余/赤字（占GDP的百分比）	..	..	*-4.5*
政府与市场			
创办企业的时间（天）	..	*25*	25
股票市场资本总额（占GDP的百分比）	..	..	..
军费支出（占GDP的百分比）	1.5	3.4	3.5
移动电话用户（每100人）	0.0	0.3	92.4
互联网用户（每100人）	0.0	0.5	12.5
铺敷道路（占总数的百分比）	67.0	68.9	*74.0*
高科技出口（占制成品出口的百分比）	*1*	4	1
全球联系			
商品贸易（占GDP的百分比）	37	57	60
净易货贸易条件指数（2000年=100）	74	100	178
外债总额（10亿美元）	28.1	25.4	5.3
债务还本付息总额（占出口的百分比）	65.0	..	1.0
净移民（千人）	-70	-140	-140
获得的侨汇（百万美元）	352	790	2,044
外国直接投资，净流入额（百万美元）	0	280	2,291
获得的净官方发展援助（百万美元）	332	200	199

美属萨摩亚

东亚和太平洋地区			中高收入经济体
人口（千人）	68	人口增长率（百分比）	1.6
陆地面积（平方公里）	200	国家贫困率（占人口的百分比）	..
GNI，图表集法（百万美元）	..	人均 GNI，图表集法（美元）	..
PPP 衡量的 GNI（百万美元）	..	PPP 衡量的人均 GNI（美元）	..

	1990	2000	2010
人口			
最贫困的 20% 人口占国家消费/收入的份额（百分比）	..	..	..
出生时的预期寿命（岁）	..	..	..
总生育率（每个女性生育数）	..	..	..
青年女性生育率（每千名 15—19 岁女性生育数）	..	..	..
避孕普及率（占 15—49 岁已婚女性的百分比）	..	..	..
在熟练医护人员护理下的分娩（占总数的百分比）	..	*100*	..
5 岁以下儿童死亡率（每千人）	..	..	..
儿童营养不良，体重不足（占 5 岁以下儿童的百分比）	..	..	..
儿童麻疹免疫接种率（占 12—23 个月年龄组的百分比）	..	..	..
小学毕业率，总数（占适龄年龄组的百分比）	..	..	..
中学总入学率，总数（占适龄年龄组的百分比）	*93*	..	..
小学和中学中女孩与男孩的比率（百分比）	*103*	..	..
HIV 感染率（占 15—49 岁人口的百分比）	..	..	..
环境			
森林（平方公里）	180	180	180
森林采伐（1990—2010 年，平均年度百分比）	..	0.2	0.2
淡水使用量（占内陆水资源的百分比）	..	..	..
获得改善的水资源的人口（占总人口的百分比）	..	..	..
获得改善的卫生设施的人口（占总人口的百分比）	..	..	..
人均能源使用量（千克石油当量）	..	..	..
人均二氧化碳排放量（吨）	..	..	..
人均用电量（千瓦时）	..	..	..
经济			
GDP（百万美元）	..	..	..
GDP 增长率（年度百分比）	..	..	..
GDP 隐含价格平减指数（年度增长百分比）	..	..	..
农业增加值（占 GDP 的百分比）	..	..	..
工业增加值（占 GDP 的百分比）	..	..	..
服务业增加值（占 GDP 的百分比）	..	..	..
货物和服务出口（占 GDP 的百分比）	..	..	..
货物和服务进口（占 GDP 的百分比）	..	..	..
资本形成总额（占 GDP 的百分比）	..	..	..
中央政府收入（占 GDP 的百分比）	..	..	..
中央政府现金盈余/赤字（占 GDP 的百分比）	..	..	..
政府与市场			
创办企业的时间（天）	..	..	..
股票市场资本总额（占 GDP 的百分比）	..	..	..
军费支出（占 GDP 的百分比）	..	..	..
移动电话用户（每 100 人）	0.0	3.5	..
互联网用户（每 100 人）	0.0	..	..
铺敷道路（占总数的百分比）	..	..	..
高科技出口（占制成品出口的百分比）	..	..	..
全球联系			
商品贸易（占 GDP 的百分比）	..	..	..
净易货贸易条件指数（2000 年 = 100）	..	100	145
外债总额（百万美元）	..	..	..
债务还本付息总额（占出口的百分比）	..	..	..
净移民（千人）	..	..	..
获得的侨汇（百万美元）	..	..	..
外国直接投资，净流入额（百万美元）	..	..	..
获得的净官方发展援助（百万美元）	..	..	..

安道尔

高收入经济体

人口（千人）	85	人口增长率（百分比）	1.4
陆地面积（平方公里）	470	国家贫困率（占人口的百分比）	..
GNI，图表集法（10亿美元）	*3.4*	人均GNI，图表集法（美元）	*41,750*
PPP衡量的GNI（百万美元）	..	PPP衡量的人均GNI（美元）	..

	1990	2000	2010
人口			
最贫困的20%人口占国家消费/收入的份额（百分比）	..	..	..
出生时的预期寿命（岁）	..	..	..
总生育率（每个女性生育数）	..	..	1.2
青年女性生育率（每千名15—19岁女性生育数）	..	..	..
避孕普及率（占15—49岁已婚女性的百分比）	..	..	..
在熟练医护人员护理下的分娩（占总数的百分比）	..	..	..
5岁以下儿童死亡率（每千人）	9	5	4
儿童营养不良，体重不足（占5岁以下儿童的百分比）	..	..	..
儿童麻疹免疫接种率（占12—23个月年龄组的百分比）	..	97	99
小学毕业率，总数（占适龄年龄组的百分比）	..	*102*	..
中学总入学率，总数（占适龄年龄组的百分比）	..	*79*	87
小学和中学中女孩与男孩的比率（百分比）	..	*101*	103
HIV感染率（占15—49岁人口的百分比）	..	..	..
环境			
森林（平方公里）	160	160	160
森林采伐（1990—2010年，平均年度百分比）	..	0.0	0.0
淡水使用量（占内陆水资源的百分比）	..	..	..
获得改善的水资源的人口（占总人口的百分比）	100	100	100
获得改善的卫生设施的人口（占总人口的百分比）	100	100	100
人均能源使用量（千克石油当量）	..	..	..
人均二氧化碳排放量（吨）	..	8.1	6.5
人均用电量（千瓦时）	..	..	..
经济			
GDP（百万美元）	1,029	1,134	*3,712*
GDP增长率（年度百分比）	3.8	1.2	*3.6*
GDP隐含价格平减指数（年度增长百分比）	7.3	4.5	*3.2*
农业增加值（占GDP的百分比）	..	..	..
工业增加值（占GDP的百分比）	..	..	..
服务业增加值（占GDP的百分比）	..	..	..
货物和服务出口（占GDP的百分比）	..	..	..
货物和服务进口（占GDP的百分比）	..	..	..
资本形成总额（占GDP的百分比）	..	..	..
中央政府收入（占GDP的百分比）	..	..	..
中央政府现金盈余/赤字（占GDP的百分比）	..	..	..
政府与市场			
创办企业的时间（天）	..	..	..
股票市场资本总额（占GDP的百分比）	..	..	..
军费支出（占GDP的百分比）	..	..	..
移动电话用户（每100人）	0.0	36.4	77.2
互联网用户（每100人）	0.0	10.5	81.0
铺敷道路（占总数的百分比）	..	..	..
高科技出口（占制成品出口的百分比）	..	11	..
全球联系			
商品贸易（占GDP的百分比）	..	..	..
净易货贸易条件指数（2000年=100）	..	100	..
外债总额（百万美元）	..	..	..
债务还本付息总额（占出口的百分比）	..	..	..
净移民（千人）	..	..	..
获得的侨汇（百万美元）	..	..	..
外国直接投资，净流入额（百万美元）	..	..	..
获得的净官方发展援助（百万美元）	..	..	..

安哥拉

撒哈拉以南非洲地区		中低收入经济体	
人口（百万）	19.1	人口增长率（百分比）	2.8
陆地面积（千平方公里）	1,247	国家贫困率（占人口的百分比）	..
GNI，图表集法（10亿美元）	75.2	人均GNI，图表集法（美元）	3,940
PPP衡量的GNI（10亿美元）	103.1	PPP衡量的人均GNI（美元）	5,410

	1990	2000	2010
人口			
最贫困的20%人口占国家消费/收入的份额（百分比）	..	2.0	..
出生时的预期寿命（岁）	41	45	51
总生育率（每个女性生育数）	7.2	6.8	5.4
青年女性生育率（每千名15—19岁女性生育数）	..	207	157
避孕普及率（占15—49岁已婚女性的百分比）	..	*6*	..
在熟练医护人员护理下的分娩（占总数的百分比）	..	*45*	*47*
5岁以下儿童死亡率（每千人）	243	200	161
儿童营养不良，体重不足（占5岁以下儿童的百分比）	..	*27.5*	*15.6*
儿童麻疹免疫接种率（占12—23个月年龄组的百分比）	38	41	93
小学毕业率，总数（占适龄年龄组的百分比）	*33*	..	47
中学总入学率，总数（占适龄年龄组的百分比）	11	15	31
小学和中学中女孩与男孩的比率（百分比）	..	*82*	79
HIV感染率（占15—49岁人口的百分比）	0.5	1.9	*2.0*
环境			
森林（千平方公里）	610	597	585
森林采伐（1990—2010年，平均年度百分比）	..	0.2	0.2
淡水使用量（占内陆水资源的百分比）	..	0.4	*0.4*
获得改善的水资源的人口（占总人口的百分比）	42	46	51
获得改善的卫生设施的人口（占总人口的百分比）	29	42	58
人均能源使用量（千克石油当量）	569	533	*641*
人均二氧化碳排放量（吨）	0.4	0.7	*1.4*
人均用电量（千瓦时）	61	89	*202*
经济			
GDP（10亿美元）	10.3	9.1	84.4
GDP增长率（年度百分比）	-0.3	3.0	2.3
GDP隐含价格平减指数（年度增长百分比）	10.9	418.2	26.6
农业增加值（占GDP的百分比）	18	6	10
工业增加值（占GDP的百分比）	41	72	63
服务业增加值（占GDP的百分比）	41	22	27
货物和服务出口（占GDP的百分比）	39	90	58
货物和服务进口（占GDP的百分比）	21	63	44
资本形成总额（占GDP的百分比）	12	15	15
中央政府收入（占GDP的百分比）	..	..	..
中央政府现金盈余/赤字（占GDP的百分比）	..	..	..
政府与市场			
创办企业的时间（天）	..	*119*	68
股票市场资本总额（占GDP的百分比）	..	..	..
军费支出（占GDP的百分比）	*7.1*	6.4	4.4
移动电话用户（每100人）	0.0	0.2	46.7
互联网用户（每100人）	0.0	0.1	10.0
铺敷道路（占总数的百分比）	..	10.4	..
高科技出口（占制成品出口的百分比）	..	..	..
全球联系			
商品贸易（占GDP的百分比）	53	120	89
净易货贸易条件指数（2000年=100）	94	100	211
外债总额（10亿美元）	8.6	9.4	18.6
债务还本付息总额（占出口的百分比）	8.1	20.7	4.5
净移民（千人）	-150	-126	82
获得的侨汇（百万美元）	..	..	*82.1*
外国直接投资，净流入额（百万美元）	-335	879	-3,227
获得的净官方发展援助（百万美元）	266	302	239

安提瓜和巴布达

中高收入经济体

人口（千人）	88	人口增长率（百分比）	1.0
陆地面积（平方公里）	440	国家贫困率（占人口的百分比）	..
GNI，图表集法（10亿美元）	1.2	人均GNI，图表集法（美元）	13,280
PPP衡量的GNI（10亿美元）	1.8	PPP衡量的人均GNI（美元）	20,400

	1990	2000	2010
人口			
最贫困的20%人口占国家消费/收入的份额（百分比）	..	..	..
出生时的预期寿命（岁）	*74*	*75*	..
总生育率（每个女性生育数）	*1.7*	*1.7*	..
青年女性生育率（每千名15—19岁女性生育数）	..	..	..
避孕普及率（占15—49岁已婚女性的百分比）	53	53	..
在熟练医护人员护理下的分娩（占总数的百分比）	..	100	*100*
5岁以下儿童死亡率（每千人）	26	15	8
儿童营养不良，体重不足（占5岁以下儿童的百分比）	..	..	..
儿童麻疹免疫接种率（占12—23个月年龄组的百分比）	89	95	98
小学毕业率，总数（占适龄年龄组的百分比）	..	..	100
中学总入学率，总数（占适龄年龄组的百分比）	..	79	105
小学和中学中女孩与男孩的比率（百分比）	..	..	96
HIV感染率（占15—49岁人口的百分比）	..	..	..
环境			
森林（平方公里）	100	100	100
森林采伐（1990—2010年，平均年度百分比）	..	0.3	0.2
淡水使用量（占内陆水资源的百分比）	*3.3*	..	*3.3*
获得改善的水资源的人口（占总人口的百分比）	..	91	..
获得改善的卫生设施的人口（占总人口的百分比）	..	95	..
人均能源使用量（千克石油当量）	1,589	..	*1,699*
人均二氧化碳排放量（吨）	4.8	4.4	*5.1*
人均用电量（千瓦时）	..	..	..
经济			
GDP（百万美元）	392	803	1,211
GDP增长率（年度百分比）	2.5	1.5	-5.2
GDP隐含价格平减指数（年度增长百分比）	2.3	21.3	2.0
农业增加值（占GDP的百分比）	4	2	2
工业增加值（占GDP的百分比）	20	16	19
服务业增加值（占GDP的百分比）	76	82	79
货物和服务出口（占GDP的百分比）	89	58	44
货物和服务进口（占GDP的百分比）	87	62	54
资本形成总额（占GDP的百分比）	32	35	*18*
中央政府收入（占GDP的百分比）	..	..	..
中央政府现金盈余/赤字（占GDP的百分比）	..	..	..
政府与市场			
创办企业的时间（天）	..	..	21
股票市场资本总额（占GDP的百分比）	..	..	..
军费支出（占GDP的百分比）	..	..	..
移动电话用户（每100人）	0.0	28.3	190.9
互联网用户（每100人）	0.0	6.5	80.6
铺敷道路（占总数的百分比）	..	*33.0*	..
高科技出口（占制成品出口的百分比）	..	0	*0*
全球联系			
商品贸易（占GDP的百分比）	70	57	52
净易货贸易条件指数（2000年=100）	..	100	75
外债总额（百万美元）	..	..	..
债务还本付息总额（占出口的百分比）	..	..	..
净移民（千人）	..	..	..
获得的侨汇（百万美元）	12.5	20.7	24.8
外国直接投资，净流入额（百万美元）	60.6	43.1	96.7
获得的净官方发展援助（百万美元）	4.6	9.8	19.1

阿根廷

拉丁美洲和加勒比地区		中高收入经济体	
人口（百万）	40.4	人口增长率（百分比）	0.9
陆地面积（千平方公里）	2,780	国家贫困率（占人口的百分比）	..
GNI，图表集法（10亿美元）	348.4	人均GNI，图表集法（美元）	8,620
PPP衡量的GNI（10亿美元）	629.3	PPP衡量的人均GNI（美元）	15,570

	1990	2000	2010
人口			
最贫困的20%人口占国家消费/收入的份额（百分比）	*5.0*	3.2	4.4
出生时的预期寿命（岁）	71	74	76
总生育率（每个女性生育数）	3.0	2.5	2.2
青年女性生育率（每千名15—19岁女性生育数）	..	64	55
避孕普及率（占15—49岁已婚女性的百分比）	..	*65*	*78*
在熟练医护人员护理下的分娩（占总数的百分比）	*96*	*98*	*98*
5岁以下儿童死亡率（每千人）	27	20	14
儿童营养不良，体重不足（占5岁以下儿童的百分比）	..	..	*2.3*
儿童麻疹免疫接种率（占12—23个月年龄组的百分比）	93	91	99
小学毕业率，总数（占适龄年龄组的百分比）	..	99	*106*
中学总入学率，总数（占适龄年龄组的百分比）	72	87	*89*
小学和中学中女孩与男孩的比率（百分比）	*107*	101	*104*
HIV感染率（占15—49岁人口的百分比）	0.3	0.4	*0.5*
环境			
森林（千平方公里）	348	319	294
森林采伐（1990—2010年，平均年度百分比）	..	0.9	0.8
淡水使用量（占内陆水资源的百分比）	..	11.8	*4.0*
获得改善的水资源的人口（占总人口的百分比）	94	96	*97*
获得改善的卫生设施的人口（占总人口的百分比）	90	91	*90*
人均能源使用量（千克石油当量）	1,411	1,650	*1,853*
人均二氧化碳排放量（吨）	3.4	3.8	*4.8*
人均用电量（千瓦时）	1,303	2,085	*2,759*
经济			
GDP（10亿美元）	141	284	369
GDP增长率（年度百分比）	-2.4	-0.8	9.2
GDP隐含价格平减指数（年度增长百分比）	2,076.8	1.0	15.4
农业增加值（占GDP的百分比）	8	5	10
工业增加值（占GDP的百分比）	36	28	31
服务业增加值（占GDP的百分比）	56	67	59
货物和服务出口（占GDP的百分比）	10	11	22
货物和服务进口（占GDP的百分比）	5	12	18
资本形成总额（占GDP的百分比）	14	16	22
中央政府收入（占GDP的百分比）	..	*14.1*	..
中央政府现金盈余/赤字（占GDP的百分比）	..	*-5.7*	..
政府与市场			
创办企业的时间（天）	..	*66*	26
股票市场资本总额（占GDP的百分比）	2.3	58.4	17.3
军费支出（占GDP的百分比）	1.1	1.1	0.9
移动电话用户（每100人）	0.0	17.6	141.8
互联网用户（每100人）	0.0	7.0	36.0
铺敷道路（占总数的百分比）	28.5	29.4	..
高科技出口（占制成品出口的百分比）	*8*	9	7
全球联系			
商品贸易（占GDP的百分比）	12	18	34
净易货贸易条件指数（2000年=100）	64	100	127
外债总额（10亿美元）	62	141	128
债务还本付息总额（占出口的百分比）	37.0	69.4	16.7
净移民（千人）	120	-50	-200
获得的侨汇（百万美元）	23	86	641
外国直接投资，净流入额（10亿美元）	1.8	10.4	7.1
获得的净官方发展援助（百万美元）	169	52	155

亚美尼亚

欧洲和中亚 **中低收入经济体**

人口（百万）	3.1	人口增长率（百分比）	0.2
陆地面积（千平方公里）	30	国家贫困率（占人口的百分比）	35.8
GNI，图表集法（10亿美元）	9.9	人均GNI，图表集法（美元）	3,200
PPP衡量的GNI（10亿美元）	17.5	PPP衡量的人均GNI（美元）	5,660

	1990	2000	2010
人口			
最贫困的20%人口占国家消费/收入的份额（百分比）	..	*7.6*	*8.8*
出生时的预期寿命（岁）	68	71	74
总生育率（每个女性生育数）	2.5	1.7	1.7
青年女性生育率（每千名15—19岁女性生育数）	..	44	34
避孕普及率（占15—49岁已婚女性的百分比）	*56*	61	55
在熟练医护人员护理下的分娩（占总数的百分比）	100	97	100
5岁以下儿童死亡率（每千人）	55	33	20
儿童营养不良，体重不足（占5岁以下儿童的百分比）	..	*2.6*	*4.2*
儿童麻疹免疫接种率（占12—23个月年龄组的百分比）	*93*	92	97
小学毕业率，总数（占适龄年龄组的百分比）	..	*93*	*101*
中学总入学率，总数（占适龄年龄组的百分比）	..	90	92
小学和中学中女孩与男孩的比率（百分比）	..	*104*	102
HIV感染率（占15—49岁人口的百分比）	0.1	0.1	*0.1*
环境			
森林（千平方公里）	3.5	3.0	2.6
森林采伐（1990—2010年，平均年度百分比）	..	1.3	1.5
淡水使用量（占内陆水资源的百分比）	..	*22.3*	*36.4*
获得改善的水资源的人口（占总人口的百分比）	..	92	98
获得改善的卫生设施的人口（占总人口的百分比）	..	89	90
人均能源使用量（千克石油当量）	2,171	651	*843*
人均二氧化碳排放量（吨）	1.1	1.1	*1.8*
人均用电量（千瓦时）	2,718	1,295	*1,550*
经济			
GDP（10亿美元）	2.3	1.9	9.4
GDP增长率（年度百分比）	-11.7	5.9	2.1
GDP隐含价格平减指数（年度增长百分比）	*79.4*	-1.4	9.2
农业增加值（占GDP的百分比）	17	26	20
工业增加值（占GDP的百分比）	52	39	36
服务业增加值（占GDP的百分比）	31	35	44
货物和服务出口（占GDP的百分比）	35	23	21
货物和服务进口（占GDP的百分比）	46	51	45
资本形成总额（占GDP的百分比）	47	19	33
中央政府收入（占GDP的百分比）	..	*17.7*	22.4
中央政府现金盈余/赤字（占GDP的百分比）	..	*-0.7*	-4.9
政府与市场			
创办企业的时间（天）	..	*18*	8
股票市场资本总额（占GDP的百分比）	..	*0.1*	0.3
军费支出（占GDP的百分比）	*2.1*	3.6	4.5
移动电话用户（每100人）	0.0	0.6	125.0
互联网用户（每100人）	0.0	1.3	44.0
铺敷道路（占总数的百分比）	99.2	*91.3*	*93.6*
高科技出口（占制成品出口的百分比）	..	5	2
全球联系			
商品贸易（占GDP的百分比）	..	62	51
净易货贸易条件指数（2000年=100）	..	100	126
外债总额（百万美元）	*134*	916	6,103
债务还本付息总额（占出口的百分比）	*1.2*	8.3	33.4
净移民（千人）	-68	-225	-75
获得的侨汇（百万美元）	..	87	996
外国直接投资，净流入额（百万美元）	*2*	104	570
获得的净官方发展援助（百万美元）	*3*	216	340

阿鲁巴

高收入经济体

人口（千人）	108	人口增长率（百分比）	0.8
陆地面积（平方公里）	180	国家贫困率（占人口的百分比）	..
GNI，图表集法（10亿美元）	..	人均GNI，图表集法（美元）	..
PPP衡量的GNI（百万美元）	..	PPP衡量的人均GNI（美元）	..

	1990	2000	2010
人口			
最贫困的20%人口占国家消费/收入的份额（百分比）	..	..	..
出生时的预期寿命（岁）	73	74	75
总生育率（每个女性生育数）	2.2	1.9	1.7
青年女性生育率（每千名15—19岁女性生育数）	..	44	29
避孕普及率（占15—49岁已婚女性的百分比）	..	..	..
在熟练医护人员护理下的分娩（占总数的百分比）	..	96	..
5岁以下儿童死亡率（每千人）	..	..	..
儿童营养不良，体重不足（占5岁以下儿童的百分比）	..	..	..
儿童麻疹免疫接种率（占12—23个月年龄组的百分比）	..	..	..
小学毕业率，总数（占适龄年龄组的百分比）	..	98	91
中学总入学率，总数（占适龄年龄组的百分比）	..	97	90
小学和中学中女孩与男孩的比率（百分比）	..	99	99
HIV感染率（占15—49岁人口的百分比）	..	..	..
环境			
森林（平方公里）	4.0	4.0	4.0
森林采伐（1990—2010年，平均年度百分比）	..	0.0	0.0
淡水使用量（占内陆水资源的百分比）	..	..	..
获得改善的水资源的人口（占总人口的百分比）	100	100	100
获得改善的卫生设施的人口（占总人口的百分比）	..	..	..
人均能源使用量（千克石油当量）	..	..	..
人均二氧化碳排放量（吨）	29.6	24.7	*21.7*
人均用电量（千瓦时）	..	..	..
经济			
GDP（百万美元）	*872*	1,859	..
GDP增长率（年度百分比）	12.0	3.7	..
GDP隐含价格平减指数（年度增长百分比）	5.7	4.0	..
农业增加值（占GDP的百分比）	..	..	..
工业增加值（占GDP的百分比）	..	..	..
服务业增加值（占GDP的百分比）	..	..	..
货物和服务出口（占GDP的百分比）	*101*	*70*	..
货物和服务进口（占GDP的百分比）	*161*	*91*	..
资本形成总额（占GDP的百分比）	..	..	..
中央政府收入（占GDP的百分比）	..	..	..
中央政府现金盈余/赤字（占GDP的百分比）	..	..	..
政府与市场			
创办企业的时间（天）	..	..	..
股票市场资本总额（占GDP的百分比）	..	..	..
军费支出（占GDP的百分比）	..	..	..
移动电话用户（每100人）	0.0	16.6	122.0
互联网用户（每100人）	0.0	15.4	41.8
铺敷道路（占总数的百分比）	..	..	..
高科技出口（占制成品出口的百分比）	..	..	3
全球联系			
商品贸易（占GDP的百分比）	*58*	54	..
净易货贸易条件指数（2000年=100）	..	100	102
外债总额（百万美元）	..	..	..
债务还本付息总额（占出口的百分比）	..	..	..
净移民（千人）	-5.2	6.3	4.0
获得的侨汇（百万美元）	*2.6*	7.9	15.6
外国直接投资，净流入额（百万美元）	131	-128	161
获得的净官方发展援助（百万美元）	30.0	*-7.4*	..

澳大利亚

高收入经济体

人口（百万）	22.3	人口增长率（百分比）	1.6
陆地面积（千平方公里）	7,741	国家贫困率（占人口的百分比）	..
GNI，图表集法（10亿美元）	1,030.3	人均GNI，图表集法（美元）	46,200
PPP衡量的GNI（10亿美元）	823.0	PPP衡量的人均GNI（美元）	36,910

	1990	2000	2010
人口			
最贫困的20%人口占国家消费/收入的份额（百分比）	..	..	..
出生时的预期寿命（岁）	77	79	82
总生育率（每个女性生育数）	1.9	1.8	1.9
青年女性生育率（每千名15—19岁女性生育数）	..	18	14
避孕普及率（占15—49岁已婚女性的百分比）	..	*71*	..
在熟练医护人员护理下的分娩（占总数的百分比）	*100*	*100*	..
5岁以下儿童死亡率（每千人）	9	6	5
儿童营养不良，体重不足（占5岁以下儿童的百分比）	..	..	..
儿童麻疹免疫接种率（占12—23个月年龄组的百分比）	86	91	94
小学毕业率，总数（占适龄年龄组的百分比）	..	..	..
中学总入学率，总数（占适龄年龄组的百分比）	*132*	162	*129*
小学和中学中女孩与男孩的比率（百分比）	*100*	100	*98*
HIV感染率（占15—49岁人口的百分比）	0.1	0.1	*0.1*
环境			
森林（千平方公里）	1,545	1,549	1,493
森林采伐（1990—2010年，平均年度百分比）	..	0.0	0.4
淡水使用量（占内陆水资源的百分比）	..	4.9	*4.6*
获得改善的水资源的人口（占总人口的百分比）	100	100	100
获得改善的卫生设施的人口（占总人口的百分比）	100	100	100
人均能源使用量（千克石油当量）	5,053	5,645	5,643
人均二氧化碳排放量（吨）	16.8	17.2	*18.6*
人均用电量（千瓦时）	8,527	10,194	*11,113*
经济			
GDP（10亿美元）	314	417	1,132
GDP增长率（年度百分比）	3.6	4.0	2.3
GDP隐含价格平减指数（年度增长百分比）	6.1	2.5	0.1
农业增加值（占GDP的百分比）	5	4	2
工业增加值（占GDP的百分比）	31	27	20
服务业增加值（占GDP的百分比）	64	70	78
货物和服务出口（占GDP的百分比）	15	19	20
货物和服务进口（占GDP的百分比）	17	21	20
资本形成总额（占GDP的百分比）	29	26	28
中央政府收入（占GDP的百分比）	..	25.8	*24.6*
中央政府现金盈余/赤字（占GDP的百分比）	..	2.0	*-2.4*
政府与市场			
创办企业的时间（天）	..	*2*	2
股票市场资本总额（占GDP的百分比）	34.7	89.4	128.5
军费支出（占GDP的百分比）	2.1	1.9	2.0
移动电话用户（每100人）	1.1	44.7	100.9
互联网用户（每100人）	0.6	46.8	75.9
铺敷道路（占总数的百分比）	35.0	*41.6*	*43.5*
高科技出口（占制成品出口的百分比）	8	15	12
全球联系			
商品贸易（占GDP的百分比）	26	32	37
净易货贸易条件指数（2000年=100）	..	100	179
外债总额（百万美元）	..	..	..
债务还本付息总额（占出口的百分比）	..	..	..
净移民（千人）	667	466	1,125
获得的侨汇（10亿美元）	2.4	1.9	4.8
外国直接投资，净流入额（10亿美元）	8.1	13.6	30.6
获得的净官方发展援助（百万美元）	..	..	..

奥地利

高收入经济体

人口（百万）	8.4	人口增长率（百分比）	0.3
陆地面积（千平方公里）	84	国家贫困率（占人口的百分比）	..
GNI，图表集法（10亿美元）	394.6	人均GNI，图表集法（美元）	47,030
PPP衡量的GNI（10亿美元）	333.9	PPP衡量的人均GNI（美元）	39,790

	1990	2000	2010
人口			
最贫困的20%人口占国家消费/收入的份额（百分比）	..	8.6	..
出生时的预期寿命（岁）	76	78	80
总生育率（每个女性生育数）	1.5	1.4	1.4
青年女性生育率（每千名15—19岁女性生育数）	..	14	11
避孕普及率（占15—49岁已婚女性的百分比）	..	..	..
在熟练医护人员护理下的分娩（占总数的百分比）	*100*	..	..
5岁以下儿童死亡率（每千人）	9	6	4
儿童营养不良，体重不足（占5岁以下儿童的百分比）	..	..	..
儿童麻疹免疫接种率（占12—23个月年龄组的百分比）	60	75	76
小学毕业率，总数（占适龄年龄组的百分比）	..	*101*	*99*
中学总入学率，总数（占适龄年龄组的百分比）	101	98	*100*
小学和中学中女孩与男孩的比率（百分比）	94	97	*97*
HIV感染率（占15—49岁人口的百分比）	0.1	0.1	*0.3*
环境			
森林（千平方公里）	38	38	39
森林采伐（1990—2010年，平均年度百分比）	..	-0.2	-0.1
淡水使用量（占内陆水资源的百分比）	*4.9*	6.5	*4.7*
获得改善的水资源的人口（占总人口的百分比）	100	100	100
获得改善的卫生设施的人口（占总人口的百分比）	100	100	100
人均能源使用量（千克石油当量）	3,228	3,566	3,941
人均二氧化碳排放量（吨）	7.9	7.7	*8.1*
人均用电量（千瓦时）	6,104	7,109	*7,944*
经济			
GDP（10亿美元）	165	192	379
GDP增长率（年度百分比）	4.2	3.7	2.3
GDP隐含价格平减指数（年度增长百分比）	3.1	0.9	1.8
农业增加值（占GDP的百分比）	4	2	2
工业增加值（占GDP的百分比）	32	31	29
服务业增加值（占GDP的百分比）	64	67	69
货物和服务出口（占GDP的百分比）	37	46	54
货物和服务进口（占GDP的百分比）	37	44	50
资本形成总额（占GDP的百分比）	25	25	22
中央政府收入（占GDP的百分比）	..	37.7	*36.6*
中央政府现金盈余/赤字（占GDP的百分比）	..	-2.0	*-2.6*
政府与市场			
创办企业的时间（天）	..	*28*	28
股票市场资本总额（占GDP的百分比）	7.0	15.6	17.9
军费支出（占GDP的百分比）	1.2	1.0	0.9
移动电话用户（每100人）	1.0	76.4	145.9
互联网用户（每100人）	0.1	33.7	72.7
铺敷道路（占总数的百分比）	100.0	100.0	*100.0*
高科技出口（占制成品出口的百分比）	8	15	12
全球联系			
商品贸易（占GDP的百分比）	55	73	82
净易货贸易条件指数（2000年=100）	..	100	91
外债总额（百万美元）	..	..	..
债务还本付息总额（占出口的百分比）	..	..	..
净移民（千人）	111	65	160
获得的侨汇（10亿美元）	0.6	1.8	3.2
外国直接投资，净流入额（10亿美元）	0.7	8.5	-25.6
获得的净官方发展援助（百万美元）	..	..	..

阿塞拜疆

欧洲和中亚 **中高收入经济体**

人口（百万）	9.1	人口增长率（百分比）	1.2
陆地面积（千平方公里）	87	国家贫困率（占人口的百分比）	*15.8*
GNI，图表集法（10亿美元）	48.3	人均GNI，图表集法（美元）	5,330
PPP衡量的GNI（10亿美元）	83.9	PPP衡量的人均GNI（美元）	9,270

	1990	2000	2010
人口			
最贫困的20%人口占国家消费/收入的份额（百分比）	..	*7.5*	*8.0*
出生时的预期寿命（岁）	65	67	71
总生育率（每个女性生育数）	2.7	2.0	2.3
青年女性生育率（每千名15—19岁女性生育数）	..	37	32
避孕普及率（占15—49岁已婚女性的百分比）	..	55	*51*
在熟练医护人员护理下的分娩（占总数的百分比）	97	84	*88*
5岁以下儿童死亡率（每千人）	93	67	46
儿童营养不良，体重不足（占5岁以下儿童的百分比）	..	14.0	*8.4*
儿童麻疹免疫接种率（占12—23个月年龄组的百分比）	*52*	67	67
小学毕业率，总数（占适龄年龄组的百分比）	*95*	90	90
中学总入学率，总数（占适龄年龄组的百分比）	89	75	..
小学和中学中女孩与男孩的比率（百分比）	*100*	96	99
HIV感染率（占15—49岁人口的百分比）	0.1	0.1	*0.1*
环境			
森林（千平方公里）	9.4	9.4	9.4
森林采伐（1990—2010年，平均年度百分比）	..	0.0	0.0
淡水使用量（占内陆水资源的百分比）	..	*29.0*	*35.2*
获得改善的水资源的人口（占总人口的百分比）	70	74	80
获得改善的卫生设施的人口（占总人口的百分比）	..	62	82
人均能源使用量（千克石油当量）	3,665	1,421	*1,338*
人均二氧化碳排放量（吨）	*6.0*	3.8	*5.4*
人均用电量（千瓦时）	2,584	2,040	*1,620*
经济			
GDP（10亿美元）	8.9	5.3	51.8
GDP增长率（年度百分比）	*-0.7*	11.1	5.0
GDP隐含价格平减指数（年度增长百分比）	*83.5*	12.5	11.2
农业增加值（占GDP的百分比）	29	17	6
工业增加值（占GDP的百分比）	33	45	65
服务业增加值（占GDP的百分比）	38	38	30
货物和服务出口（占GDP的百分比）	44	39	55
货物和服务进口（占GDP的百分比）	39	38	20
资本形成总额（占GDP的百分比）	27	21	17
中央政府收入（占GDP的百分比）	..	..	*25.8*
中央政府现金盈余/赤字（占GDP的百分比）	..	..	*0.3*
政府与市场			
创办企业的时间（天）	..	*105*	8
股票市场资本总额（占GDP的百分比）	..	*0.1*	..
军费支出（占GDP的百分比）	*2.1*	2.3	2.9
移动电话用户（每100人）	0.0	5.2	100.5
互联网用户（每100人）	0.0	0.1	46.7
铺敷道路（占总数的百分比）	..	*49.4*	*50.6*
高科技出口（占制成品出口的百分比）	..	5	1
全球联系			
商品贸易（占GDP的百分比）	..	55	64
净易货贸易条件指数（2000年=100）	..	100	160
外债总额（10亿美元）	*0.0*	1.4	7.0
债务还本付息总额（占出口的百分比）	..	6.0	1.4
净移民（千人）	-151	-128	53
获得的侨汇（百万美元）	..	57	1,432
外国直接投资，净流入额（百万美元）	..	130	563
获得的净官方发展援助（百万美元）	*0*	139	156

巴哈马

高收入经济体

人口（千人）	343	人口增长率（百分比）	1.3
陆地面积（千平方公里）	14	国家贫困率（占人口的百分比）	..
GNI，图表集法（10亿美元）	*7.0*	人均GNI，图表集法（美元）	*20,610*
PPP衡量的GNI（10亿美元）	*8.4*	PPP衡量的人均GNI（美元）	*24,800*

	1990	2000	2010
人口			
最贫困的20%人口占国家消费/收入的份额（百分比）	..	..	..
出生时的预期寿命（岁）	69	72	75
总生育率（每个女性生育数）	2.6	2.1	1.9
青年女性生育率（每千名15—19岁女性生育数）	..	51	30
避孕普及率（占15—49岁已婚女性的百分比）	*62*	*45*	..
在熟练医护人员护理下的分娩（占总数的百分比）	99	99	*99*
5岁以下儿童死亡率（每千人）	22	17	16
儿童营养不良，体重不足（占5岁以下儿童的百分比）	..	..	..
儿童麻疹免疫接种率（占12—23个月年龄组的百分比）	86	93	94
小学毕业率，总数（占适龄年龄组的百分比）	..	*82*	97
中学总入学率，总数（占适龄年龄组的百分比）	*93*	82	96
小学和中学中女孩与男孩的比率（百分比）	*102*	98	104
HIV感染率（占15—49岁人口的百分比）	3.6	3.2	*3.1*
环境			
森林（千平方公里）	5.2	5.2	5.2
森林采伐（1990—2010年，平均年度百分比）	..	0.0	0.0
淡水使用量（占内陆水资源的百分比）	..	..	..
获得改善的水资源的人口（占总人口的百分比）	..	96	..
获得改善的卫生设施的人口（占总人口的百分比）	100	100	100
人均能源使用量（千克石油当量）	2,520	..	*2,156*
人均二氧化碳排放量（吨）	7.6	6.0	6.5
人均用电量（千瓦时）	..	..	..
经济			
GDP（10亿美元）	3.2	5.5	7.5
GDP增长率（年度百分比）	-1.6	4.1	0.9
GDP隐含价格平减指数（年度增长百分比）	5.1	3.1	5.6
农业增加值（占GDP的百分比）	3	2	*2*
工业增加值（占GDP的百分比）	16	19	*22*
服务业增加值（占GDP的百分比）	81	79	*76*
货物和服务出口（占GDP的百分比）	54	43	*40*
货物和服务进口（占GDP的百分比）	56	52	*52*
资本形成总额（占GDP的百分比）	29	36	*38*
中央政府收入（占GDP的百分比）	15.7	17.0	17.3
中央政府现金盈余/赤字（占GDP的百分比）	-1.9	0.4	-3.3
政府与市场			
创办企业的时间（天）	..	..	31
股票市场资本总额（占GDP的百分比）	..	..	..
军费支出（占GDP的百分比）	..	..	..
移动电话用户（每100人）	0.8	10.6	124.9
互联网用户（每100人）	0.0	8.0	43.0
铺敷道路（占总数的百分比）	52.0	57.4	..
高科技出口（占制成品出口的百分比）	..	7	*0*
全球联系			
商品贸易（占GDP的百分比）	88	48	44
净易货贸易条件指数（2000年=100）	..	100	97
外债总额（百万美元）	..	..	..
债务还本付息总额（占出口的百分比）	..	..	..
净移民（千人）	-0.9	-2.7	6.4
获得的侨汇（百万美元）	..	..	..
外国直接投资，净流入额（百万美元）	-17	250	861
获得的净官方发展援助（百万美元）	3.2	..	..

巴林

高收入经济体

人口（百万）	1.3	人口增长率（百分比）	7.6
陆地面积（平方公里）	760	国家贫困率（占人口的百分比）	..
GNI，图表集法（10 亿美元）	*19.7*	人均 GNI，图表集法（美元）	*18,730*
PPP 衡量的 GNI（10 亿美元）	*26.0*	PPP 衡量的人均 GNI（美元）	*24,710*

	1990	2000	2010
人口			
最贫困的 20% 人口占国家消费/收入的份额（百分比）	..	..	..
出生时的预期寿命（岁）	72	74	75
总生育率（每个女性生育数）	3.7	2.7	2.5
青年女性生育率（每千名 15—19 岁女性生育数）	..	17	15
避孕普及率（占 15—49 岁已婚女性的百分比）	*54*	..	..
在熟练医护人员护理下的分娩（占总数的百分比）	..	..	*97*
5 岁以下儿童死亡率（每千人）	17	12	10
儿童营养不良，体重不足（占 5 岁以下儿童的百分比）	*6.3*	..	..
儿童麻疹免疫接种率（占 12—23 个月年龄组的百分比）	87	98	99
小学毕业率，总数（占适龄年龄组的百分比）	*97*	93	..
中学总入学率，总数（占适龄年龄组的百分比）	*100*	99	..
小学和中学中女孩与男孩的比率（百分比）	*101*	104	..
HIV 感染率（占 15—49 岁人口的百分比）	..	..	..
环境			
森林（平方公里）	2.0	4.6	10.0
森林采伐（1990—2010 年，平均年度百分比）	..	-5.6	-3.6
淡水使用量（占内陆水资源的百分比）	*4,872.5*	*6,375.0*	*219.8*
获得改善的水资源的人口（占总人口的百分比）	..	..	..
获得改善的卫生设施的人口（占总人口的百分比）	..	..	..
人均能源使用量（千克石油当量）	8,826	9,190	*8,096*
人均二氧化碳排放量（吨）	24.1	29.2	*21.4*
人均用电量（千瓦时）	6,573	8,994	*9,214*
经济			
GDP（10 亿美元）	4.2	8.0	*20.6*
GDP 增长率（年度百分比）	4.4	5.3	*6.3*
GDP 隐含价格平减指数（年度增长百分比）	4.8	14.3	*11.5*
农业增加值（占 GDP 的百分比）	1	..	..
工业增加值（占 GDP 的百分比）	46	..	..
服务业增加值（占 GDP 的百分比）	53	..	..
货物和服务出口（占 GDP 的百分比）	116	89	*97*
货物和服务进口（占 GDP 的百分比）	95	64	*74*
资本形成总额（占 GDP 的百分比）	16	10	*33*
中央政府收入（占 GDP 的百分比）	27.1	32.9	*28.8*
中央政府现金盈余/赤字（占 GDP 的百分比）	-2.3	8.5	*4.0*
政府与市场			
创办企业的时间（天）	..	..	9
股票市场资本总额（占 GDP 的百分比）	..	83.1	*82.2*
军费支出（占 GDP 的百分比）	5.1	4.0	*3.7*
移动电话用户（每 100 人）	1.0	32.2	124.2
互联网用户（每 100 人）	0.0	6.2	55.0
铺敷道路（占总数的百分比）	75.4	77.6	*82.1*
高科技出口（占制成品出口的百分比）	..	0	0
全球联系			
商品贸易（占 GDP 的百分比）	177	136	*94*
净易货贸易条件指数（2000 年 =100）	..	100	114
外债总额（百万美元）	..	..	..
债务还本付息总额（占出口的百分比）	..	..	..
净移民（千人）	13	19	448
获得的侨汇（百万美元）	..	..	..
外国直接投资，净流入额（百万美元）	-183	364	156
获得的净官方发展援助（百万美元）	138	60	..

孟加拉国

南亚			低收入经济体
人口（百万）	148.7	人口增长率（百分比）	1.1
陆地面积（千平方公里）	144	国家贫困率（占人口的百分比）	31.5
GNI，图表集法（10亿美元）	104.7	人均GNI，图表集法（美元）	700
PPP衡量的GNI（10亿美元）	269.7	PPP衡量的人均GNI（美元）	1,810

	1990	2000	2010
人口			
最贫困的20%人口占国家消费/收入的份额（百分比）	*9.5*	8.7	8.9
出生时的预期寿命（岁）	59	65	69
总生育率（每个女性生育数）	4.5	3.1	2.2
青年女性生育率（每千名15—19岁女性生育数）	..	116	73
避孕普及率（占15—49岁已婚女性的百分比）	*40*	54	*53*
在熟练医护人员护理下的分娩（占总数的百分比）	..	12	27
5岁以下儿童死亡率（每千人）	143	86	48
儿童营养不良，体重不足（占5岁以下儿童的百分比）	61.5	48.2	*41.3*
儿童麻疹免疫接种率（占12—23个月年龄组的百分比）	65	72	94
小学毕业率，总数（占适龄年龄组的百分比）	*41*	64	65
中学总入学率，总数（占适龄年龄组的百分比）	18	48	*49*
小学和中学中女孩与男孩的比率（百分比）	75	..	*107*
HIV感染率（占15—49岁人口的百分比）	0.1	0.1	*0.1*
环境			
森林（千平方公里）	15	15	14
森林采伐（1990—2010年，平均年度百分比）	..	0.2	0.2
淡水使用量（占内陆水资源的百分比）	..	..	*2.9*
获得改善的水资源的人口（占总人口的百分比）	77	79	81
获得改善的卫生设施的人口（占总人口的百分比）	39	47	56
人均能源使用量（千克石油当量）	121	144	*201*
人均二氧化碳排放量（吨）	0.1	0.2	*0.3*
人均用电量（千瓦时）	49	103	*252*
经济			
GDP（10亿美元）	30.1	47.1	100.4
GDP增长率（年度百分比）	5.9	5.9	6.1
GDP隐含价格平减指数（年度增长百分比）	6.3	1.9	6.5
农业增加值（占GDP的百分比）	30	26	19
工业增加值（占GDP的百分比）	21	25	28
服务业增加值（占GDP的百分比）	48	49	53
货物和服务出口（占GDP的百分比）	6	14	18
货物和服务进口（占GDP的百分比）	14	19	25
资本形成总额（占GDP的百分比）	17	23	24
中央政府收入（占GDP的百分比）	..	*9.8*	*11.1*
中央政府现金盈余/赤字（占GDP的百分比）	..	*-0.7*	*-1.7*
政府与市场			
创办企业的时间（天）	..	*50*	19
股票市场资本总额（占GDP的百分比）	1.1	2.5	46.8
军费支出（占GDP的百分比）	1.1	1.4	1.2
移动电话用户（每100人）	0.0	0.2	46.2
互联网用户（每100人）	0.0	0.1	3.7
铺敷道路（占总数的百分比）	*7.2*	9.5	..
高科技出口（占制成品出口的百分比）	0	0	*1*
全球联系			
商品贸易（占GDP的百分比）	18	32	47
净易货贸易条件指数（2000年=100）	117	100	59
外债总额（10亿美元）	12.3	15.5	25.0
债务还本付息总额（占出口的百分比）	34.6	10.5	4.7
净移民（千人）	-289	-956	-2,908
获得的侨汇（10亿美元）	0.8	2.0	10.9
外国直接投资，净流入额（百万美元）	3	280	917
获得的净官方发展援助（10亿美元）	2.1	1.2	1.4

巴巴多斯

高收入经济体

人口（千人）	274	人口增长率（百分比）	0.2
陆地面积（平方公里）	430	国家贫困率（占人口的百分比）	..
GNI，图表集法（10亿美元）	*3.5*	人均GNI，图表集法（美元）	*12,660*
PPP衡量的GNI（10亿美元）	*5.2*	PPP衡量的人均GNI（美元）	*19,000*

	1990	2000	2010
人口			
最贫困的20%人口占国家消费/收入的份额（百分比）	..	..	..
出生时的预期寿命（岁）	74	75	77
总生育率（每个女性生育数）	1.7	1.6	1.6
青年女性生育率（每千名15—19岁女性生育数）	..	48	42
避孕普及率（占15—49岁已婚女性的百分比）	55	55	..
在熟练医护人员护理下的分娩（占总数的百分比）	..	98	*100*
5岁以下儿童死亡率（每千人）	18	17	20
儿童营养不良，体重不足（占5岁以下儿童的百分比）	..	..	..
儿童麻疹免疫接种率（占12—23个月年龄组的百分比）	87	94	85
小学毕业率，总数（占适龄年龄组的百分比）	..	99	101
中学总入学率，总数（占适龄年龄组的百分比）	..	105	101
小学和中学中女孩与男孩的比率（百分比）	..	108	106
HIV感染率（占15—49岁人口的百分比）	0.1	0.4	*1.4*
环境			
森林（平方公里）	80	80	80
森林采伐（1990—2010年，平均年度百分比）	..	0.0	0.0
淡水使用量（占内陆水资源的百分比）	..	76.1	*76.1*
获得改善的水资源的人口（占总人口的百分比）	100	100	100
获得改善的卫生设施的人口（占总人口的百分比）	100	100	100
人均能源使用量（千克石油当量）	1,241	..	*1,476*
人均二氧化碳排放量（吨）	4.1	4.4	5.0
人均用电量（千瓦时）	..	..	..
经济			
GDP（10亿美元）	1.7	2.6	4.1
GDP增长率（年度百分比）	-4.8	2.3	*-5.3*
GDP隐含价格平减指数（年度增长百分比）	5.5	0.8	*3.4*
农业增加值（占GDP的百分比）	7	4	*3*
工业增加值（占GDP的百分比）	20	16	*23*
服务业增加值（占GDP的百分比）	73	79	*74*
货物和服务出口（占GDP的百分比）	49	50	47
货物和服务进口（占GDP的百分比）	52	57	52
资本形成总额（占GDP的百分比）	19	19	15
中央政府收入（占GDP的百分比）	..	..	*35.6*
中央政府现金盈余/赤字（占GDP的百分比）	..	..	-5.6
政府与市场			
创办企业的时间（天）	..	..	..
股票市场资本总额（占GDP的百分比）	16.5	66.0	106.2
军费支出（占GDP的百分比）	..	..	..
移动电话用户（每100人）	0.0	10.6	127.8
互联网用户（每100人）	0.0	4.0	70.0
铺敷道路（占总数的百分比）	86.8	98.6	..
高科技出口（占制成品出口的百分比）	*20*	23	12
全球联系			
商品贸易（占GDP的百分比）	54	56	49
净易货贸易条件指数（2000年=100）	..	100	117
外债总额（百万美元）	..	..	..
债务还本付息总额（占出口的百分比）	..	..	..
净移民（千人）	-5.4	-1.9	0.0
获得的侨汇（百万美元）	38	115	123
外国直接投资，净流入额（百万美元）	11	19	669
获得的净官方发展援助（百万美元）	2.6	0.2	16.2

白俄罗斯

欧洲和中亚 **中高收入经济体**

人口（百万）	9.5	人口增长率（百分比）	-0.2
陆地面积（千平方公里）	208	国家贫困率（占人口的百分比）	*5.4*
GNI，图表集法（10 亿美元）	56.5	人均 GNI，图表集法（美元）	5,950
PPP 衡量的 GNI（10 亿美元）	129.0	PPP 衡量的人均 GNI（美元）	13,590

	1990	2000	2010
人口			
最贫困的 20% 人口占国家消费/收入的份额（百分比）	*11.1*	8.5	*9.2*
出生时的预期寿命（岁）	71	69	70
总生育率（每个女性生育数）	1.9	1.3	1.4
青年女性生育率（每千名 15—19 岁女性生育数）	..	28	21
避孕普及率（占 15—49 岁已婚女性的百分比）	..	..	*73*
在熟练医护人员护理下的分娩（占总数的百分比）	100	100	*100*
5 岁以下儿童死亡率（每千人）	17	14	6
儿童营养不良，体重不足（占 5 岁以下儿童的百分比）	..	..	*1.3*
儿童麻疹免疫接种率（占 12—23 个月年龄组的百分比）	*94*	98	99
小学毕业率，总数（占适龄年龄组的百分比）	94	100	103
中学总入学率，总数（占适龄年龄组的百分比）	98	87	*96*
小学和中学中女孩与男孩的比率（百分比）	..	102	*101*
HIV 感染率（占 15—49 岁人口的百分比）	0.1	0.1	*0.3*
环境			
森林（千平方公里）	78	83	86
森林采伐（1990—2010 年，平均年度百分比）	..	-0.6	-0.4
淡水使用量（占内陆水资源的百分比）	..	11.7	*7.5*
获得改善的水资源的人口（占总人口的百分比）	100	100	100
获得改善的卫生设施的人口（占总人口的百分比）	93	93	93
人均能源使用量（千克石油当量）	4,470	2,467	*2,815*
人均二氧化碳排放量（吨）	8.6	5.3	*6.5*
人均用电量（千瓦时）	4,381	2,989	*3,299*
经济			
GDP（10 亿美元）	17.4	12.7	54.7
GDP 增长率（年度百分比）	-1.2	5.8	7.6
GDP 隐含价格平减指数（年度增长百分比）	*103.6*	185.3	10.2
农业增加值（占 GDP 的百分比）	24	14	9
工业增加值（占 GDP 的百分比）	47	39	44
服务业增加值（占 GDP 的百分比）	29	47	47
货物和服务出口（占 GDP 的百分比）	46	69	55
货物和服务进口（占 GDP 的百分比）	44	72	68
资本形成总额（占 GDP 的百分比）	27	25	41
中央政府收入（占 GDP 的百分比）	*31.5*	28.7	31.7
中央政府现金盈余/赤字（占 GDP 的百分比）	*-4.8*	0.1	-1.5
政府与市场			
创办企业的时间（天）	..	*79*	5
股票市场资本总额（占 GDP 的百分比）	..	..	..
军费支出（占 GDP 的百分比）	*1.6*	1.3	1.3
移动电话用户（每 100 人）	0.0	0.5	108.9
互联网用户（每 100 人）	0.0	1.9	32.1
铺敷道路（占总数的百分比）	*95.8*	*86.4*	*88.6*
高科技出口（占制成品出口的百分比）	..	4	3
全球联系			
商品贸易（占 GDP 的百分比）	..	125	110
净易货贸易条件指数（2000 年 =100）	..	100	103
外债总额（10 亿美元）	*1.0*	2.1	25.7
债务还本付息总额（占出口的百分比）	*0.7*	4.8	4.6
净移民（千人）	-32.5	0.0	-50.0
获得的侨汇（百万美元）	*0*	139	376
外国直接投资，净流入额（百万美元）	*7*	119	1,403
获得的净官方发展援助（百万美元）	..	..	137

比利时

高收入经济体

人口（百万）	10.9	人口增长率（百分比）	0.9
陆地面积（千平方公里）	31	国家贫困率（占人口的百分比）	..
GNI，图表集法（10 亿美元）	499.5	人均 GNI，图表集法（美元）	45,840
PPP 衡量的 GNI（10 亿美元）	417.3	PPP 衡量的人均 GNI（美元）	38,290

	1990	2000	2010
人口			
最贫困的 20% 人口占国家消费/收入的份额（百分比）	..	8.5	..
出生时的预期寿命（岁）	76	78	80
总生育率（每个女性生育数）	1.6	1.7	1.8
青年女性生育率（每千名 15—19 岁女性生育数）	..	19	12
避孕普及率（占 15—49 岁已婚女性的百分比）	*78*	*76*	..
在熟练医护人员护理下的分娩（占总数的百分比）	..	*99*	..
5 岁以下儿童死亡率（每千人）	10	6	4
儿童营养不良，体重不足（占 5 岁以下儿童的百分比）	..	..	..
儿童麻疹免疫接种率（占 12—23 个月年龄组的百分比）	85	82	94
小学毕业率，总数（占适龄年龄组的百分比）	*79*	..	*90*
中学总入学率，总数（占适龄年龄组的百分比）	101	145	*111*
小学和中学中女孩与男孩的比率（百分比）	101	105	*98*
HIV 感染率（占 15—49 岁人口的百分比）	0.1	0.2	*0.2*
环境			
森林（千平方公里）	6.8	6.7	6.8
森林采伐（1990—2010 年，平均年度百分比）	..	0.2	-0.2
淡水使用量（占内陆水资源的百分比）	..	*41.2*	*34.0*
获得改善的水资源的人口（占总人口的百分比）	100	100	100
获得改善的卫生设施的人口（占总人口的百分比）	100	100	100
人均能源使用量（千克石油当量）	4,844	5,707	5,213
人均二氧化碳排放量（吨）	10.9	11.3	*9.8*
人均用电量（千瓦时）	6,380	8,248	*7,903*
经济			
GDP（10 亿美元）	203	233	469
GDP 增长率（年度百分比）	3.1	3.7	2.3
GDP 隐含价格平减指数（年度增长百分比）	2.8	2.0	1.8
农业增加值（占 GDP 的百分比）	2	1	1
工业增加值（占 GDP 的百分比）	31	27	22
服务业增加值（占 GDP 的百分比）	67	72	78
货物和服务出口（占 GDP 的百分比）	67	78	80
货物和服务进口（占 GDP 的百分比）	65	75	77
资本形成总额（占 GDP 的百分比）	23	23	20
中央政府收入（占 GDP 的百分比）	..	42.8	40.7
中央政府现金盈余/赤字（占 GDP 的百分比）	..	0.0	-3.3
政府与市场			
创办企业的时间（天）	..	*56*	4
股票市场资本总额（占 GDP 的百分比）	32.2	78.4	57.4
军费支出（占 GDP 的百分比）	2.3	1.4	1.1
移动电话用户（每 100 人）	0.4	54.9	111.5
互联网用户（每 100 人）	0.0	29.2	73.7
铺敷道路（占总数的百分比）	*81.2*	78.2	*78.2*
高科技出口（占制成品出口的百分比）	..	10	10
全球联系			
商品贸易（占 GDP 的百分比）	117	157	171
净易货贸易条件指数（2000 年 =100）	..	100	101
外债总额（百万美元）	..	..	..
债务还本付息总额（占出口的百分比）	..	..	..
净移民（千人）	52	61	200
获得的侨汇（10 亿美元）	3.6	4.0	10.2
外国直接投资，净流入额（10 亿美元）	..	*18.1*	72.9
获得的净官方发展援助（百万美元）	..	..	..

伯利兹

拉丁美洲和加勒比地区		中低收入经济体	
人口（千人）	345	人口增长率（百分比）	3.4
陆地面积（千平方公里）	23	国家贫困率（占人口的百分比）	*33.5*
GNI，图表集法（10亿美元）	1.3	人均 GNI，图表集法（美元）	3,810
PPP 衡量的 GNI（10亿美元）	2.1	PPP 衡量的人均 GNI（美元）	6,200

	1990	2000	2010
人口			
最贫困的20%人口占国家消费/收入的份额（百分比）	*3.0*	*3.3*	..
出生时的预期寿命（岁）	72	74	76
总生育率（每个女性生育数）	4.5	3.6	2.8
青年女性生育率（每千名15—19岁女性生育数）	..	97	74
避孕普及率（占15—49岁已婚女性的百分比）	*47*	56	*34*
在熟练医护人员护理下的分娩（占总数的百分比）	*77*	100	*95*
5岁以下儿童死亡率（每千人）	44	27	17
儿童营养不良，体重不足（占5岁以下儿童的百分比）	*5.4*	..	*4.9*
儿童麻疹免疫接种率（占12—23个月年龄组的百分比）	86	96	98
小学毕业率，总数（占适龄年龄组的百分比）	*96*	94	105
中学总入学率，总数（占适龄年龄组的百分比）	*63*	..	..
小学和中学中女孩与男孩的比率（百分比）	*99*	95	93
HIV 感染率（占15—49岁人口的百分比）	0.5	2.2	*2.3*
环境			
森林（千平方公里）	16	15	14
森林采伐（1990—2010年，平均年度百分比）	..	0.6	0.7
淡水使用量（占内陆水资源的百分比）	..	0.9	*0.8*
获得改善的水资源的人口（占总人口的百分比）	74	86	98
获得改善的卫生设施的人口（占总人口的百分比）	77	83	90
人均能源使用量（千克石油当量）	562	..	*571*
人均二氧化碳排放量（吨）	1.6	2.8	*1.3*
人均用电量（千瓦时）	..	..	..
经济			
GDP（百万美元）	413	832	1,401
GDP 增长率（年度百分比）	10.6	13.0	2.9
GDP 隐含价格平减指数（年度增长百分比）	2.8	0.5	0.9
农业增加值（占 GDP 的百分比）	20	17	*12*
工业增加值（占 GDP 的百分比）	22	21	*23*
服务业增加值（占 GDP 的百分比）	58	62	*65*
货物和服务出口（占 GDP 的百分比）	62	53	*62*
货物和服务进口（占 GDP 的百分比）	60	74	*70*
资本形成总额（占 GDP 的百分比）	27	29	*25*
中央政府收入（占 GDP 的百分比）	25.4	..	..
中央政府现金盈余/赤字（占 GDP 的百分比）	-0.6	..	..
政府与市场			
创办企业的时间（天）	..	..	44
股票市场资本总额（占 GDP 的百分比）	..	..	..
军费支出（占 GDP 的百分比）	1.1	0.9	1.1
移动电话用户（每100人）	0.0	6.7	56.3
互联网用户（每100人）	0.0	6.0	12.6
铺敷道路（占总数的百分比）	..	17.0	..
高科技出口（占制成品出口的百分比）	*0*	0	*0*
全球联系			
商品贸易（占 GDP 的百分比）	83	89	74
净易货贸易条件指数（2000年=100）	..	100	103
外债总额（百万美元）	143	615	1,045
债务还本付息总额（占出口的百分比）	7.2	17.3	12.1
净移民（千人）	-4.7	-2.0	-1.0
获得的侨汇（百万美元）	18.5	26.4	79.5
外国直接投资，净流入额（百万美元）	17.2	23.3	96.4
获得的净官方发展援助（百万美元）	30.3	14.7	24.8

贝宁

撒哈拉以南非洲地区		低收入经济体	
人口（百万）	8.9	人口增长率（百分比）	2.8
陆地面积（千平方公里）	113	国家贫困率（占人口的百分比）	*39.0*
GNI，图表集法（10亿美元）	6.9	人均GNI，图表集法（美元）	780
PPP衡量的GNI（10亿美元）	14.0	PPP衡量的人均GNI（美元）	1,590

	1990	**2000**	**2010**
人口			
最贫困的20%人口占国家消费/收入的份额（百分比）	..	*7.0*	..
出生时的预期寿命（岁）	49	53	56
总生育率（每个女性生育数）	6.7	6.0	5.3
青年女性生育率（每千名15—19岁女性生育数）	..	120	103
避孕普及率（占15—49岁已婚女性的百分比）	..	*19*	*17*
在熟练医护人员护理下的分娩（占总数的百分比）	..	*66*	*74*
5岁以下儿童死亡率（每千人）	178	143	115
儿童营养不良，体重不足（占5岁以下儿童的百分比）	..	*21.5*	*20.2*
儿童麻疹免疫接种率（占12—23个月年龄组的百分比）	79	70	69
小学毕业率，总数（占适龄年龄组的百分比）	19	40	*63*
中学总入学率，总数（占适龄年龄组的百分比）	..	23	..
小学和中学中女孩与男孩的比率（百分比）	..	61	..
HIV感染率（占15—49岁人口的百分比）	0.2	1.4	*1.2*
环境			
森林（千平方公里）	58	51	46
森林采伐（1990—2010年，平均年度百分比）	..	1.3	1.0
淡水使用量（占内陆水资源的百分比）	..	*1.3*	*0.5*
获得改善的水资源的人口（占总人口的百分比）	57	66	75
获得改善的卫生设施的人口（占总人口的百分比）	5	9	13
人均能源使用量（千克石油当量）	348	304	*404*
人均二氧化碳排放量（吨）	0.1	0.2	*0.5*
人均用电量（千瓦时）	36	61	*91*
经济			
GDP（10亿美元）	1.8	2.3	6.6
GDP增长率（年度百分比）	3.2	5.8	3.0
GDP隐含价格平减指数（年度增长百分比）	1.6	3.2	1.8
农业增加值（占GDP的百分比）	36	37	..
工业增加值（占GDP的百分比）	13	14	..
服务业增加值（占GDP的百分比）	51	50	..
货物和服务出口（占GDP的百分比）	14	15	14
货物和服务进口（占GDP的百分比）	26	28	28
资本形成总额（占GDP的百分比）	14	19	26
中央政府收入（占GDP的百分比）	..	*16.5*	18.2
中央政府现金盈余/赤字（占GDP的百分比）	..	*0.7*	-1.0
政府与市场			
创办企业的时间（天）	..	*32*	29
股票市场资本总额（占GDP的百分比）	..	..	..
军费支出（占GDP的百分比）	1.8	0.6	*1.0*
移动电话用户（每100人）	0.0	0.9	79.9
互联网用户（每100人）	0.0	0.2	3.1
铺敷道路（占总数的百分比）	20.0	*9.5*	..
高科技出口（占制成品出口的百分比）	..	0	..
全球联系			
商品贸易（占GDP的百分比）	30	45	51
净易货贸易条件指数（2000年=100）	107	100	104
外债总额（10亿美元）	1.1	1.4	1.2
债务还本付息总额（占出口的百分比）	9.9	13.5	*2.5*
净移民（千人）	-8.7	-29.3	50.0
获得的侨汇（百万美元）	101	87	248
外国直接投资，净流入额（百万美元）	62	60	111
获得的净官方发展援助（百万美元）	267	243	691

百慕大

高收入经济体

人口（千人）	65	人口增长率（百分比）	0.3
陆地面积（平方公里）	50	国家贫困率（占人口的百分比）	..
GNI，图表集法（10亿美元）	..	人均GNI，图表集法（美元）	..
PPP衡量的GNI（百万美元）	..	PPP衡量的人均GNI（美元）	..

	1990	2000	2010
人口			
最贫困的20%人口占国家消费/收入的份额（百分比）	..	..	..
出生时的预期寿命（岁）	*74*	78	79
总生育率（每个女性生育数）	..	1.7	1.8
青年女性生育率（每千名15—19岁女性生育数）	..	..	..
避孕普及率（占15—49岁已婚女性的百分比）	..	..	..
在熟练医护人员护理下的分娩（占总数的百分比）	..	..	..
5岁以下儿童死亡率（每千人）	..	..	..
儿童营养不良，体重不足（占5岁以下儿童的百分比）	..	..	..
儿童麻疹免疫接种率（占12—23个月年龄组的百分比）	..	..	..
小学毕业率，总数（占适龄年龄组的百分比）	..	*97*	100
中学总入学率，总数（占适龄年龄组的百分比）	..	*79*	79
小学和中学中女孩与男孩的比率（百分比）	..	*104*	108
HIV感染率（占15—49岁人口的百分比）	..	..	..
环境			
森林（平方公里）	10.0	10.0	10.0
森林采伐（1990—2010年，平均年度百分比）	..	0.0	0.0
淡水使用量（占内陆水资源的百分比）	..	..	..
获得改善的水资源的人口（占总人口的百分比）	..	..	..
获得改善的卫生设施的人口（占总人口的百分比）	..	..	..
人均能源使用量（千克石油当量）	..	..	..
人均二氧化碳排放量（吨）	9.9	8.0	*6.1*
人均用电量（千瓦时）	..	..	..
经济			
GDP（10亿美元）	1.6	3.5	*5.7*
GDP增长率（年度百分比）	0.0	2.9	*-8.1*
GDP隐含价格平减指数（年度增长百分比）	6.0	2.5	*2.5*
农业增加值（占GDP的百分比）	..	1	*1*
工业增加值（占GDP的百分比）	..	9	*8*
服务业增加值（占GDP的百分比）	..	90	*92*
货物和服务出口（占GDP的百分比）	..	..	*26*
货物和服务进口（占GDP的百分比）	..	..	*36*
资本形成总额（占GDP的百分比）	..	..	*10*
中央政府收入（占GDP的百分比）	..	..	..
中央政府现金盈余/赤字（占GDP的百分比）	..	..	..
政府与市场			
创办企业的时间（天）	..	..	..
股票市场资本总额（占GDP的百分比）	..	61.2	*23.8*
军费支出（占GDP的百分比）	..	..	..
移动电话用户（每100人）	1.8	20.9	136.5
互联网用户（每100人）	0.0	43.4	84.7
铺敷道路（占总数的百分比）	..	..	..
高科技出口（占制成品出口的百分比）	..	..	..
全球联系			
商品贸易（占GDP的百分比）	41	22	*19*
净易货贸易条件指数（2000年=100）	..	100	72
外债总额（百万美元）	..	..	..
债务还本付息总额（占出口的百分比）	..	..	..
净移民（千人）	..	..	..
获得的侨汇（百万美元）	..	..	1,345
外国直接投资，净流入额（百万美元）	..	67	210
获得的净官方发展援助（百万美元）	42.2	..	..

不丹

南亚			中低收入经济体
人口（千人）	726	人口增长率（百分比）	1.7
陆地面积（千平方公里）	38	国家贫困率（占人口的百分比）	*23.2*
GNI，图表集法（10亿美元）	1.4	人均GNI，图表集法（美元）	1,870
PPP衡量的GNI（10亿美元）	3.6	PPP衡量的人均GNI（美元）	4,990

	1990	2000	2010
人口			
最贫困的20%人口占国家消费/收入的份额（百分比）	..	*5.4*	*6.6*
出生时的预期寿命（岁）	53	61	67
总生育率（每个女性生育数）	5.8	3.7	2.4
青年女性生育率（每千名15—19岁女性生育数）	..	65	47
避孕普及率（占15—49岁已婚女性的百分比）	..	31	66
在熟练医护人员护理下的分娩（占总数的百分比）	..	24	65
5岁以下儿童死亡率（每千人）	139	89	56
儿童营养不良，体重不足（占5岁以下儿童的百分比）	*34.0*	*14.1*	12.7
儿童麻疹免疫接种率（占12—23个月年龄组的百分比）	93	78	95
小学毕业率，总数（占适龄年龄组的百分比）	*24*	51	95
中学总入学率，总数（占适龄年龄组的百分比）	..	41	*70*
小学和中学中女孩与男孩的比率（百分比）	..	86	*102*
HIV感染率（占15—49岁人口的百分比）	0.1	0.1	*0.2*
环境			
森林（千平方公里）	30	31	32
森林采伐（1990—2010年，平均年度百分比）	..	-0.3	-0.3
淡水使用量（占内陆水资源的百分比）	..	..	*0.4*
获得改善的水资源的人口（占总人口的百分比）	..	86	96
获得改善的卫生设施的人口（占总人口的百分比）	..	39	44
人均能源使用量（千克石油当量）	100	..	*354*
人均二氧化碳排放量（吨）	0.2	0.7	*1.0*
人均用电量（千瓦时）	..	..	..
经济			
GDP（百万美元）	281	428	1,516
GDP增长率（年度百分比）	9.1	7.5	7.4
GDP隐含价格平减指数（年度增长百分比）	6.4	4.7	5.4
农业增加值（占GDP的百分比）	36	28	*19*
工业增加值（占GDP的百分比）	24	35	*43*
服务业增加值（占GDP的百分比）	40	36	*38*
货物和服务出口（占GDP的百分比）	29	30	*65*
货物和服务进口（占GDP的百分比）	33	51	*72*
资本形成总额（占GDP的百分比）	32	48	*41*
中央政府收入（占GDP的百分比）	18.1	23.5	*22.9*
中央政府现金盈余/赤字（占GDP的百分比）	-6.2	-2.5	*0.5*
政府与市场			
创办企业的时间（天）	..	*62*	36
股票市场资本总额（占GDP的百分比）	..	*11.0*	..
军费支出（占GDP的百分比）	..	..	..
移动电话用户（每100人）	0.0	0.0	54.3
互联网用户（每100人）	0.0	0.4	13.6
铺敷道路（占总数的百分比）	77.1	*62.0*	..
高科技出口（占制成品出口的百分比）	..	*0*	0
全球联系			
商品贸易（占GDP的百分比）	54	65	86
净易货贸易条件指数（2000年=100）	..	100	137
外债总额（百万美元）	84	204	898
债务还本付息总额（占出口的百分比）	..	*5.1*	*14.1*
净移民（千人）	1.6	0.1	16.8
获得的侨汇（百万美元）	..	..	4.8
外国直接投资，净流入额（百万美元）	..	*2.5*	19.0
获得的净官方发展援助（百万美元）	46	53	131

玻利维亚

拉丁美洲和加勒比地区			中低收入经济体
人口（百万）	9.9	人口增长率（百分比）	1.6
陆地面积（千平方公里）	1,099	国家贫困率（占人口的百分比）	*60.1*
GNI，图表集法（10亿美元）	17.9	人均GNI，图表集法（美元）	1,810
PPP衡量的GNI（10亿美元）	46.0	PPP衡量的人均GNI（美元）	4,640

	1990	2000	2010
人口			
最贫困的20%人口占国家消费/收入的份额（百分比）	5.6	0.8	*2.1*
出生时的预期寿命（岁）	59	63	66
总生育率（每个女性生育数）	4.9	4.1	3.3
青年女性生育率（每千名15—19岁女性生育数）	..	85	76
避孕普及率（占15—49岁已婚女性的百分比）	*30*	53	*61*
在熟练医护人员护理下的分娩（占总数的百分比）	*43*	69	*71*
5岁以下儿童死亡率（每千人）	121	82	54
儿童营养不良，体重不足（占5岁以下儿童的百分比）	9.7	*5.9*	*4.5*
儿童麻疹免疫接种率（占12—23个月年龄组的百分比）	53	84	79
小学毕业率，总数（占适龄年龄组的百分比）	71	99	*99*
中学总入学率，总数（占适龄年龄组的百分比）	..	80	*80*
小学和中学中女孩与男孩的比率（百分比）	..	97	*99*
HIV感染率（占15—49岁人口的百分比）	0.1	0.2	*0.2*
环境			
森林（千平方公里）	628	601	572
森林采伐（1990—2010年，平均年度百分比）	..	0.4	0.5
淡水使用量（占内陆水资源的百分比）	..	0.7	*0.3*
获得改善的水资源的人口（占总人口的百分比）	70	80	88
获得改善的卫生设施的人口（占总人口的百分比）	18	22	27
人均能源使用量（千克石油当量）	392	455	*638*
人均二氧化碳排放量（吨）	0.8	1.1	*1.3*
人均用电量（千瓦时）	274	421	*558*
经济			
GDP（10亿美元）	4.9	8.4	19.6
GDP增长率（年度百分比）	4.6	2.5	4.1
GDP隐含价格平减指数（年度增长百分比）	16.3	5.2	8.8
农业增加值（占GDP的百分比）	17	15	13
工业增加值（占GDP的百分比）	35	30	37
服务业增加值（占GDP的百分比）	48	55	50
货物和服务出口（占GDP的百分比）	23	18	41
货物和服务进口（占GDP的百分比）	24	27	34
资本形成总额（占GDP的百分比）	13	18	17
中央政府收入（占GDP的百分比）	..	*18.4*	*23.3*
中央政府现金盈余/赤字（占GDP的百分比）	..	*-8.7*	*1.2*
政府与市场			
创办企业的时间（天）	..	*60*	50
股票市场资本总额（占GDP的百分比）	..	20.7	17.2
军费支出（占GDP的百分比）	2.7	2.0	1.6
移动电话用户（每100人）	0.0	7.0	72.3
互联网用户（每100人）	0.0	1.4	20.0
铺敷道路（占总数的百分比）	4.3	6.6	*7.9*
高科技出口（占制成品出口的百分比）	*7*	40	9
全球联系			
商品贸易（占GDP的百分比）	33	36	59
净易货贸易条件指数（2000年=100）	102	100	152
外债总额（10亿美元）	4.3	5.8	5.3
债务还本付息总额（占出口的百分比）	38.7	39.4	9.3
净移民（千人）	-100	-100	-165
获得的侨汇（百万美元）	5	127	1,088
外国直接投资，净流入额（百万美元）	27	736	622
获得的净官方发展援助（百万美元）	545	482	676

波斯尼亚和黑塞哥维那

欧洲和中亚 | 中高收入经济体

人口（百万）	3.8	人口增长率（百分比）	-0.2
陆地面积（千平方公里）	51	国家贫困率（占人口的百分比）	*14.0*
GNI，图表集法（10亿美元）	17.9	人均GNI，图表集法（美元）	4,770
PPP衡量的GNI（10亿美元）	33.5	PPP衡量的人均GNI（美元）	8,910

	1990	2000	2010
人口			
最贫困的20%人口占国家消费/收入的份额（百分比）	..	*9.1*	*6.7*
出生时的预期寿命（岁）	67	74	75
总生育率（每个女性生育数）	1.7	1.4	1.1
青年女性生育率（每千名15—19岁女性生育数）	..	22	15
避孕普及率（占15—49岁已婚女性的百分比）	..	48	*36*
在熟练医护人员护理下的分娩（占总数的百分比）	97	100	*100*
5岁以下儿童死亡率（每千人）	19	10	8
儿童营养不良，体重不足（占5岁以下儿童的百分比）	..	4.2	*1.6*
儿童麻疹免疫接种率（占12—23个月年龄组的百分比）	52	80	93
小学毕业率，总数（占适龄年龄组的百分比）	..	..	*70*
中学总入学率，总数（占适龄年龄组的百分比）	..	..	90
小学和中学中女孩与男孩的比率（百分比）	..	..	102
HIV感染率（占15—49岁人口的百分比）	..	..	..
环境			
森林（千平方公里）	22	22	22
森林采伐（1990—2010年，平均年度百分比）	..	0.1	0.0
淡水使用量（占内陆水资源的百分比）	..	..	*0.9*
获得改善的水资源的人口（占总人口的百分比）	97	97	99
获得改善的卫生设施的人口（占总人口的百分比）	..	95	95
人均能源使用量（千克石油当量）	1,629	1,179	*1,580*
人均二氧化碳排放量（吨）	*1.0*	6.3	*8.3*
人均用电量（千瓦时）	3,044	2,062	*2,867*
经济			
GDP（10亿美元）	..	5.5	16.6
GDP增长率（年度百分比）	..	5.5	0.8
GDP隐含价格平减指数（年度增长百分比）	..	28.8	1.2
农业增加值（占GDP的百分比）	..	11	8
工业增加值（占GDP的百分比）	..	23	28
服务业增加值（占GDP的百分比）	..	66	64
货物和服务出口（占GDP的百分比）	..	29	36
货物和服务进口（占GDP的百分比）	..	76	57
资本形成总额（占GDP的百分比）	..	21	20
中央政府收入（占GDP的百分比）	..	*37.1*	39.7
中央政府现金盈余/赤字（占GDP的百分比）	..	*0.7*	-2.3
政府与市场			
创办企业的时间（天）	..	*68*	40
股票市场资本总额（占GDP的百分比）	..	..	..
军费支出（占GDP的百分比）	..	*3.6*	1.4
移动电话用户（每100人）	0.0	2.5	82.7
互联网用户（每100人）	0.0	1.1	52.0
铺敷道路（占总数的百分比）	54.0	*52.3*	*52.3*
高科技出口（占制成品出口的百分比）	..	*2*	3
全球联系			
商品贸易（占GDP的百分比）	..	76	85
净易货贸易条件指数（2000年=100）	..	100	101
外债总额（10亿美元）	..	2.8	8.5
债务还本付息总额（占出口的百分比）	..	14.2	19.9
净移民（千人）	-24	282	-10
获得的侨汇（10亿美元）	..	1.6	1.9
外国直接投资，净流入额（百万美元）	..	146	232
获得的净官方发展援助（百万美元）	0	738	492

博茨瓦纳

撒哈拉以南非洲地区		中高收入经济体	
人口（百万）	2.0	人口增长率（百分比）	1.3
陆地面积（千平方公里）	582	国家贫困率（占人口的百分比）	*32.9*
GNI，图表集法（10 亿美元）	13.6	人均 GNI，图表集法（美元）	6,790
PPP 衡量的 GNI（10 亿美元）	27.5	PPP 衡量的人均 GNI（美元）	13,700

	1990	2000	2010
人口			
最贫困的 20% 人口占国家消费/收入的份额（百分比）	..	..	..
出生时的预期寿命（岁）	64	51	53
总生育率（每个女性生育数）	4.7	3.4	2.8
青年女性生育率（每千名 15—19 岁女性生育数）	..	66	47
避孕普及率（占 15—49 岁已婚女性的百分比）	*33*	44	*53*
在熟练医护人员护理下的分娩（占总数的百分比）	*78*	94	*95*
5 岁以下儿童死亡率（每千人）	59	96	48
儿童营养不良，体重不足（占 5 岁以下儿童的百分比）	..	10.7	*11.2*
儿童麻疹免疫接种率（占 12—23 个月年龄组的百分比）	87	91	94
小学毕业率，总数（占适龄年龄组的百分比）	90	89	*94*
中学总入学率，总数（占适龄年龄组的百分比）	40	75	*80*
小学和中学中女孩与男孩的比率（百分比）	108	102	*100*
HIV 感染率（占 15—49 岁人口的百分比）	3.5	26.0	*24.8*
环境			
森林（千平方公里）	137	125	114
森林采伐（1990—2010 年，平均年度百分比）	..	0.9	1.0
淡水使用量（占内陆水资源的百分比）	*0.9*	8.1	*1.6*
获得改善的水资源的人口（占总人口的百分比）	93	95	96
获得改善的卫生设施的人口（占总人口的百分比）	38	52	62
人均能源使用量（千克石油当量）	912	1,045	*1,034*
人均二氧化碳排放量（吨）	1.6	2.4	*2.5*
人均用电量（千瓦时）	716	906	*1,503*
经济			
GDP（10 亿美元）	3.8	5.6	14.9
GDP 增长率（年度百分比）	6.8	5.9	7.2
GDP 隐含价格平减指数（年度增长百分比）	6.3	0.0	14.7
农业增加值（占 GDP 的百分比）	5	3	3
工业增加值（占 GDP 的百分比）	61	53	45
服务业增加值（占 GDP 的百分比）	34	45	52
货物和服务出口（占 GDP 的百分比）	55	53	29
货物和服务进口（占 GDP 的百分比）	50	41	32
资本形成总额（占 GDP 的百分比）	37	32	36
中央政府收入（占 GDP 的百分比）	50.8	..	..
中央政府现金盈余/赤字（占 GDP 的百分比）	19.1	..	..
政府与市场			
创办企业的时间（天）	..	*108*	61
股票市场资本总额（占 GDP 的百分比）	6.6	17.4	27.4
军费支出（占 GDP 的百分比）	4.1	3.3	2.7
移动电话用户（每 100 人）	0.0	12.6	117.8
互联网用户（每 100 人）	0.0	2.9	6.0
铺敷道路（占总数的百分比）	32.0	*35.3*	*32.6*
高科技出口（占制成品出口的百分比）	..	1	0
全球联系			
商品贸易（占 GDP 的百分比）	98	84	70
净易货贸易条件指数（2000 年 =100）	98	100	85
外债总额（百万美元）	553	453	1,709
债务还本付息总额（占出口的百分比）	4.3	2.0	1.5
净移民（千人）	5.8	24.5	18.7
获得的侨汇（百万美元）	85.6	26.2	99.5
外国直接投资，净流入额（百万美元）	96	57	265
获得的净官方发展援助（百万美元）	145	31	157

巴 西

拉丁美洲和加勒比地区 **中高收入经济体**

人口（百万）	194.9	人口增长率（百分比）	0.9
陆地面积（千平方公里）	8,515	国家贫困率（占人口的百分比）	*21.4*
GNI，图表集法（10 亿美元）	1,830.4	人均 GNI，图表集法（美元）	9,390
PPP 衡量的 GNI（10 亿美元）	2,144.9	PPP 衡量的人均 GNI（美元）	11,000

	1990	2000	2010
人口			
最贫困的 20% 人口占国家消费/收入的份额（百分比）	2.2	*2.1*	*2.9*
出生时的预期寿命（岁）	66	70	73
总生育率（每个女性生育数）	2.8	2.4	1.8
青年女性生育率（每千名 15—19 岁女性生育数）	..	87	76
避孕普及率（占 15—49 岁已婚女性的百分比）	*59*	..	*81*
在熟练医护人员护理下的分娩（占总数的百分比）	70	96	97
5 岁以下儿童死亡率（每千人）	59	36	19
儿童营养不良，体重不足（占 5 岁以下儿童的百分比）	..	*3.7*	*2.2*
儿童麻疹免疫接种率（占 12—23 个月年龄组的百分比）	78	99	99
小学毕业率，总数（占适龄年龄组的百分比）	*93*	108	..
中学总入学率，总数（占适龄年龄组的百分比）	..	104	*101*
小学和中学中女孩与男孩的比率（百分比）	..	103	*102*
HIV 感染率（占 15—49 岁人口的百分比）	..	..	..
环境			
森林（千平方公里）	5,748	5,459	5,195
森林采伐（1990—2010 年，平均年度百分比）	..	0.5	0.5
淡水使用量（占内陆水资源的百分比）	..	1.1	*0.7*
获得改善的水资源的人口（占总人口的百分比）	89	94	98
获得改善的卫生设施的人口（占总人口的百分比）	68	74	79
人均能源使用量（千克石油当量）	937	1,084	*1,243*
人均二氧化碳排放量（吨）	1.4	1.9	*2.1*
人均用电量（千瓦时）	1,454	1,891	*2,206*
经济			
GDP（10 亿美元）	462	645	2,088
GDP 增长率（年度百分比）	-4.3	4.3	7.5
GDP 隐含价格平减指数（年度增长百分比）	2,735.5	6.2	7.3
农业增加值（占 GDP 的百分比）	8	6	6
工业增加值（占 GDP 的百分比）	39	28	27
服务业增加值（占 GDP 的百分比）	53	67	67
货物和服务出口（占 GDP 的百分比）	8	10	11
货物和服务进口（占 GDP 的百分比）	7	12	12
资本形成总额（占 GDP 的百分比）	20	18	19
中央政府收入（占 GDP 的百分比）	22.8	19.9	*23.1*
中央政府现金盈余/赤字（占 GDP 的百分比）	-3.4	-1.8	*-3.5*
政府与市场			
创办企业的时间（天）	..	*152*	119
股票市场资本总额（占 GDP 的百分比）	3.6	35.1	74.0
军费支出（占 GDP 的百分比）	1.7	1.8	1.6
移动电话用户（每 100 人）	0.0	13.3	104.1
互联网用户（每 100 人）	0.0	2.9	40.7
铺敷道路（占总数的百分比）	9.7	5.5	..
高科技出口（占制成品出口的百分比）	6	19	11
全球联系			
商品贸易（占 GDP 的百分比）	12	18	19
净易货贸易条件指数（2000 年 = 100）	66	100	125
外债总额（10 亿美元）	120	242	347
债务还本付息总额（占出口的百分比）	22.5	95.1	19.0
净移民（千人）	-92	-100	-500
获得的侨汇（10 亿美元）	0.6	1.6	4.0
外国直接投资，净流入额（10 亿美元）	1.0	32.8	48.5
获得的净官方发展援助（百万美元）	151	231	664

文莱

高收入经济体

人口（千人）	399	人口增长率（百分比）	1.8
陆地面积（千平方公里）	5.8	国家贫困率（占人口的百分比）	..
GNI，图表集法（10亿美元）	*12.5*	人均GNI，图表集法（美元）	*31,800*
PPP衡量的GNI（10亿美元）	*19.7*	PPP衡量的人均GNI（美元）	*50,180*

	1990	**2000**	**2010**
人口			
最贫困的20%人口占国家消费/收入的份额（百分比）	..	..	..
出生时的预期寿命（岁）	74	76	78
总生育率（每个女性生育数）	3.5	2.4	2.0
青年女性生育率（每千名15—19岁女性生育数）	..	27	24
避孕普及率（占15—49岁已婚女性的百分比）	..	..	..
在熟练医护人员护理下的分娩（占总数的百分比）	..	*99*	*100*
5岁以下儿童死亡率（每千人）	12	9	7
儿童营养不良，体重不足（占5岁以下儿童的百分比）	..	..	..
儿童麻疹免疫接种率（占12—23个月年龄组的百分比）	99	99	94
小学毕业率，总数（占适龄年龄组的百分比）	*100*	120	118
中学总入学率，总数（占适龄年龄组的百分比）	*77*	89	110
小学和中学中女孩与男孩的比率（百分比）	*100*	100	102
HIV感染率（占15—49岁人口的百分比）	..	..	..
环境			
森林（千平方公里）	4.1	4.0	3.8
森林采伐（1990—2010年，平均年度百分比）	..	0.4	0.4
淡水使用量（占内陆水资源的百分比）	*0.9*	..	*1.1*
获得改善的水资源的人口（占总人口的百分比）	..	..	..
获得改善的卫生设施的人口（占总人口的百分比）	..	..	..
人均能源使用量（千克石油当量）	6,990	7,503	*7,971*
人均二氧化碳排放量（吨）	25.5	20.0	*27.5*
人均用电量（千瓦时）	4,438	7,687	*8,662*
经济			
GDP（10亿美元）	3.5	6.0	*10.7*
GDP增长率（年度百分比）	1.1	2.8	*-1.8*
GDP隐含价格平减指数（年度增长百分比）	8.4	29.0	*-22.1*
农业增加值（占GDP的百分比）	1	1	*1*
工业增加值（占GDP的百分比）	62	64	*74*
服务业增加值（占GDP的百分比）	37	35	*25*
货物和服务出口（占GDP的百分比）	62	67	*78*
货物和服务进口（占GDP的百分比）	37	36	*28*
资本形成总额（占GDP的百分比）	19	13	*14*
中央政府收入（占GDP的百分比）	..	..	..
中央政府现金盈余/赤字（占GDP的百分比）	..	..	..
政府与市场			
创办企业的时间（天）	..	..	101
股票市场资本总额（占GDP的百分比）	..	..	..
军费支出（占GDP的百分比）	6.6	4.1	*3.1*
移动电话用户（每100人）	0.7	29.0	109.0
互联网用户（每100人）	0.0	9.0	50.0
铺敷道路（占总数的百分比）	31.4	34.7	*81.1*
高科技出口（占制成品出口的百分比）	..	*0*	..
全球联系			
商品贸易（占GDP的百分比）	91	83	*90*
净易货贸易条件指数（2000年=100）	..	100	179
外债总额（百万美元）	..	..	..
债务还本付息总额（占出口的百分比）	..	..	..
净移民（千人）	2.6	5.4	3.5
获得的侨汇（百万美元）	..	..	..
外国直接投资，净流入额（百万美元）	..	*61*	496
获得的净官方发展援助（百万美元）	3.9	..	..

保加利亚

欧洲和中亚			中高收入经济体
人口（百万）	7.5	人口增长率（百分比）	-0.7
陆地面积（千平方公里）	111	国家贫困率（占人口的百分比）	*10.6*
GNI，图表集法（10亿美元）	47.3	人均GNI，图表集法（美元）	6,280
PPP衡量的GNI（10亿美元）	101.2	PPP衡量的人均GNI（美元）	13,440

	1990	2000	2010
人口			
最贫困的20%人口占国家消费/收入的份额（百分比）	*10.5*	6.5	*8.5*
出生时的预期寿命（岁）	72	72	74
总生育率（每个女性生育数）	1.8	1.3	1.5
青年女性生育率（每千名15—19岁女性生育数）	..	47	39
避孕普及率（占15—49岁已婚女性的百分比）	..	*63*	..
在熟练医护人员护理下的分娩（占总数的百分比）	99	100	*100*
5岁以下儿童死亡率（每千人）	22	21	13
儿童营养不良，体重不足（占5岁以下儿童的百分比）	..	*1.6*	..
儿童麻疹免疫接种率（占12—23个月年龄组的百分比）	99	89	97
小学毕业率，总数（占适龄年龄组的百分比）	101	97	*95*
中学总入学率，总数（占适龄年龄组的百分比）	99	93	*88*
小学和中学中女孩与男孩的比率（百分比）	99	98	*97*
HIV感染率（占15—49岁人口的百分比）	0.1	0.1	0.1
环境			
森林（千平方公里）	33	34	39
森林采伐（1990—2010年，平均年度百分比）	..	-0.1	-1.5
淡水使用量（占内陆水资源的百分比）	35.7	*28.8*	*28.7*
获得改善的水资源的人口（占总人口的百分比）	100	100	100
获得改善的卫生设施的人口（占总人口的百分比）	99	100	100
人均能源使用量（千克石油当量）	3,277	2,283	*2,305*
人均二氧化碳排放量（吨）	8.9	5.3	6.6
人均用电量（千瓦时）	4,759	3,674	*4,401*
经济			
GDP（10亿美元）	20.7	12.9	47.7
GDP增长率（年度百分比）	-9.1	5.7	0.2
GDP隐含价格平减指数（年度增长百分比）	26.2	6.6	2.9
农业增加值（占GDP的百分比）	17	14	5
工业增加值（占GDP的百分比）	49	26	31
服务业增加值（占GDP的百分比）	34	61	63
货物和服务出口（占GDP的百分比）	33	50	58
货物和服务进口（占GDP的百分比）	37	56	60
资本形成总额（占GDP的百分比）	26	18	25
中央政府收入（占GDP的百分比）	47.1	32.9	*32.4*
中央政府现金盈余/赤字（占GDP的百分比）	-5.0	-0.4	*-0.1*
政府与市场			
创办企业的时间（天）	..	*32*	18
股票市场资本总额（占GDP的百分比）	..	4.8	15.2
军费支出（占GDP的百分比）	3.7	2.7	1.4
移动电话用户（每100人）	0.0	9.0	135.4
互联网用户（每100人）	0.0	5.3	46.0
铺敷道路（占总数的百分比）	91.6	*92.1*	*98.4*
高科技出口（占制成品出口的百分比）	..	3	8
全球联系			
商品贸易（占GDP的百分比）	49	88	97
净易货贸易条件指数（2000年=100）	..	100	109
外债总额（10亿美元）	10.9	11.2	48.1
债务还本付息总额（占出口的百分比）	19.4	17.7	14.2
净移民（千人）	-186	-108	-50
获得的侨汇（百万美元）	..	58	1,387
外国直接投资，净流入额（10亿美元）	0.0	1.0	2.4
获得的净官方发展援助（百万美元）	..	..	..

布基纳法索

撒哈拉以南非洲地区 **低收入经济体**

人口（百万）	16.5	人口增长率（百分比）	3.0
陆地面积（千平方公里）	274	国家贫困率（占人口的百分比）	*46.4*
GNI，图表集法（10亿美元）	9.0	人均GNI，图表集法（美元）	550
PPP衡量的GNI（10亿美元）	20.7	PPP衡量的人均GNI（美元）	1,250

	1990	2000	2010
人口			
最贫困的20%人口占国家消费/收入的份额（百分比）	..	*7.0*	6.7
出生时的预期寿命（岁）	48	50	55
总生育率（每个女性生育数）	6.8	6.3	5.9
青年女性生育率（每千名15—19岁女性生育数）	..	133	120
避孕普及率（占15—49岁已婚女性的百分比）	*8*	*12*	*17*
在熟练医护人员护理下的分娩（占总数的百分比）	*42*	*31*	*54*
5岁以下儿童死亡率（每千人）	205	191	176
儿童营养不良，体重不足（占5岁以下儿童的百分比）	*29.6*	*33.7*	*26.0*
儿童麻疹免疫接种率（占12—23个月年龄组的百分比）	79	59	94
小学毕业率，总数（占适龄年龄组的百分比）	19	24	45
中学总入学率，总数（占适龄年龄组的百分比）	7	10	*23*
小学和中学中女孩与男孩的比率（百分比）	..	70	*89*
HIV感染率（占15—49岁人口的百分比）	3.9	2.3	*1.2*
环境			
森林（千平方公里）	68	62	56
森林采伐（1990—2010年，平均年度百分比）	..	0.9	1.0
淡水使用量（占内陆水资源的百分比）	*3.0*	7.9	*7.9*
获得改善的水资源的人口（占总人口的百分比）	43	60	79
获得改善的卫生设施的人口（占总人口的百分比）	8	11	17
人均能源使用量（千克石油当量）	..	..	..
人均二氧化碳排放量（吨）	0.1	0.1	*0.1*
人均用电量（千瓦时）	..	..	..
经济			
GDP（10亿美元）	3.1	2.6	8.8
GDP增长率（年度百分比）	-0.6	1.8	9.2
GDP隐含价格平减指数（年度增长百分比）	1.8	-1.7	4.0
农业增加值（占GDP的百分比）	29	29	..
工业增加值（占GDP的百分比）	21	24	..
服务业增加值（占GDP的百分比）	50	47	..
货物和服务出口（占GDP的百分比）	11	9	..
货物和服务进口（占GDP的百分比）	24	25	..
资本形成总额（占GDP的百分比）	19	17	..
中央政府收入（占GDP的百分比）	..	*11.4*	15.6
中央政府现金盈余/赤字（占GDP的百分比）	..	*-4.5*	-5.7
政府与市场			
创办企业的时间（天）	..	*40*	13
股票市场资本总额（占GDP的百分比）	..	..	..
军费支出（占GDP的百分比）	2.3	1.2	1.5
移动电话用户（每100人）	0.0	0.2	34.7
互联网用户（每100人）	0.0	0.1	1.4
铺敷道路（占总数的百分比）	16.6	*16.0*	..
高科技出口（占制成品出口的百分比）	..	3	8
全球联系			
商品贸易（占GDP的百分比）	22	31	38
净易货贸易条件指数（2000年=100）	119	100	121
外债总额（10亿美元）	0.8	1.4	2.1
债务还本付息总额（占出口的百分比）	9.4	18.6	*3.7*
净移民（千人）	-184	-137	-125
获得的侨汇（百万美元）	140	67	95
外国直接投资，净流入额（百万美元）	0.5	23.2	37.1
获得的净官方发展援助（百万美元）	327	180	1,065

布隆迪

撒哈拉以南非洲地区 **低收入经济体**

人口（百万）	8.4	人口增长率（百分比）	2.6
陆地面积（千平方公里）	28	国家贫困率（占人口的百分比）	66.9
GNI，图表集法（10亿美元）	1.4	人均GNI，图表集法（美元）	170
PPP衡量的GNI（10亿美元）	3.4	PPP衡量的人均GNI（美元）	400

	1990	2000	2010
人口			
最贫困的20%人口占国家消费/收入的份额（百分比）	*7.9*	*5.1*	*9.0*
出生时的预期寿命（岁）	46	46	50
总生育率（每个女性生育数）	6.5	5.8	4.3
青年女性生育率（每千名15—19岁女性生育数）	..	33	20
避孕普及率（占15—49岁已婚女性的百分比）	..	16	22
在熟练医护人员护理下的分娩（占总数的百分比）	..	25	60
5岁以下儿童死亡率（每千人）	183	164	142
儿童营养不良，体重不足（占5岁以下儿童的百分比）	..	38.9	*35.2*
儿童麻疹免疫接种率（占12—23个月年龄组的百分比）	74	76	92
小学毕业率，总数（占适龄年龄组的百分比）	41	26	56
中学总入学率，总数（占适龄年龄组的百分比）	5	*11*	25
小学和中学中女孩与男孩的比率（百分比）	79	*80*	94
HIV感染率（占15—49岁人口的百分比）	3.9	5.2	*3.3*
环境			
森林（千平方公里）	2.9	2.0	1.7
森林采伐（1990—2010年，平均年度百分比）	..	3.7	1.4
淡水使用量（占内陆水资源的百分比）	..	2.9	*2.3*
获得改善的水资源的人口（占总人口的百分比）	70	72	72
获得改善的卫生设施的人口（占总人口的百分比）	44	45	46
人均能源使用量（千克石油当量）	..	..	..
人均二氧化碳排放量（吨）	0.05	0.05	*0.02*
人均用电量（千瓦时）	..	..	..
经济			
GDP（百万美元）	1,132	709	1,611
GDP增长率（年度百分比）	3.5	-0.9	3.9
GDP隐含价格平减指数（年度增长百分比）	6.0	13.2	7.8
农业增加值（占GDP的百分比）	56	40	..
工业增加值（占GDP的百分比）	19	19	..
服务业增加值（占GDP的百分比）	25	41	..
货物和服务出口（占GDP的百分比）	8	8	..
货物和服务进口（占GDP的百分比）	28	20	..
资本形成总额（占GDP的百分比）	15	6	..
中央政府收入（占GDP的百分比）	*18.2*	*15.8*	..
中央政府现金盈余/赤字（占GDP的百分比）	*-2.3*	*-2.4*	..
政府与市场			
创办企业的时间（天）	..	*43*	14
股票市场资本总额（占GDP的百分比）	..	..	..
军费支出（占GDP的百分比）	3.5	6.0	*3.8*
移动电话用户（每100人）	0.0	0.3	13.7
互联网用户（每100人）	0.0	0.1	2.1
铺敷道路（占总数的百分比）	..	7.1	..
高科技出口（占制成品出口的百分比）	*0*	0	8
全球联系			
商品贸易（占GDP的百分比）	27	28	38
净易货贸易条件指数（2000年=100）	128	100	153
外债总额（百万美元）	907	1,108	537
债务还本付息总额（占出口的百分比）	43.4	39.4	*16.6*
净移民（千人）	-3	-400	370
获得的侨汇（百万美元）	..	..	28.2
外国直接投资，净流入额（百万美元）	1.3	11.7	0.8
获得的净官方发展援助（百万美元）	263	93	632

柬埔寨

东亚和太平洋地区 **低收入经济体**

人口（百万）	14.1	人口增长率（百分比）	1.1
陆地面积（千平方公里）	181	国家贫困率（占人口的百分比）	*30.1*
GNI，图表集法（10亿美元）	10.6	人均GNI，图表集法（美元）	750
PPP衡量的GNI（10亿美元）	29.4	PPP衡量的人均GNI（美元）	2,080

	1990	2000	2010
人口			
最贫困的20%人口占国家消费/收入的份额（百分比）	..	6.9	*7.5*
出生时的预期寿命（岁）	55	57	63
总生育率（每个女性生育数）	5.7	3.8	2.6
青年女性生育率（每千名15—19岁女性生育数）	..	49	36
避孕普及率（占15—49岁已婚女性的百分比）	..	24	51
在熟练医护人员护理下的分娩（占总数的百分比）	..	32	71
5岁以下儿童死亡率（每千人）	121	103	51
儿童营养不良，体重不足（占5岁以下儿童的百分比）	..	39.5	*29.0*
儿童麻疹免疫接种率（占12—23个月年龄组的百分比）	34	65	93
小学毕业率，总数（占适龄年龄组的百分比）	..	*52*	87
中学总入学率，总数（占适龄年龄组的百分比）	*25*	17	46
小学和中学中女孩与男孩的比率（百分比）	..	82	94
HIV感染率（占15—49岁人口的百分比）	0.5	1.3	*0.5*
环境			
森林（千平方公里）	129	115	101
森林采伐（1990—2010年，平均年度百分比）	..	1.1	1.3
淡水使用量（占内陆水资源的百分比）	..	3.4	*0.5*
获得改善的水资源的人口（占总人口的百分比）	31	44	64
获得改善的卫生设施的人口（占总人口的百分比）	9	17	31
人均能源使用量（千克石油当量）	..	320	*371*
人均二氧化碳排放量（吨）	0.05	0.18	*0.33*
人均用电量（千瓦时）	..	29	*131*
经济			
GDP（10亿美元）	*2.5*	3.7	11.2
GDP增长率（年度百分比）	..	8.8	6.0
GDP隐含价格平减指数（年度增长百分比）	..	-3.2	3.1
农业增加值（占GDP的百分比）	*47*	38	36
工业增加值（占GDP的百分比）	*13*	23	23
服务业增加值（占GDP的百分比）	*40*	39	41
货物和服务出口（占GDP的百分比）	*16*	50	54
货物和服务进口（占GDP的百分比）	*33*	62	60
资本形成总额（占GDP的百分比）	*12*	18	17
中央政府收入（占GDP的百分比）	..	*10.3*	12.2
中央政府现金盈余/赤字（占GDP的百分比）	..	*-3.4*	-3.7
政府与市场			
创办企业的时间（天）	..	*94*	85
股票市场资本总额（占GDP的百分比）	..	..	..
军费支出（占GDP的百分比）	*1.8*	2.2	*1.8*
移动电话用户（每100人）	0.0	1.0	57.6
互联网用户（每100人）	0.0	0.0	1.3
铺敷道路（占总数的百分比）	7.5	*6.3*	..
高科技出口（占制成品出口的百分比）	..	0	0
全球联系			
商品贸易（占GDP的百分比）	*30*	91	111
净易货贸易条件指数（2000年=100）	..	100	76
外债总额（10亿美元）	1.8	2.6	4.7
债务还本付息总额（占出口的百分比）	*4.1*	1.7	*0.8*
净移民（千人）	150	94	-255
获得的侨汇（百万美元）	*9*	121	369
外国直接投资，净流入额（百万美元）	*33*	149	783
获得的净官方发展援助（百万美元）	41	396	737

喀麦隆

撒哈拉以南非洲地区		中低收入经济体	
人口（百万）	19.6	人口增长率（百分比）	2.2
陆地面积（千平方公里）	475	国家贫困率（占人口的百分比）	*39.9*
GNI，图表集法（10亿美元）	23.2	人均 GNI，图表集法（美元）	1,180
PPP 衡量的 GNI（10亿美元）	44.4	PPP 衡量的人均 GNI（美元）	2,270

	1990	2000	2010
人口			
最贫困的20%人口占国家消费/收入的份额（百分比）	..	*6.5*	*6.7*
出生时的预期寿命（岁）	53	50	51
总生育率（每个女性生育数）	5.9	5.0	4.5
青年女性生育率（每千名15—19岁女性生育数）	..	139	120
避孕普及率（占15—49岁已婚女性的百分比）	*16*	26	*29*
在熟练医护人员护理下的分娩（占总数的百分比）	*64*	60	*63*
5岁以下儿童死亡率（每千人）	137	148	136
儿童营养不良，体重不足（占5岁以下儿童的百分比）	*18.0*	*15.1*	*16.6*
儿童麻疹免疫接种率（占12—23个月年龄组的百分比）	56	49	79
小学毕业率，总数（占适龄年龄组的百分比）	54	51	79
中学总入学率，总数（占适龄年龄组的百分比）	25	28	42
小学和中学中女孩与男孩的比率（百分比）	82	*85*	85
HIV 感染率（占15—49岁人口的百分比）	0.6	5.5	*5.3*
环境			
森林（千平方公里）	243	221	199
森林采伐（1990—2010年，平均年度百分比）	..	0.9	1.0
淡水使用量（占内陆水资源的百分比）	*0.1*	0.4	*0.3*
获得改善的水资源的人口（占总人口的百分比）	49	64	77
获得改善的卫生设施的人口（占总人口的百分比）	48	49	49
人均能源使用量（千克石油当量）	409	402	*361*
人均二氧化碳排放量（吨）	0.1	0.2	*0.3*
人均用电量（千瓦时）	193	173	*271*
经济			
GDP（10亿美元）	11.2	10.1	22.4
GDP 增长率（年度百分比）	-6.1	4.2	2.6
GDP 隐含价格平减指数（年度增长百分比）	1.6	2.8	3.2
农业增加值（占 GDP 的百分比）	25	22	*19*
工业增加值（占 GDP 的百分比）	29	36	*31*
服务业增加值（占 GDP 的百分比）	46	42	*50*
货物和服务出口（占 GDP 的百分比）	20	23	28
货物和服务进口（占 GDP 的百分比）	17	20	33
资本形成总额（占 GDP 的百分比）	18	17	*18*
中央政府收入（占 GDP 的百分比）	14.3	*14.1*	..
中央政府现金盈余/赤字（占 GDP 的百分比）	-5.6	*0.1*	..
政府与市场			
创办企业的时间（天）	..	*45*	15
股票市场资本总额（占 GDP 的百分比）	..	..	..
军费支出（占 GDP 的百分比）	1.5	1.3	1.6
移动电话用户（每100人）	0.0	0.7	44.1
互联网用户（每100人）	0.0	0.3	4.0
铺敷道路（占总数的百分比）	10.5	8.1	*17.0*
高科技出口（占制成品出口的百分比）	3	1	5
全球联系			
商品贸易（占 GDP 的百分比）	31	33	40
净易货贸易条件指数（2000年=100）	81	100	144
外债总额（10亿美元）	6.6	10.3	3.0
债务还本付息总额（占出口的百分比）	20.5	21.5	3.6
净移民（千人）	24.8	-0.2	-19.0
获得的侨汇（百万美元）	23	30	195
外国直接投资，净流入额（百万美元）	-113	159	-1
获得的净官方发展援助（百万美元）	444	377	538

加拿大

高收入经济体

人口（百万）	34.1	人口增长率（百分比）	1.2
陆地面积（千平方公里）	9,985	国家贫困率（占人口的百分比）	..
GNI，图表集法（10亿美元）	1,475.9	人均GNI，图表集法（美元）	43,250
PPP衡量的GNI（10亿美元）	1,309.5	PPP衡量的人均GNI（美元）	38,370

	1990	2000	2010
人口			
最贫困的20%人口占国家消费/收入的份额（百分比）	..	7.2	..
出生时的预期寿命（岁）	77	79	81
总生育率（每个女性生育数）	1.8	1.5	1.7
青年女性生育率（每千名15—19岁女性生育数）	..	17	12
避孕普及率（占15—49岁已婚女性的百分比）	..	*74*	..
在熟练医护人员护理下的分娩（占总数的百分比）	..	*98*	*100*
5岁以下儿童死亡率（每千人）	8	6	6
儿童营养不良，体重不足（占5岁以下儿童的百分比）	..	..	..
儿童麻疹免疫接种率（占12—23个月年龄组的百分比）	89	96	93
小学毕业率，总数（占适龄年龄组的百分比）	..	98	..
中学总入学率，总数（占适龄年龄组的百分比）	100	102	*101*
小学和中学中女孩与男孩的比率（百分比）	100	101	99
HIV感染率（占15—49岁人口的百分比）	0.1	0.2	*0.2*
环境			
森林（千平方公里）	3,101	3,101	3,101
森林采伐（1990—2010年，平均年度百分比）	..	0.0	0.0
淡水使用量（占内陆水资源的百分比）	..	1.6	*1.6*
获得改善的水资源的人口（占总人口的百分比）	100	100	100
获得改善的卫生设施的人口（占总人口的百分比）	100	100	100
人均能源使用量（千克石油当量）	7,505	8,172	7,482
人均二氧化碳排放量（吨）	16.2	17.5	*16.3*
人均用电量（千瓦时）	16,109	16,991	*15,471*
经济			
GDP（10亿美元）	583	725	1,577
GDP增长率（年度百分比）	0.2	5.2	3.2
GDP隐含价格平减指数（年度增长百分比）	3.2	4.1	2.9
农业增加值（占GDP的百分比）	3	2	*2*
工业增加值（占GDP的百分比）	31	33	*32*
服务业增加值（占GDP的百分比）	66	65	*67*
货物和服务出口（占GDP的百分比）	26	46	29
货物和服务进口（占GDP的百分比）	26	40	31
资本形成总额（占GDP的百分比）	21	20	22
中央政府收入（占GDP的百分比）	*20.7*	20.9	17.2
中央政府现金盈余/赤字（占GDP的百分比）	-5.2	2.2	-2.0
政府与市场			
创办企业的时间（天）	..	*3*	5
股票市场资本总额（占GDP的百分比）	41.5	116.1	137.0
军费支出（占GDP的百分比）	2.0	1.1	1.4
移动电话用户（每100人）	2.1	28.4	70.4
互联网用户（每100人）	0.4	51.1	81.3
铺敷道路（占总数的百分比）	35.0	*39.9*	..
高科技出口（占制成品出口的百分比）	14	19	14
全球联系			
商品贸易（占GDP的百分比）	43	72	50
净易货贸易条件指数（2000年=100）	..	100	120
外债总额（百万美元）	..	..	..
债务还本付息总额（占出口的百分比）	..	..	..
净移民（千人）	889	733	1,098
获得的侨汇（百万美元）	..	..	..
外国直接投资，净流入额（10亿美元）	7.6	66.1	23.6
获得的净官方发展援助（百万美元）	..	..	..

佛得角

撒哈拉以南非洲地区		中低收入经济体	
人口（千人）	496	人口增长率（百分比）	0.9
陆地面积（千平方公里）	4.0	国家贫困率（占人口的百分比）	*26.6*
GNI，图表集法（10亿美元）	1.6	人均GNI，图表集法（美元）	3,270
PPP衡量的GNI（10亿美元）	1.9	PPP衡量的人均GNI（美元）	3,820

	1990	2000	2010
人口			
最贫困的20%人口占国家消费/收入的份额（百分比）	..	*4.5*	..
出生时的预期寿命（岁）	65	69	74
总生育率（每个女性生育数）	5.3	3.7	2.4
青年女性生育率（每千名15—19岁女性生育数）	..	99	74
避孕普及率（占15—49岁已婚女性的百分比）	*24*	*53*	*61*
在熟练医护人员护理下的分娩（占总数的百分比）	..	*89*	*78*
5岁以下儿童死亡率（每千人）	59	46	36
儿童营养不良，体重不足（占5岁以下儿童的百分比）	..	..	..
儿童麻疹免疫接种率（占12—23个月年龄组的百分比）	79	86	96
小学毕业率，总数（占适龄年龄组的百分比）	54	107	99
中学总入学率，总数（占适龄年龄组的百分比）	20	*68*	88
小学和中学中女孩与男孩的比率（百分比）	94	*99*	104
HIV感染率（占15—49岁人口的百分比）	..	..	..
环境			
森林（平方公里）	580	820	850
森林采伐（1990—2007年，平均年度百分比）	..	-3.6	-0.4
淡水使用量（占内陆水资源的百分比）	..	*6.8*	*6.8*
获得改善的水资源的人口（占总人口的百分比）	..	83	88
获得改善的卫生设施的人口（占总人口的百分比）	..	44	61
人均能源使用量（千克石油当量）	83	..	*213*
人均二氧化碳排放量（吨）	0.3	0.4	*0.6*
人均用电量（千瓦时）	..	..	..
经济			
GDP（百万美元）	339	531	1,648
GDP增长率（年度百分比）	0.7	6.6	5.4
GDP隐含价格平减指数（年度增长百分比）	2.3	-1.2	3.3
农业增加值（占GDP的百分比）	14	12	*9*
工业增加值（占GDP的百分比）	21	18	*20*
服务业增加值（占GDP的百分比）	64	70	*71*
货物和服务出口（占GDP的百分比）	13	28	*23*
货物和服务进口（占GDP的百分比）	44	61	*64*
资本形成总额（占GDP的百分比）	23	20	*53*
中央政府收入（占GDP的百分比）	..	..	*28.0*
中央政府现金盈余/赤字（占GDP的百分比）	..	..	*-3.7*
政府与市场			
创办企业的时间（天）	..	..	11
股票市场资本总额（占GDP的百分比）	..	..	..
军费支出（占GDP的百分比）	*0.8*	1.3	0.5
移动电话用户（每100人）	0.0	4.5	75.0
互联网用户（每100人）	0.0	1.8	30.0
铺敷道路（占总数的百分比）	78.0	69.0	..
高科技出口（占制成品出口的百分比）	..	1	*0*
全球联系			
商品贸易（占GDP的百分比）	42	45	48
净易货贸易条件指数（2000年=100）	100	100	104
外债总额（百万美元）	134	319	857
债务还本付息总额（占出口的百分比）	9.1	10.7	5.3
净移民（千人）	-34.0	-9.4	-17.3
获得的侨汇（百万美元）	59	87	139
外国直接投资，净流入额（百万美元）	0	33	112
获得的净官方发展援助（百万美元）	105	94	329

开曼群岛

高收入经济体

人口（千人）	56	人口增长率（百分比）	0.8
陆地面积（平方公里）	260	国家贫困率（占人口的百分比）	..
GNI，图表集法（10 亿美元）	..	人均 GNI，图表集法（美元）	..
PPP 衡量的 GNI（百万美元）	..	PPP 衡量的人均 GNI（美元）	..

	1990	2000	2010
人口			
最贫困的 20% 人口占国家消费/收入的份额（百分比）	..	..	..
出生时的预期寿命（岁）	..	..	..
总生育率（每个女性生育数）	..	..	..
青年女性生育率（每千名 15—19 岁女性生育数）	..	..	..
避孕普及率（占 15—49 岁已婚女性的百分比）	..	..	..
在熟练医护人员护理下的分娩（占总数的百分比）	..	..	*100*
5 岁以下儿童死亡率（每千人）	..	..	..
儿童营养不良，体重不足（占 5 岁以下儿童的百分比）	..	..	..
儿童麻疹免疫接种率（占 12—23 个月年龄组的百分比）	..	..	..
小学毕业率，总数（占适龄年龄组的百分比）	..	109	*86*
中学总入学率，总数（占适龄年龄组的百分比）	..	103	*83*
小学和中学中女孩与男孩的比率（百分比）	..	103	*104*
HIV 感染率（占 15—49 岁人口的百分比）	..	..	..
环境			
森林（平方公里）	130	130	130
森林采伐（1990—2010 年，平均年度百分比）	..	0.0	0.0
淡水使用量（占内陆水资源的百分比）	..	..	..
获得改善的水资源的人口（占总人口的百分比）	..	93	96
获得改善的卫生设施的人口（占总人口的百分比）	96	96	96
人均能源使用量（千克石油当量）	..	..	..
人均二氧化碳排放量（吨）	9.7	11.3	*10.1*
人均用电量（千瓦时）	..	..	..
经济			
GDP（百万美元）	..	..	..
GDP 增长率（年度百分比）	..	..	..
GDP 隐含价格平减指数（年度增长百分比）	..	..	..
农业增加值（占 GDP 的百分比）	..	..	..
工业增加值（占 GDP 的百分比）	..	..	..
服务业增加值（占 GDP 的百分比）	..	..	..
货物和服务出口（占 GDP 的百分比）	..	..	..
货物和服务进口（占 GDP 的百分比）	..	..	..
资本形成总额（占 GDP 的百分比）	..	..	..
中央政府收入（占 GDP 的百分比）	..	..	..
中央政府现金盈余/赤字（占 GDP 的百分比）	..	..	..
政府与市场			
创办企业的时间（天）	..	..	..
股票市场资本总额（占 GDP 的百分比）	..	..	..
军费支出（占 GDP 的百分比）	..	..	..
移动电话用户（每 100 人）	0.0	26.6	177.6
互联网用户（每 100 人）	0.0	..	66.0
铺敷道路（占总数的百分比）	..	..	..
高科技出口（占制成品出口的百分比）	..	..	..
全球联系			
商品贸易（占 GDP 的百分比）	..	..	..
净易货贸易条件指数（2000 年 =100）	..	100	82
外债总额（百万美元）	..	..	..
债务还本付息总额（占出口的百分比）	..	..	..
净移民（千人）	..	..	..
获得的侨汇（百万美元）	..	..	..
外国直接投资，净流入额（10 亿美元）	0.0	7.6	12.9
获得的净官方发展援助（百万美元）	3.0	..	..

中非共和国

撒哈拉以南非洲地区 **低收入经济体**

人口（百万）	4.4	人口增长率（百分比）	1.9
陆地面积（千平方公里）	623	国家贫困率（占人口的百分比）	*62.0*
GNI，图表集法（10亿美元）	2.1	人均GNI，图表集法（美元）	470
PPP衡量的GNI（10亿美元）	3.5	PPP衡量的人均GNI（美元）	790

	1990	2000	2010
人口			
最贫困的20%人口占国家消费/收入的份额（百分比）	*2.0*	*5.2*	*3.4*
出生时的预期寿命（岁）	49	44	48
总生育率（每个女性生育数）	5.8	5.4	4.6
青年女性生育率（每千名15—19岁女性生育数）	..	127	102
避孕普及率（占15—49岁已婚女性的百分比）	..	28	*19*
在熟练医护人员护理下的分娩（占总数的百分比）	..	44	*44*
5岁以下儿童死亡率（每千人）	165	176	159
儿童营养不良，体重不足（占5岁以下儿童的百分比）	..	21.8	..
儿童麻疹免疫接种率（占12—23个月年龄组的百分比）	82	36	62
小学毕业率，总数（占适龄年龄组的百分比）	30	*27*	41
中学总入学率，总数（占适龄年龄组的百分比）	11	*12*	13
小学和中学中女孩与男孩的比率（百分比）	59	..	69
HIV感染率（占15—49岁人口的百分比）	3.1	9.4	*4.7*
环境			
森林（千平方公里）	232	229	226
森林采伐（1990—2010年，平均年度百分比）	..	0.1	0.1
淡水使用量（占内陆水资源的百分比）	..	0.0	*0.0*
获得改善的水资源的人口（占总人口的百分比）	58	63	67
获得改善的卫生设施的人口（占总人口的百分比）	11	22	34
人均能源使用量（千克石油当量）	..	..	..
人均二氧化碳排放量（吨）	0.1	0.1	*0.1*
人均用电量（千瓦时）	..	..	..
经济			
GDP（百万美元）	1,488	959	2,013
GDP增长率（年度百分比）	-2.1	2.3	3.3
GDP隐含价格平减指数（年度增长百分比）	2.3	3.2	3.2
农业增加值（占GDP的百分比）	48	53	*56*
工业增加值（占GDP的百分比）	20	16	*15*
服务业增加值（占GDP的百分比）	33	31	*29*
货物和服务出口（占GDP的百分比）	15	20	*15*
货物和服务进口（占GDP的百分比）	28	24	*23*
资本形成总额（占GDP的百分比）	12	10	*11*
中央政府收入（占GDP的百分比）	..	..	..
中央政府现金盈余/赤字（占GDP的百分比）	..	..	..
政府与市场			
创办企业的时间（天）	..	*22*	21
股票市场资本总额（占GDP的百分比）	..	..	..
军费支出（占GDP的百分比）	*1.5*	*1.0*	2.6
移动电话用户（每100人）	0.0	0.1	22.3
互联网用户（每100人）	0.0	0.1	2.3
铺敷道路（占总数的百分比）	..	*2.7*	..
高科技出口（占制成品出口的百分比）	*1*	0	*0*
全球联系			
商品贸易（占GDP的百分比）	18	29	24
净易货贸易条件指数（2000年=100）	238	100	86
外债总额（百万美元）	699	860	385
债务还本付息总额（占出口的百分比）	13.2	..	..
净移民（千人）	-41.0	11.3	5.0
获得的侨汇（百万美元）	0.1	..	..
外国直接投资，净流入额（百万美元）	0.7	0.8	72.0
获得的净官方发展援助（百万美元）	249	75	264

乍得

撒哈拉以南非洲地区		低收入经济体	
人口（百万）	11.2	人口增长率（百分比）	2.6
陆地面积（千平方公里）	1,284	国家贫困率（占人口的百分比）	*55.0*
GNI，图表集法（10亿美元）	6.9	人均GNI，图表集法（美元）	620
PPP衡量的GNI（10亿美元）	13.7	PPP衡量的人均GNI（美元）	1,220

	1990	2000	2010
人口			
最贫困的20%人口占国家消费/收入的份额（百分比）	..	*6.3*	..
出生时的预期寿命（岁）	51	48	49
总生育率（每个女性生育数）	6.7	6.6	6.0
青年女性生育率（每千名15—19岁女性生育数）	..	191	149
避孕普及率（占15—49岁已婚女性的百分比）	..	8	5
在熟练医护人员护理下的分娩（占总数的百分比）	..	16	23
5岁以下儿童死亡率（每千人）	207	190	173
儿童营养不良，体重不足（占5岁以下儿童的百分比）	..	29.4	..
儿童麻疹免疫接种率（占12—23个月年龄组的百分比）	32	28	46
小学毕业率，总数（占适龄年龄组的百分比）	16	23	33
中学总入学率，总数（占适龄年龄组的百分比）	6	11	26
小学和中学中女孩与男孩的比率（百分比）	41	56	65
HIV感染率（占15—49岁人口的百分比）	1.1	3.0	*3.4*
环境			
森林（千平方公里）	131	123	115
森林采伐（1990—2010年，平均年度百分比）	..	0.6	0.7
淡水使用量（占内陆水资源的百分比）	..	2.4	*0.9*
获得改善的水资源的人口（占总人口的百分比）	39	45	51
获得改善的卫生设施的人口（占总人口的百分比）	8	10	13
人均能源使用量（千克石油当量）	..	..	..
人均二氧化碳排放量（吨）	0.02	0.02	*0.05*
人均用电量（千瓦时）	..	..	..
经济			
GDP（百万美元）	1,739	1,385	7,588
GDP增长率（年度百分比）	-4.2	-0.9	4.3
GDP隐含价格平减指数（年度增长百分比）	8.0	5.3	11.6
农业增加值（占GDP的百分比）	29	42	*14*
工业增加值（占GDP的百分比）	18	11	*49*
服务业增加值（占GDP的百分比）	53	46	*38*
货物和服务出口（占GDP的百分比）	13	17	44
货物和服务进口（占GDP的百分比）	28	35	69
资本形成总额（占GDP的百分比）	7	23	37
中央政府收入（占GDP的百分比）	..	..	..
中央政府现金盈余/赤字（占GDP的百分比）	..	..	..
政府与市场			
创办企业的时间（天）	..	*75*	66
股票市场资本总额（占GDP的百分比）	..	..	..
军费支出（占GDP的百分比）	3.3	1.9	3.0
移动电话用户（每100人）	0.0	0.1	23.8
互联网用户（每100人）	0.0	0.0	1.7
铺敷道路（占总数的百分比）	0.8	0.8	..
高科技出口（占制成品出口的百分比）	..	..	..
全球联系			
商品贸易（占GDP的百分比）	27	36	80
净易货贸易条件指数（2000年=100）	112	100	180
外债总额（10亿美元）	0.5	1.1	1.7
债务还本付息总额（占出口的百分比）	4.3	*6.0*	..
净移民（千人）	1.4	69.4	-75.0
获得的侨汇（百万美元）	*0.8*	..	..
外国直接投资，净流入额（百万美元）	9	115	781
获得的净官方发展援助（百万美元）	311	131	490

海峡群岛

高收入经济体

人口（千人）	153	人口增长率（百分比）	0.5
陆地面积（平方公里）	190	国家贫困率（占人口的百分比）	..
GNI，图表集法（10亿美元）	*10.2*	人均GNI，图表集法（美元）	*67,960*
PPP衡量的GNI（百万美元）	..	PPP衡量的人均GNI（美元）	..

	1990	2000	2010
人口			
最贫困的20%人口占国家消费/收入的份额（百分比）	..	..	..
出生时的预期寿命（岁）	75	78	80
总生育率（每个女性生育数）	1.5	1.4	1.5
青年女性生育率（每千名15—19岁女性生育数）	..	13	9
避孕普及率（占15—49岁已婚女性的百分比）	..	..	..
在熟练医护人员护理下的分娩（占总数的百分比）	..	..	..
5岁以下儿童死亡率（每千人）	..	..	..
儿童营养不良，体重不足（占5岁以下儿童的百分比）	..	..	..
儿童麻疹免疫接种率（占12—23个月年龄组的百分比）	..	..	..
小学毕业率，总数（占适龄年龄组的百分比）	..	..	..
中学总入学率，总数（占适龄年龄组的百分比）	..	..	..
小学和中学中女孩与男孩的比率（百分比）	..	..	..
HIV感染率（占15—49岁人口的百分比）	..	..	..
环境			
森林（平方公里）	8.0	8.0	8.0
森林采伐（1990—2010年，平均年度百分比）	..	0.0	0.0
淡水使用量（占内陆水资源的百分比）	..	..	..
获得改善的水资源的人口（占总人口的百分比）	..	..	..
获得改善的卫生设施的人口（占总人口的百分比）	..	..	..
人均能源使用量（千克石油当量）	..	..	..
人均二氧化碳排放量（吨）	..	..	..
人均用电量（千瓦时）	..	..	..
经济			
GDP（10亿美元）	..	6.4	*11.5*
GDP增长率（年度百分比）	..	5.8	*5.9*
GDP隐含价格平减指数（年度增长百分比）	..	3.9	*3.3*
农业增加值（占GDP的百分比）	..	..	..
工业增加值（占GDP的百分比）	..	..	..
服务业增加值（占GDP的百分比）	..	..	..
货物和服务出口（占GDP的百分比）	..	..	..
货物和服务进口（占GDP的百分比）	..	..	..
资本形成总额（占GDP的百分比）	..	..	..
中央政府收入（占GDP的百分比）	..	..	..
中央政府现金盈余/赤字（占GDP的百分比）	..	..	..
政府与市场			
创办企业的时间（天）	..	..	..
股票市场资本总额（占GDP的百分比）	..	..	..
军费支出（占GDP的百分比）	..	..	..
移动电话用户（每100人）	..	..	..
互联网用户（每100人）	..	..	..
铺敷道路（占总数的百分比）	..	..	..
高科技出口（占制成品出口的百分比）	..	..	..
全球联系			
商品贸易（占GDP的百分比）	..	..	..
净易货贸易条件指数（2000年=100）	..	..	..
外债总额（百万美元）	..	..	..
债务还本付息总额（占出口的百分比）	..	..	..
净移民（千人）	6.1	2.8	4.5
获得的侨汇（百万美元）	..	..	..
外国直接投资，净流入额（百万美元）	..	..	..
获得的净官方发展援助（百万美元）	..	..	..

智 利

拉丁美洲和加勒比地区 **中高收入经济体**

人口（百万）	17.1	人口增长率（百分比）	0.9
陆地面积（千平方公里）	756	国家贫困率（占人口的百分比）	*15.1*
GNI，图表集法（10亿美元）	173.2	人均GNI，图表集法（美元）	10,120
PPP衡量的GNI（10亿美元）	250.5	PPP衡量的人均GNI（美元）	14,640

	1990	2000	2010
人口			
最贫困的20%人口占国家消费/收入的份额（百分比）	3.6	3.7	*4.3*
出生时的预期寿命（岁）	74	77	79
总生育率（每个女性生育数）	2.6	2.1	1.9
青年女性生育率（每千名15—19岁女性生育数）	..	64	57
避孕普及率（占15—49岁已婚女性的百分比）	56	*61*	*58*
在熟练医护人员护理下的分娩（占总数的百分比）	*99*	*100*	*100*
5岁以下儿童死亡率（每千人）	19	11	9
儿童营养不良，体重不足（占5岁以下儿童的百分比）	..	*0.7*	*0.5*
儿童麻疹免疫接种率（占12—23个月年龄组的百分比）	97	97	93
小学毕业率，总数（占适龄年龄组的百分比）	..	98	*96*
中学总入学率，总数（占适龄年龄组的百分比）	78	83	*88*
小学和中学中女孩与男孩的比率（百分比）	101	100	*99*
HIV感染率（占15—49岁人口的百分比）	0.1	0.2	*0.4*
环境			
森林（千平方公里）	153	158	162
森林采伐（1990—2010年，平均年度百分比）	..	-0.4	-0.2
淡水使用量（占内陆水资源的百分比）	..	1.3	*1.2*
获得改善的水资源的人口（占总人口的百分比）	90	94	96
获得改善的卫生设施的人口（占总人口的百分比）	84	92	96
人均能源使用量（千克石油当量）	1,028	1,602	1,826
人均二氧化碳排放量（吨）	2.6	3.9	*4.4*
人均用电量（千瓦时）	1,246	2,487	*3,283*
经济			
GDP（10亿美元）	32	75	213
GDP增长率（年度百分比）	3.7	4.5	5.2
GDP隐含价格平减指数（年度增长百分比）	22.5	4.6	14.4
农业增加值（占GDP的百分比）	9	6	3
工业增加值（占GDP的百分比）	41	38	43
服务业增加值（占GDP的百分比）	50	55	54
货物和服务出口（占GDP的百分比）	34	32	39
货物和服务进口（占GDP的百分比）	31	30	32
资本形成总额（占GDP的百分比）	25	22	21
中央政府收入（占GDP的百分比）	..	21.6	22.0
中央政府现金盈余/赤字（占GDP的百分比）	..	-0.7	-0.4
政府与市场			
创办企业的时间（天）	..	*27*	7
股票市场资本总额（占GDP的百分比）	43.1	80.3	160.6
军费支出（占GDP的百分比）	4.2	3.7	3.2
移动电话用户（每100人）	0.1	22.1	116.0
互联网用户（每100人）	0.0	16.6	45.0
铺敷道路（占总数的百分比）	13.8	18.4	*22.5*
高科技出口（占制成品出口的百分比）	5	3	5
全球联系			
商品贸易（占GDP的百分比）	51	50	61
净易货贸易条件指数（2000年=100）	114	100	204
外债总额（10亿美元）	19.2	37.2	86.3
债务还本付息总额（占出口的百分比）	25.9	24.8	15.2
净移民（千人）	-40.0	60.0	30.0
获得的侨汇（百万美元）	0.4	13.3	3.2
外国直接投资，净流入额（10亿美元）	0.7	4.9	15.1
获得的净官方发展援助（百万美元）	104	49	198

中 国

东亚和太平洋地区		中高收入经济体	
人口（百万）	1,338.3	人口增长率（百分比）	0.5
陆地面积（千平方公里）	9,600	国家贫困率（占人口的百分比）	*2.8*
GNI，图表集法（10亿美元）	5,720.8	人均GNI，图表集法（美元）	4,270
PPP衡量的GNI（10亿美元）	10,221.7	PPP衡量的人均GNI（美元）	7,640

	1990	2000	2010
人口			
最贫困的20%人口占国家消费/收入的份额（百分比）	8.0	*6.4*	*5.0*
出生时的预期寿命（岁）	69	71	73
总生育率（每个女性生育数）	2.3	1.7	1.6
青年女性生育率（每千名15—19岁女性生育数）	..	8	9
避孕普及率（占15—49岁已婚女性的百分比）	*85*	*87*	*85*
在熟练医护人员护理下的分娩（占总数的百分比）	94	97	*99*
5岁以下儿童死亡率（每千人）	48	33	18
儿童营养不良，体重不足（占5岁以下儿童的百分比）	12.6	7.4	3.4
儿童麻疹免疫接种率（占12—23个月年龄组的百分比）	98	84	99
小学毕业率，总数（占适龄年龄组的百分比）	104	..	..
中学总入学率，总数（占适龄年龄组的百分比）	38	62	81
小学和中学中女孩与男孩的比率（百分比）	85	*99*	103
HIV感染率（占15—49岁人口的百分比）	..	..	*0.1*[b]
环境			
森林（千平方公里）	1,571	1,770	2,069
森林采伐（1990—2010年，平均年度百分比）	..	-1.2	-1.6
淡水使用量（占内陆水资源的百分比）	17.8	..	*19.5*
获得改善的水资源的人口（占总人口的百分比）	67	80	91
获得改善的卫生设施的人口（占总人口的百分比）	24	44	64
人均能源使用量（千克石油当量）	760	867	*1,695*
人均二氧化碳排放量（吨）	2.2	2.7	*5.3*
人均用电量（千瓦时）	511	993	*2,631*
经济			
GDP（10亿美元）	357	1,198	5,927
GDP增长率（年度百分比）	3.8	8.4	10.4
GDP隐含价格平减指数（年度增长百分比）	5.8	2.1	6.6
农业增加值（占GDP的百分比）	27	15	10
工业增加值（占GDP的百分比）	41	46	47
服务业增加值（占GDP的百分比）	32	39	43
货物和服务出口（占GDP的百分比）	16	23	30
货物和服务进口（占GDP的百分比）	13	21	26
资本形成总额（占GDP的百分比）	36	35	48
中央政府收入（占GDP的百分比）	6.3	7.1	*11.9*
中央政府现金盈余/赤字（占GDP的百分比）	..	-2.6	..
政府与市场			
创办企业的时间（天）	..	*48*	38
股票市场资本总额（占GDP的百分比）	*0.5*	48.5	80.4
军费支出（占GDP的百分比）	2.6	1.8[c]	2.0[c]
移动电话用户（每100人）	0.0	6.8	64.2
互联网用户（每100人）	0.0	1.8	34.4
铺敷道路（占总数的百分比）	..	*81.0*	53.5
高科技出口（占制成品出口的百分比）	6	19	28
全球联系			
商品贸易（占GDP的百分比）	32	40	50
净易货贸易条件指数（2000年=100）	102	100	77
外债总额（10亿美元）	55	145	549
债务还本付息总额（占出口的百分比）	11.7	9.1	3.3
净移民（千人）[a]	-236	-677	-1,884
获得的侨汇（10亿美元）	0.2	4.8	53.0
外国直接投资，净流入额（10亿美元）	3	38	185
获得的净官方发展援助（10亿美元）	2.0	1.7	0.6

哥伦比亚

拉丁美洲和加勒比地区 **中高收入经济体**

人口（百万）	46.3	人口增长率（百分比）	1.4
陆地面积（千平方公里）	1,142	国家贫困率（占人口的百分比）	37.2
GNI，图表集法（10 亿美元）	255.3	人均 GNI，图表集法（美元）	5,510
PPP 衡量的 GNI（10 亿美元）	419.6	PPP 衡量的人均 GNI（美元）	9,060

	1990	2000	2010
人口			
最贫困的 20% 人口占国家消费/收入的份额（百分比）	*3.6*	1.9	3.0
出生时的预期寿命（岁）	68	71	73
总生育率（每个女性生育数）	3.1	2.6	2.1
青年女性生育率（每千名 15—19 岁女性生育数）	..	94	71
避孕普及率（占 15—49 岁已婚女性的百分比）	66	77	79
在熟练医护人员护理下的分娩（占总数的百分比）	94	86	98
5 岁以下儿童死亡率（每千人）	37	27	22
儿童营养不良，体重不足（占 5 岁以下儿童的百分比）	*8.8*	4.9	3.4
儿童麻疹免疫接种率（占 12—23 个月年龄组的百分比）	82	80	88
小学毕业率，总数（占适龄年龄组的百分比）	74	95	114
中学总入学率，总数（占适龄年龄组的百分比）	*53*	72	96
小学和中学中女孩与男孩的比率（百分比）	*108*	104	104
HIV 感染率（占 15—49 岁人口的百分比）	0.2	0.9	*0.5*
环境			
森林（千平方公里）	625	615	605
森林采伐（1990—2010 年，平均年度百分比）	..	0.2	0.2
淡水使用量（占内陆水资源的百分比）	..	0.6	*0.6*
获得改善的水资源的人口（占总人口的百分比）	89	91	92
获得改善的卫生设施的人口（占总人口的百分比）	67	73	77
人均能源使用量（千克石油当量）	730	674	*697*
人均二氧化碳排放量（吨）	1.7	1.5	*1.5*
人均用电量（千瓦时）	869	845	*1,047*
经济			
GDP（10 亿美元）	40	100	288
GDP 增长率（年度百分比）	6.0	4.4	4.3
GDP 隐含价格平减指数（年度增长百分比）	26.1	32.4	3.1
农业增加值（占 GDP 的百分比）	17	9	7
工业增加值（占 GDP 的百分比）	38	29	36
服务业增加值（占 GDP 的百分比）	45	62	57
货物和服务出口（占 GDP 的百分比）	21	16	16
货物和服务进口（占 GDP 的百分比）	15	17	18
资本形成总额（占 GDP 的百分比）	19	15	24
中央政府收入（占 GDP 的百分比）	..	*15.1*	18.2
中央政府现金盈余/赤字（占 GDP 的百分比）	..	*-5.8*	-3.5
政府与市场			
创办企业的时间（天）	..	*60*	14
股票市场资本总额（占 GDP 的百分比）	3.5	9.5	72.3
军费支出（占 GDP 的百分比）	3.3	2.9	3.7
移动电话用户（每 100 人）	0.0	5.7	96.1
互联网用户（每 100 人）	0.0	2.2	36.5
铺敷道路（占总数的百分比）	11.9	*14.4*	..
高科技出口（占制成品出口的百分比）	5	8	5
全球联系			
商品贸易（占 GDP 的百分比）	31	24	28
净易货贸易条件指数（2000 年 =100）	81	100	134
外债总额（10 亿美元）	17.2	33.9	63.1
债务还本付息总额（占出口的百分比）	43.1	30.3	21.0
净移民（千人）	-235	-150	-120
获得的侨汇（10 亿美元）	0.5	1.6	4.1
外国直接投资，净流入额（10 亿美元）	0.5	2.4	6.9
获得的净官方发展援助（百万美元）	89	186	910

科摩罗

撒哈拉以南非洲地区			低收入经济体
人口（千人）	735	人口增长率（百分比）	2.6
陆地面积（千平方公里）	1.9	国家贫困率（占人口的百分比）	*44.8*
GNI，图表集法（百万美元）	550.4	人均 GNI，图表集法（美元）	750
PPP 衡量的 GNI（百万美元）	802.4	PPP 衡量的人均 GNI（美元）	1,090

	1990	2000	2010
人口			
最贫困的 20% 人口占国家消费/收入的份额（百分比）	..	*2.6*	..
出生时的预期寿命（岁）	56	58	61
总生育率（每个女性生育数）	5.6	5.3	4.9
青年女性生育率（每千名 15—19 岁女性生育数）	..	65	54
避孕普及率（占 15—49 岁已婚女性的百分比）	..	26	..
在熟练医护人员护理下的分娩（占总数的百分比）	..	62	..
5 岁以下儿童死亡率（每千人）	125	104	86
儿童营养不良，体重不足（占 5 岁以下儿童的百分比）	*16.2*	25.0	..
儿童麻疹免疫接种率（占 12—23 个月年龄组的百分比）	87	70	72
小学毕业率，总数（占适龄年龄组的百分比）	40	50	75
中学总入学率，总数（占适龄年龄组的百分比）	*22*	29	..
小学和中学中女孩与男孩的比率（百分比）	..	84	..
HIV 感染率（占 15—49 岁人口的百分比）	0.1	0.1	*0.1*
环境			
森林（平方公里）	120	80	30
森林采伐（1990—2010 年，平均年度百分比）	..	4.0	9.3
淡水使用量（占内陆水资源的百分比）	..	*0.8*	*0.8*
获得改善的水资源的人口（占总人口的百分比）	87	92	95
获得改善的卫生设施的人口（占总人口的百分比）	17	28	36
人均能源使用量（千克石油当量）	41	..	*60*
人均二氧化碳排放量（吨）	0.2	0.1	*0.2*
人均用电量（千瓦时）	..	..	..
经济			
GDP（百万美元）	250	202	541
GDP 增长率（年度百分比）	5.1	1.4	2.1
GDP 隐含价格平减指数（年度增长百分比）	2.2	3.4	3.8
农业增加值（占 GDP 的百分比）	41	49	*46*
工业增加值（占 GDP 的百分比）	8	12	*12*
服务业增加值（占 GDP 的百分比）	50	40	*42*
货物和服务出口（占 GDP 的百分比）	14	17	*15*
货物和服务进口（占 GDP 的百分比）	37	33	*48*
资本形成总额（占 GDP 的百分比）	20	10	*12*
中央政府收入（占 GDP 的百分比）	..	..	..
中央政府现金盈余/赤字（占 GDP 的百分比）	..	..	..
政府与市场			
创办企业的时间（天）	..	..	24
股票市场资本总额（占 GDP 的百分比）	..	..	..
军费支出（占 GDP 的百分比）	..	..	..
移动电话用户（每 100 人）	0.0	0.0	22.5
互联网用户（每 100 人）	0.0	0.3	5.1
铺敷道路（占总数的百分比）	69.3	76.5	..
高科技出口（占制成品出口的百分比）	..	0	..
全球联系			
商品贸易（占 GDP 的百分比）	28	28	38
净易货贸易条件指数（2000 年 = 100）	86	100	71
外债总额（百万美元）	188	226	485
债务还本付息总额（占出口的百分比）	2.9	..	*14.8*
净移民（千人）	-4.5	-6.0	-10.0
获得的侨汇（百万美元）	9.9	..	..
外国直接投资，净流入额（百万美元）	0.4	0.1	9.4
获得的净官方发展援助（百万美元）	44.9	18.7	68.0

刚果民主共和国

撒哈拉以南非洲地区 低收入经济体

人口（百万）	66.0	人口增长率（百分比）	2.7
陆地面积（千平方公里）	2,345	国家贫困率（占人口的百分比）	*71.3*
GNI，图表集法（10亿美元）	12.0	人均GNI，图表集法（美元）	180
PPP衡量的GNI（10亿美元）	21.4	PPP衡量的人均GNI（美元）	320

	1990	2000	2010
人口			
最贫困的20%人口占国家消费/收入的份额（百分比）	..	..	5.5
出生时的预期寿命（岁）	47	46	48
总生育率（每个女性生育数）	7.1	6.9	5.8
青年女性生育率（每千名15—19岁女性生育数）	..	235	183
避孕普及率（占15—49岁已婚女性的百分比）	*8*	*31*	17
在熟练医护人员护理下的分娩（占总数的百分比）	..	*61*	79
5岁以下儿童死亡率（每千人）	181	181	170
儿童营养不良，体重不足（占5岁以下儿童的百分比）	..	*33.6*	*28.2*
儿童麻疹免疫接种率（占12—23个月年龄组的百分比）	38	46	68
小学毕业率，总数（占适龄年龄组的百分比）	*48*	*32*	59
中学总入学率，总数（占适龄年龄组的百分比）	*21*	*19*	38
小学和中学中女孩与男孩的比率（百分比）	*70*	*80*	79
HIV感染率（占15—49岁人口的百分比）	..	..	..
环境			
森林（千平方公里）	1,604	1,572	1,541
森林采伐（1990—2010年，平均年度百分比）	..	0.2	0.2
淡水使用量（占内陆水资源的百分比）	..	0.1	*0.0*
获得改善的水资源的人口（占总人口的百分比）	45	44	45
获得改善的卫生设施的人口（占总人口的百分比）	9	16	24
人均能源使用量（千克石油当量）	324	336	*357*
人均二氧化碳排放量（吨）	0.11	0.03	*0.05*
人均用电量（千瓦时）	124	92	*104*
经济			
GDP（10亿美元）	9.3	4.3	13.1
GDP增长率（年度百分比）	-6.6	-6.9	7.2
GDP隐含价格平减指数（年度增长百分比）	109.0	515.8	22.4
农业增加值（占GDP的百分比）	31	50	*43*
工业增加值（占GDP的百分比）	29	20	*24*
服务业增加值（占GDP的百分比）	40	30	*33*
货物和服务出口（占GDP的百分比）	30	22	15
货物和服务进口（占GDP的百分比）	29	21	34
资本形成总额（占GDP的百分比）	9	3	*29*
中央政府收入（占GDP的百分比）	10.1	3.7	23.4
中央政府现金盈余/赤字（占GDP的百分比）	-6.5	-4.2	3.8
政府与市场			
创办企业的时间（天）	..	*166*	65
股票市场资本总额（占GDP的百分比）	..	..	..
军费支出（占GDP的百分比）	..	1.0	1.4
移动电话用户（每100人）	0.0	0.0	17.9
互联网用户（每100人）	0.0	0.0	0.7
铺敷道路（占总数的百分比）	..	*1.8*	..
高科技出口（占制成品出口的百分比）	..	..	..
全球联系			
商品贸易（占GDP的百分比）	43	35	75
净易货贸易条件指数（2000年=100）	86	100	138
外债总额（10亿美元）	10.3	11.7	5.8
债务还本付息总额（占出口的百分比）	..	..	3.8
净移民（千人）	75	-1,501	-24
获得的侨汇（百万美元）	..	..	..
外国直接投资，净流入额（百万美元）	-14	72	2,939
获得的净官方发展援助（百万美元）	896	177	3,413

刚果共和国

撒哈拉以南非洲地区			中低收入经济体
人口（百万）	4.0	人口增长率（百分比）	2.5
陆地面积（千平方公里）	342	国家贫困率（占人口的百分比）	*50.1*
GNI，图表集法（10亿美元）	8.7	人均GNI，图表集法（美元）	2,150
PPP衡量的GNI（10亿美元）	13.0	PPP衡量的人均GNI（美元）	3,220

	1990	2000	2010
人口			
最贫困的20%人口占国家消费/收入的份额（百分比）	..	..	*5.0*
出生时的预期寿命（岁）	56	54	57
总生育率（每个女性生育数）	5.4	4.9	4.5
青年女性生育率（每千名15—19岁女性生育数）	..	130	115
避孕普及率（占15—49岁已婚女性的百分比）	..	..	*44*
在熟练医护人员护理下的分娩（占总数的百分比）	..	..	*83*
5岁以下儿童死亡率（每千人）	116	104	93
儿童营养不良，体重不足（占5岁以下儿童的百分比）	..	..	*11.8*
儿童麻疹免疫接种率（占12—23个月年龄组的百分比）	75	34	76
小学毕业率，总数（占适龄年龄组的百分比）	59	57	71
中学总入学率，总数（占适龄年龄组的百分比）	48	36	..
小学和中学中女孩与男孩的比率（百分比）	89	86	..
HIV感染率（占15—49岁人口的百分比）	5.2	3.9	*3.4*
环境			
森林（千平方公里）	227	226	224
森林采伐（1990—2010年，平均年度百分比）	..	0.1	0.1
淡水使用量（占内陆水资源的百分比）	..	*0.0*	*0.0*
获得改善的水资源的人口（占总人口的百分比）	..	70	71
获得改善的卫生设施的人口（占总人口的百分比）	..	20	18
人均能源使用量（千克石油当量）	334	271	*356*
人均二氧化碳排放量（吨）	0.5	0.3	*0.5*
人均用电量（千瓦时）	172	95	*146*
经济			
GDP（10亿美元）	2.8	3.2	11.9
GDP增长率（年度百分比）	1.0	7.6	8.8
GDP隐含价格平减指数（年度增长百分比）	-1.0	47.0	19.8
农业增加值（占GDP的百分比）	13	5	4
工业增加值（占GDP的百分比）	41	72	80
服务业增加值（占GDP的百分比）	46	23	16
货物和服务出口（占GDP的百分比）	54	80	82
货物和服务进口（占GDP的百分比）	46	44	50
资本形成总额（占GDP的百分比）	16	23	25
中央政府收入（占GDP的百分比）	*22.5*	28.6	..
中央政府现金盈余/赤字（占GDP的百分比）	*-13.1*	1.9	..
政府与市场			
创办企业的时间（天）	..	*37*	160
股票市场资本总额（占GDP的百分比）	..	..	..
军费支出（占GDP的百分比）	..	*1.4*	1.1
移动电话用户（每100人）	0.0	2.2	94.0
互联网用户（每100人）	0.0	0.0	5.0
铺敷道路（占总数的百分比）	9.7	9.7	*7.1*
高科技出口（占制成品出口的百分比）	5	..	..
全球联系			
商品贸易（占GDP的百分比）	57	92	93
净易货贸易条件指数（2000年=100）	63	100	182
外债总额（10亿美元）	4.9	4.8	3.8
债务还本付息总额（占出口的百分比）	34.6	1.7	*1.7*
净移民（千人）	1.1	35.3	49.9
获得的侨汇（百万美元）	4.4	10.4	14.8
外国直接投资，净流入额（百万美元）	23	166	2,816
获得的净官方发展援助（百万美元）	217	32	1,314

哥斯达黎加

拉丁美洲和加勒比地区		中高收入经济体	
人口（百万）	4.7	人口增长率（百分比）	1.5
陆地面积（千平方公里）	51	国家贫困率（占人口的百分比）	24.2
GNI，图表集法（10亿美元）	31.7	人均GNI，图表集法（美元）	6,810
PPP衡量的GNI（10亿美元）	52.5	PPP衡量的人均GNI（美元）	11,270

	1990	2000	2010
人口			
最贫困的20%人口占国家消费/收入的份额（百分比）	3.8	4.0	*3.9*
出生时的预期寿命（岁）	76	78	79
总生育率（每个女性生育数）	3.2	2.4	1.8
青年女性生育率（每千名15—19岁女性生育数）	..	81	63
避孕普及率（占15—49岁已婚女性的百分比）	*75*	*80*	*80*
在熟练医护人员护理下的分娩（占总数的百分比）	*98*	*98*	99
5岁以下儿童死亡率（每千人）	17	13	10
儿童营养不良，体重不足（占5岁以下儿童的百分比）	2.5	..	*1.1*
儿童麻疹免疫接种率（占12—23个月年龄组的百分比）	90	82	83
小学毕业率，总数（占适龄年龄组的百分比）	74	87	96
中学总入学率，总数（占适龄年龄组的百分比）	43	61	100
小学和中学中女孩与男孩的比率（百分比）	100	101	102
HIV感染率（占15—49岁人口的百分比）	0.1	0.1	*0.3*
环境			
森林（千平方公里）	26	24	26
森林采伐（1990—2010年，平均年度百分比）	..	0.8	-0.9
淡水使用量（占内陆水资源的百分比）	..	2.4	*2.4*
获得改善的水资源的人口（占总人口的百分比）	93	95	97
获得改善的卫生设施的人口（占总人口的百分比）	93	95	95
人均能源使用量（千克石油当量）	660	769	*1,067*
人均二氧化碳排放量（吨）	1.0	1.4	*1.8*
人均用电量（千瓦时）	1,089	1,524	*1,813*
经济			
GDP（10亿美元）	7.4	15.9	35.8
GDP增长率（年度百分比）	3.9	1.8	4.2
GDP隐含价格平减指数（年度增长百分比）	17.1	7.0	7.8
农业增加值（占GDP的百分比）	12	9	7
工业增加值（占GDP的百分比）	30	32	26
服务业增加值（占GDP的百分比）	58	58	67
货物和服务出口（占GDP的百分比）	30	49	38
货物和服务进口（占GDP的百分比）	36	46	41
资本形成总额（占GDP的百分比）	18	17	20
中央政府收入（占GDP的百分比）	..	..	*24.7*
中央政府现金盈余/赤字（占GDP的百分比）	..	..	*-3.4*
政府与市场			
创办企业的时间（天）	..	*77*	60
股票市场资本总额（占GDP的百分比）	5.5	18.3	4.0
军费支出（占GDP的百分比）	..	..	..
移动电话用户（每100人）	0.0	5.4	65.1
互联网用户（每100人）	0.0	5.8	36.5
铺敷道路（占总数的百分比）	15.3	22.0	*26.0*
高科技出口（占制成品出口的百分比）	..	52	40
全球联系			
商品贸易（占GDP的百分比）	46	77	64
净易货贸易条件指数（2000年=100）	75	100	78
外债总额（10亿美元）	3.7	4.6	8.8
债务还本付息总额（占出口的百分比）	24.1	8.1	7.7
净移民（千人）	25	128	76
获得的侨汇（百万美元）	12	136	552
外国直接投资，净流入额（百万美元）	163	409	1,466
获得的净官方发展援助（百万美元）	227	10	96

科特迪瓦

撒哈拉以南非洲地区		中低收入经济体	
人口（百万）	19.7	人口增长率（百分比）	2.0
陆地面积（千平方公里）	322	国家贫困率（占人口的百分比）	*42.7*
GNI，图表集法（10亿美元）	23.0	人均GNI，图表集法（美元）	1,160
PPP衡量的GNI（10亿美元）	35.8	PPP衡量的人均GNI（美元）	1,810

	1990	2000	2010
人口			
最贫困的20%人口占国家消费/收入的份额（百分比）	*7.1*	*5.0*	*5.6*
出生时的预期寿命（岁）	53	50	55
总生育率（每个女性生育数）	6.3	5.2	4.4
青年女性生育率（每千名15—19岁女性生育数）	..	135	115
避孕普及率（占15—49岁已婚女性的百分比）	..	*15*	*13*
在熟练医护人员护理下的分娩（占总数的百分比）	..	63	*57*
5岁以下儿童死亡率（每千人）	151	148	123
儿童营养不良，体重不足（占5岁以下儿童的百分比）	..	*18.2*	*29.4*
儿童麻疹免疫接种率（占12—23个月年龄组的百分比）	56	68	70
小学毕业率，总数（占适龄年龄组的百分比）	40	43	*59*
中学总入学率，总数（占适龄年龄组的百分比）	..	24	..
小学和中学中女孩与男孩的比率（百分比）	..	69	..
HIV感染率（占15—49岁人口的百分比）	2.4	6.9	*3.4*
环境			
森林（千平方公里）	102	103	104
森林采伐（1990—2010年，平均年度百分比）	..	-0.1	-0.2
淡水使用量（占内陆水资源的百分比）	1.4	1.8	*1.7*
获得改善的水资源的人口（占总人口的百分比）	76	77	80
获得改善的卫生设施的人口（占总人口的百分比）	20	22	24
人均能源使用量（千克石油当量）	345	406	*535*
人均二氧化碳排放量（吨）	0.5	0.4	*0.4*
人均用电量（千瓦时）	153	173	*203*
经济			
GDP（10亿美元）	10.8	10.4	22.8
GDP增长率（年度百分比）	-1.1	-3.7	3.0
GDP隐含价格平减指数（年度增长百分比）	-4.5	-0.4	0.7
农业增加值（占GDP的百分比）	32	24	23
工业增加值（占GDP的百分比）	23	25	27
服务业增加值（占GDP的百分比）	44	51	50
货物和服务出口（占GDP的百分比）	32	40	41
货物和服务进口（占GDP的百分比）	27	33	36
资本形成总额（占GDP的百分比）	7	11	14
中央政府收入（占GDP的百分比）	..	*16.9*	*18.9*
中央政府现金盈余/赤字（占GDP的百分比）	..	*-2.5*	*0.9*
政府与市场			
创办企业的时间（天）	..	*62*	32
股票市场资本总额（占GDP的百分比）	5.1	11.4	31.2
军费支出（占GDP的百分比）	1.3	*1.6*	*1.6*
移动电话用户（每100人）	0.0	2.9	76.1
互联网用户（每100人）	0.0	0.2	2.6
铺敷道路（占总数的百分比）	8.7	9.7	*7.9*
高科技出口（占制成品出口的百分比）	..	3	*8*
全球联系			
商品贸易（占GDP的百分比）	48	61	80
净易货贸易条件指数（2000年=100）	143	100	162
外债总额（10亿美元）	17.3	12.1	11.4
债务还本付息总额（占出口的百分比）	35.4	22.6	*9.5*
净移民（千人）	325	90	-360
获得的侨汇（百万美元）	44	119	179
外国直接投资，净流入额（百万美元）	48	235	418
获得的净官方发展援助（百万美元）	686	351	848

克罗地亚

高收入经济体

人口（百万）	4.4	人口增长率（百分比）	-0.3
陆地面积（千平方公里）	57	国家贫困率（占人口的百分比）	*11.1*
GNI，图表集法（10 亿美元）	61.4	人均 GNI，图表集法（美元）	13,890
PPP 衡量的 GNI（10 亿美元）	83.4	PPP 衡量的人均 GNI（美元）	18,890

	1990	2000	2010
人口			
最贫困的 20% 人口占国家消费/收入的份额（百分比）	*10.3*	8.3	*8.1*
出生时的预期寿命（岁）	72	73	76
总生育率（每个女性生育数）	1.6	1.4	1.5
青年女性生育率（每千名 15—19 岁女性生育数）	..	16	13
避孕普及率（占 15—49 岁已婚女性的百分比）	..	69	..
在熟练医护人员护理下的分娩（占总数的百分比）	100	100	100
5 岁以下儿童死亡率（每千人）	13	8	6
儿童营养不良，体重不足（占 5 岁以下儿童的百分比）	..	..	*1.0*
儿童麻疹免疫接种率（占 12—23 个月年龄组的百分比）	*90*	93	95
小学毕业率，总数（占适龄年龄组的百分比）	..	93	*95*
中学总入学率，总数（占适龄年龄组的百分比）	*83*	85	*95*
小学和中学中女孩与男孩的比率（百分比）	*103*	101	*102*
HIV 感染率（占 15—49 岁人口的百分比）	0.1	0.1	*0.1*
环境			
森林（千平方公里）	19	19	19
森林采伐（1990—2010 年，平均年度百分比）	..	-0.2	-0.2
淡水使用量（占内陆水资源的百分比）	..	..	*0.6*
获得改善的水资源的人口（占总人口的百分比）	99	99	99
获得改善的卫生设施的人口（占总人口的百分比）	99	99	99
人均能源使用量（千克石油当量）	1,884	1,760	*1,965*
人均二氧化碳排放量（吨）	*3.7*	4.4	*5.3*
人均用电量（千瓦时）	2,991	2,840	*3,712*
经济			
GDP（10 亿美元）	24.8	21.5	60.9
GDP 增长率（年度百分比）	*-21.1*	3.8	-1.2
GDP 隐含价格平减指数（年度增长百分比）	*99.3*	4.6	1.0
农业增加值（占 GDP 的百分比）	11	6	6
工业增加值（占 GDP 的百分比）	36	29	27
服务业增加值（占 GDP 的百分比）	53	65	67
货物和服务出口（占 GDP 的百分比）	*78*	42	38
货物和服务进口（占 GDP 的百分比）	*86*	45	39
资本形成总额（占 GDP 的百分比）	12	19	23
中央政府收入（占 GDP 的百分比）	*33.0*	35.7	32.9
中央政府现金盈余/赤字（占 GDP 的百分比）	*-4.6*	-5.3	-4.3
政府与市场			
创办企业的时间（天）	..	*29*	7
股票市场资本总额（占 GDP 的百分比）	..	12.7	40.9
军费支出（占 GDP 的百分比）	*7.6*	3.1	1.7
移动电话用户（每 100 人）	0.0	23.3	144.0
互联网用户（每 100 人）	0.0	6.8	60.1
铺敷道路（占总数的百分比）	..	85.4	*90.5*
高科技出口（占制成品出口的百分比）	6	9	9
全球联系			
商品贸易（占 GDP 的百分比）	*88*	57	52
净易货贸易条件指数（2000 年 = 100）	..	100	101
外债总额（百万美元）	..	..	..
债务还本付息总额（占出口的百分比）	..	..	..
净移民（千人）	7	-160	10
获得的侨汇（百万美元）	*230*	641	1,315
外国直接投资，净流入额（百万美元）	*13*	1,110	408
获得的净官方发展援助（百万美元）	*0*	66	149

古巴

拉丁美洲和加勒比地区		中高收入经济体	
人口（百万）	11.3	人口增长率（百分比）	0.0
陆地面积（千平方公里）	110	国家贫困率（占人口的百分比）	..
GNI，图表集法（10亿美元）	*62.2*	人均GNI，图表集法（美元）	*5,520*
PPP衡量的GNI（百万美元）	..	PPP衡量的人均GNI（美元）	..

	1990	2000	2010
人口			
最贫困的20%人口占国家消费/收入的份额（百分比）	..	..	..
出生时的预期寿命（岁）	74	76	79
总生育率（每个女性生育数）	1.8	1.6	1.5
青年女性生育率（每千名15—19岁女性生育数）	..	57	44
避孕普及率（占15—49岁已婚女性的百分比）	..	73	78
在熟练医护人员护理下的分娩（占总数的百分比）	*100*	*100*	100
5岁以下儿童死亡率（每千人）	13	9	6
儿童营养不良，体重不足（占5岁以下儿童的百分比）	..	3.4	..
儿童麻疹免疫接种率（占12—23个月年龄组的百分比）	94	94	99
小学毕业率，总数（占适龄年龄组的百分比）	96	96	98
中学总入学率，总数（占适龄年龄组的百分比）	95	83	89
小学和中学中女孩与男孩的比率（百分比）	105	100	98
HIV感染率（占15—49岁人口的百分比）	0.1	0.1	*0.1*
环境			
森林（千平方公里）	21	24	29
森林采伐（1990—2010年，平均年度百分比）	..	-1.7	-1.7
淡水使用量（占内陆水资源的百分比）	..	19.8	*19.8*
获得改善的水资源的人口（占总人口的百分比）	82	90	94
获得改善的卫生设施的人口（占总人口的百分比）	80	86	91
人均能源使用量（千克石油当量）	1,824	1,215	*1,022*
人均二氧化碳排放量（吨）	3.2	2.3	*2.8*
人均用电量（千瓦时）	1,215	1,140	*1,348*
经济			
GDP（10亿美元）	28.6	30.6	*62.7*
GDP增长率（年度百分比）	-2.9	5.9	*4.3*
GDP隐含价格平减指数（年度增长百分比）	5.3	1.7	*2.6*
农业增加值（占GDP的百分比）	14	8	*5*
工业增加值（占GDP的百分比）	19	28	*20*
服务业增加值（占GDP的百分比）	67	64	*75*
货物和服务出口（占GDP的百分比）	30	14	*20*
货物和服务进口（占GDP的百分比）	41	17	*18*
资本形成总额（占GDP的百分比）	25	13	*11*
中央政府收入（占GDP的百分比）	..	..	..
中央政府现金盈余/赤字（占GDP的百分比）	..	..	..
政府与市场			
创办企业的时间（天）	..	..	..
股票市场资本总额（占GDP的百分比）	..	..	..
军费支出（占GDP的百分比）	6.4	*3.5*	*3.2*
移动电话用户（每100人）	0.0	0.1	8.9
互联网用户（每100人）	0.0	0.5	15.9
铺敷道路（占总数的百分比）	50.5	49.0	..
高科技出口（占制成品出口的百分比）	..	21	..
全球联系			
商品贸易（占GDP的百分比）	34	21	*31*
净易货贸易条件指数（2000年=100）	..	100	*173*
外债总额（百万美元）	..	..	..
债务还本付息总额（占出口的百分比）	..	..	..
净移民（千人）	-67	-156	-190
获得的侨汇（百万美元）	..	..	..
外国直接投资，净流入额（百万美元）	1.2	-10.3	85.5
获得的净官方发展援助（百万美元）	52	44	129

库拉索

高收入经济体

人口（千人）	143	人口增长率（百分比）	0.5
陆地面积（平方公里）	444	国家贫困率（占人口的百分比）	..
GNI，图表集法（百万美元）	..	人均 GNI，图表集法（美元）	..
PPP 衡量的 GNI（百万美元）	..	PPP 衡量的人均 GNI（美元）	..

	1990	2000	2010
人口			
最贫困的 20% 人口占国家消费/收入的份额（百分比）	..	..	..
出生时的预期寿命（岁）	..	..	..
总生育率（每个女性生育数）	..	..	..
青年女性生育率（每千名 15—19 岁女性生育数）	..	..	..
避孕普及率（占 15—49 岁已婚女性的百分比）	..	..	..
在熟练医护人员护理下的分娩（占总数的百分比）	..	..	..
5 岁以下儿童死亡率（每千人）	..	..	..
儿童营养不良，体重不足（占 5 岁以下儿童的百分比）	..	..	..
儿童麻疹免疫接种率（占 12—23 个月年龄组的百分比）	..	..	..
小学毕业率，总数（占适龄年龄组的百分比）	..	..	..
中学总入学率，总数（占适龄年龄组的百分比）	..	..	..
小学和中学中女孩与男孩的比率（百分比）	..	..	..
HIV 感染率（占 15—49 岁人口的百分比）	..	..	..
环境			
森林（平方公里）	..	..	..
森林采伐（1990—2010 年，平均年度百分比）	..	..	..
淡水使用量（占内陆水资源的百分比）	..	..	..
获得改善的水资源的人口（占总人口的百分比）	..	..	..
获得改善的卫生设施的人口（占总人口的百分比）	..	..	..
人均能源使用量（千克石油当量）	..	..	..
人均二氧化碳排放量（吨）	..	..	..
人均用电量（千瓦时）	..	..	..
经济			
GDP（百万美元）	..	..	..
GDP 增长率（年度百分比）	..	..	..
GDP 隐含价格平减指数（年度增长百分比）	..	..	..
农业增加值（占 GDP 的百分比）	..	..	..
工业增加值（占 GDP 的百分比）	..	..	..
服务业增加值（占 GDP 的百分比）	..	..	..
货物和服务出口（占 GDP 的百分比）	..	..	..
货物和服务进口（占 GDP 的百分比）	..	..	..
资本形成总额（占 GDP 的百分比）	..	..	..
中央政府收入（占 GDP 的百分比）	..	..	..
中央政府现金盈余/赤字（占 GDP 的百分比）	..	..	..
政府与市场			
创办企业的时间（天）	..	..	..
股票市场资本总额（占 GDP 的百分比）	..	..	..
军费支出（占 GDP 的百分比）	..	..	..
移动电话用户（每 100 人）	..	..	..
互联网用户（每 100 人）	..	..	..
铺敷道路（占总数的百分比）	..	..	..
高科技出口（占制成品出口的百分比）	..	..	..
全球联系			
商品贸易（占 GDP 的百分比）	..	..	..
净易货贸易条件指数（2000 年 =100）	..	..	..
外债总额（百万美元）	..	..	..
债务还本付息总额（占出口的百分比）	..	..	..
净移民（千人）	..	..	..
获得的侨汇（百万美元）	..	..	..
外国直接投资，净流入额（百万美元）	..	..	..
获得的净官方发展援助（百万美元）	..	..	..

塞浦路斯

高收入经济体

人口（百万）	1.1	人口增长率（百分比）	1.2
陆地面积（千平方公里）	9.3	国家贫困率（占人口的百分比）	..
GNI，图表集法（10 亿美元）	23.7	人均 GNI，图表集法（美元）	29,430
PPP 衡量的 GNI（10 亿美元）	24.4	PPP 衡量的人均 GNI（美元）	30,300

	1990	2000	2010
人口			
最贫困的 20% 人口占国家消费/收入的份额（百分比）	..	..	..
出生时的预期寿命（岁）	77	78	79
总生育率（每个女性生育数）	2.4	1.7	1.5
青年女性生育率（每千名 15—19 岁女性生育数）	..	10	6
避孕普及率（占 15—49 岁已婚女性的百分比）	..	..	..
在熟练医护人员护理下的分娩（占总数的百分比）	..	*99*	..
5 岁以下儿童死亡率（每千人）	11	7	4
儿童营养不良，体重不足（占 5 岁以下儿童的百分比）	..	..	..
儿童麻疹免疫接种率（占 12—23 个月年龄组的百分比）	77	86	87
小学毕业率，总数（占适龄年龄组的百分比）	83	98	*103*
中学总入学率，总数（占适龄年龄组的百分比）	71	93	*98*
小学和中学中女孩与男孩的比率（百分比）	100	101	*100*
HIV 感染率（占 15—49 岁人口的百分比）	..	..	..
环境			
森林（千平方公里）	1.6	1.7	1.7
森林采伐（1990—2010 年，平均年度百分比）	..	-0.6	-0.1
淡水使用量（占内陆水资源的百分比）	28.6	24.5	*19.3*
获得改善的水资源的人口（占总人口的百分比）	100	100	100
获得改善的卫生设施的人口（占总人口的百分比）	100	100	100
人均能源使用量（千克石油当量）	1,775	2,265	*2,298*
人均二氧化碳排放量（吨）	6.1	7.3	*7.9*
人均用电量（千瓦时）	2,430	3,373	*4,620*
经济			
GDP（10 亿美元）	5.6	9.3	23.1
GDP 增长率（年度百分比）	7.4	5.0	1.0
GDP 隐含价格平减指数（年度增长百分比）	5.4	3.8	2.0
农业增加值（占 GDP 的百分比）	7	4	*2*
工业增加值（占 GDP 的百分比）	26	19	*20*
服务业增加值（占 GDP 的百分比）	67	77	*78*
货物和服务出口（占 GDP 的百分比）	52	55	40
货物和服务进口（占 GDP 的百分比）	57	55	47
资本形成总额（占 GDP 的百分比）	27	18	18
中央政府收入（占 GDP 的百分比）	..	..	*39.7*
中央政府现金盈余/赤字（占 GDP 的百分比）	..	..	-5.9
政府与市场			
创办企业的时间（天）	..	..	8
股票市场资本总额（占 GDP 的百分比）	*22.4*	46.7	29.5
军费支出（占 GDP 的百分比）	7.4	3.0	2.2
移动电话用户（每 100 人）	0.4	23.1	93.8
互联网用户（每 100 人）	0.0	15.3	53.0
铺敷道路（占总数的百分比）	59.6	60.6	*64.9*
高科技出口（占制成品出口的百分比）	4	2	37
全球联系			
商品贸易（占 GDP 的百分比）	63	51	43
净易货贸易条件指数（2000 年 =100）	..	100	103
外债总额（百万美元）	..	..	..
债务还本付息总额（占出口的百分比）	..	..	..
净移民（千人）	17.2	53.3	44.2
获得的侨汇（百万美元）	79	64	146
外国直接投资，净流入额（百万美元）	127	855	1,886
获得的净官方发展援助（百万美元）	38.4	..	..

捷克

高收入经济体

人口（百万）	10.5	人口增长率（百分比）	0.3
陆地面积（千平方公里）	79	国家贫困率（占人口的百分比）	..
GNI，图表集法（10亿美元）	188.3	人均GNI，图表集法（美元）	17,890
PPP衡量的GNI（10亿美元）	241.0	PPP衡量的人均GNI（美元）	22,910

	1990	2000	2010
人口			
最贫困的20%人口占国家消费/收入的份额（百分比）	*10.4*	..	..
出生时的预期寿命（岁）	71	75	77
总生育率（每个女性生育数）	1.9	1.1	1.5
青年女性生育率（每千名15—19岁女性生育数）	..	13	10
避孕普及率（占15—49岁已婚女性的百分比）	*78*	..	..
在熟练医护人员护理下的分娩（占总数的百分比）	100	100	*100*
5岁以下儿童死亡率（每千人）	14	7	4
儿童营养不良，体重不足（占5岁以下儿童的百分比）	*0.9*	*2.1*	..
儿童麻疹免疫接种率（占12—23个月年龄组的百分比）	98	98	98
小学毕业率，总数（占适龄年龄组的百分比）	*92*	99	*101*
中学总入学率，总数（占适龄年龄组的百分比）	93	87	*90*
小学和中学中女孩与男孩的比率（百分比）	94	101	*101*
HIV感染率（占15—49岁人口的百分比）	0.1	0.1	*0.1*
环境			
森林（千平方公里）	26	26	27
森林采伐（1990—2010年，平均年度百分比）	..	0.0	-0.1
淡水使用量（占内陆水资源的百分比）	..	13.6	*13.3*
获得改善的水资源的人口（占总人口的百分比）	100	100	100
获得改善的卫生设施的人口（占总人口的百分比）	100	98	98
人均能源使用量（千克石油当量）	4,796	3,989	4,024
人均二氧化碳排放量（吨）	*13.5*	12.1	*11.2*
人均用电量（千瓦时）	5,600	5,694	*6,114*
经济			
GDP（10亿美元）	34.9	56.7	192.0
GDP增长率（年度百分比）	*-11.6*	3.6	2.3
GDP隐含价格平减指数（年度增长百分比）	*36.2*	1.5	-1.2
农业增加值（占GDP的百分比）	6	4	2
工业增加值（占GDP的百分比）	49	38	38
服务业增加值（占GDP的百分比）	45	58	60
货物和服务出口（占GDP的百分比）	45	63	79
货物和服务进口（占GDP的百分比）	43	66	75
资本形成总额（占GDP的百分比）	25	29	23
中央政府收入（占GDP的百分比）	*38.4*	30.5	29.6
中央政府现金盈余/赤字（占GDP的百分比）	*0.2*	-3.6	-4.9
政府与市场			
创办企业的时间（天）	..	*40*	20
股票市场资本总额（占GDP的百分比）	..	19.4	22.4
军费支出（占GDP的百分比）	*2.4*	2.0	1.3
移动电话用户（每100人）	0.0	42.3	136.8
互联网用户（每100人）	0.0	9.8	68.6
铺敷道路（占总数的百分比）	100.0	100.0	..
高科技出口（占制成品出口的百分比）	*4*	8	15
全球联系			
商品贸易（占GDP的百分比）	*84*	108	135
净易货贸易条件指数（2000年=100）	..	100	106
外债总额（百万美元）	..	..	..
债务还本付息总额（占出口的百分比）	..	..	..
净移民（千人）	-22	36	240
获得的侨汇（百万美元）	*138*	297	1,122
外国直接投资，净流入额（10亿美元）	*0.7*	5.0	6.7
获得的净官方发展援助（百万美元）	..	..	..

丹麦

高收入经济体

人口（百万）	5.5	人口增长率（百分比）	0.4
陆地面积（千平方公里）	43	国家贫困率（占人口的百分比）	..
GNI，图表集法（10亿美元）	329.5	人均GNI，图表集法（美元）	59,400
PPP衡量的GNI（10亿美元）	228.0	PPP衡量的人均GNI（美元）	41,100

	1990	2000	2010
人口			
最贫困的20%人口占国家消费/收入的份额（百分比）	..	..	..
出生时的预期寿命（岁）	75	77	79
总生育率（每个女性生育数）	1.7	1.8	1.9
青年女性生育率（每千名15—19岁女性生育数）	..	7	5
避孕普及率（占15—49岁已婚女性的百分比）	*78*	..	..
在熟练医护人员护理下的分娩（占总数的百分比）	..	..	..
5岁以下儿童死亡率（每千人）	9	6	4
儿童营养不良，体重不足（占5岁以下儿童的百分比）	..	..	..
儿童麻疹免疫接种率（占12—23个月年龄组的白分比）	84	99	85
小学毕业率，总数（占适龄年龄组的百分比）	95	100	*97*
中学总入学率，总数（占适龄年龄组的百分比）	109	127	*117*
小学和中学中女孩与男孩的比率（百分比）	101	102	*101*
HIV感染率（占15—49岁人口的百分比）	0.1	0.1	*0.2*
环境			
森林（千平方公里）	4.5	4.9	5.4
森林采伐（1990—2010年，平均年度百分比）	..	-0.9	-1.1
淡水使用量（占内陆水资源的百分比）	*18.6*	17.4	*10.8*
获得改善的水资源的人口（占总人口的百分比）	100	100	100
获得改善的卫生设施的人口（占总人口的百分比）	100	100	100
人均能源使用量（千克石油当量）	3,377	3,490	3,548
人均二氧化碳排放量（吨）	9.8	8.8	*8.4*
人均用电量（千瓦时）	5,945	6,482	*6,246*
经济			
GDP（10亿美元）	136	160	312
GDP增长率（年度百分比）	1.6	3.5	1.3
GDP隐含价格平减指数（年度增长百分比）	2.8	3.0	3.9
农业增加值（占GDP的百分比）	4	3	1
工业增加值（占GDP的百分比）	26	27	22
服务业增加值（占GDP的百分比）	70	71	77
货物和服务出口（占GDP的百分比）	37	47	50
货物和服务进口（占GDP的百分比）	33	40	45
资本形成总额（占GDP的百分比）	20	21	17
中央政府收入（占GDP的百分比）	..	36.2	*39.8*
中央政府现金盈余/赤字（占GDP的百分比）	..	1.6	*-2.1*
政府与市场			
创办企业的时间（天）	..	7	6
股票市场资本总额（占GDP的百分比）	28.8	67.3	74.3
军费支出（占GDP的百分比）	2.0	1.5	1.4
移动电话用户（每100人）	2.9	63.0	124.8
互联网用户（每100人）	0.1	39.2	88.8
铺敷道路（占总数的百分比）	100.0	100.0	*100.0*
高科技出口（占制成品出口的百分比）	16	21	14
全球联系			
商品贸易（占GDP的百分比）	52	60	59
净易货贸易条件指数（2000年=100）	..	100	107
外债总额（百万美元）	..	..	..
债务还本付息总额（占出口的百分比）	..	..	..
净移民（千人）	32.8	74.6	90.3
获得的侨汇（百万美元）	*464*	667	633
外国直接投资，净流入额（10亿美元）	1.1	36.0	-7.7
获得的净官方发展援助（百万美元）	..	..	..

吉布提

中东和北非			中低收入经济体
人口（千人）	889	人口增长率（百分比）	1.9
陆地面积（千平方公里）	23	国家贫困率（占人口的百分比）	..
GNI，图表集法（10亿美元）	*1.1*	人均GNI，图表集法（美元）	*1,270*
PPP衡量的GNI（10亿美元）	*2.1*	PPP衡量的人均GNI（美元）	*2,460*

	1990	2000	2010
人口			
最贫困的20%人口占国家消费/收入的份额（百分比）	..	*6.0*	..
出生时的预期寿命（岁）	51	54	58
总生育率（每个女性生育数）	6.2	4.8	3.8
青年女性生育率（每千名15—19岁女性生育数）	..	30	21
避孕普及率（占15—49岁已婚女性的百分比）	..	*9*	*23*
在熟练医护人员护理下的分娩（占总数的百分比）	..	*61*	*93*
5岁以下儿童死亡率（每千人）	123	106	91
儿童营养不良，体重不足（占5岁以下儿童的百分比）	*20.2*	*25.4*	*29.6*
儿童麻疹免疫接种率（占12—23个月年龄组的百分比）	85	50	85
小学毕业率，总数（占适龄年龄组的百分比）	32	28	*36*
中学总入学率，总数（占适龄年龄组的百分比）	11	14	*36*
小学和中学中女孩与男孩的比率（百分比）	72	71	*85*
HIV感染率（占15—49岁人口的百分比）	0.9	2.9	*2.5*
环境			
森林（平方公里）	60	60	60
森林采伐（1990—2007年，平均年度百分比）	..	0.0	0.0
淡水使用量（占内陆水资源的百分比）	..	6.3	*6.3*
获得改善的水资源的人口（占总人口的百分比）	78	82	88
获得改善的卫生设施的人口（占总人口的百分比）	66	60	50
人均能源使用量（千克石油当量）	231	..	*170*
人均二氧化碳排放量（吨）	0.7	0.6	*0.6*
人均用电量（千瓦时）	..	..	..
经济			
GDP（百万美元）	452	551	*1,049*
GDP增长率（年度百分比）	*-4.3*	0.4	*5.0*
GDP隐含价格平减指数（年度增长百分比）	*6.8*	2.4	*1.7*
农业增加值（占GDP的百分比）	3	4	*4*
工业增加值（占GDP的百分比）	22	15	*17*
服务业增加值（占GDP的百分比）	75	81	*79*
货物和服务出口（占GDP的百分比）	54	35	*57*
货物和服务进口（占GDP的百分比）	78	50	*77*
资本形成总额（占GDP的百分比）	14	9	*37*
中央政府收入（占GDP的百分比）	..	..	..
中央政府现金盈余/赤字（占GDP的百分比）	..	..	..
政府与市场			
创办企业的时间（天）	..	..	37
股票市场资本总额（占GDP的百分比）	..	..	..
军费支出（占GDP的百分比）	6.9	4.7	*3.7*
移动电话用户（每100人）	0.0	0.0	18.6
互联网用户（每100人）	0.0	0.2	6.5
铺敷道路（占总数的百分比）	..	45.0	..
高科技出口（占制成品出口的百分比）	..	..	*0*
全球联系			
商品贸易（占GDP的百分比）	53	43	*50*
净易货贸易条件指数（2000年=100）	..	100	80
外债总额（百万美元）	155	258	751
债务还本付息总额（占出口的百分比）	*4.0*	6.1	7.5
净移民（千人）	90.0	30.0	0.0
获得的侨汇（百万美元）	*13.1*	12.3	32.7
外国直接投资，净流入额（百万美元）	*2.3*	3.3	36.5
获得的净官方发展援助（百万美元）	207	72	133

多米尼克

拉丁美洲和加勒比地区			中高收入经济体
人口（千人）	68	人口增长率（百分比）	-0.2
陆地面积（平方公里）	750	国家贫困率（占人口的百分比）	..
GNI，图表集法（百万美元）	458.2	人均 GNI，图表集法（美元）	6,740
PPP 衡量的 GNI（百万美元）	812.2	PPP 衡量的人均 GNI（美元）	11,940

	1990	2000	2010
人口			
最贫困的 20% 人口占国家消费/收入的份额（百分比）	..	..	..
出生时的预期寿命（岁）	*74*	*77*	..
总生育率（每个女性生育数）	*2.5*	*1.9*	..
青年女性生育率（每千名 15—19 岁女性生育数）	..	..	..
避孕普及率（占 15—49 岁已婚女性的百分比）	..	*50*	..
在熟练医护人员护理下的分娩（占总数的百分比）	..	100	*100*
5 岁以下儿童死亡率（每千人）	17	15	12
儿童营养不良，体重不足（占 5 岁以下儿童的百分比）	..	..	..
儿童麻疹免疫接种率（占 12—23 个月年龄组的百分比）	88	99	99
小学毕业率，总数（占适龄年龄组的百分比）	..	119	84
中学总入学率，总数（占适龄年龄组的百分比）	*72*	105	98
小学和中学中女孩与男孩的比率（百分比）	*103*	106	103
HIV 感染率（占 15—49 岁人口的百分比）	..	..	..
环境			
森林（平方公里）	500	470	450
森林采伐（1990—2007 年，平均年度百分比）	..	0.6	0.6
淡水使用量（占内陆水资源的百分比）	..	..	..
获得改善的水资源的人口（占总人口的百分比）	..	95	..
获得改善的卫生设施的人口（占总人口的百分比）	..	81	..
人均能源使用量（千克石油当量）	299	..	*628*
人均二氧化碳排放量（吨）	0.8	1.5	*1.9*
人均用电量（千瓦时）	..	..	..
经济			
GDP（百万美元）	166	329	466
GDP 增长率（年度百分比）	5.3	-2.3	0.1
GDP 隐含价格平减指数（年度增长百分比）	3.0	25.6	0.0
农业增加值（占 GDP 的百分比）	25	14	13
工业增加值（占 GDP 的百分比）	19	18	15
服务业增加值（占 GDP 的百分比）	56	68	71
货物和服务出口（占 GDP 的百分比）	55	44	32
货物和服务进口（占 GDP 的百分比）	81	56	55
资本形成总额（占 GDP 的百分比）	41	23	23
中央政府收入（占 GDP 的百分比）	..	..	..
中央政府现金盈余/赤字（占 GDP 的百分比）	..	..	..
政府与市场			
创办企业的时间（天）	..	..	14
股票市场资本总额（占 GDP 的百分比）	..	..	..
军费支出（占 GDP 的百分比）	..	..	..
移动电话用户（每 100 人）	0.0	1.7	155.2
互联网用户（每 100 人）	0.0	8.8	47.3
铺敷道路（占总数的百分比）	45.6	50.4	..
高科技出口（占制成品出口的百分比）	2	7	0
全球联系			
商品贸易（占 GDP 的百分比）	104	61	59
净易货贸易条件指数（2000 年 =100）	..	100	111
外债总额（百万美元）	88	165	267
债务还本付息总额（占出口的百分比）	6.2	7.2	9.8
净移民（千人）	..	..	..
获得的侨汇（百万美元）	13.9	16.3	26.2
外国直接投资，净流入额（百万美元）	12.9	17.6	24.3
获得的净官方发展援助（百万美元）	19.6	15.2	32.5

多米尼加共和国

拉丁美洲和加勒比地区 **中高收入经济体**

人口（百万）	9.9	人口增长率（百分比）	1.3
陆地面积（千平方公里）	49	国家贫困率（占人口的百分比）	34.4
GNI，图表集法（10亿美元）	49.9	人均GNI，图表集法（美元）	5,030
PPP衡量的GNI（10亿美元）	89.6	PPP衡量的人均GNI（美元）	9,030

	1990	2000	2010
人口			
最贫困的20%人口占国家消费/收入的份额（百分比）	*4.2*	3.7	4.7
出生时的预期寿命（岁）	68	71	73
总生育率（每个女性生育数）	3.5	2.9	2.6
青年女性生育率（每千名15—19岁女性生育数）	..	110	106
避孕普及率（占15—49岁已婚女性的百分比）	*56*	65	*73*
在熟练医护人员护理下的分娩（占总数的百分比）	*92*	98	*98*
5岁以下儿童死亡率（每千人）	62	41	27
儿童营养不良，体重不足（占5岁以下儿童的百分比）	*8.4*	3.5	*3.4*
儿童麻疹免疫接种率（占12—23个月年龄组的百分比）	70	84	79
小学毕业率，总数（占适龄年龄组的百分比）	..	78	92
中学总入学率，总数（占适龄年龄组的百分比）	..	59	76
小学和中学中女孩与男孩的比率（百分比）	..	104	97
HIV感染率（占15—49岁人口的百分比）	0.4	1.0	*0.9*
环境			
森林（千平方公里）	20	20	20
森林采伐（1990—2010年，平均年度百分比）	..	0.0	0.0
淡水使用量（占内陆水资源的百分比）	..	16.6	*16.6*
获得改善的水资源的人口（占总人口的百分比）	88	87	86
获得改善的卫生设施的人口（占总人口的百分比）	73	78	83
人均能源使用量（千克石油当量）	570	908	*826*
人均二氧化碳排放量（吨）	1.3	2.3	*2.2*
人均用电量（千瓦时）	388	728	*1,358*
经济			
GDP（10亿美元）	7.1	24.0	51.8
GDP增长率（年度百分比）	-5.5	5.7	7.8
GDP隐含价格平减指数（年度增长百分比）	50.5	6.9	5.1
农业增加值（占GDP的百分比）	15	7	6
工业增加值（占GDP的百分比）	34	36	32
服务业增加值（占GDP的百分比）	60	57	62
货物和服务出口（占GDP的百分比）	34	37	22
货物和服务进口（占GDP的百分比）	44	46	34
资本形成总额（占GDP的百分比）	25	23	16
中央政府收入（占GDP的百分比）	..	..	*14.5*
中央政府现金盈余/赤字（占GDP的百分比）	..	..	*-3.6*
政府与市场			
创办企业的时间（天）	..	*77*	19
股票市场资本总额（占GDP的百分比）	..	..	..
军费支出（占GDP的百分比）	0.9	1.2	0.6
移动电话用户（每100人）	0.0	8.2	89.6
互联网用户（每100人）	0.0	3.7	39.5
铺敷道路（占总数的百分比）	44.7	49.4	..
高科技出口（占制成品出口的百分比）	..	*1*	3
全球联系			
商品贸易（占GDP的百分比）	73	63	42
净易货贸易条件指数（2000年=100）	96	100	98
外债总额（10亿美元）	4.4	4.5	13.0
债务还本付息总额（占出口的百分比）	12.1	5.6	11.0
净移民（千人）	-117	-139	-140
获得的侨汇（10亿美元）	0.3	1.8	3.4
外国直接投资，净流入额（百万美元）	133	953	1,626
获得的净官方发展援助（百万美元）	102	56	177

厄瓜多尔

拉丁美洲和加勒比地区 **中高收入经济体**

人口（百万）	14.5	人口增长率（百分比）	1.4
陆地面积（千平方公里）	256	国家贫困率（占人口的百分比）	32.8
GNI，图表集法（10亿美元）	55.7	人均GNI，图表集法（美元）	3,850
PPP衡量的GNI（10亿美元）	114.0	PPP衡量的人均GNI（美元）	7,880

	1990	2000	2010
人口			
最贫困的20%人口占国家消费/收入的份额（百分比）	..	3.0	4.3
出生时的预期寿命（岁）	69	73	75
总生育率（每个女性生育数）	3.7	3.0	2.5
青年女性生育率（每千名15—19岁女性生育数）	..	85	81
避孕普及率（占15—49岁已婚女性的百分比）	*53*	*66*	..
在熟练医护人员护理下的分娩（占总数的百分比）	..	*99*	..
5岁以下儿童死亡率（每千人）	52	33	20
儿童营养不良，体重不足（占5岁以下儿童的百分比）	..	*6.2*	..
儿童麻疹免疫接种率（占12—23个月年龄组的百分比）	60	99	98
小学毕业率，总数（占适龄年龄组的百分比）	*92*	99	*106*
中学总入学率，总数（占适龄年龄组的百分比）	*55*	57	*80*
小学和中学中女孩与男孩的比率（百分比）	*100*	100	*103*
HIV感染率（占15—49岁人口的百分比）	0.3	0.5	*0.4*
环境			
森林（千平方公里）	138	118	99
森林采伐（1990—2010年，平均年度百分比）	..	1.5	1.8
淡水使用量（占内陆水资源的百分比）	..	3.5	*3.6*
获得改善的水资源的人口（占总人口的百分比）	72	86	94
获得改善的卫生设施的人口（占总人口的百分比）	69	83	92
人均能源使用量（千克石油当量）	584	651	*796*
人均二氧化碳排放量（吨）	1.6	1.7	*1.9*
人均用电量（千瓦时）	479	652	*1,115*
经济			
GDP（10亿美元）	10.4	15.9	58.0
GDP增长率（年度百分比）	2.7	2.8	3.6
GDP隐含价格平减指数（年度增长百分比）	5.9	-7.0	7.6
农业增加值（占GDP的百分比）	..	9	7
工业增加值（占GDP的百分比）	..	*32*	38
服务业增加值（占GDP的百分比）	..	*59*	55
货物和服务出口（占GDP的百分比）	33	37	33
货物和服务进口（占GDP的百分比）	32	31	39
资本形成总额（占GDP的百分比）	21	20	26
中央政府收入（占GDP的百分比）	14.4	..	..
中央政府现金盈余/赤字（占GDP的百分比）	2.9	..	..
政府与市场			
创办企业的时间（天）	..	*92*	56
股票市场资本总额（占GDP的百分比）	*0.6*	4.4	9.1
军费支出（占GDP的百分比）	2.0	1.7	3.8
移动电话用户（每100人）	0.0	3.9	102.2
互联网用户（每100人）	0.0	1.5	29.0
铺敷道路（占总数的百分比）	13.4	18.9	*14.8*
高科技出口（占制成品出口的百分比）	0	6	8
全球联系			
商品贸易（占GDP的百分比）	44	54	66
净易货贸易条件指数（2000年=100）	114	100	122
外债总额（10亿美元）	12.1	13.3	14.8
债务还本付息总额（占出口的百分比）	33.0	31.4	9.4
净移民（千人）	0	-250	-120
获得的侨汇（10亿美元）	0.1	1.3	2.6
外国直接投资，净流入额（百万美元）	126	-23	167
获得的净官方发展援助（百万美元）	159	146	153

埃 及

中东和北非		中低收入经济体	
人口（百万）	81.1	人口增长率（百分比）	1.7
陆地面积（千平方公里）	1,001	国家贫困率（占人口的百分比）	*22.0*
GNI，图表集法（10亿美元）	196.2	人均GNI，图表集法（美元）	2,420
PPP衡量的GNI（10亿美元）	491.3	PPP衡量的人均GNI（美元）	6,060

	1990	2000	2010
人口			
最贫困的20%人口占国家消费/收入的份额（百分比）	*8.7*	9.0	*9.2*
出生时的预期寿命（岁）	62	69	73
总生育率（每个女性生育数）	4.4	3.3	2.7
青年女性生育率（每千名15—19岁女性生育数）	..	55	43
避孕普及率（占15—49岁已婚女性的百分比）	*48*	56	*60*
在熟练医护人员护理下的分娩（占总数的百分比）	*37*	61	*79*
5岁以下儿童死亡率（每千人）	94	47	22
儿童营养不良，体重不足（占5岁以下儿童的百分比）	*10.5*	4.3	*6.8*
儿童麻疹免疫接种率（占12—23个月年龄组的百分比）	86	98	96
小学毕业率，总数（占适龄年龄组的百分比）	..	94	*98*
中学总入学率，总数（占适龄年龄组的百分比）	69	83	..
小学和中学中女孩与男孩的比率（百分比）	80	92	..
HIV感染率（占15—49岁人口的百分比）	0.1	0.1	*0.1*
环境			
森林（平方公里）	440	590	700
森林采伐（1990—2010年，平均年度百分比）	..	-3.0	-1.7
淡水使用量（占内陆水资源的百分比）	..	3,788.9	*119.0*
获得改善的水资源的人口（占总人口的百分比）	93	96	99
获得改善的卫生设施的人口（占总人口的百分比）	72	86	95
人均能源使用量（千克石油当量）	560	668	*903*
人均二氧化碳排放量（吨）	1.3	2.1	*2.7*
人均用电量（千瓦时）	669	994	*1,549*
经济			
GDP（10亿美元）	43	100	219
GDP增长率（年度百分比）	5.7	5.4	5.1
GDP隐含价格平减指数（年度增长百分比）	18.4	4.9	10.1
农业增加值（占GDP的百分比）	19	17	14
工业增加值（占GDP的百分比）	29	33	38
服务业增加值（占GDP的百分比）	52	50	48
货物和服务出口（占GDP的百分比）	20	16	21
货物和服务进口（占GDP的百分比）	33	23	26
资本形成总额（占GDP的百分比）	29	20	19
中央政府收入（占GDP的百分比）	23.0	*24.3*	24.8
中央政府现金盈余/赤字（占GDP的百分比）	-2.0	*-6.7*	-7.7
政府与市场			
创办企业的时间（天）	..	*37*	7
股票市场资本总额（占GDP的百分比）	4.1	28.8	37.7
军费支出（占GDP的百分比）	4.7	3.2	2.0
移动电话用户（每100人）	0.0	2.0	87.1
互联网用户（每100人）	0.0	0.6	26.7
铺敷道路（占总数的百分比）	72.0	78.1	*89.4*
高科技出口（占制成品出口的百分比）	..	0	1
全球联系			
商品贸易（占GDP的百分比）	37	20	36
净易货贸易条件指数（2000年=100）	101	100	152
外债总额（10亿美元）	33.0	29.0	34.8
债务还本付息总额（占出口的百分比）	28.6	9.8	6.0
净移民（千人）	-652	-946	-347
获得的侨汇（10亿美元）	4.3	2.9	7.7
外国直接投资，净流入额（10亿美元）	0.7	1.2	6.4
获得的净官方发展援助（10亿美元）	6.1	1.4	0.6

萨尔瓦多

拉丁美洲和加勒比地区		中低收入经济体	
人口（百万）	6.2	人口增长率（百分比）	0.5
陆地面积（千平方公里）	21	国家贫困率（占人口的百分比）	*37.8*
GNI，图表集法（10亿美元）	20.9	人均GNI，图表集法（美元）	3,380
PPP衡量的GNI（10亿美元）	40.6	PPP衡量的人均GNI（美元）	6,550

	1990	2000	2010
人口			
最贫困的20%人口占国家消费/收入的份额（百分比）	*2.6*	*2.3*	*3.7*
出生时的预期寿命（岁）	66	70	72
总生育率（每个女性生育数）	4.0	2.9	2.3
青年女性生育率（每千名15—19岁女性生育数）	..	100	79
避孕普及率（占15—49岁已婚女性的百分比）	*53*	*67*	*73*
在熟练医护人员护理下的分娩（占总数的百分比）	*87*	*92*	*96*
5岁以下儿童死亡率（每千人）	62	34	16
儿童营养不良，体重不足（占5岁以下儿童的百分比）	*7.2*	*6.1*	*6.6*
儿童麻疹免疫接种率（占12—23个月年龄组的百分比）	98	97	92
小学毕业率，总数（占适龄年龄组的百分比）	*65*	83	96
中学总入学率，总数（占适龄年龄组的百分比）	*38*	54	65
小学和中学中女孩与男孩的比率（百分比）	*101*	97	98
HIV感染率（占15—49岁人口的百分比）	0.1	0.7	*0.8*
环境			
森林（千平方公里）	3.8	3.3	2.9
森林采伐（1990—2010年，平均年度百分比）	..	1.3	1.5
淡水使用量（占内陆水资源的百分比）	*2.9*	7.8	*5.5*
获得改善的水资源的人口（占总人口的百分比）	74	82	88
获得改善的卫生设施的人口（占总人口的百分比）	75	83	87
人均能源使用量（千克石油当量）	463	667	*828*
人均二氧化碳排放量（吨）	0.5	1.0	*1.0*
人均用电量（千瓦时）	348	610	*845*
经济			
GDP（10亿美元）	4.8	13.1	21.2
GDP增长率（年度百分比）	4.8	2.2	1.4
GDP隐含价格平减指数（年度增长百分比）	4.7	3.2	1.2
农业增加值（占GDP的百分比）	17	10	13
工业增加值（占GDP的百分比）	27	32	27
服务业增加值（占GDP的百分比）	55	58	60
货物和服务出口（占GDP的百分比）	19	27	26
货物和服务进口（占GDP的百分比）	31	42	44
资本形成总额（占GDP的百分比）	14	17	13
中央政府收入（占GDP的百分比）	..	*16.0*	19.2
中央政府现金盈余/赤字（占GDP的百分比）	..	*-4.7*	-2.7
政府与市场			
创办企业的时间（天）	..	*115*	17
股票市场资本总额（占GDP的百分比）	..	15.5	19.9
军费支出（占GDP的百分比）	2.3	0.9	0.6
移动电话用户（每100人）	0.0	12.5	124.3
互联网用户（每100人）	0.0	1.2	15.9
铺敷道路（占总数的百分比）	14.4	19.8	..
高科技出口（占制成品出口的百分比）	..	3	6
全球联系			
商品贸易（占GDP的百分比）	38	60	61
净易货贸易条件指数（2000年=100）	84	100	91
外债总额（10亿美元）	2.1	4.5	11.1
债务还本付息总额（占出口的百分比）	20.7	9.7	19.0
净移民（千人）	-291	-402	-292
获得的侨汇（10亿美元）	0.4	1.8	3.4
外国直接投资，净流入额（百万美元）	2	173	-6
获得的净官方发展援助（百万美元）	347	180	284

赤道几内亚

高收入经济体

人口（千人）	700	人口增长率（百分比）	2.8
陆地面积（千平方公里）	28	国家贫困率（占人口的百分比）	*76.8*
GNI，图表集法（10亿美元）	10.2	人均GNI，图表集法（美元）	14,550
PPP衡量的GNI（10亿美元）	16.6	PPP衡量的人均GNI（美元）	23,760

	1990	2000	2010
人口			
最贫困的20%人口占国家消费/收入的份额（百分比）	..	..	..
出生时的预期寿命（岁）	47	49	51
总生育率（每个女性生育数）	5.9	5.8	5.2
青年女性生育率（每千名15—19岁女性生育数）	..	131	118
避孕普及率（占15—49岁已婚女性的百分比）	..	10	..
在熟练医护人员护理下的分娩（占总数的百分比）	..	65	..
5岁以下儿童死亡率（每千人）	190	152	121
儿童营养不良，体重不足（占5岁以下儿童的百分比）	..	15.7	..
儿童麻疹免疫接种率（占12—23个月年龄组的百分比）	88	51	51
小学毕业率，总数（占适龄年龄组的百分比）	..	55	52
中学总入学率，总数（占适龄年龄组的百分比）	*41*	31	..
小学和中学中女孩与男孩的比率（百分比）	*82*	81	..
HIV感染率（占15—49岁人口的百分比）	0.1	1.5	*5.0*
环境			
森林（千平方公里）	19	17	16
森林采伐（1990—2010年，平均年度百分比）	..	0.7	0.7
淡水使用量（占内陆水资源的百分比）	..	0.1	*0.1*
获得改善的水资源的人口（占总人口的百分比）	..	51	..
获得改善的卫生设施的人口（占总人口的百分比）	..	89	..
人均能源使用量（千克石油当量）	..	..	*2,732*
人均二氧化碳排放量（吨）	0.3	0.9	*7.3*
人均用电量（千瓦时）	..	..	..
经济			
GDP（10亿美元）	0.1	1.3	14.0
GDP增长率（年度百分比）	3.3	13.5	0.9
GDP隐含价格平减指数（年度增长百分比）	-2.5	46.6	19.1
农业增加值（占GDP的百分比）	62	10	*3*
工业增加值（占GDP的百分比）	11	86	*93*
服务业增加值（占GDP的百分比）	28	4	*4*
货物和服务出口（占GDP的百分比）	32	99	*70*
货物和服务进口（占GDP的百分比）	70	85	*58*
资本形成总额（占GDP的百分比）	17	61	*47*
中央政府收入（占GDP的百分比）	..	..	..
中央政府现金盈余/赤字（占GDP的百分比）	..	..	..
政府与市场			
创办企业的时间（天）	..	..	137
股票市场资本总额（占GDP的百分比）	..	..	..
军费支出（占GDP的百分比）	..	..	..
移动电话用户（每100人）	0.0	1.0	57.0
互联网用户（每100人）	0.0	0.1	6.0
铺敷道路（占总数的百分比）	..	..	..
高科技出口（占制成品出口的百分比）	..	..	..
全球联系			
商品贸易（占GDP的百分比）	95	123	116
净易货贸易条件指数（2000年=100）	38	100	206
外债总额（百万美元）	..	..	..
债务还本付息总额（占出口的百分比）	..	..	..
净移民（千人）	15.0	20.0	20.0
获得的侨汇（百万美元）	*1.3*	..	..
外国直接投资，净流入额（百万美元）	11	154	695
获得的净官方发展援助（百万美元）	60.2	21.3	85.2

厄立特里亚

撒哈拉以南非洲地区			低收入经济体
人口（百万）	5.3	人口增长率（百分比）	3.0
陆地面积（千平方公里）	118	国家贫困率（占人口的百分比）	*69.0*
GNI，图表集法（10亿美元）	1.8	人均GNI，图表集法（美元）	340
PPP衡量的GNI（10亿美元）	2.8	PPP衡量的人均GNI（美元）	540

	1990	2000	2010
人口			
最贫困的20%人口占国家消费/收入的份额（百分比）	..	..	..
出生时的预期寿命（岁）	48	56	61
总生育率（每个女性生育数）	6.2	5.4	4.5
青年女性生育率（每千名15—19岁女性生育数）	..	89	59
避孕普及率（占15—49岁已婚女性的百分比）	..	*8*	..
在熟练医护人员护理下的分娩（占总数的百分比）	..	*28*	..
5岁以下儿童死亡率（每千人）	141	93	61
儿童营养不良，体重不足（占5岁以下儿童的百分比）	*36.9*	*34.5*	..
儿童麻疹免疫接种率（占12—23个月年龄组的百分比）	*34*	76	99
小学毕业率，总数（占适龄年龄组的百分比）	..	36	40
中学总入学率，总数（占适龄年龄组的百分比）	*11*	25	32
小学和中学中女孩与男孩的比率（百分比）	*82*	77	80
HIV感染率（占15—49岁人口的百分比）	0.3	1.2	*0.8*
环境			
森林（千平方公里）	16	16	15
森林采伐（1990—2010年，平均年度百分比）	..	0.3	0.3
淡水使用量（占内陆水资源的百分比）	..	14.8	*9.2*
获得改善的水资源的人口（占总人口的百分比）	43	54	*61*
获得改善的卫生设施的人口（占总人口的百分比）	9	11	*14*
人均能源使用量（千克石油当量）	*276*	193	*142*
人均二氧化碳排放量（吨）	..	0.2	*0.1*
人均用电量（千瓦时）	*39*	47	*51*
经济			
GDP（百万美元）	*477*	634	2,117
GDP增长率（年度百分比）	*13.5*	-13.1	2.2
GDP隐含价格平减指数（年度增长百分比）	*-1.4*	25.0	11.6
农业增加值（占GDP的百分比）	*31*	15	*15*
工业增加值（占GDP的百分比）	*12*	23	*22*
服务业增加值（占GDP的百分比）	*57*	62	63
货物和服务出口（占GDP的百分比）	*11*	15	*5*
货物和服务进口（占GDP的百分比）	*45*	82	*20*
资本形成总额（占GDP的百分比）	*8*	24	*11*
中央政府收入（占GDP的百分比）	..	..	..
中央政府现金盈余/赤字（占GDP的百分比）	..	..	..
政府与市场			
创办企业的时间（天）	..	*91*	84
股票市场资本总额（占GDP的百分比）	..	..	..
军费支出（占GDP的百分比）	*22.0*	36.4	..
移动电话用户（每100人）	0.0	0.0	3.5
互联网用户（每100人）	0.0	0.1	5.4
铺敷道路（占总数的百分比）	19.4	21.8	..
高科技出口（占制成品出口的百分比）	..	0	..
全球联系			
商品贸易（占GDP的百分比）	*77*	80	33
净易货贸易条件指数（2000年=100）	*99*	100	77
外债总额（百万美元）	..	300	1,010
债务还本付息总额（占出口的百分比）	..	2.8	..
净移民（千人）	-3.8	-8.9	55.0
获得的侨汇（百万美元）	..	3.3	..
外国直接投资，净流入额（百万美元）	..	27.9	55.6
获得的净官方发展援助（百万美元）	5	177	161

爱沙尼亚

高收入经济体

人口（百万）	1.3	人口增长率（百分比）	0.0
陆地面积（千平方公里）	45	国家贫困率（占人口的百分比）	..
GNI，图表集法（10 亿美元）	19.4	人均 GNI，图表集法（美元）	14,460
PPP 衡量的 GNI（10 亿美元）	26.5	PPP 衡量的人均 GNI（美元）	19,810

	1990	2000	2010
人口			
最贫困的 20% 人口占国家消费/收入的份额（百分比）	*6.4*	6.6	..
出生时的预期寿命（岁）	69	70	75
总生育率（每个女性生育数）	2.0	1.4	1.6
青年女性生育率（每千名 15—19 岁女性生育数）	..	26	19
避孕普及率（占 15—49 岁已婚女性的百分比）	..	..	..
在熟练医护人员护理下的分娩（占总数的百分比）	*99*	100	*100*
5 岁以下儿童死亡率（每千人）	21	13	5
儿童营养不良，体重不足（占 5 岁以下儿童的百分比）	..	..	..
儿童麻疹免疫接种率（占 12—23 个月年龄组的百分比）	*74*	93	95
小学毕业率，总数（占适龄年龄组的百分比）	..	92	*98*
中学总入学率，总数（占适龄年龄组的百分比）	103	94	*104*
小学和中学中女孩与男孩的比率（百分比）	*103*	100	*101*
HIV 感染率（占 15—49 岁人口的百分比）	0.1	0.5	*1.2*
环境			
森林（千平方公里）	21	22	22
森林采伐（1990—2010 年，平均年度百分比）	..	-0.7	0.1
淡水使用量（占内陆水资源的百分比）	..	*11.4*	*14.0*
获得改善的水资源的人口（占总人口的百分比）	98	98	98
获得改善的卫生设施的人口（占总人口的百分比）	95	95	95
人均能源使用量（千克石油当量）	6,316	3,443	4,084
人均二氧化碳排放量（吨）	*15.0*	11.4	*13.6*
人均用电量（千瓦时）	5,890	4,629	*5,950*
经济			
GDP（10 亿美元）	5.0	5.7	19.2
GDP 增长率（年度百分比）	-7.1	9.6	3.1
GDP 隐含价格平减指数（年度增长百分比）	33.7	4.9	1.5
农业增加值（占 GDP 的百分比）	17	5	*3*
工业增加值（占 GDP 的百分比）	50	28	*29*
服务业增加值（占 GDP 的百分比）	34	68	*68*
货物和服务出口（占 GDP 的百分比）	*60*	85	78
货物和服务进口（占 GDP 的百分比）	*54*	88	72
资本形成总额（占 GDP 的百分比）	30	28	20
中央政府收入（占 GDP 的百分比）	..	31.0	*36.8*
中央政府现金盈余/赤字（占 GDP 的百分比）	..	0.2	*-1.3*
政府与市场			
创办企业的时间（天）	..	*72*	7
股票市场资本总额（占 GDP 的百分比）	..	32.5	11.8
军费支出（占 GDP 的百分比）	*0.5*	1.4	1.7
移动电话用户（每 100 人）	0.0	40.7	123.3
互联网用户（每 100 人）	0.0	28.6	74.2
铺敷道路（占总数的百分比）	51.8	20.1	*28.6*
高科技出口（占制成品出口的百分比）	..	30	9
全球联系			
商品贸易（占 GDP 的百分比）	..	156	124
净易货贸易条件指数（2000 年 =100）	..	100	144
外债总额（百万美元）	..	..	..
债务还本付息总额（占出口的百分比）	..	..	..
净移民（千人）	15.0	-36.6	0.0
获得的侨汇（百万美元）	..	4	322
外国直接投资，净流入额（百万美元）	*82*	387	1,539
获得的净官方发展援助（百万美元）	..	..	..

埃塞俄比亚

撒哈拉以南非洲地区 | **低收入经济体**

人口（百万）	83.0	人口增长率（百分比）	2.1
陆地面积（千平方公里）	1,104	国家贫困率（占人口的百分比）	*38.9*
GNI，图表集法（10亿美元）	32.4	人均GNI，图表集法（美元）	390
PPP衡量的GNI（10亿美元）	86.1	PPP衡量的人均GNI（美元）	1,040

	1990	2000	2010
人口			
最贫困的20%人口占国家消费/收入的份额（百分比）	..	9.2	*9.3*
出生时的预期寿命（岁）	47	52	59
总生育率（每个女性生育数）	7.1	6.1	4.2
青年女性生育率（每千名15—19岁女性生育数）	..	103	58
避孕普及率（占15—49岁已婚女性的百分比）	5	8	*15*
在熟练医护人员护理下的分娩（占总数的百分比）	..	6	*6*
5岁以下儿童死亡率（每千人）	184	141	106
儿童营养不良，体重不足（占5岁以下儿童的百分比）	..	42.0	*34.6*
儿童麻疹免疫接种率（占12—23个月年龄组的百分比）	38	52	81
小学毕业率，总数（占适龄年龄组的百分比）	*23*	23	72
中学总入学率，总数（占适龄年龄组的百分比）	*14*	14	36
小学和中学中女孩与男孩的比率（百分比）	*68*	65	89
HIV感染率（占15—49岁人口的百分比）	..	..	..
环境			
森林（千平方公里）	151	137	123
森林采伐（1990—2010年，平均年度百分比）	..	1.0	1.1
淡水使用量（占内陆水资源的百分比）	..	*4.6*	*4.6*
获得改善的水资源的人口（占总人口的百分比）	14	29	44
获得改善的卫生设施的人口（占总人口的百分比）	3	9	21
人均能源使用量（千克石油当量）	308	284	*402*
人均二氧化碳排放量（吨）	0.1	0.1	*0.1*
人均用电量（千瓦时）	22	23	*46*
经济			
GDP（10亿美元）	12.1	8.2	29.7
GDP增长率（年度百分比）	2.7	6.1	10.1
GDP隐含价格平减指数（年度增长百分比）	3.3	6.9	3.8
农业增加值（占GDP的百分比）	54	50	48
工业增加值（占GDP的百分比）	11	12	14
服务业增加值（占GDP的百分比）	35	38	38
货物和服务出口（占GDP的百分比）	6	12	11
货物和服务进口（占GDP的百分比）	9	24	32
资本形成总额（占GDP的百分比）	13	20	21
中央政府收入（占GDP的百分比）	12.4	*11.9*	..
中央政府现金盈余/赤字（占GDP的百分比）	-6.6	*-4.2*	..
政府与市场			
创办企业的时间（天）	..	*44*	9
股票市场资本总额（占GDP的百分比）	..	..	..
军费支出（占GDP的百分比）	6.5	7.6	1.1
移动电话用户（每100人）	0.0	0.0	8.3
互联网用户（每100人）	0.0	0.0	0.7
铺敷道路（占总数的百分比）	15.0	12.0	*13.7*
高科技出口（占制成品出口的百分比）	..	0	3
全球联系			
商品贸易（占GDP的百分比）	11	21	36
净易货贸易条件指数（2000年=100）	*125*	100	127
外债总额（10亿美元）	8.6	5.5	7.1
债务还本付息总额（占出口的百分比）	39.0	13.7	*3.0*
净移民（千人）	780	-277	-300
获得的侨汇（百万美元）	5	53	225
外国直接投资，净流入额（百万美元）	*0*	135	288
获得的净官方发展援助（10亿美元）	1.0	0.7	3.5

法罗群岛

高收入经济体

人口（千人）	49	人口增长率（百分比）	0.2
陆地面积（千平方公里）	1.4	国家贫困率（占人口的百分比）	..
GNI，图表集法（10亿美元）	..	人均 GNI，图表集法（美元）	..
PPP 衡量的 GNI（百万美元）	..	PPP 衡量的人均 GNI（美元）	..

	1990	2000	2010
人口			
最贫困的 20% 人口占国家消费/收入的份额（百分比）	..	..	..
出生时的预期寿命（岁）	76	79	*80*
总生育率（每个女性生育数）	..	..	..
青年女性生育率（每千名 15—19 岁女性生育数）	..	..	..
避孕普及率（占 15—49 岁已婚女性的百分比）	..	..	..
在熟练医护人员护理下的分娩（占总数的百分比）	..	..	..
5 岁以下儿童死亡率（每千人）	..	..	..
儿童营养不良，体重不足（占 5 岁以下儿童的百分比）	..	..	..
儿童麻疹免疫接种率（占 12—23 个月年龄组的百分比）	..	..	..
小学毕业率，总数（占适龄年龄组的百分比）	..	..	..
中学总入学率，总数（占适龄年龄组的百分比）	..	..	..
小学和中学中女孩与男孩的比率（百分比）	..	..	..
HIV 感染率（占 15—49 岁人口的百分比）	..	..	..
环境			
森林（平方公里）	1.0	1.0	1.0
森林采伐（1990—2010 年，平均年度百分比）	..	0.0	0.0
淡水使用量（占内陆水资源的百分比）	..	..	..
获得改善的水资源的人口（占总人口的百分比）	..	..	..
获得改善的卫生设施的人口（占总人口的百分比）	..	..	..
人均能源使用量（千克石油当量）	..	..	..
人均二氧化碳排放量（吨）	13.1	14.3	*14.6*
人均用电量（千瓦时）	..	..	..
经济			
GDP（百万美元）	..	1,062	*2,198*
GDP 增长率（年度百分比）	..	..	..
GDP 隐含价格平减指数（年度增长百分比）	..	..	..
农业增加值（占 GDP 的百分比）	..	..	..
工业增加值（占 GDP 的百分比）	..	..	..
服务业增加值（占 GDP 的百分比）	..	..	..
货物和服务出口（占 GDP 的百分比）	..	..	..
货物和服务进口（占 GDP 的百分比）	..	..	..
资本形成总额（占 GDP 的百分比）	..	..	..
中央政府收入（占 GDP 的百分比）	..	..	..
中央政府现金盈余/赤字（占 GDP 的百分比）	..	..	..
政府与市场			
创办企业的时间（天）	..	..	..
股票市场资本总额（占 GDP 的百分比）	..	..	..
军费支出（占 GDP 的百分比）	..	..	..
移动电话用户（每 100 人）	0.0	37.1	122.0
互联网用户（每 100 人）	0.0	32.9	75.2
铺敷道路（占总数的百分比）	..	..	..
高科技出口（占制成品出口的百分比）	0	0	*1*
全球联系			
商品贸易（占 GDP 的百分比）	..	95	*70*
净易货贸易条件指数（2000 年 =100）	..	100	105
外债总额（百万美元）	..	..	..
债务还本付息总额（占出口的百分比）	..	..	..
净移民（千人）	..	..	..
获得的侨汇（百万美元）	..	43.0	..
外国直接投资，净流入额（百万美元）	..	..	..
获得的净官方发展援助（10 亿美元）	..	..	..

斐济

东亚和太平洋地区			中低收入经济体
人口（千人）	860	人口增长率（百分比）	1.0
陆地面积（千平方公里）	18	国家贫困率（占人口的百分比）	*31.0*
GNI，图表集法（10亿美元）	3.1	人均GNI，图表集法（美元）	3,630
PPP衡量的GNI（10亿美元）	3.9	PPP衡量的人均GNI（美元）	4,510

	1990	2000	2010
人口			
最贫困的20%人口占国家消费/收入的份额（百分比）	..	*4.1*	*6.2*
出生时的预期寿命（岁）	66	68	69
总生育率（每个女性生育数）	3.4	3.1	2.7
青年女性生育率（每千名15—19岁女性生育数）	..	43	44
避孕普及率（占15—49岁已婚女性的百分比）	..	44	*43*
在熟练医护人员护理下的分娩（占总数的百分比）	..	99	*99*
5岁以下儿童死亡率（每千人）	30	23	17
儿童营养不良，体重不足（占5岁以下儿童的百分比）	*6.9*	..	..
儿童麻疹免疫接种率（占12—23个月年龄组的百分比）	84	81	94
小学毕业率，总数（占适龄年龄组的百分比）	..	95	*105*
中学总入学率，总数（占适龄年龄组的百分比）	*76*	78	*86*
小学和中学中女孩与男孩的比率（百分比）	*98*	103	*104*
HIV感染率（占15—49岁人口的百分比）	0.1	0.1	*0.1*
环境			
森林（千平方公里）	10	10	10
森林采伐（1990—2010年，平均年度百分比）	..	-0.3	-0.3
淡水使用量（占内陆水资源的百分比）	..	0.3	*0.3*
获得改善的水资源的人口（占总人口的百分比）	84	93	98
获得改善的卫生设施的人口（占总人口的百分比）	61	75	83
人均能源使用量（千克石油当量）	392	..	*627*
人均二氧化碳排放量（吨）	1.1	1.1	*1.5*
人均用电量（千瓦时）	..	..	..
经济			
GDP（百万美元）	1,337	1,684	3,189
GDP增长率（年度百分比）	5.8	-1.7	0.3
GDP隐含价格平减指数（年度增长百分比）	6.7	-4.7	8.1
农业增加值（占GDP的百分比）	20	17	12
工业增加值（占GDP的百分比）	24	22	20
服务业增加值（占GDP的百分比）	56	61	68
货物和服务出口（占GDP的百分比）	62	65	53
货物和服务进口（占GDP的百分比）	67	70	64
资本形成总额（占GDP的百分比）	14	17	*24*
中央政府收入（占GDP的百分比）	26.8	..	..
中央政府现金盈余/赤字（占GDP的百分比）	0.9	..	..
政府与市场			
创办企业的时间（天）	..	*45*	45
股票市场资本总额（占GDP的百分比）	..	14.5	44.0
军费支出（占GDP的百分比）	2.3	1.9	*1.7*
移动电话用户（每100人）	0.0	6.8	81.2
互联网用户（每100人）	0.0	1.5	14.8
铺敷道路（占总数的百分比）	44.5	49.2	..
高科技出口（占制成品出口的百分比）	12	0	*4*
全球联系			
商品贸易（占GDP的百分比）	94	84	70
净易货贸易条件指数（2000年=100）	*142*	100	104
外债总额（百万美元）	308	173	452
债务还本付息总额（占出口的百分比）	9.1	2.4	*1.8*
净移民（千人）	-66.9	-42.3	-28.8
获得的侨汇（百万美元）	22	44	183
外国直接投资，净流入额（百万美元）	92	1	196
获得的净官方发展援助（百万美元）	49.6	29.1	76.4

芬兰

高收入经济体

人口（百万）	5.4	人口增长率（百分比）	0.5
陆地面积（千平方公里）	338	国家贫困率（占人口的百分比）	..
GNI，图表集法（10亿美元）	255.2	人均GNI，图表集法（美元）	47,570
PPP衡量的GNI（10亿美元）	198.9	PPP衡量的人均GNI（美元）	37,070

	1990	2000	2010
人口			
最贫困的20%人口占国家消费/收入的份额（百分比）	..	9.6	..
出生时的预期寿命（岁）	75	77	80
总生育率（每个女性生育数）	1.8	1.7	1.9
青年女性生育率（每千名15—19岁女性生育数）	..	12	9
避孕普及率（占15—49岁已婚女性的百分比）	*77*	..	..
在熟练医护人员护理下的分娩（占总数的百分比）	*100*	*100*	..
5岁以下儿童死亡率（每千人）	7	4	3
儿童营养不良，体重不足（占5岁以下儿童的百分比）	..	..	..
儿童麻疹免疫接种率（占12—23个月年龄组的百分比）	97	96	98
小学毕业率，总数（占适龄年龄组的百分比）	102	96	*98*
中学总入学率，总数（占适龄年龄组的百分比）	114	125	*108*
小学和中学中女孩与男孩的比率（百分比）	109	105	*102*
HIV感染率（占15—49岁人口的百分比）	0.1	0.1	*0.1*
环境			
森林（千平方公里）	219	225	222
森林采伐（1990—2010年，平均年度百分比）	..	-0.3	0.1
淡水使用量（占内陆水资源的百分比）	*2.1*	2.1	*1.5*
获得改善的水资源的人口（占总人口的百分比）	100	100	100
获得改善的卫生设施的人口（占总人口的百分比）	100	100	100
人均能源使用量（千克石油当量）	5,692	6,231	6,639
人均二氧化碳排放量（吨）	10.2	10.1	*10.6*
人均用电量（千瓦时）	12,486	15,286	*15,242*
经济			
GDP（10亿美元）	139	122	238
GDP增长率（年度百分比）	0.5	5.3	3.7
GDP隐含价格平减指数（年度增长百分比）	5.4	2.6	0.4
农业增加值（占GDP的百分比）	6	3	3
工业增加值（占GDP的百分比）	34	35	29
服务业增加值（占GDP的百分比）	60	62	68
货物和服务出口（占GDP的百分比）	23	44	40
货物和服务进口（占GDP的百分比）	24	34	39
资本形成总额（占GDP的百分比）	28	21	19
中央政府收入（占GDP的百分比）	..	40.9	*38.8*
中央政府现金盈余/赤字（占GDP的百分比）	..	6.7	*4.6*
政府与市场			
创办企业的时间（天）	..	*31*	14
股票市场资本总额（占GDP的百分比）	16.3	241.1	49.6
军费支出（占GDP的百分比）	1.5	1.3	1.5
移动电话用户（每100人）	5.2	72.0	156.4
互联网用户（每100人）	0.4	37.2	86.9
铺敷道路（占总数的百分比）	61.0	62.0	*65.5*
高科技出口（占制成品出口的百分比）	8	27	11
全球联系			
商品贸易（占GDP的百分比）	39	66	58
净易货贸易条件指数（2000年=100）	..	100	77
外债总额（百万美元）	..	..	..
债务还本付息总额（占出口的百分比）	..	..	..
净移民（千人）	15.5	19.6	72.6
获得的侨汇（百万美元）	63	473	826
外国直接投资，净流入额（10亿美元）	0.8	9.1	7.1
获得的净官方发展援助（百万美元）	..	..	..

法国

高收入经济体

人口（百万）	64.9	人口增长率（百分比）	0.5
陆地面积（千平方公里）	549	国家贫困率（占人口的百分比）	..
GNI，图表集法（10 亿美元）	2,749.8	人均 GNI，图表集法（美元）	42,370
PPP 衡量的 GNI（10 亿美元）	2,254.9	PPP 衡量的人均 GNI（美元）	34,750

	1990	2000	2010
人口			
最贫困的 20% 人口占国家消费/收入的份额（百分比）	..	..	..
出生时的预期寿命（岁）[e]	77	79	81
总生育率（每个女性生育数）[e]	1.8	1.9	2.0
青年女性生育率（每千名 15—19 岁女性生育数）[e]	..	8	6
避孕普及率（占 15—49 岁已婚女性的百分比）	*81*	82	*71*
在熟练医护人员护理下的分娩（占总数的百分比）	*99*	..	..
5 岁以下儿童死亡率（每千人）[e]	9	5	4
儿童营养不良，体重不足（占 5 岁以下儿童的百分比）	..	..	..
儿童麻疹免疫接种率（占 12—23 个月年龄组的百分比）	71	84	90
小学毕业率，总数（占适龄年龄组的百分比）	101	97	..
中学总入学率，总数（占适龄年龄组的百分比）	96	108	*113*
小学和中学中女孩与男孩的比率（百分比）	103	100	*100*
HIV 感染率（占 15—49 岁人口的百分比）	0.3	0.3	*0.4*
环境			
森林（千平方公里）	145	154	160
森林采伐（1990—2010 年，平均年度百分比）	..	-0.6	-0.4
淡水使用量（占内陆水资源的百分比）	*17.9*	15.9	*15.0*
获得改善的水资源的人口（占总人口的百分比）	100	100	100
获得改善的卫生设施的人口（占总人口的百分比）	100	100	100
人均能源使用量（千克石油当量）	3,848	4,145	4,072
人均二氧化碳排放量（吨）	6.9	6.0	5.9
人均用电量（千瓦时）	5,974	7,255	*7,488*
经济			
GDP（10 亿美元）	1,244	1,326	2,560
GDP 增长率（年度百分比）	2.6	3.7	1.5
GDP 隐含价格平减指数（年度增长百分比）	2.8	1.6	0.8
农业增加值（占 GDP 的百分比）	4	3	*2*
工业增加值（占 GDP 的百分比）	27	23	*19*
服务业增加值（占 GDP 的百分比）	69	74	*79*
货物和服务出口（占 GDP 的百分比）	21	29	25
货物和服务进口（占 GDP 的百分比）	22	28	28
资本形成总额（占 GDP 的百分比）	22	20	19
中央政府收入（占 GDP 的百分比）	..	42.9	*40.9*
中央政府现金盈余/赤字（占 GDP 的百分比）	..	-1.7	*-7.3*
政府与市场			
创办企业的时间（天）	..	*41*	7
股票市场资本总额（占 GDP 的百分比）	25.2	109.1	75.3
军费支出（占 GDP 的百分比）	3.4	2.5	2.3
移动电话用户（每 100 人）	0.5	47.8	97.4
互联网用户（每 100 人）	0.1	13.9	77.5
铺敷道路（占总数的百分比）	..	100.0	*100.0*
高科技出口（占制成品出口的百分比）	17	25	25
全球联系			
商品贸易（占 GDP 的百分比）	36	50	44
净易货贸易条件指数（2000 年 =100）	..	100	98
外债总额（百万美元）	..	..	..
债务还本付息总额（占出口的百分比）	..	..	..
净移民（千人）	278	188	500
获得的侨汇（10 亿美元）	4.0	8.6	15.6
外国直接投资，净流入额（10 亿美元）	13.2	42.4	33.7
获得的净官方发展援助（百万美元）	..	..	..

法属波利尼西亚

高收入经济体

人口（千人）	271	人口增长率（百分比）	1.1
陆地面积（千平方公里）	4.0	国家贫困率（占人口的百分比）	..
GNI，图表集法（10亿美元）	..	人均GNI，图表集法（美元）	..
PPP衡量的GNI（百万美元）	..	PPP衡量的人均GNI（美元）	..

	1990	2000	2010
人口			
最贫困的20%人口占国家消费/收入的份额（百分比）	..	..	..
出生时的预期寿命（岁）	69	72	75
总生育率（每个女性生育数）	3.3	2.5	2.1
青年女性生育率（每千名15—19岁女性生育数）	..	58	49
避孕普及率（占15—49岁已婚女性的百分比）	..	..	..
在熟练医护人员护理下的分娩（占总数的百分比）	..	99	..
5岁以下儿童死亡率（每千人）	..	..	..
儿童营养不良，体重不足（占5岁以下儿童的百分比）	..	..	..
儿童麻疹免疫接种率（占12—23个月年龄组的百分比）	..	..	..
小学毕业率，总数（占适龄年龄组的百分比）	..	..	..
中学总入学率，总数（占适龄年龄组的百分比）	67	..	..
小学和中学中女孩与男孩的比率（百分比）	111	..	..
HIV感染率（占15—49岁人口的百分比）	..	..	..
环境			
森林（千平方公里）	0.6	1.1	1.6
森林采伐（1990—2010年，平均年度百分比）	..	-6.7	-4.0
淡水使用量（占内陆水资源的百分比）	..	..	..
获得改善的水资源的人口（占总人口的百分比）	100	100	100
获得改善的卫生设施的人口（占总人口的百分比）	98	98	98
人均能源使用量（千克石油当量）	..	..	..
人均二氧化碳排放量（吨）	3.2	2.7	*3.4*
人均用电量（千瓦时）	..	..	..
经济			
GDP（10亿美元）	3.2	3.4	..
GDP增长率（年度百分比）	2.2	4.0	..
GDP隐含价格平减指数（年度增长百分比）	0.8	1.0	..
农业增加值（占GDP的百分比）	1	5	..
工业增加值（占GDP的百分比）	..	..	..
服务业增加值（占GDP的百分比）	..	..	..
货物和服务出口（占GDP的百分比）	*1*	5	..
货物和服务进口（占GDP的百分比）	*28*	24	..
资本形成总额（占GDP的百分比）	..	..	..
中央政府收入（占GDP的百分比）	..	..	..
中央政府现金盈余/赤字（占GDP的百分比）	..	..	..
政府与市场			
创办企业的时间（天）	..	..	..
股票市场资本总额（占GDP的百分比）	..	..	..
军费支出（占GDP的百分比）	..	..	..
移动电话用户（每100人）	0.0	16.8	79.7
互联网用户（每100人）	0.0	6.4	49.0
铺敷道路（占总数的百分比）	..	..	..
高科技出口（占制成品出口的百分比）	..	8	5
全球联系			
商品贸易（占GDP的百分比）	33	35	..
净易货贸易条件指数（2000年=100）	..	100	80
外债总额（百万美元）	..	..	..
债务还本付息总额（占出口的百分比）	..	..	..
净移民（千人）	-1.1	3.2	-0.4
获得的侨汇（百万美元）	..	*408*	869
外国直接投资，净流入额（百万美元）	..	*10.9*	94.6
获得的净官方发展援助（百万美元）	260	*352*	..

加蓬

撒哈拉以南非洲地区		中高收入经济体	
人口（百万）	1.5	人口增长率（百分比）	1.9
陆地面积（千平方公里）	268	国家贫困率（占人口的百分比）	*32.7*
GNI，图表集法（10亿美元）	11.7	人均GNI，图表集法（美元）	7,740
PPP衡量的GNI（10亿美元）	19.8	PPP衡量的人均GNI（美元）	13,180

	1990	2000	2010
人口			
最贫困的20%人口占国家消费/收入的份额（百分比）	..	..	*6.2*
出生时的预期寿命（岁）	61	60	62
总生育率（每个女性生育数）	5.2	4.1	3.3
青年女性生育率（每千名15—19岁女性生育数）	..	116	85
避孕普及率（占15—49岁已婚女性的百分比）	..	33	..
在熟练医护人员护理下的分娩（占总数的百分比）	..	86	..
5岁以下儿童死亡率（每千人）	93	88	74
儿童营养不良，体重不足（占5岁以下儿童的百分比）	..	*8.8*	..
儿童麻疹免疫接种率（占12—23个月年龄组的百分比）	76	55	55
小学毕业率，总数（占适龄年龄组的百分比）	*70*	*72*	..
中学总入学率，总数（占适龄年龄组的百分比）	*40*	48	..
小学和中学中女孩与男孩的比率（百分比）	*96*	96	..
HIV感染率（占15—49岁人口的百分比）	0.9	5.2	*5.2*
环境			
森林（千平方公里）	220	220	220
森林采伐（1990—2010年，平均年度百分比）	..	0.0	0.0
淡水使用量（占内陆水资源的百分比）	..	0.1	*0.1*
获得改善的水资源的人口（占总人口的百分比）	..	85	87
获得改善的卫生设施的人口（占总人口的百分比）	..	36	33
人均能源使用量（千克石油当量）	1,272	1,184	*1,214*
人均二氧化碳排放量（吨）	5.2	0.9	*1.7*
人均用电量（千瓦时）	940	875	*922*
经济			
GDP（10亿美元）	6.0	5.1	13.0
GDP增长率（年度百分比）	5.2	-1.9	5.7
GDP隐含价格平减指数（年度增长百分比）	15.4	28.1	18.0
农业增加值（占GDP的百分比）	7	6	4
工业增加值（占GDP的百分比）	43	56	54
服务业增加值（占GDP的百分比）	50	38	42
货物和服务出口（占GDP的百分比）	46	69	52
货物和服务进口（占GDP的百分比）	31	33	31
资本形成总额（占GDP的百分比）	22	22	26
中央政府收入（占GDP的百分比）	..	..	..
中央政府现金盈余/赤字（占GDP的百分比）	..	..	..
政府与市场			
创办企业的时间（天）	..	..	58
股票市场资本总额（占GDP的百分比）	..	..	..
军费支出（占GDP的百分比）	..	1.8	1.0
移动电话用户（每100人）	0.0	9.7	107.0
互联网用户（每100人）	0.0	1.2	7.2
铺敷道路（占总数的百分比）	8.2	9.9	*12.0*
高科技出口（占制成品出口的百分比）	*45*	5	*3*
全球联系			
商品贸易（占GDP的百分比）	52	70	95
净易货贸易条件指数（2000年=100）	157	100	196
外债总额（10亿美元）	4.0	3.9	2.3
债务还本付息总额（占出口的百分比）	6.4	9.9	..
净移民（千人）	20.0	14.4	5.0
获得的侨汇（百万美元）	0.9	6.1	..
外国直接投资，净流入额（百万美元）	73	-43	170
获得的净官方发展援助（百万美元）	131	12	104

冈比亚

撒哈拉以南非洲地区		低收入经济体	
人口（百万）	1.7	人口增长率（百分比）	2.7
陆地面积（千平方公里）	11	国家贫困率（占人口的百分比）	48.4
GNI，图表集法（百万美元）	770.0	人均 GNI，图表集法（美元）	450
PPP 衡量的 GNI（百万美元）	2,245.6	PPP 衡量的人均 GNI（美元）	1,300

	1990	2000	2010
人口			
最贫困的 20% 人口占国家消费/收入的份额（百分比）	..	*4.8*	..
出生时的预期寿命（岁）	53	55	58
总生育率（每个女性生育数）	6.1	5.6	4.9
青年女性生育率（每千名 15—19 岁女性生育数）	..	114	71
避孕普及率（占 15—49 岁已婚女性的百分比）	12	10	..
在熟练医护人员护理下的分娩（占总数的百分比）	44	55	57
5 岁以下儿童死亡率（每千人）	165	128	98
儿童营养不良，体重不足（占 5 岁以下儿童的百分比）	..	15.4	*15.8*
儿童麻疹免疫接种率（占 12—23 个月年龄组的百分比）	86	89	97
小学毕业率，总数（占适龄年龄组的百分比）	*46*	67	71
中学总入学率，总数（占适龄年龄组的百分比）	19	..	54
小学和中学中女孩与男孩的比率（百分比）	*58*	..	99
HIV 感染率（占 15—49 岁人口的百分比）	0.1	0.5	*2.0*
环境			
森林（千平方公里）	4.4	4.6	4.8
森林采伐（1990—2010 年，平均年度百分比）	..	-0.4	-0.4
淡水使用量（占内陆水资源的百分比）	..	2.4	*0.9*
获得改善的水资源的人口（占总人口的百分比）	74	83	89
获得改善的卫生设施的人口（占总人口的百分比）	..	63	68
人均能源使用量（千克石油当量）	64	..	*84*
人均二氧化碳排放量（吨）	0.2	0.2	*0.3*
人均用电量（千瓦时）	..	..	..
经济			
GDP（百万美元）	317	421	807
GDP 增长率（年度百分比）	3.6	5.5	5.0
GDP 隐含价格平减指数（年度增长百分比）	12.0	3.7	8.4
农业增加值（占 GDP 的百分比）	29	36	27
工业增加值（占 GDP 的百分比）	13	13	16
服务业增加值（占 GDP 的百分比）	58	51	57
货物和服务出口（占 GDP 的百分比）	60	48	29
货物和服务进口（占 GDP 的百分比）	72	57	49
资本形成总额（占 GDP 的百分比）	22	17	26
中央政府收入（占 GDP 的百分比）	19.4	..	..
中央政府现金盈余/赤字（占 GDP 的百分比）	2.1	..	..
政府与市场			
创办企业的时间（天）	..	..	27
股票市场资本总额（占 GDP 的百分比）	..	..	..
军费支出（占 GDP 的百分比）	1.1	0.8	*0.7*
移动电话用户（每 100 人）	0.0	0.4	85.5
互联网用户（每 100 人）	0.0	0.9	9.2
铺敷道路（占总数的百分比）	..	*19.3*	..
高科技出口（占制成品出口的百分比）	..	3	*1*
全球联系			
商品贸易（占 GDP 的百分比）	69	48	36
净易货贸易条件指数（2000 年 =100）	100	100	93
外债总额（百万美元）	369	483	470
债务还本付息总额（占出口的百分比）	22.2	*12.3*	7.2
净移民（千人）	48.4	-26.4	-13.7
获得的侨汇（百万美元）	..	*56*	116
外国直接投资，净流入额（百万美元）	14.1	*19.1*	37.4
获得的净官方发展援助（百万美元）	97	50	121

格鲁吉亚

欧洲和中亚		中低收入经济体	
人口（百万）	4.5	人口增长率（百分比）	0.9
陆地面积（千平方公里）	70	国家贫困率（占人口的百分比）	*24.7*
GNI，图表集法（10亿美元）	12.0	人均GNI，图表集法（美元）	2,690
PPP衡量的GNI（10亿美元）	22.2	PPP衡量的人均GNI（美元）	4,990

	1990	2000	2010
人口			
最贫困的20%人口占国家消费/收入的份额（百分比）	..	5.3	*5.3*
出生时的预期寿命（岁）	70	72	73
总生育率（每个女性生育数）	2.2	1.6	1.6
青年女性生育率（每千名15—19岁女性生育数）	..	53	42
避孕普及率（占15—49岁已婚女性的百分比）	..	41	53
在熟练医护人员护理下的分娩（占总数的百分比）	97	96	*100*
5岁以下儿童死亡率（每千人）	47	33	22
儿童营养不良，体重不足（占5岁以下儿童的百分比）	..	*2.7*	*1.1*
儿童麻疹免疫接种率（占12—23个月年龄组的百分比）	*16*	73	94
小学毕业率，总数（占适龄年龄组的百分比）	..	98	116
中学总入学率，总数（占适龄年龄组的百分比）	*95*	79	*86*
小学和中学中女孩与男孩的比率（百分比）	*98*	98	*97*
HIV感染率 占15—49岁人口的百分比）	0.1	0.1	*0.1*
环境			
森林（千平方公里）	28	28	27
森林采伐（1990—2010年，平均年度百分比）	..	0.0	0.1
淡水使用量（占内陆水资源的百分比）	..	..	*2.6*
获得改善的水资源的人口（占总人口的百分比）	81	89	98
获得改善的卫生设施的人口（占总人口的百分比）	96	95	95
人均能源使用量（千克石油当量）	2,587	650	*723*
人均二氧化碳排放量（吨）	*3.1*	1.0	*1.2*
人均用电量（千瓦时）	3,039	1,453	*1,585*
经济			
GDP（10亿美元）	7.7	3.1	11.7
GDP增长率（年度百分比）	-14.8	1.8	6.4
GDP隐含价格平减指数（年度增长百分比）	22.4	4.7	8.7
农业增加值（占GDP的百分比）	32	22	8
工业增加值（占GDP的百分比）	33	22	23
服务业增加值（占GDP的百分比）	35	56	68
货物和服务出口（占GDP的百分比）	40	23	35
货物和服务进口（占GDP的百分比）	46	40	52
资本形成总额（占GDP的百分比）	31	27	20
中央政府收入（占GDP的百分比）	..	10.4	23.8
中央政府现金盈余/赤字（占GDP的百分比）	..	-1.6	-4.4
政府与市场			
创办企业的时间（天）	..	*25*	2
股票市场资本总额（占GDP的百分比）	..	0.8	9.1
军费支出（占GDP的百分比）	..	0.6	3.9
移动电话用户（每100人）	0.0	4.4	89.4
互联网用户（每100人）	0.0	0.5	26.3
铺敷道路（占总数的百分比）	93.8	*39.4*	*94.1*
高科技出口（占制成品出口的百分比）	..	11	2
全球联系			
商品贸易（占GDP的百分比）	..	34	57
净易货贸易条件指数（2000年=100）	..	100	132
外债总额（10亿美元）	*0.1*	1.6	9.2
债务还本付息总额（占出口的百分比）	..	13.9	18.1
净移民（千人）	-65	-390	-150
获得的侨汇（百万美元）	..	274	806
外国直接投资，净流入额（百万美元）	..	131	817
获得的净官方发展援助（百万美元）	*0*	169	626

德国

高收入经济体

人口（百万）	81.8	人口增长率（百分比）	-0.2
陆地面积（千平方公里）	357	国家贫困率（占人口的百分比）	..
GNI，图表集法（10 亿美元）	3,522.0	人均 GNI，图表集法（美元）	43,070
PPP 衡量的 GNI（10 亿美元）	3,115.4	PPP 衡量的人均 GNI（美元）	38,100

	1990	2000	2010
人口			
最贫困的 20% 人口占国家消费/收入的份额（百分比）	..	8.5	..
出生时的预期寿命（岁）	75	78	80
总生育率（每个女性生育数）	1.5	1.4	1.4
青年女性生育率（每千名 15—19 岁女性生育数）	..	11	7
避孕普及率（占 15—49 岁已婚女性的百分比）	*70*	..	..
在熟练医护人员护理下的分娩（占总数的百分比）	..	..	*100*
5 岁以下儿童死亡率（每千人）	9	5	4
儿童营养不良，体重不足（占 5 岁以下儿童的百分比）	..	..	*1.1*
儿童麻疹免疫接种率（占 12—23 个月年龄组的百分比）	75	92	96
小学毕业率，总数（占适龄年龄组的百分比）	*100*	102	*100*
中学总入学率，总数（占适龄年龄组的百分比）	*98*	98	*103*
小学和中学中女孩与男孩的比率（百分比）	*99*	99	*96*
HIV 感染率（占 15—49 岁人口的百分比）	0.1	0.1	*0.1*
环境			
森林（千平方公里）	107	111	111
森林采伐（1990—2010 年，平均年度百分比）	..	-0.3	0.0
淡水使用量（占内陆水资源的百分比）	..	*36.6*	*21.0*
获得改善的水资源的人口（占总人口的百分比）	100	100	100
获得改善的卫生设施的人口（占总人口的百分比）	100	100	100
人均能源使用量（千克石油当量）	4,424	4,103	4,054
人均二氧化碳排放量（吨）	*12.0*	10.1	*9.6*
人均用电量（千瓦时）	6,640	6,635	*6,779*
经济			
GDP（10 亿美元）	1,714	1,886	3,281
GDP 增长率（年度百分比）	5.3	3.1	3.7
GDP 隐含价格平减指数（年度增长百分比）	3.4	-0.7	0.6
农业增加值（占 GDP 的百分比）	1	1	1
工业增加值（占 GDP 的百分比）	37	30	28
服务业增加值（占 GDP 的百分比）	61	68	71
货物和服务出口（占 GDP 的百分比）	25	33	47
货物和服务进口（占 GDP 的百分比）	25	33	41
资本形成总额（占 GDP 的百分比）	23	22	17
中央政府收入（占 GDP 的百分比）	..	30.6	*29.7*
中央政府现金盈余/赤字（占 GDP 的百分比）	..	1.4	*-2.2*
政府与市场			
创办企业的时间（天）	..	*45*	15
股票市场资本总额（占 GDP 的百分比）	20.7	67.3	43.6
军费支出（占 GDP 的百分比）	2.5	1.5	1.4
移动电话用户（每 100 人）	0.3	58.6	127.9
互联网用户（每 100 人）	0.1	30.3	82.5
铺敷道路（占总数的百分比）	99.0	*100.0*	..
高科技出口（占制成品出口的百分比）	12	19	15
全球联系			
商品贸易（占 GDP 的百分比）	45	56	71
净易货贸易条件指数（2000 年 =100）	..	100	103
外债总额（百万美元）	..	..	..
债务还本付息总额（占出口的百分比）	..	..	..
净移民（千人）	1,621	839	550
获得的侨汇（10 亿美元）	4.9	3.6	11.3
外国直接投资，净流入额（10 亿美元）	3	210	46
获得的净官方发展援助（百万美元）	..	..	..

加纳

撒哈拉以南非洲地区		中低收入经济体	
人口（百万）	24.4	人口增长率（百分比）	2.4
陆地面积（千平方公里）	239	国家贫困率（占人口的百分比）	*28.5*
GNI，图表集法（10亿美元）	30.1	人均GNI，图表集法（美元）	1,230
PPP衡量的GNI（10亿美元）	40.5	PPP衡量的人均GNI（美元）	1,660

	1990	2000	2010
人口			
最贫困的20%人口占国家消费/收入的份额（百分比）	*7.0*	*5.6*	*5.2*
出生时的预期寿命（岁）	57	58	64
总生育率（每个女性生育数）	5.6	4.7	4.2
青年女性生育率（每千名15—19岁女性生育数）	..	84	66
避孕普及率（占15—49岁已婚女性的百分比）	*17*	*22*	*24*
在熟练医护人员护理下的分娩（占总数的百分比）	*44*	*47*	57
5岁以下儿童死亡率（每千人）	122	99	74
儿童营养不良，体重不足（占5岁以下儿童的百分比）	*24.1*	*20.3*	*14.3*
儿童麻疹免疫接种率（占12—23个月年龄组的百分比）	61	98	93
小学毕业率，总数（占适龄年龄组的百分比）	*64*	71	*94*
中学总入学率，总数（占适龄年龄组的百分比）	35	41	58
小学和中学中女孩与男孩的比率（百分比）	78	90	*96*
HIV感染率（占15—49岁人口的百分比）	0.3	2.3	*1.8*
环境			
森林（千平方公里）	74	61	49
森林采伐（1990—2010年，平均年度百分比）	..	2.0	2.1
淡水使用量（占内陆水资源的百分比）	..	3.2	*1.8*
获得改善的水资源的人口（占总人口的百分比）	53	71	86
获得改善的卫生设施的人口（占总人口的百分比）	7	10	14
人均能源使用量（千克石油当量）	358	404	*388*
人均二氧化碳排放量（吨）	0.3	0.3	*0.4*
人均用电量（千瓦时）	323	330	*265*
经济			
GDP（10亿美元）	5.9	5.0	31.3
GDP增长率（年度百分比）	3.3	3.7	6.6
GDP隐含价格平减指数（年度增长百分比）	31.2	27.2	14.0
农业增加值（占GDP的百分比）	45	39	30
工业增加值（占GDP的百分比）	17	28	19
服务业增加值（占GDP的百分比）	38	32	51
货物和服务出口（占GDP的百分比）	17	49	25
货物和服务进口（占GDP的百分比）	26	67	38
资本形成总额（占GDP的百分比）	14	24	22
中央政府收入（占GDP的百分比）	12.5	*18.1*	*15.4*
中央政府现金盈余/赤字（占GDP的百分比）	..	*-6.5*	*-5.6*
政府与市场			
创办企业的时间（天）	..	*22*	12
股票市场资本总额（占GDP的百分比）	*1.2*	10.1	11.3
军费支出（占GDP的百分比）	0.5	1.0	0.4
移动电话用户（每100人）	0.0	0.7	71.5
互联网用户（每100人）	0.0	0.2	9.5
铺敷道路（占总数的百分比）	19.6	29.6	*12.6*
高科技出口（占制成品出口的百分比）	*2*	2	2
全球联系			
商品贸易（占GDP的百分比）	36	93	59
净易货贸易条件指数（2000年=100）	100	100	175
外债总额（10亿美元）	3.7	6.1	8.4
债务还本付息总额（占出口的百分比）	38.4	15.8	3.4
净移民（千人）	-30.0	-51.3	-51.3
获得的侨汇（百万美元）	6	32	136
外国直接投资，净流入额（百万美元）	15	166	2,527
获得的净官方发展援助（百万美元）	560	598	1,694

直布罗陀

高收入经济体

人口（千人）	29	人口增长率（百分比）	0.0
陆地面积（平方公里）	10	国家贫困率（占人口的百分比）	..
GNI，图表集法（百万美元）	..	人均 GNI，图表集法（美元）	..
PPP 衡量的 GNI（百万美元）	..	PPP 衡量的人均 GNI（美元）	..

	1990	2000	2010
人口			
最贫困的 20% 人口占国家消费/收入的份额（百分比）	..	..	..
出生时的预期寿命（岁）	..	..	..
总生育率（每个女性生育数）	..	..	..
青年女性生育率（每千名 15—19 岁女性生育数）	..	..	..
避孕普及率（占 15—49 岁已婚女性的百分比）	..	..	..
在熟练医护人员护理下的分娩（占总数的百分比）	..	..	..
5 岁以下儿童死亡率（每千人）	..	..	..
儿童营养不良，体重不足（占 5 岁以下儿童的百分比）	..	..	..
儿童麻疹免疫接种率（占 12—23 个月年龄组的百分比）	..	..	..
小学毕业率，总数（占适龄年龄组的百分比）	..	..	..
中学总入学率，总数（占适龄年龄组的百分比）	..	..	..
小学和中学中女孩与男孩的比率（百分比）	..	..	..
HIV 感染率（占 15—49 岁人口的百分比）	..	..	..
环境			
森林（平方公里）	0.0	0.0	0.0
森林采伐（1990—2010 年，平均年度百分比）	..	0.0	0.0
淡水使用量（占内陆水资源的百分比）	..	..	..
获得改善的水资源的人口（占总人口的百分比）	..	..	..
获得改善的卫生设施的人口（占总人口的百分比）	..	..	..
人均能源使用量（千克石油当量）	2,180	4,675	5,597
人均二氧化碳排放量（吨）	3.6	12.2	*14.4*
人均用电量（千瓦时）	2,758	4,571	*5,947*
经济			
GDP（百万美元）	..	..	..
GDP 增长率（年度百分比）	..	..	..
GDP 隐含价格平减指数（年度增长百分比）	..	..	..
农业增加值（占 GDP 的百分比）	..	..	..
工业增加值（占 GDP 的百分比）	..	..	..
服务业增加值（占 GDP 的百分比）	..	..	..
货物和服务出口（占 GDP 的百分比）	..	..	..
货物和服务进口（占 GDP 的百分比）	..	..	..
资本形成总额（占 GDP 的百分比）	..	..	..
中央政府收入（占 GDP 的百分比）	..	..	..
中央政府现金盈余/赤字（占 GDP 的百分比）	..	..	..
政府与市场			
创办企业的时间（天）	..	..	..
股票市场资本总额（占 GDP 的百分比）	..	..	..
军费支出（占 GDP 的百分比）	..	..	..
移动电话用户（每 100 人）	0.0	20.3	102.6
互联网用户（每 100 人）	0.0	19.1	65.0
铺敷道路（占总数的百分比）	..	..	..
高科技出口（占制成品出口的百分比）	..	..	..
全球联系			
商品贸易（占 GDP 的百分比）	..	..	..
净易货贸易条件指数（2000 年 = 100）	..	100	59
外债总额（百万美元）	..	..	..
债务还本付息总额（占出口的百分比）	..	..	..
净移民（千人）	..	..	..
获得的侨汇（百万美元）	..	..	..
外国直接投资，净流入额（百万美元）	36	138	165
获得的净官方发展援助（百万美元）	0.6	*0.0*	..

希腊

高收入经济体

人口（百万）	11.3	人口增长率（百分比）	0.3
陆地面积（千平方公里）	132	国家贫困率（占人口的百分比）	..
GNI，图表集法（10亿美元）	305.0	人均GNI，图表集法（美元）	26,950
PPP衡量的GNI（10亿美元）	312.7	PPP衡量的人均GNI（美元）	27,630

	1990	2000	2010
人口			
最贫困的20%人口占国家消费/收入的份额（百分比）	..	6.7	..
出生时的预期寿命（岁）	77	78	80
总生育率（每个女性生育数）	1.4	1.3	1.4
青年女性生育率（每千名15—19岁女性生育数）	..	11	10
避孕普及率（占15—49岁已婚女性的百分比）	..	*76*	..
在熟练医护人员护理下的分娩（占总数的百分比）	..	..	..
5岁以下儿童死亡率（每千人）	13	8	4
儿童营养不良，体重不足（占5岁以下儿童的百分比）	..	..	..
儿童麻疹免疫接种率（占12—23个月年龄组的百分比）	76	89	99
小学毕业率，总数（占适龄年龄组的百分比）	*99*	..	*101*
中学总入学率，总数（占适龄年龄组的百分比）	93	89	*101*
小学和中学中女孩与男孩的比率（百分比）	98	103	*97*
HIV感染率（占15—49岁人口的百分比）	0.1	0.1	*0.1*
环境			
森林（千平方公里）	33	36	39
森林采伐（1990—2010年，平均年度百分比）	..	-0.9	-0.8
淡水使用量（占内陆水资源的百分比）	*9.5*	12.2	*12.7*
获得改善的水资源的人口（占总人口的百分比）	96	99	100
获得改善的卫生设施的人口（占总人口的百分比）	97	98	98
人均能源使用量（千克石油当量）	2,111	2,481	2,387
人均二氧化碳排放量（吨）	7.2	8.4	*8.7*
人均用电量（千瓦时）	3,234	4,539	*5,540*
经济			
GDP（10亿美元）	93	124	301
GDP增长率（年度百分比）	0.0	4.5	-3.5
GDP隐含价格平减指数（年度增长百分比）	20.7	3.4	1.7
农业增加值（占GDP的百分比）	..	..	..
工业增加值（占GDP的百分比）	26	21	18
服务业增加值（占GDP的百分比）	..	..	..
货物和服务出口（占GDP的百分比）	18	26	22
货物和服务进口（占GDP的百分比）	31	40	30
资本形成总额（占GDP的百分比）	25	25	16
中央政府收入（占GDP的百分比）	..	41.9	*37.1*
中央政府现金盈余/赤字（占GDP的百分比）	..	-3.8	*-15.6*
政府与市场			
创办企业的时间（天）	..	*38*	10
股票市场资本总额（占GDP的百分比）	16.3	89.1	24.1
军费支出（占GDP的百分比）	3.4	3.6	3.1
移动电话用户（每100人）	0.0	54.3	108.6
互联网用户（每100人）	0.0	9.2	44.6
铺敷道路（占总数的百分比）	91.7	91.8	..
高科技出口（占制成品出口的百分比）	2	14	10
全球联系			
商品贸易（占GDP的百分比）	30	36	28
净易货贸易条件指数（2000年=100）	..	100	93
外债总额（百万美元）	..	..	..
债务还本付息总额（占出口的百分比）	..	..	..
净移民（千人）	155	300	154
获得的侨汇（10亿美元）	1.8	2.2	1.5
外国直接投资，净流入额（10亿美元）	1.0	1.1	0.4
获得的净官方发展援助（百万美元）	..	..	..

格陵兰

高收入经济体

人口（千人）	57	人口增长率（百分比）	0.4
陆地面积（千平方公里）	410	国家贫困率（占人口的百分比）	..
GNI，图表集法（10亿美元）	*1.5*	人均GNI，图表集法（美元）	*26,020*
PPP衡量的GNI（百万美元）	..	PPP衡量的人均GNI（美元）	..

	1990	2000	2010
人口			
最贫困的20%人口占国家消费/收入的份额（百分比）	..	..	..
出生时的预期寿命（岁）	65	66	*68*
总生育率（每个女性生育数）	2.4	2.3	2.4
青年女性生育率（每千名15—19岁女性生育数）	..	..	..
避孕普及率（占15—49岁已婚女性的百分比）	..	..	..
在熟练医护人员护理下的分娩（占总数的百分比）	..	..	..
5岁以下儿童死亡率（每千人）	..	..	..
儿童营养不良，体重不足（占5岁以下儿童的百分比）	..	..	..
儿童麻疹免疫接种率（占12—23个月年龄组的百分比）	..	..	..
小学毕业率，总数（占适龄年龄组的百分比）	..	..	..
中学总入学率，总数（占适龄年龄组的百分比）	..	..	..
小学和中学中女孩与男孩的比率（百分比）	..	..	..
HIV感染率（占15—49岁人口的百分比）	..	..	..
环境			
森林（平方公里）	2.0	2.0	2.0
森林采伐（1990—2010年，平均年度百分比）	..	0.0	0.0
淡水使用量（占内陆水资源的百分比）	..	..	..
获得改善的水资源的人口（占总人口的百分比）	100	100	100
获得改善的卫生设施的人口（占总人口的百分比）	100	100	100
人均能源使用量（千克石油当量）	..	..	..
人均二氧化碳排放量（吨）	10.0	9.5	*10.2*
人均用电量（千瓦时）	..	..	..
经济			
GDP（10亿美元）	1,019	1,068	*1,268*
GDP增长率（年度百分比）	-11.7	7.1	*-5.4*
GDP隐含价格平减指数（年度增长百分比）	5.1	2.1	*-19.0*
农业增加值（占GDP的百分比）	..	..	..
工业增加值（占GDP的百分比）	..	..	..
服务业增加值（占GDP的百分比）	..	..	..
货物和服务出口（占GDP的百分比）	..	..	..
货物和服务进口（占GDP的百分比）	..	..	..
资本形成总额（占GDP的百分比）	..	..	..
中央政府收入（占GDP的百分比）	..	..	..
中央政府现金盈余/赤字（占GDP的百分比）	..	..	..
政府与市场			
创办企业的时间（天）	..	..	..
股票市场资本总额（占GDP的百分比）	..	..	..
军费支出（占GDP的百分比）	..	..	..
移动电话用户（每100人）	0.0	26.9	101.4
互联网用户（每100人）	0.0	31.7	63.8
铺敷道路（占总数的百分比）	..	..	..
高科技出口（占制成品出口的百分比）	10	37	*12*
全球联系			
商品贸易（占GDP的百分比）	88	60	*84*
净易货贸易条件指数（2000年=100）	..	100	70
外债总额（百万美元）	..	..	..
债务还本付息总额（占出口的百分比）	..	..	..
净移民（千人）	..	..	..
获得的侨汇（百万美元）	..	..	..
外国直接投资，净流入额（百万美元）	..	..	..
获得的净官方发展援助（百万美元）	..	..	..

格林纳达

拉丁美洲和加勒比地区		中高收入经济体	
人口（千人）	104	人口增长率（百分比）	0.4
陆地面积（平方公里）	340	国家贫困率（占人口的百分比）	..
GNI，图表集法（百万美元）	723.9	人均 GNI，图表集法（美元）	6,960
PPP 衡量的 GNI（百万美元）	1,032.9	PPP 衡量的人均 GNI（美元）	9,930

	1990	2000	2010
人口			
最贫困的 20% 人口占国家消费/收入的份额（百分比）	..	..	..
出生时的预期寿命（岁）	69	73	76
总生育率（每个女性生育数）	3.8	2.6	2.2
青年女性生育率（每千名 15—19 岁女性生育数）	..	55	38
避孕普及率（占 15—49 岁已婚女性的百分比）	54	*54*	*54*
在熟练医护人员护理下的分娩（占总数的百分比）	..	100	*99*
5 岁以下儿童死亡率（每千人）	21	15	11
儿童营养不良，体重不足（占 5 岁以下儿童的百分比）	..	..	..
儿童麻疹免疫接种率（占 12—23 个月年龄组的百分比）	85	92	95
小学毕业率，总数（占适龄年龄组的百分比）	..	71	*121*
中学总入学率，总数（占适龄年龄组的百分比）	94	*108*	108
小学和中学中女孩与男孩的比率（百分比）	102	*103*	99
HIV 感染率（占 15—49 岁人口的百分比）	..	..	..
环境			
森林（平方公里）	170	170	170
森林采伐（1990—2007 年，平均年度百分比）	..	0.0	0.0
淡水使用量（占内陆水资源的百分比）	..	..	..
获得改善的水资源的人口（占总人口的百分比）	..	94	..
获得改善的卫生设施的人口（占总人口的百分比）	97	97	97
人均能源使用量（千克石油当量）	442	..	*784*
人均二氧化碳排放量（吨）	1.3	2.0	*2.4*
人均用电量（千瓦时）	..	..	..
经济			
GDP（百万美元）	221	520	773
GDP 增长率（年度百分比）	5.2	12.6	-0.8
GDP 隐含价格平减指数（年度增长百分比）	-1.4	21.6	2.4
农业增加值（占 GDP 的百分比）	13	6	5
工业增加值（占 GDP 的百分比）	18	21	14
服务业增加值（占 GDP 的百分比）	69	73	80
货物和服务出口（占 GDP 的百分比）	42	44	21
货物和服务进口（占 GDP 的百分比）	63	60	50
资本形成总额（占 GDP 的百分比）	38	35	*24*
中央政府收入（占 GDP 的百分比）	..	..	..
中央政府现金盈余/赤字（占 GDP 的百分比）	..	..	..
政府与市场			
创办企业的时间（天）	..	..	15
股票市场资本总额（占 GDP 的百分比）	..	..	..
军费支出（占 GDP 的百分比）	..	..	..
移动电话用户（每 100 人）	0.2	4.2	117.3
互联网用户（每 100 人）	0.0	4.1	33.6
铺敷道路（占总数的百分比）	55.4	61.0	..
高科技出口（占制成品出口的百分比）	*4*	30	*11*
全球联系			
商品贸易（占 GDP 的百分比）	60	55	40
净易货贸易条件指数（2000 年 =100）	..	100	99
外债总额（百万美元）	111	201	576
债务还本付息总额（占出口的百分比）	3.4	6.0	14.3
净移民（千人）	-14.7	-5.5	-5.0
获得的侨汇（百万美元）	18.0	46.4	54.5
外国直接投资，净流入额（百万美元）	12.9	37.4	60.2
获得的净官方发展援助（百万美元）	13.8	16.5	33.8

关岛

高收入经济体

人口（千人）	179	人口增长率（百分比）	1.2
陆地面积（平方公里）	540	国家贫困率（占人口的百分比）	..
GNI，图表集法（百万美元）	..	人均 GNI，图表集法（美元）	..
PPP 衡量的 GNI（百万美元）	..	PPP 衡量的人均 GNI（美元）	..

	1990	2000	2010
人口			
最贫困的 20% 人口占国家消费/收入的份额（百分比）	..	..	..
出生时的预期寿命（岁）	72	74	76
总生育率（每个女性生育数）	3.1	2.9	2.5
青年女性生育率（每千名 15—19 岁女性生育数）	..	64	51
避孕普及率（占 15—49 岁已婚女性的百分比）	..	67	..
在熟练医护人员护理下的分娩（占总数的百分比）	..	99	..
5 岁以下儿童死亡率（每千人）	..	..	..
儿童营养不良，体重不足（占 5 岁以下儿童的百分比）	..	..	..
儿童麻疹免疫接种率（占 12—23 个月年龄组的百分比）	..	..	..
小学毕业率，总数（占适龄年龄组的百分比）	..	..	..
中学总入学率，总数（占适龄年龄组的百分比）	..	..	..
小学和中学中女孩与男孩的比率（百分比）	..	..	..
HIV 感染率（占 15—49 岁人口的百分比）	..	..	..
环境			
森林（平方公里）	260	260	260
森林采伐（1990—2010 年，平均年度百分比）	..	0.0	0.0
淡水使用量（占内陆水资源的百分比）	..	..	..
获得改善的水资源的人口（占总人口的百分比）	100	100	100
获得改善的卫生设施的人口（占总人口的百分比）	99	99	99
人均能源使用量（千克石油当量）	..	..	..
人均二氧化碳排放量（吨）	..	..	..
人均用电量（千瓦时）	..	..	..
经济			
GDP（百万美元）	..	..	..
GDP 增长率（年度百分比）	..	..	..
GDP 隐含价格平减指数（年度增长百分比）	..	..	..
农业增加值（占 GDP 的百分比）	..	..	..
工业增加值（占 GDP 的百分比）	..	..	..
服务业增加值（占 GDP 的百分比）	..	..	..
货物和服务出口（占 GDP 的百分比）	..	..	..
货物和服务进口（占 GDP 的百分比）	..	..	..
资本形成总额（占 GDP 的百分比）	..	..	..
中央政府收入（占 GDP 的百分比）	..	..	..
中央政府现金盈余/赤字（占 GDP 的百分比）	..	..	..
政府与市场			
创办企业的时间（天）	..	..	..
股票市场资本总额（占 GDP 的百分比）	..	..	..
军费支出（占 GDP 的百分比）	..	..	..
移动电话用户（每 100 人）	0.0	17.5	..
互联网用户（每 100 人）	0.0	16.1	50.6
铺敷道路（占总数的百分比）	..	..	..
高科技出口（占制成品出口的百分比）	..	..	..
全球联系			
商品贸易（占 GDP 的百分比）	..	..	..
净易货贸易条件指数（2000 年 =100）	..	100	92
外债总额（百万美元）	..	..	..
债务还本付息总额（占出口的百分比）	..	..	..
净移民（千人）	0.5	-4.8	0.0
获得的侨汇（百万美元）	..	..	..
外国直接投资，净流入额（百万美元）	..	..	..
获得的净官方发展援助（百万美元）	..	..	..

危地马拉

拉丁美洲和加勒比地区			中低收入经济体
人口（百万）	14.4	人口增长率（百分比）	2.5
陆地面积（千平方公里）	109	国家贫困率（占人口的百分比）	*51.0*
GNI，图表集法（10亿美元）	39.4	人均GNI，图表集法（美元）	2,740
PPP衡量的GNI（10亿美元）	66.8	PPP衡量的人均GNI（美元）	4,650

	1990	2000	2010
人口			
最贫困的20%人口占国家消费/收入的份额（百分比）	*2.2*	3.5	*3.1*
出生时的预期寿命（岁）	62	68	71
总生育率（每个女性生育数）	5.6	4.8	4.0
青年女性生育率（每千名15—19岁女性生育数）	..	118	104
避孕普及率（占15—49岁已婚女性的百分比）	..	*38*	*54*
在熟练医护人员护理下的分娩（占总数的百分比）	..	*41*	*51*
5岁以下儿童死亡率（每千人）	78	49	32
儿童营养不良，体重不足（占5岁以下儿童的百分比）	..	19.6	*13.0*
儿童麻疹免疫接种率（占12—23个月年龄组的百分比）	68	86	93
小学毕业率，总数（占适龄年龄组的百分比）	..	58	84
中学总入学率，总数（占适龄年龄组的百分比）	*23*	38	59
小学和中学中女孩与男孩的比率（百分比）	*87*	89	95
HIV感染率（占15—49岁人口的百分比）	0.1	0.5	*0.8*
环境			
森林（千平方公里）	47	42	37
森林采伐（1990—2010年，平均年度百分比）	..	1.2	1.4
淡水使用量（占内陆水资源的百分比）	..	2.7	*2.6*
获得改善的水资源的人口（占总人口的百分比）	81	87	92
获得改善的卫生设施的人口（占总人口的百分比）	62	71	78
人均能源使用量（千克石油当量）	497	631	*701*
人均二氧化碳排放量（吨）	0.6	0.9	*0.9*
人均用电量（千瓦时）	223	343	*548*
经济			
GDP（10亿美元）	7.7	19.3	41.2
GDP增长率（年度百分比）	3.1	3.6	2.8
GDP隐含价格平减指数（年度增长百分比）	40.5	6.8	5.0
农业增加值（占GDP的百分比）	..	*15*	13
工业增加值（占GDP的百分比）	..	*29*	19
服务业增加值（占GDP的百分比）	..	*56*	68
货物和服务出口（占GDP的百分比）	21	20	25
货物和服务进口（占GDP的百分比）	25	29	36
资本形成总额（占GDP的百分比）	14	18	15
中央政府收入（占GDP的百分比）	7.9	10.2	*10.9*
中央政府现金盈余/赤字（占GDP的百分比）	-1.9	-1.8	*-3.1*
政府与市场			
创办企业的时间（天）	..	*39*	37
股票市场资本总额（占GDP的百分比）	..	*0.9*	..
军费支出（占GDP的百分比）	1.5	0.8	0.4
移动电话用户（每100人）	0.0	7.6	125.6
互联网用户（每100人）	0.0	0.7	10.5
铺敷道路（占总数的百分比）	24.9	34.5	..
高科技出口（占制成品出口的百分比）	*6*	8	6
全球联系			
商品贸易（占GDP的百分比）	37	39	54
净易货贸易条件指数（2000年=100）	115	100	93
外债总额（10亿美元）	2.8	3.9	14.3
债务还本付息总额（占出口的百分比）	14.9	9.6	14.3
净移民（千人）	-300	-390	-200
获得的侨汇（百万美元）	119	596	4,229
外国直接投资，净流入额（百万美元）	48	230	881
获得的净官方发展援助（百万美元）	201	263	398

几内亚

撒哈拉以南非洲地区 **低收入经济体**

人口（百万）	10.0	人口增长率（百分比）	2.2
陆地面积（千平方公里）	246	国家贫困率（占人口的百分比）	*53.0*
GNI，图表集法（10亿美元）	4.0	人均GNI，图表集法（美元）	400
PPP衡量的GNI（10亿美元）	10.2	PPP衡量的人均GNI（美元）	1,020

	1990	2000	2010
人口			
最贫困的20%人口占国家消费/收入的份额（百分比）	*3.1*	*6.4*	*6.4*
出生时的预期寿命（岁）	44	48	54
总生育率（每个女性生育数）	6.7	6.0	5.2
青年女性生育率（每千名15—19岁女性生育数）	..	169	143
避孕普及率（占15—49岁已婚女性的百分比）	*2*	*6*	*9*
在熟练医护人员护理下的分娩（占总数的百分比）	*31*	*35*	*46*
5岁以下儿童死亡率（每千人）	229	175	130
儿童营养不良，体重不足（占5岁以下儿童的百分比）	..	29.1	*20.8*
儿童麻疹免疫接种率（占12—23个月年龄组的百分比）	35	42	51
小学毕业率，总数（占适龄年龄组的百分比）	19	32	64
中学总入学率，总数（占适龄年龄组的百分比）	10	*19*	*38*
小学和中学中女孩与男孩的比率（百分比）	44	*64*	*77*
HIV感染率（占15—49岁人口的百分比）	1.1	1.7	*1.3*
环境			
森林（千平方公里）	73	69	65
森林采伐（1990—2010年，平均年度百分比）	..	0.5	0.5
淡水使用量（占内陆水资源的百分比）	..	0.7	*0.7*
获得改善的水资源的人口（占总人口的百分比）	51	63	74
获得改善的卫生设施的人口（占总人口的百分比）	10	14	18
人均能源使用量（千克石油当量）	..	..	..
人均二氧化碳排放量（吨）	0.2	0.2	*0.1*
人均用电量（千瓦时）	..	..	..
经济			
GDP（10亿美元）	2.7	3.1	4.5
GDP增长率（年度百分比）	4.3	1.9	1.9
GDP隐含价格平减指数（年度增长百分比）	17.3	11.1	19.7
农业增加值（占GDP的百分比）	24	20	13
工业增加值（占GDP的百分比）	33	33	47
服务业增加值（占GDP的百分比）	43	47	40
货物和服务出口（占GDP的百分比）	31	24	35
货物和服务进口（占GDP的百分比）	33	28	39
资本形成总额（占GDP的百分比）	25	20	20
中央政府收入（占GDP的百分比）	..	*12.0*	..
中央政府现金盈余/赤字（占GDP的百分比）	..	*-2.4*	..
政府与市场			
创办企业的时间（天）	..	*40*	40
股票市场资本总额（占GDP的百分比）	..	..	..
军费支出（占GDP的百分比）	*2.4*	1.5	..
移动电话用户（每100人）	0.0	0.5	40.1
互联网用户（每100人）	0.0	0.1	1.0
铺敷道路（占总数的百分比）	15.2	16.5	..
高科技出口（占制成品出口的百分比）	..	0	*0*
全球联系			
商品贸易（占GDP的百分比）	52	41	52
净易货贸易条件指数（2000年=100）	122	100	110
外债总额（10亿美元）	2.5	3.1	2.9
债务还本付息总额（占出口的百分比）	20.0	20.7	5.6
净移民（千人）	162	-227	-300
获得的侨汇（百万美元）	18.0	1.2	60.4
外国直接投资，净流入额（百万美元）	18	10	101
获得的净官方发展援助（百万美元）	292	153	214

几内亚比绍

撒哈拉以南非洲地区		低收入经济体	
人口（百万）	1.5	人口增长率（百分比）	2.1
陆地面积（千平方公里）	36	国家贫困率（占人口的百分比）	*64.7*
GNI，图表集法（百万美元）	890.5	人均 GNI，图表集法（美元）	590
PPP 衡量的 GNI（百万美元）	1,794.9	PPP 衡量的人均 GNI（美元）	1,180

	1990	2000	2010
人口			
最贫困的 20% 人口占国家消费/收入的份额（百分比）	*2.1*	*7.3*	..
出生时的预期寿命（岁）	43	45	48
总生育率（每个女性生育数）	6.6	5.8	5.1
青年女性生育率（每千名 15—19 岁女性生育数）	..	137	102
避孕普及率（占 15—49 岁已婚女性的百分比）	..	8	14
在熟练医护人员护理下的分娩（占总数的百分比）	..	35	44
5 岁以下儿童死亡率（每千人）	210	177	150
儿童营养不良，体重不足（占 5 岁以下儿童的百分比）	..	21.9	*17.2*
儿童麻疹免疫接种率（占 12—23 个月年龄组的百分比）	53	71	61
小学毕业率，总数（占适龄年龄组的百分比）	*5*	30	68
中学总入学率，总数（占适龄年龄组的百分比）	*5*	19	..
小学和中学中女孩与男孩的比率（百分比）	*55*	65	..
HIV 感染率（占 15—49 岁人口的百分比）	0.3	1.8	*2.5*
环境			
森林（千平方公里）	22	21	20
森林采伐（1990—2010 年，平均年度百分比）	..	0.4	0.5
淡水使用量（占内陆水资源的百分比）	*0.1*	1.1	*0.6*
获得改善的水资源的人口（占总人口的百分比）	36	50	64
获得改善的卫生设施的人口（占总人口的百分比）	..	14	20
人均能源使用量（千克石油当量）	73	..	*67*
人均二氧化碳排放量（吨）	0.2	0.2	*0.2*
人均用电量（千瓦时）	..	..	..
经济			
GDP（百万美元）	244	215	879
GDP 增长率（年度百分比）	6.1	7.5	3.5
GDP 隐含价格平减指数（年度增长百分比）	30.2	3.3	1.7
农业增加值（占 GDP 的百分比）	61	56	..
工业增加值（占 GDP 的百分比）	19	13	..
服务业增加值（占 GDP 的百分比）	21	31	..
货物和服务出口（占 GDP 的百分比）	10	32	..
货物和服务进口（占 GDP 的百分比）	37	52	..
资本形成总额（占 GDP 的百分比）	30	11	..
中央政府收入（占 GDP 的百分比）	..	..	..
中央政府现金盈余/赤字（占 GDP 的百分比）	..	..	..
政府与市场			
创办企业的时间（天）	..	..	9
股票市场资本总额（占 GDP 的百分比）	..	..	..
军费支出（占 GDP 的百分比）	*2.1*	4.4	..
移动电话用户（每 100 人）	0.0	0.0	39.2
互联网用户（每 100 人）	0.0	0.2	2.5
铺敷道路（占总数的百分比）	8.3	*27.9*	..
高科技出口（占制成品出口的百分比）	..	..	..
全球联系			
商品贸易（占 GDP 的百分比）	43	56	39
净易货贸易条件指数（2000 年 = 100）	146	100	84
外债总额（百万美元）	695	947	1,095
债务还本付息总额（占出口的百分比）	32.3	*7.0*	*5.6*
净移民（千人）	-20.0	-20.0	-10.0
获得的侨汇（百万美元）	1.0	8.0	48.1
外国直接投资，净流入额（百万美元）	2.0	0.7	8.8
获得的净官方发展援助（百万美元）	126	81	141

圭亚那

拉丁美洲和加勒比地区		中低收入经济体	
人口（千人）	755	人口增长率（百分比）	0.2
陆地面积（千平方公里）	215	国家贫困率（占人口的百分比）	..
GNI，图表集法（10亿美元）	2.2	人均GNI，图表集法（美元）	2,870
PPP衡量的GNI（10亿美元）	2.6	PPP衡量的人均GNI（美元）	3,450

	1990	2000	2010
人口			
最贫困的20%人口占国家消费/收入的份额（百分比）	*4.3*	*4.5*	..
出生时的预期寿命（岁）	61	64	70
总生育率（每个女性生育数）	2.6	2.5	2.3
青年女性生育率（每千名15—19岁女性生育数）	..	79	60
避孕普及率（占15—49岁已婚女性的百分比）	*38*	37	*43*
在熟练医护人员护理下的分娩（占总数的百分比）	..	86	*92*
5岁以下儿童死亡率（每千人）	66	47	30
儿童营养不良，体重不足（占5岁以下儿童的百分比）	*16.1*	11.9	*10.8*
儿童麻疹免疫接种率（占12—23个月年龄组的百分比）	73	86	95
小学毕业率，总数（占适龄年龄组的百分比）	*88*	103	83
中学总入学率，总数（占适龄年龄组的百分比）	..	*98*	91
小学和中学中女孩与男孩的比率（百分比）	..	*98*	107
HIV感染率（占15—49岁人口的百分比）	2.8	1.5	*1.2*
环境			
森林（千平方公里）	152	152	152
森林采伐（1990—2010年，平均年度百分比）	..	0.0	0.0
淡水使用量（占内陆水资源的百分比）	*0.6*	0.7	*0.7*
获得改善的水资源的人口（占总人口的百分比）	..	89	94
获得改善的卫生设施的人口（占总人口的百分比）	..	79	84
人均能源使用量（千克石油当量）	527	..	*667*
人均二氧化碳排放量（吨）	1.6	2.2	*2.0*
人均用电量（千瓦时）	..	..	..
经济			
GDP（百万美元）	397	713	2,226
GDP增长率（年度百分比）	-3.0	-1.4	3.6
GDP隐含价格平减指数（年度增长百分比）	56.4	6.6	5.9
农业增加值（占GDP的百分比）	38	31	21
工业增加值（占GDP的百分比）	25	29	33
服务业增加值（占GDP的百分比）	37	40	46
货物和服务出口（占GDP的百分比）	63	96	..
货物和服务进口（占GDP的百分比）	80	111	..
资本形成总额（占GDP的百分比）	31	24	27
中央政府收入（占GDP的百分比）	..	..	..
中央政府现金盈余/赤字（占GDP的百分比）	..	..	..
政府与市场			
创办企业的时间（天）	..	*46*	26
股票市场资本总额（占GDP的百分比）	..	*12.7*	15.3
军费支出（占GDP的百分比）	0.9	..	..
移动电话用户（每100人）	0.0	5.4	73.6
互联网用户（每100人）	0.0	6.6	29.9
铺敷道路（占总数的百分比）	6.6	7.4	..
高科技出口（占制成品出口的百分比）	..	2	0
全球联系			
商品贸易（占GDP的百分比）	143	150	102
净易货贸易条件指数（2000年=100）	..	100	131
外债总额（10亿美元）	2.0	1.4	1.4
债务还本付息总额（占出口的百分比）	*20.7*	10.1	*2.6*
净移民（千人）	-88.0	-42.5	-40.0
获得的侨汇（百万美元）	*1*	27	308
外国直接投资，净流入额（百万美元）	8	67	270
获得的净官方发展援助（百万美元）	168	116	153

海 地

拉丁美洲和加勒比地区 **低收入经济体**

人口（百万）	10.0	人口增长率（百分比）	1.3
陆地面积（千平方公里）	28	国家贫困率（占人口的百分比）	*77.0*
GNI，图表集法（10亿美元）	*6.6*	人均GNI，图表集法（美元）	*670*
PPP衡量的GNI（10亿美元）	*11.6*	PPP衡量的人均GNI（美元）	*1,180*

	1990	**2000**	**2010**
人口			
最贫困的20%人口占国家消费/收入的份额（百分比）	..	*2.4*	..
出生时的预期寿命（岁）	55	58	62
总生育率（每个女性生育数）	5.4	4.3	3.3
青年女性生育率（每千名15—19岁女性生育数）	..	56	43
避孕普及率（占15—49岁已婚女性的百分比）	*10*	28	*32*
在熟练医护人员护理下的分娩（占总数的百分比）	*23*	24	*26*
5岁以下儿童死亡率（每千人）	151	109	165
儿童营养不良，体重不足（占5岁以下儿童的百分比）	23.7	13.9	*18.9*
儿童麻疹免疫接种率（占12—23个月年龄组的白分比）	31	55	59
小学毕业率，总数（占适龄年龄组的百分比）	29	..	..
中学总入学率，总数（占适龄年龄组的百分比）	..	..	..
小学和中学中女孩与男孩的比率（百分比）	..	..	..
HIV感染率（占15—49岁人口的百分比）	1.3	2.8	*1.9*
环境			
森林（千平方公里）	1.2	1.1	1.0
森林采伐（1990—2010年，平均年度百分比）	..	0.6	0.8
淡水使用量（占内陆水资源的百分比）	*7.5*	9.2	*8.6*
获得改善的水资源的人口（占总人口的百分比）	59	62	69
获得改善的卫生设施的人口（占总人口的百分比）	26	22	17
人均能源使用量（千克石油当量）	219	233	*263*
人均二氧化碳排放量（吨）	0.1	0.2	*0.3*
人均用电量（千瓦时）	58	35	*36*
经济			
GDP（10亿美元）	*3.5*	3.7	6.7
GDP增长率（年度百分比）	*-5.3*	0.9	-5.1
GDP隐含价格平减指数（年度增长百分比）	*20.9*	11.1	5.4
农业增加值（占GDP的百分比）	..	..	..
工业增加值（占GDP的百分比）	..	..	..
服务业增加值（占GDP的百分比）	..	..	..
货物和服务出口（占GDP的百分比）	*10*	13	12
货物和服务进口（占GDP的百分比）	*29*	33	57
资本形成总额（占GDP的百分比）	*24*	27	25
中央政府收入（占GDP的百分比）	..	..	..
中央政府现金盈余/赤字（占GDP的百分比）	..	..	..
政府与市场			
创办企业的时间（天）	..	*202*	105
股票市场资本总额（占GDP的百分比）	..	..	..
军费支出（占GDP的百分比）	*0.1*	..	..
移动电话用户（每100人）	0.0	0.6	40.0
互联网用户（每100人）	0.0	0.2	8.4
铺敷道路（占总数的百分比）	21.9	24.3	..
高科技出口（占制成品出口的百分比）	14	..	..
全球联系			
商品贸易（占GDP的百分比）	*16*	37	56
净易货贸易条件指数（2000年=100）	132	100	78
外债总额（百万美元）	917	1,173	492
债务还本付息总额（占出口的百分比）	11.1	8.8	15.7
净移民（千人）	-131	-136	-240
获得的侨汇（百万美元）	*123*	578	1,499
外国直接投资，净流入额（百万美元）	8	13	150
获得的净官方发展援助（百万美元）	167	208	3,076

拉丁美洲和加勒比地区			中低收入经济体
人口（百万）	7.6	人口增长率（百分比）	2.0
陆地面积（千平方公里）	112	国家贫困率（占人口的百分比）	60.0
GNI，图表集法（10亿美元）	14.2	人均GNI，图表集法（美元）	1,870
PPP衡量的GNI（10亿美元）	28.6	PPP衡量的人均GNI（美元）	3,770

	1990	2000	2010
人口			
最贫困的20%人口占国家消费/收入的份额（百分比）	2.8	*2.7*	*2.0*
出生时的预期寿命（岁）	66	70	73
总生育率（每个女性生育数）	5.1	4.0	3.1
青年女性生育率（每千名15—19岁女性生育数）	..	107	89
避孕普及率（占15—49岁已婚女性的百分比）	*47*	*62*	*65*
在熟练医护人员护理下的分娩（占总数的百分比）	*47*	*56*	*67*
5岁以下儿童死亡率（每千人）	58	37	24
儿童营养不良，体重不足（占5岁以下儿童的百分比）	*15.8*	*12.5*	*8.6*
儿童麻疹免疫接种率（占12—23个月年龄组的百分比）	90	98	99
小学毕业率，总数（占适龄年龄组的百分比）	*64*	..	99
中学总入学率，总数（占适龄年龄组的百分比）	*33*	..	73
小学和中学中女孩与男孩的比率（百分比）	*104*	..	107
HIV感染率（占15—49岁人口的百分比）	1.1	1.3	*0.8*
环境			
森林（千平方公里）	81	64	52
森林采伐（1990—2010年，平均年度百分比）	..	2.4	2.1
淡水使用量（占内陆水资源的百分比）	..	1.2	*1.2*
获得改善的水资源的人口（占总人口的百分比）	76	82	87
获得改善的卫生设施的人口（占总人口的百分比）	50	64	77
人均能源使用量（千克石油当量）	487	481	*592*
人均二氧化碳排放量（吨）	0.5	0.8	*1.2*
人均用电量（千瓦时）	373	516	*678*
经济			
GDP（10亿美元）	3.0	7.1	15.4
GDP增长率（年度百分比）	0.1	5.7	2.8
GDP隐含价格平减指数（年度增长百分比）	21.2	30.8	5.7
农业增加值（占GDP的百分比）	22	16	13
工业增加值（占GDP的百分比）	26	32	27
服务业增加值（占GDP的百分比）	51	52	61
货物和服务出口（占GDP的百分比）	37	54	44
货物和服务进口（占GDP的百分比）	40	66	65
资本形成总额（占GDP的百分比）	23	28	23
中央政府收入（占GDP的百分比）	..	*20.0*	21.1
中央政府现金盈余/赤字（占GDP的百分比）	..	*-3.0*	-3.1
政府与市场			
创办企业的时间（天）	..	62	14
股票市场资本总额（占GDP的百分比）	*1.3*	*8.8*	..
军费支出（占GDP的百分比）	..	0.7	1.6
移动电话用户（每100人）	0.0	2.5	125.1
互联网用户（每100人）	0.0	1.2	11.1
铺敷道路（占总数的百分比）	21.1	20.4	..
高科技出口（占制成品出口的百分比）	*1*	0	*1*
全球联系			
商品贸易（占GDP的百分比）	61	103	93
净易货贸易条件指数（2000年=100）	78	100	83
外债总额（10亿美元）	3.7	5.4	4.2
债务还本付息总额（占出口的百分比）	36.9	9.8	7.6
净移民（千人）	-70	-180	-100
获得的侨汇（百万美元）	63	484	2,649
外国直接投资，净流入额（百万美元）	44	382	797
获得的净官方发展援助（百万美元）	448	448	576

中国香港

高收入经济体

人口（百万）	7.1	人口增长率（百分比）	0.9
陆地面积（千平方公里）	*1.1*	国家贫困率（占人口的百分比）	..
GNI，图表集法（10亿美元）	231.7	人均GNI，图表集法（美元）	32,780
PPP衡量的GNI（10亿美元）	335.6	PPP衡量的人均GNI（美元）	47,480

	1990	2000	2010
人口			
最贫困的20%人口占国家消费/收入的份额（百分比）	..	..	..
出生时的预期寿命（岁）	77	81	83
总生育率（每个女性生育数）	1.3	1.0	1.1
青年女性生育率（每千名15—19岁女性生育数）	..	4	4
避孕普及率（占15—49岁已婚女性的百分比）	*86*	*86*	*80*
在熟练医护人员护理下的分娩（占总数的百分比）	..	..	*100*
5岁以下儿童死亡率（每千人）	..	..	..
儿童营养不良，体重不足（占5岁以下儿童的百分比）	..	..	..
儿童麻疹免疫接种率（占12—23个月年龄组的百分比）	..	..	..
小学毕业率，总数（占适龄年龄组的百分比）	102	*97*	*96*
中学总入学率，总数（占适龄年龄组的百分比）	*75*	*77*	83
小学和中学中女孩与男孩的比率（百分比）	*102*	*98*	102
HIV感染率（占15—49岁人口的百分比）	..	..	..
环境			
森林（平方公里）	..	..	..
森林采伐（1990—2010年，平均年度百分比）	..	..	..
淡水使用量（占内陆水资源的百分比）	..	..	..
获得改善的水资源的人口（占总人口的百分比）	..	..	..
获得改善的卫生设施的人口（占总人口的百分比）	..	..	..
人均能源使用量（千克石油当量）	1,518	2,009	*2,133*
人均二氧化碳排放量（吨）	4.8	6.1	5.5
人均用电量（千瓦时）	4,178	5,447	*5,925*
经济			
GDP（10亿美元）	77	169	224
GDP增长率（年度百分比）	3.9	8.0	7.0
GDP隐含价格平减指数（年度增长百分比）	7.5	-3.6	0.5
农业增加值（占GDP的百分比）	..	0	*0*
工业增加值（占GDP的百分比）	..	12	*7*
服务业增加值（占GDP的百分比）	..	88	*93*
货物和服务出口（占GDP的百分比）	131	143	223
货物和服务进口（占GDP的百分比）	122	139	217
资本形成总额（占GDP的百分比）	27	27	24
中央政府收入（占GDP的百分比）	..	*14.9*	*20.7*
中央政府现金盈余/赤字（占GDP的百分比）	..	*-6.8*	*1.1*
政府与市场			
创办企业的时间（天）	..	*11*	3
股票市场资本总额（占GDP的百分比）	108.5	368.6	1,207.9
军费支出（占GDP的百分比）	..	..	..
移动电话用户（每100人）	2.3	81.7	195.2
互联网用户（每100人）	0.0	28.3	71.8
铺敷道路（占总数的百分比）	100.0	*100.0*	*100.0*
高科技出口（占制成品出口的百分比）	*17*	23	16
全球联系			
商品贸易（占GDP的百分比）	217	246	376
净易货贸易条件指数（2000年=100）	100	100	96
外债总额（百万美元）	..	..	..
债务还本付息总额（占出口的百分比）	..	..	..
净移民（千人）	160	551	176
获得的侨汇（百万美元）	..	136	347
外国直接投资，净流入额（10亿美元）	..	61.9	71.1
获得的净官方发展援助（百万美元）	38.2	..	..

匈牙利

高收入经济体

人口（百万）	10.0	人口增长率（百分比）	-0.2
陆地面积（千平方公里）	93	国家贫困率（占人口的百分比）	..
GNI，图表集法（10亿美元）	128.6	人均GNI，图表集法（美元）	12,860
PPP衡量的GNI（10亿美元）	195.5	PPP衡量的人均GNI（美元）	19,550

	1990	2000	2010
人口			
最贫困的20%人口占国家消费/收入的份额（百分比）	*10.4*	9.6	*8.4*
出生时的预期寿命（岁）	69	71	74
总生育率（每个女性生育数）	1.8	1.3	1.3
青年女性生育率（每千名15—19岁女性生育数）	..	22	15
避孕普及率（占15—49岁已婚女性的百分比）	*81*	..	..
在熟练医护人员护理下的分娩（占总数的百分比）	99	100	*100*
5岁以下儿童死亡率（每千人）	19	11	6
儿童营养不良，体重不足（占5岁以下儿童的百分比）	*2.3*	..	..
儿童麻疹免疫接种率（占12—23个月年龄组的百分比）	99	99	99
小学毕业率，总数（占适龄年龄组的百分比）	89	97	*98*
中学总入学率，总数（占适龄年龄组的百分比）	87	95	*98*
小学和中学中女孩与男孩的比率（百分比）	100	100	*99*
HIV感染率（占15—49岁人口的百分比）	0.1	0.1	*0.1*
环境			
森林（千平方公里）	18	19	20
森林采伐（1990—2010年，平均年度百分比）	..	-0.6	-0.6
淡水使用量（占内陆水资源的百分比）	..	*5.6*	*5.4*
获得改善的水资源的人口（占总人口的百分比）	96	99	100
获得改善的卫生设施的人口（占总人口的百分比）	100	100	100
人均能源使用量（千克石油当量）	2,762	2,448	2,544
人均二氧化碳排放量（吨）	6.1	5.6	*5.4*
人均用电量（千瓦时）	3,427	3,309	*3,773*
经济			
GDP（10亿美元）	33.1	46.4	128.6
GDP增长率（年度百分比）	-3.5	4.2	1.3
GDP隐含价格平减指数（年度增长百分比）	25.7	9.7	3.1
农业增加值（占GDP的百分比）	15	6	4
工业增加值（占GDP的百分比）	39	32	31
服务业增加值（占GDP的百分比）	46	62	65
货物和服务出口（占GDP的百分比）	31	75	87
货物和服务进口（占GDP的百分比）	29	78	80
资本形成总额（占GDP的百分比）	25	27	18
中央政府收入（占GDP的百分比）	..	38.6	*41.3*
中央政府现金盈余/赤字（占GDP的百分比）	..	-2.8	*-4.1*
政府与市场			
创办企业的时间（天）	..	*52*	4
股票市场资本总额（占GDP的百分比）	*1.5*	25.9	21.5
军费支出（占GDP的百分比）	2.8	1.7	1.0
移动电话用户（每100人）	0.0	30.1	120.1
互联网用户（每100人）	0.0	7.0	65.2
铺敷道路（占总数的百分比）	*44.1*	*43.7*	*38.0*
高科技出口（占制成品出口的百分比）	*4*	27	24
全球联系			
商品贸易（占GDP的百分比）	62	130	143
净易货贸易条件指数（2000年=100）	..	100	95
外债总额（百万美元）	..	..	..
债务还本付息总额（占出口的百分比）	..	..	..
净移民（千人）	-77.1	81.7	75.0
获得的侨汇（百万美元）	..	281	2,265
外国直接投资，净流入额（10亿美元）	0.6	2.8	-42.3
获得的净官方发展援助（百万美元）	..	..	..

冰岛

高收入经济体

人口（千人）	318	人口增长率（百分比）	-0.1
陆地面积（千平方公里）	103	国家贫困率（占人口的百分比）	..
GNI，图表集法（10亿美元）	10.4	人均GNI，图表集法（美元）	32,640
PPP衡量的GNI（10亿美元）	9.0	PPP衡量的人均GNI（美元）	28,270

	1990	2000	2010
人口			
最贫困的20%人口占国家消费/收入的份额（百分比）	..	..	..
出生时的预期寿命（岁）	78	80	81
总生育率（每个女性生育数）	2.3	2.1	2.2
青年女性生育率（每千名15—19岁女性生育数）	..	20	13
避孕普及率（占15—49岁已婚女性的百分比）	..	..	..
在熟练医护人员护理下的分娩（占总数的百分比）	..	..	..
5岁以下儿童死亡率（每千人）	6	4	2
儿童营养不良，体重不足（占5岁以下儿童的百分比）	..	..	..
儿童麻疹免疫接种率（占12—23个月年龄组的百分比）	99	91	93
小学毕业率，总数（占适龄年龄组的百分比）	..	98	*99*
中学总入学率，总数（占适龄年龄组的百分比）	98	107	*107*
小学和中学中女孩与男孩的比率（百分比）	*98*	102	*102*
HIV感染率（占15—49岁人口的百分比）	0.1	0.2	*0.3*
环境			
森林（平方公里）	90	180	300
森林采伐（1990—2010年，平均年度百分比）	..	-7.8	-5.0
淡水使用量（占内陆水资源的百分比）	*0.1*	0.1	*0.1*
获得改善的水资源的人口（占总人口的百分比）	100	100	100
获得改善的卫生设施的人口（占总人口的百分比）	100	100	100
人均能源使用量（千克石油当量）	8,196	11,023	16,844
人均二氧化碳排放量（吨）	8.1	7.7	*7.0*
人均用电量（千瓦时）	16,148	26,202	*51,259*
经济			
GDP（10亿美元）	6.4	8.7	12.6
GDP增长率（年度百分比）	1.2	4.3	-4.0
GDP隐含价格平减指数（年度增长百分比）	15.2	3.6	6.9
农业增加值（占GDP的百分比）	12	9	*7*
工业增加值（占GDP的百分比）	31	26	*25*
服务业增加值（占GDP的百分比）	57	65	*68*
货物和服务出口（占GDP的百分比）	34	34	56
货物和服务进口（占GDP的百分比）	32	41	46
资本形成总额（占GDP的百分比）	19	23	13
中央政府收入（占GDP的百分比）	..	33.3	30.2
中央政府现金盈余/赤字（占GDP的百分比）	..	2.7	-9.2
政府与市场			
创办企业的时间（天）	..	5	5
股票市场资本总额（占GDP的百分比）	..	51.0	15.9
军费支出（占GDP的百分比）	..	..	*0.1*
移动电话用户（每100人）	3.9	76.4	107.3
互联网用户（每100人）	0.0	44.5	95.6
铺敷道路（占总数的百分比）	19.9	29.5	*38.4*
高科技出口（占制成品出口的百分比）	10	13	21
全球联系			
商品贸易（占GDP的百分比）	51	52	68
净易货贸易条件指数（2000年=100）	..	100	92
外债总额（百万美元）	..	..	..
债务还本付息总额（占出口的百分比）	..	..	..
净移民（千人）	0.3	2.0	10.4
获得的侨汇（百万美元）	62.3	87.6	24.9
外国直接投资，净流入额（百万美元）	22	155	258
获得的净官方发展援助（百万美元）	..	..	..

印度

南亚			中低收入经济体
人口（百万）	1,224.6	人口增长率（百分比）	1.4
陆地面积（千平方公里）	3,287	国家贫困率（占人口的百分比）	*37.2*
GNI，图表集法（10亿美元）	1,553.9	人均GNI，图表集法（美元）	1,270
PPP衡量的GNI（10亿美元）	4,159.7	PPP衡量的人均GNI（美元）	3,400

	1990	**2000**	**2010**
人口			
最贫困的20%人口占国家消费/收入的份额（百分比）	*8.8*	..	*8.6*
出生时的预期寿命（岁）	58	62	65
总生育率（每个女性生育数）	3.9	3.1	2.6
青年女性生育率（每千名15—19岁女性生育数）	..	106	79
避孕普及率（占15—49岁已婚女性的百分比）	*41*	47	*54*
在熟练医护人员护理下的分娩（占总数的百分比）	*34*	43	*53*
5岁以下儿童死亡率（每千人）	115	86	63
儿童营养不良，体重不足（占5岁以下儿童的百分比）	59.5	*44.4*	*43.5*
儿童麻疹免疫接种率（占12—23个月年龄组的百分比）	56	55	74
小学毕业率，总数（占适龄年龄组的百分比）	*64*	71	*96*
中学总入学率，总数（占适龄年龄组的百分比）	*37*	45	*60*
小学和中学中女孩与男孩的比率（百分比）	*68*	79	*92*
HIV感染率（占15—49岁人口的百分比）	0.1	0.4	*0.3*
环境			
森林（千平方公里）	639	654	684
森林采伐（1990—2010年，平均年度百分比）	..	-0.2	-0.5
淡水使用量（占内陆水资源的百分比）	39.2	47.8	*39.8*
获得改善的水资源的人口（占总人口的百分比）	69	81	92
获得改善的卫生设施的人口（占总人口的百分比）	18	25	34
人均能源使用量（千克石油当量）	362	434	*560*
人均二氧化碳排放量（吨）	0.8	1.1	*1.5*
人均用电量（千瓦时）	268	387	*571*
经济			
GDP（10亿美元）	317	460	1,727
GDP增长率（年度百分比）	5.5	4.0	8.8
GDP隐含价格平减指数（年度增长百分比）	10.7	3.5	10.5
农业增加值（占GDP的百分比）	29	23	19
工业增加值（占GDP的百分比）	27	26	26
服务业增加值（占GDP的百分比）	44	50	55
货物和服务出口（占GDP的百分比）	7	13	22
货物和服务进口（占GDP的百分比）	9	14	25
资本形成总额（占GDP的百分比）	24	24	35
中央政府收入（占GDP的百分比）	12.6	11.9	11.4
中央政府现金盈余/赤字（占GDP的百分比）	-3.4	-3.9	-3.7
政府与市场			
创办企业的时间（天）	..	*89*	29
股票市场资本总额（占GDP的百分比）	12.2	32.2	93.6
军费支出（占GDP的百分比）	3.2	3.1	2.4
移动电话用户（每100人）	0.0	0.3	61.4
互联网用户（每100人）	0.0	0.5	7.5
铺敷道路（占总数的百分比）	*47.3*	47.5	*49.5*
高科技出口（占制成品出口的百分比）	4	6	7
全球联系			
商品贸易（占GDP的百分比）	13	20	32
净易货贸易条件指数（2000年=100）	86	100	127
外债总额（10亿美元）	86	100	290
债务还本付息总额（占出口的百分比）	34.9	17.5	5.6
净移民（千人）	-14	-513	-3,000
获得的侨汇（10亿美元）	2.4	12.9	54.0
外国直接投资，净流入额（10亿美元）	0.2	3.6	24.2
获得的净官方发展援助（10亿美元）	1.4	1.4	2.8

印度尼西亚

东亚和太平洋地区			中低收入经济体
人口（百万）	239.9	人口增长率（百分比）	1.0
陆地面积（千平方公里）	1,905	国家贫困率（占人口的百分比）	13.3
GNI，图表集法（10亿美元）	599.2	人均GNI，图表集法（美元）	2,500
PPP衡量的GNI（10亿美元）	1,008.2	PPP衡量的人均GNI（美元）	4,200

	1990	2000	2010
人口			
最贫困的20%人口占国家消费/收入的份额（百分比）	9.4	*9.6*	*8.3*
出生时的预期寿命（岁）	62	66	69
总生育率（每个女性生育数）	3.1	2.5	2.1
青年女性生育率（每千名15—19岁女性生育数）	..	49	43
避孕普及率（占15—49岁已婚女性的百分比）	*50*	55	56
在熟练医护人员护理下的分娩（占总数的百分比）	41	67	82
5岁以下儿童死亡率（每千人）	85	54	35
儿童营养不良，休重不足（占5岁以下儿童的百分比）	*31.0*	24.8	17.5
儿童麻疹免疫接种率（占12—23个月年龄组的百分比）	58	74	89
小学毕业率，总数（占适龄年龄组的百分比）	96	*93*	*105*
中学总入学率，总数（占适龄年龄组的百分比）	48	53	77
小学和中学中女孩与男孩的比率（百分比）	93	96	101
HIV感染率（占15—49岁人口的百分比）	0.1	0.1	*0.2*
环境			
森林（千平方公里）	1,185	994	944
森林采伐（1990—2010年，平均年度百分比）	..	1.8	0.5
淡水使用量（占内陆水资源的百分比）	3.7	5.6	*5.6*
获得改善的水资源的人口（占总人口的百分比）	70	78	82
获得改善的卫生设施的人口（占总人口的百分比）	32	44	54
人均能源使用量（千克石油当量）	550	730	*851*
人均二氧化碳排放量（吨）	0.8	1.2	*1.7*
人均用电量（千瓦时）	160	387	*590*
经济			
GDP（10亿美元）	114	165	707
GDP增长率（年度百分比）	9.0	4.9	6.1
GDP隐含价格平减指数（年度增长百分比）	7.7	20.4	8.0
农业增加值（占GDP的百分比）	19	16	15
工业增加值（占GDP的百分比）	39	46	47
服务业增加值（占GDP的百分比）	41	38	38
货物和服务出口（占GDP的百分比）	25	41	25
货物和服务进口（占GDP的百分比）	24	30	23
资本形成总额（占GDP的百分比）	31	22	32
中央政府收入（占GDP的百分比）	*16.6*	*18.3*	15.1
中央政府现金盈余/赤字（占GDP的百分比）	*0.7*	*-3.7*	-0.6
政府与市场			
创办企业的时间（天）	..	*168*	45
股票市场资本总额（占GDP的百分比）	7.1	16.3	51.0
军费支出（占GDP的百分比）	1.2	*0.6*	1.0
移动电话用户（每100人）	0.0	1.7	91.7
互联网用户（每100人）	0.0	0.9	9.9
铺敷道路（占总数的百分比）	45.1	57.1	*56.9*
高科技出口（占制成品出口的百分比）	2	16	11
全球联系			
商品贸易（占GDP的百分比）	42	66	41
净易货贸易条件指数（2000年=100）	95	100	127
外债总额（10亿美元）	70	143	179
债务还本付息总额（占出口的百分比）	33.5	22.7	16.6
净移民（千人）	-264	-776	-1,293
获得的侨汇（10亿美元）	0.2	1.2	6.9
外国直接投资，净流入额（10亿美元）	1.1	-4.6	13.4
获得的净官方发展援助（10亿美元）	1.7	1.7	1.4

伊朗

中东和北非			中高收入经济体
人口（百万）	74.0	人口增长率（百分比）	1.1
陆地面积（千平方公里）	1,745	国家贫困率（占人口的百分比）	..
GNI，图表集法（10亿美元）	*330.4*	人均GNI，图表集法（美元）	*4,520*
PPP衡量的GNI（10亿美元）	*840.0*	PPP衡量的人均GNI（美元）	*11,490*

	1990	2000	2010
人口			
最贫困的20%人口占国家消费/收入的份额（百分比）	5.2	5.2	*6.4*
出生时的预期寿命（岁）	62	70	73
总生育率（每个女性生育数）	4.8	2.2	1.7
青年女性生育率（每千名15—19岁女性生育数）	..	39	27
避孕普及率（占15—49岁已婚女性的百分比）	*49*	74	*79*
在熟练医护人员护理下的分娩（占总数的百分比）	..	90	*97*
5岁以下儿童死亡率（每千人）	65	44	26
儿童营养不良，体重不足（占5岁以下儿童的百分比）	..	*9.5*	..
儿童麻疹免疫接种率（占12—23个月年龄组的百分比）	85	99	99
小学毕业率，总数（占适龄年龄组的百分比）	84	93	*104*
中学总入学率，总数（占适龄年龄组的百分比）	52	80	*84*
小学和中学中女孩与男孩的比率（百分比）	83	94	*96*
HIV感染率（占15—49岁人口的百分比）	0.1	0.1	*0.2*
环境			
森林（千平方公里）	111	111	111
森林采伐（1990—2010年，平均年度百分比）	..	0.0	0.0
淡水使用量（占内陆水资源的百分比）	..	*69.8*	*67.7*
获得改善的水资源的人口（占总人口的百分比）	90	93	96
获得改善的卫生设施的人口（占总人口的百分比）	79	90	100
人均能源使用量（千克石油当量）	1,237	1,978	*2,951*
人均二氧化碳排放量（吨）	4.1	5.2	*7.4*
人均用电量（千瓦时）	967	1,553	*2,238*
经济			
GDP（10亿美元）	116	101	*331*
GDP增长率（年度百分比）	13.7	5.1	*1.8*
GDP隐含价格平减指数（年度增长百分比）	20.6	26.4	*0.6*
农业增加值（占GDP的百分比）	19	14	*10*
工业增加值（占GDP的百分比）	29	37	*44*
服务业增加值（占GDP的百分比）	52	50	*45*
货物和服务出口（占GDP的百分比）	15	23	*32*
货物和服务进口（占GDP的百分比）	23	17	*22*
资本形成总额（占GDP的百分比）	37	33	*33*
中央政府收入（占GDP的百分比）	18.7	23.4	*31.9*
中央政府现金盈余/赤字（占GDP的百分比）	-1.9	1.8	*0.6*
政府与市场			
创办企业的时间（天）	..	*29*	8
股票市场资本总额（占GDP的百分比）	*2.2*	7.3	*19.1*
军费支出（占GDP的百分比）	2.0	3.7	*1.9*
移动电话用户（每100人）	0.0	1.5	91.2
互联网用户（每100人）	0.0	0.9	13.0
铺敷道路（占总数的百分比）	..	*64.8*	*73.3*
高科技出口（占制成品出口的百分比）	..	1	4
全球联系			
商品贸易（占GDP的百分比）	34	42	*39*
净易货贸易条件指数（2000年=100）	..	100	158
外债总额（10亿美元）	9.0	7.7	12.6
债务还本付息总额（占出口的百分比）	3.2	9.7	..
净移民（千人）	1,344	687	-186
获得的侨汇（百万美元）	*1,200*	536	1,181
外国直接投资，净流入额（百万美元）	-362	39	3,617
获得的净官方发展援助（百万美元）	106	130	122

伊拉克

中东和北非			中低收入经济体
人口（百万）	32.0	人口增长率（百分比）	3.0
陆地面积（千平方公里）	435	国家贫困率（占人口的百分比）	*22.9*
GNI，图表集法（10亿美元）	74.9	人均GNI，图表集法（美元）	2,340
PPP衡量的GNI（10亿美元）	108.1	PPP衡量的人均GNI（美元）	3,370

	1990	2000	2010
人口			
最贫困的20%人口占国家消费/收入的份额（百分比）	..	..	*8.7*
出生时的预期寿命（岁）	68	71	68
总生育率（每个女性生育数）	6.0	5.3	4.7
青年女性生育率（每千名15—19岁女性生育数）	..	66	91
避孕普及率（占15—49岁已婚女性的百分比）	*14*	44	*50*
在熟练医护人员护理下的分娩（占总数的百分比）	*54*	72	*80*
5岁以下儿童死亡率（每千人）	46	43	39
儿童营养不良，体重不足（占5岁以下儿童的百分比）	*10.4*	12.9	*7.1*
儿童麻疹免疫接种率（占12—23个月年龄组的百分比）	75	87	73
小学毕业率，总数（占适龄年龄组的百分比）	*58*	56	*65*
中学总入学率，总数（占适龄年龄组的百分比）	*45*	38	*53*
小学和中学中女孩与男孩的比率（百分比）	*77*	77	*81*
HIV感染率（占15—49岁人口的百分比）	..	..	..
环境			
森林（千平方公里）	8.0	8.2	8.3
森林采伐（1990—2010年，平均年度百分比）	..	-0.2	-0.1
淡水使用量（占内陆水资源的百分比）	121.6	187.5	*87.3*
获得改善的水资源的人口（占总人口的百分比）	81	80	79
获得改善的卫生设施的人口（占总人口的百分比）	..	69	73
人均能源使用量（千克石油当量）	994	1,044	*1,035*
人均二氧化碳排放量（吨）	2.9	3.0	*3.4*
人均用电量（千瓦时）	1,253	1,199	*1,069*
经济			
GDP（10亿美元）	*48.4*	25.9	82.2
GDP增长率（年度百分比）	..	-4.3	0.8
GDP隐含价格平减指数（年度增长百分比）	..	47.4	25.0
农业增加值（占GDP的百分比）	..	5	..
工业增加值（占GDP的百分比）	..	84	..
服务业增加值（占GDP的百分比）	..	10	..
货物和服务出口（占GDP的百分比）	..	..	..
货物和服务进口（占GDP的百分比）	..	..	..
资本形成总额（占GDP的百分比）	..	..	..
中央政府收入（占GDP的百分比）	..	..	..
中央政府现金盈余/赤字（占GDP的百分比）	..	..	..
政府与市场			
创办企业的时间（天）	..	..	77
股票市场资本总额（占GDP的百分比）	..	..	..
军费支出（占GDP的百分比）	..	..	6.0
移动电话用户（每100人）	0.0	0.0	74.9
互联网用户（每100人）	0.0	*0.1*	2.5
铺数道路（占总数的百分比）	77.9	84.3	..
高科技出口（占制成品出口的百分比）	..	..	*0*
全球联系			
商品贸易（占GDP的百分比）	*55*	131	116
净易货贸易条件指数（2000年=100）	..	100	184
外债总额（百万美元）	..	..	..
债务还本付息总额（占出口的百分比）	..	..	..
净移民（千人）	-630	-18	-150
获得的侨汇（百万美元）	..	..	71.0
外国直接投资，净流入额（百万美元）	0	-3	1,426
获得的净官方发展援助（百万美元）	63	102	2,192

爱尔兰

高收入经济体

人口（百万）	4.5	人口增长率（百分比）	0.3
陆地面积（千平方公里）	70	国家贫困率（占人口的百分比）	..
GNI，图表集法（10亿美元）	187.1	人均GNI，图表集法（美元）	41,820
PPP衡量的GNI（10亿美元）	150.1	PPP衡量的人均GNI（美元）	33,540

	1990	2000	2010
人口			
最贫困的20%人口占国家消费/收入的份额（百分比）	..	7.4	..
出生时的预期寿命（岁）	75	77	80
总生育率（每个女性生育数）	2.1	1.9	2.1
青年女性生育率（每千名15—19岁女性生育数）	..	19	12
避孕普及率（占15—49岁已婚女性的百分比）	..	*75*	*65*
在熟练医护人员护理下的分娩（占总数的百分比）	..	*100*	..
5岁以下儿童死亡率（每千人）	9	7	4
儿童营养不良，体重不足（占5岁以下儿童的百分比）	..	..	..
儿童麻疹免疫接种率（占12—23个月年龄组的百分比）	78	79	90
小学毕业率，总数（占适龄年龄组的百分比）	*103*	95	..
中学总入学率，总数（占适龄年龄组的百分比）	99	105	*117*
小学和中学中女孩与男孩的比率（百分比）	105	103	*103*
HIV感染率（占15—49岁人口的百分比）	0.1	0.2	*0.2*
环境			
森林（千平方公里）	4.7	6.4	7.4
森林采伐（1990—2010年，平均年度百分比）	..	-3.2	-1.5
淡水使用量（占内陆水资源的百分比）	..	..	..
获得改善的水资源的人口（占总人口的百分比）	100	100	100
获得改善的卫生设施的人口（占总人口的百分比）	99	99	99
人均能源使用量（千克石油当量）	2,842	3,600	3,338
人均二氧化碳排放量（吨）	8.7	10.8	*9.9*
人均用电量（千瓦时）	3,768	5,796	*6,034*
经济			
GDP（10亿美元）	48	98	207
GDP增长率（年度百分比）	8.5	9.2	-0.4
GDP隐含价格平减指数（年度增长百分比）	-0.7	7.1	-2.4
农业增加值（占GDP的百分比）	9	3	*1*
工业增加值（占GDP的百分比）	35	42	*32*
服务业增加值（占GDP的百分比）	57	55	*67*
货物和服务出口（占GDP的百分比）	57	97	101
货物和服务进口（占GDP的百分比）	52	84	82
资本形成总额（占GDP的百分比）	21	24	11
中央政府收入（占GDP的百分比）	..	33.0	*31.0*
中央政府现金盈余/赤字（占GDP的百分比）	..	4.9	*-14.1*
政府与市场			
创办企业的时间（天）	..	*18*	13
股票市场资本总额（占GDP的百分比）	..	84.0	16.3
军费支出（占GDP的百分比）	1.3	0.7	0.6
移动电话用户（每100人）	0.7	64.7	105.1
互联网用户（每100人）	0.0	17.8	69.8
铺敷道路（占总数的百分比）	94.0	100.0	*100.0*
高科技出口（占制成品出口的百分比）	41	48	21
全球联系			
商品贸易（占GDP的百分比）	93	132	86
净易货贸易条件指数（2000年=100）	..	100	95
外债总额（百万美元）	..	..	..
债务还本付息总额（占出口的百分比）	..	..	..
净移民（千人）	-115	83	100
获得的侨汇（百万美元）	286	252	601
外国直接投资，净流入额（10亿美元）	0.6	25.5	27.1
获得的净官方发展援助（百万美元）	..	..	..

马恩岛

高收入经济体

人口（千人）	83	人口增长率（百分比）	0.6
陆地面积（平方公里）	570	国家贫困率（占人口的百分比）	..
GNI，图表集法（10亿美元）	*4.0*	人均GNI，图表集法（美元）	*48,910*
PPP衡量的GNI（百万美元）	..	PPP衡量的人均GNI（美元）	..

	1990	2000	2010
人口			
最贫困的20%人口占国家消费/收入的份额（百分比）	..	..	..
出生时的预期寿命（岁）	..	*78*	..
总生育率（每个女性生育数）	..	*1.7*	..
青年女性生育率（每千名15—19岁女性生育数）	..	..	..
避孕普及率（占15—49岁已婚女性的百分比）	..	..	..
在熟练医护人员护理下的分娩（占总数的百分比）	..	..	..
5岁以下儿童死亡率（每千人）	..	..	..
儿童营养不良，体重不足（占5岁以下儿童的百分比）	..	..	..
儿童麻疹免疫接种率（占12—23个月年龄组的百分比）	..	..	..
小学毕业率，总数（占适龄年龄组的百分比）	..	..	..
中学总入学率，总数（占适龄年龄组的百分比）	..	..	..
小学和中学中女孩与男孩的比率（百分比）	..	..	..
HIV感染率（占15—49岁人口的百分比）	..	..	..
环境			
森林（平方公里）	30	30	30
森林采伐（1990—2007年，平均年度百分比）	..	0.0	0.0
淡水使用量（占内陆水资源的百分比）	..	..	..
获得改善的水资源的人口（占总人口的百分比）	..	..	..
获得改善的卫生设施的人口（占总人口的百分比）	..	..	..
人均能源使用量（千克石油当量）	..	..	..
人均二氧化碳排放量（吨）	..	..	..
人均用电量（千瓦时）	..	..	..
经济			
GDP（百万美元）	..	1,564	*4,076*
GDP增长率（年度百分比）	4.2	5.3	*7.5*
GDP隐含价格平减指数（年度增长百分比）	9.0	3.3	*3.9*
农业增加值（占GDP的百分比）	..	..	..
工业增加值（占GDP的百分比）	..	..	..
服务业增加值（占GDP的百分比）	..	..	..
货物和服务出口（占GDP的百分比）	..	..	..
货物和服务进口（占GDP的百分比）	..	..	..
资本形成总额（占GDP的百分比）	..	..	..
中央政府收入（占GDP的百分比）	..	..	..
中央政府现金盈余/赤字（占GDP的百分比）	..	..	..
政府与市场			
创办企业的时间（天）	..	..	..
股票市场资本总额（占GDP的百分比）	..	..	..
军费支出（占GDP的百分比）	..	..	..
移动电话用户（每100人）	..	..	..
互联网用户（每100人）	..	..	..
铺敷道路（占总数的百分比）	..	..	..
高科技出口（占制成品出口的百分比）	..	..	..
全球联系			
商品贸易（占GDP的百分比）	..	..	..
净易货贸易条件指数（2000年=100）	..	..	..
外债总额（百万美元）	..	..	..
债务还本付息总额（占出口的百分比）	..	..	..
净移民（千人）	..	..	..
获得的侨汇（百万美元）	..	..	..
外国直接投资，净流入额（百万美元）	..	..	..
获得的净官方发展援助（百万美元）	..	..	..

以色列

高收入经济体

人口（百万）	7.6	人口增长率（百分比）	1.8
陆地面积（千平方公里）	22	国家贫困率（占人口的百分比）	..
GNI，图表集法（10亿美元）	207.2	人均GNI，图表集法（美元）	27,180
PPP衡量的GNI（10亿美元）	210.8	PPP衡量的人均GNI（美元）	27,660

	1990	2000	2010
人口			
最贫困的20%人口占国家消费/收入的份额（百分比）	..	5.7	..
出生时的预期寿命（岁）	77	79	82
总生育率（每个女性生育数）	2.8	3.0	3.0
青年女性生育率（每千名15—19岁女性生育数）	..	17	14
避孕普及率（占15—49岁已婚女性的百分比）	*68*	..	..
在熟练医护人员护理下的分娩（占总数的百分比）	..	..	..
5岁以下儿童死亡率（每千人）	12	7	5
儿童营养不良，体重不足（占5岁以下儿童的百分比）	..	..	..
儿童麻疹免疫接种率（占12—23个月年龄组的百分比）	91	97	98
小学毕业率，总数（占适龄年龄组的百分比）	..	*104*	*103*
中学总入学率，总数（占适龄年龄组的百分比）	90	93	*91*
小学和中学中女孩与男孩的比率（百分比）	105	100	*101*
HIV感染率（占15—49岁人口的百分比）	0.1	0.1	*0.2*
环境			
森林（千平方公里）	1.3	1.5	1.5
森林采伐（1990—2010年，平均年度百分比）	..	-1.5	-0.1
淡水使用量（占内陆水资源的百分比）	237.1	*101.4*	*101.9*
获得改善的水资源的人口（占总人口的百分比）	100	100	100
获得改善的卫生设施的人口（占总人口的百分比）	100	100	100
人均能源使用量（千克石油当量）	2,463	2,902	2,874
人均二氧化碳排放量（吨）	7.2	10.0	*5.2*
人均用电量（千瓦时）	4,176	6,323	*6,608*
经济			
GDP（10亿美元）	52	125	217
GDP增长率（年度百分比）	6.8	9.2	4.7
GDP隐含价格平减指数（年度增长百分比）	15.9	1.6	1.1
农业增加值（占GDP的百分比）	..	..	..
工业增加值（占GDP的百分比）	..	..	..
服务业增加值（占GDP的百分比）	..	..	..
货物和服务出口（占GDP的百分比）	35	37	37
货物和服务进口（占GDP的百分比）	45	37	35
资本形成总额（占GDP的百分比）	25	21	16
中央政府收入（占GDP的百分比）	..	40.7	35.3
中央政府现金盈余/赤字（占GDP的百分比）	..	-3.5	-4.0
政府与市场			
创办企业的时间（天）	..	*34*	34
股票市场资本总额（占GDP的百分比）	6.3	51.4	100.3
军费支出（占GDP的百分比）	12.6	7.8	6.5
移动电话用户（每100人）	0.3	70.0	129.5
互联网用户（每100人）	0.1	20.0	65.4
铺敷道路（占总数的百分比）	100.0	100.0	*100.0*
高科技出口（占制成品出口的百分比）	11	29	15
全球联系			
商品贸易（占GDP的百分比）	55	55	55
净易货贸易条件指数（2000年=100）	..	100	98
外债总额（百万美元）	..	..	..
债务还本付息总额（占出口的百分比）	..	..	..
净移民（千人）	65	245	274
获得的侨汇（百万美元）	812	400	1,411
外国直接投资，净流入额（10亿美元）	0.2	8.0	5.2
获得的净官方发展援助（10亿美元）	1.4	..	..

意大利

高收入经济体

人口（百万）	60.5	人口增长率（百分比）	0.5
陆地面积（千平方公里）	301	国家贫困率（占人口的百分比）	..
GNI，图表集法（10亿美元）	2,159.3	人均GNI，图表集法（美元）	35,700
PPP衡量的GNI（10亿美元）	1,923.7	PPP衡量的人均GNI（美元）	31,810

	1990	2000	2010
人口			
最贫困的20%人口占国家消费/收入的份额（百分比）	..	6.5	..
出生时的预期寿命（岁）	77	79	82
总生育率（每个女性生育数）	1.3	1.3	1.4
青年女性生育率（每千名15—19岁女性生育数）	..	7	5
避孕普及率（占15—49岁已婚女性的百分比）	..	..	..
在熟练医护人员护理下的分娩（占总数的百分比）	..	*99*	..
5岁以下儿童死亡率（每千人）	10	6	4
儿童营养不良，体重不足（占5岁以下儿童的百分比）	..	..	..
儿童麻疹免疫接种率（占12—23个月年龄组的百分比）	43	74	90
小学毕业率，总数（占适龄年龄组的百分比）	99	102	*103*
中学总入学率，总数（占适龄年龄组的百分比）	79	93	*99*
小学和中学中女孩与男孩的比率（百分比）	100	*98*	*99*
HIV感染率（占15—49岁人口的百分比）	0.3	0.3	*0.3*
环境			
森林（千平方公里）	76	84	91
森林采伐（1990—2010年，平均年度百分比）	..	-1.0	-0.9
淡水使用量（占内陆水资源的百分比）	..	24.8	*23.7*
获得改善的水资源的人口（占总人口的百分比）	100	100	100
获得改善的卫生设施的人口（占总人口的百分比）	..	..	..
人均能源使用量（千克石油当量）	2,584	3,012	2,814
人均二氧化碳排放量（吨）	7.5	7.8	*7.4*
人均用电量（千瓦时）	4,145	5,300	*5,271*
经济			
GDP（10亿美元）	1,133	1,104	2,061
GDP增长率（年度百分比）	2.1	3.7	1.5
GDP隐含价格平减指数（年度增长百分比）	8.4	1.9	0.4
农业增加值（占GDP的百分比）	3	3	2
工业增加值（占GDP的百分比）	32	28	25
服务业增加值（占GDP的百分比）	64	69	73
货物和服务出口（占GDP的百分比）	19	27	27
货物和服务进口（占GDP的百分比）	19	26	29
资本形成总额（占GDP的百分比）	22	21	20
中央政府收入（占GDP的百分比）	..	36.9	*38.4*
中央政府现金盈余/赤字（占GDP的百分比）	..	-0.7	*-4.9*
政府与市场			
创办企业的时间（天）	..	*23*	6
股票市场资本总额（占GDP的百分比）	13.1	69.6	15.4
军费支出（占GDP的百分比）	2.1	2.0	1.8
移动电话用户（每100人）	0.5	74.2	149.8
互联网用户（每100人）	0.0	23.1	53.7
铺敷道路（占总数的百分比）	100.0	100.0	..
高科技出口（占制成品出口的百分比）	8	9	7
全球联系			
商品贸易（占GDP的百分比）	31	43	45
净易货贸易条件指数（2000年=100）	..	100	99
外债总额（百万美元）	..	..	..
债务还本付息总额（占出口的百分比）	..	..	..
净移民（千人）	-10	225	1,999
获得的侨汇（10亿美元）	5.1	1.9	6.8
外国直接投资，净流入额（10亿美元）	6.4	13.2	9.6
获得的净官方发展援助（百万美元）	..	..	..

牙买加

拉丁美洲和加勒比地区 **中高收入经济体**

人口（百万）	2.7	人口增长率（百分比）	0.2
陆地面积（千平方公里）	11	国家贫困率（占人口的百分比）	*9.9*
GNI，图表集法（10亿美元）	13.0	人均GNI，图表集法（美元）	4,800
PPP衡量的GNI（10亿美元）	19.7	PPP衡量的人均GNI（美元）	7,310

	1990	2000	2010
人口			
最贫困的20%人口占国家消费/收入的份额（百分比）	5.9	5.5	..
出生时的预期寿命（岁）	71	70	73
总生育率（每个女性生育数）	2.9	2.6	2.3
青年女性生育率（每千名15—19岁女性生育数）	..	89	73
避孕普及率（占15—49岁已婚女性的百分比）	*55*	*69*	72
在熟练医护人员护理下的分娩（占总数的百分比）	*92*	96	*98*
5岁以下儿童死亡率（每千人）	38	30	24
儿童营养不良，体重不足（占5岁以下儿童的百分比）	*4.0*	3.8	*1.9*
儿童麻疹免疫接种率（占12—23个月年龄组的百分比）	74	88	88
小学毕业率，总数（占适龄年龄组的百分比）	95	88	73
中学总入学率，总数（占适龄年龄组的百分比）	*70*	87	93
小学和中学中女孩与男孩的比率（百分比）	*103*	100	99
HIV感染率（占15—49岁人口的百分比）	2.1	1.9	*1.7*
环境			
森林（千平方公里）	3.5	3.4	3.4
森林采伐（1990—2010年，平均年度百分比）	..	0.1	0.1
淡水使用量（占内陆水资源的百分比）	*9.6*	6.2	*6.2*
获得改善的水资源的人口（占总人口的百分比）	93	93	93
获得改善的卫生设施的人口（占总人口的百分比）	80	80	80
人均能源使用量（千克石油当量）	1,167	1,482	*1,208*
人均二氧化碳排放量（吨）	3.3	4.0	*4.5*
人均用电量（千瓦时）	879	2,334	*1,902*
经济			
GDP（10亿美元）	4.6	9.0	14.3
GDP增长率（年度百分比）	4.2	0.9	-0.6
GDP隐含价格平减指数（年度增长百分比）	25.1	10.6	10.6
农业增加值（占GDP的百分比）	*8*	7	6
工业增加值（占GDP的百分比）	*37*	26	22
服务业增加值（占GDP的百分比）	55	67	71
货物和服务出口（占GDP的百分比）	48	..	26
货物和服务进口（占GDP的百分比）	52	..	43
资本形成总额（占GDP的百分比）	26	..	21
中央政府收入（占GDP的百分比）	..	*31.9*	*25.9*
中央政府现金盈余/赤字（占GDP的百分比）	..	*-2.4*	*-15.3*
政府与市场			
创办企业的时间（天）	..	*31*	7
股票市场资本总额（占GDP的百分比）	19.8	39.8	46.5
军费支出（占GDP的百分比）	0.6	0.5	0.8
移动电话用户（每100人）	0.0	14.2	117.8
互联网用户（每100人）	0.0	3.1	26.5
铺敷道路（占总数的百分比）	64.0	70.1	*73.3*
高科技出口（占制成品出口的百分比）	*0*	0	1
全球联系			
商品贸易（占GDP的百分比）	67	51	46
净易货贸易条件指数（2000年=100）	..	100	71
外债总额（10亿美元）	4.8	4.7	13.9
债务还本付息总额（占出口的百分比）	28.5	18.6	27.9
净移民（千人）	-161	-73	-100
获得的侨汇（百万美元）	229	892	2,011
外国直接投资，净流入额（百万美元）	138	468	228
获得的净官方发展援助（百万美元）	271	9	141

日本

高收入经济体

人口（百万）	127.5	人口增长率（百分比）	-0.1
陆地面积（千平方公里）	378	国家贫困率（占人口的百分比）	..
GNI，图表集法（10亿美元）	5,334.4	人均GNI，图表集法（美元）	41,850
PPP衡量的GNI（10亿美元）	4,411.7	PPP衡量的人均GNI（美元）	34,610

	1990	2000	2010
人口			
最贫困的20%人口占国家消费/收入的份额（百分比）	*10.6*	..	..
出生时的预期寿命（岁）	79	81	83
总生育率（每个女性生育数）	1.5	1.4	1.4
青年女性生育率（每千名15—19岁女性生育数）	..	5	6
避孕普及率（占15—49岁已婚女性的百分比）	58	56	*54*
在熟练医护人员护理下的分娩（占总数的百分比）	100	*100*	..
5岁以下儿童死亡率（每千人）	6	5	3
儿童营养不良，体重不足（占5岁以下儿童的百分比）	..	..	..
儿童麻疹免疫接种率（占12—23个月年龄组的百分比）	73	96	94
小学毕业率，总数（占适龄年龄组的百分比）	101	*102*	*102*
中学总入学率，总数（占适龄年龄组的百分比）	96	102	*102*
小学和中学中女孩与男孩的比率（百分比）	101	101	*100*
HIV感染率（占15—49岁人口的百分比）	0.1	0.1	*0.1*
环境			
森林（千平方公里）	250	249	250
森林采伐（1990—2010年，平均年度百分比）	..	0.0	0.0
淡水使用量（占内陆水资源的百分比）	*21.3*	20.6	*20.9*
获得改善的水资源的人口（占总人口的百分比）	100	100	100
获得改善的卫生设施的人口（占总人口的百分比）	100	100	100
人均能源使用量（千克石油当量）	3,556	4,090	3,883
人均二氧化碳排放量（吨）	8.9	9.6	*9.5*
人均用电量（千瓦时）	6,486	7,974	*7,819*
经济			
GDP（10亿美元）	3,058	4,667	5,459
GDP增长率（年度百分比）	5.2	2.9	4.0
GDP隐含价格平减指数（年度增长百分比）	2.6	-1.7	-2.2
农业增加值（占GDP的百分比）	2	2	*1*
工业增加值（占GDP的百分比）	39	32	*27*
服务业增加值（占GDP的百分比）	58	66	*72*
货物和服务出口（占GDP的百分比）	10	11	15
货物和服务进口（占GDP的百分比）	9	10	14
资本形成总额（占GDP的百分比）	33	25	20
中央政府收入（占GDP的百分比）	..	..	..
中央政府现金盈余/赤字（占GDP的百分比）	..	..	..
政府与市场			
创办企业的时间（天）	..	*31*	23
股票市场资本总额（占GDP的百分比）	95.5	67.6	75.1
军费支出（占GDP的百分比）	0.9	1.0	1.0
移动电话用户（每100人）	0.7	52.6	94.7
互联网用户（每100人）	0.0	29.7	77.6
铺敷道路（占总数的百分比）	69.2	76.6	*80.1*
高科技出口（占制成品出口的百分比）	24	29	18
全球联系			
商品贸易（占GDP的百分比）	17	18	27
净易货贸易条件指数（2000年=100）	..	100	68
外债总额（百万美元）	..	..	..
债务还本付息总额（占出口的百分比）	..	..	..
净移民（千人）	-628	18	270
获得的侨汇（10亿美元）	*0.5*	1.4	1.8
外国直接投资，净流入额（10亿美元）	1.8	8.2	-1.4
获得的净官方发展援助（百万美元）	..	..	..

约旦

中东和北非			中高收入经济体
人口（百万）	6.0	人口增长率（百分比）	2.2
陆地面积（千平方公里）	89	国家贫困率（占人口的百分比）	*13.3*
GNI，图表集法（10亿美元）	26.3	人均GNI，图表集法（美元）	4,340
PPP衡量的GNI（10亿美元）	35.1	PPP衡量的人均GNI（美元）	5,800

	1990	2000	2010
人口			
最贫困的20%人口占国家消费/收入的份额（百分比）	*6.0*	*6.7*	7.7
出生时的预期寿命（岁）	70	72	73
总生育率（每个女性生育数）	5.8	3.9	3.8
青年女性生育率（每千名15—19岁女性生育数）	..	35	25
避孕普及率（占15—49岁已婚女性的百分比）	40	*56*	*59*
在熟练医护人员护理下的分娩（占总数的百分比）	87	*100*	99
5岁以下儿童死亡率（每千人）	38	29	22
儿童营养不良，体重不足（占5岁以下儿童的百分比）	4.8	*3.6*	*1.9*
儿童麻疹免疫接种率（占12—23个月年龄组的百分比）	87	94	98
小学毕业率，总数（占适龄年龄组的百分比）	98	94	*101*
中学总入学率，总数（占适龄年龄组的百分比）	80	84	*91*
小学和中学中女孩与男孩的比率（百分比）	102	102	*102*
HIV感染率（占15—49岁人口的百分比）	..	..	..
环境			
森林（平方公里）	980	980	980
森林采伐（1990—2010年，平均年度百分比）	..	0.0	0.0
淡水使用量（占内陆水资源的百分比）	*105.0*	..	*99.4*
获得改善的水资源的人口（占总人口的百分比）	97	96	97
获得改善的卫生设施的人口（占总人口的百分比）	97	98	98
人均能源使用量（千克石油当量）	1,028	1,013	*1,260*
人均二氧化碳排放量（吨）	3.3	3.2	*3.7*
人均用电量（千瓦时）	1,050	1,377	*2,112*
经济			
GDP（10亿美元）	4.0	8.5	27.6
GDP增长率（年度百分比）	1.0	4.2	3.1
GDP隐含价格平减指数（年度增长百分比）	11.4	-0.4	6.3
农业增加值（占GDP的百分比）	8	2	3
工业增加值（占GDP的百分比）	28	26	31
服务业增加值（占GDP的百分比）	64	72	66
货物和服务出口（占GDP的百分比）	62	42	45
货物和服务进口（占GDP的百分比）	93	68	66
资本形成总额（占GDP的百分比）	32	22	15
中央政府收入（占GDP的百分比）	26.1	25.1	21.8
中央政府现金盈余/赤字（占GDP的百分比）	-3.5	-2.0	-5.4
政府与市场			
创办企业的时间（天）	..	*79*	12
股票市场资本总额（占GDP的百分比）	49.7	58.4	111.9
军费支出（占GDP的百分比）	8.0	6.2	5.2
移动电话用户（每100人）	0.0	8.1	109.5
互联网用户（每100人）	0.0	2.6	38.9
铺敷道路（占总数的百分比）	100.0	*100.0*	*100.0*
高科技出口（占制成品出口的百分比）	2	8	3
全球联系			
商品贸易（占GDP的百分比）	91	77	81
净易货贸易条件指数（2000年=100）	94	100	85
外债总额（10亿美元）	8.3	7.4	7.8
债务还本付息总额（占出口的百分比）	24.4	17.6	4.9
净移民（千人）	118	-188	203
获得的侨汇（10亿美元）	0.5	1.8	3.6
外国直接投资，净流入额（百万美元）	38	913	1,701
获得的净官方发展援助（百万美元）	952	553	955

哈萨克斯坦

欧洲和中亚			中高收入经济体
人口（百万）	16.3	人口增长率（百分比）	1.4
陆地面积（千平方公里）	2,725	国家贫困率（占人口的百分比）	*8.2*
GNI，图表集法（10亿美元）	123.8	人均GNI，图表集法（美元）	7,580
PPP衡量的GNI（10亿美元）	175.7	PPP衡量的人均GNI（美元）	10,770

	1990	2000	2010
人口			
最贫困的20%人口占国家消费/收入的份额（百分比）	*7.5*	5.5	*9.1*
出生时的预期寿命（岁）	68	66	68
总生育率（每个女性生育数）	2.7	1.8	2.6
青年女性生育率（每千名15—19岁女性生育数）	..	33	27
避孕普及率（占15—49岁已婚女性的百分比）	..	*66*	*51*
在熟练医护人员护理下的分娩（占总数的百分比）	99	98	*100*
5岁以下儿童死亡率（每千人）	57	44	33
儿童营养不良，体重不足（占5岁以下儿童的百分比）	..	*3.8*	*4.9*
儿童麻疹免疫接种率（占12—23个月年龄组的百分比）	*89*	99	99
小学毕业率，总数（占适龄年龄组的百分比）	..	93	*116*
中学总入学率，总数（占适龄年龄组的百分比）	100	94	*100*
小学和中学中女孩与男孩的比率（百分比）	..	102	*98*
HIV感染率（占15—49岁人口的百分比）	0.1	0.1	*0.1*
环境			
森林（千平方公里）	34	34	33
森林采伐（1990—2010年，平均年度百分比）	..	0.2	0.2
淡水使用量（占内陆水资源的百分比）	..	42.1	*28.9*
获得改善的水资源的人口（占总人口的百分比）	96	96	95
获得改善的卫生设施的人口（占总人口的百分比）	96	97	97
人均能源使用量（千克石油当量）	4,450	2,391	*4,091*
人均二氧化碳排放量（吨）	*15.9*	8.6	*15.1*
人均用电量（千瓦时）	5,905	3,170	*4,448*
经济			
GDP（10亿美元）	26.9	18.3	149.1
GDP增长率（年度百分比）	*-11.0*	9.8	7.3
GDP隐含价格平减指数（年度增长百分比）	*96.4*	17.4	19.5
农业增加值（占GDP的百分比）	*27*	9	5
工业增加值（占GDP的百分比）	*45*	40	42
服务业增加值（占GDP的百分比）	*29*	51	53
货物和服务出口（占GDP的百分比）	*74*	57	44
货物和服务进口（占GDP的百分比）	*75*	49	29
资本形成总额（占GDP的百分比）	*32*	19	25
中央政府收入（占GDP的百分比）	..	11.3	9.9
中央政府现金盈余/赤字（占GDP的百分比）	..	0.1	-1.1
政府与市场			
创办企业的时间（天）	..	*26*	19
股票市场资本总额（占GDP的百分比）	..	7.3	40.8
军费支出（占GDP的百分比）	*1.0*	0.8	0.9
移动电话用户（每100人）	0.0	1.3	118.9
互联网用户（每100人）	0.0	0.7	33.4
铺敷道路（占总数的百分比）	55.1	*94.0*	*88.5*
高科技出口（占制成品出口的百分比）	..	4	*30*
全球联系			
商品贸易（占GDP的百分比）	..	76	60
净易货贸易条件指数（2000年=100）	..	100	193
外债总额（10亿美元）	*0*	12	119
债务还本付息总额（占出口的百分比）	..	32.2	71.4
净移民（千人）	-595	-1,320	7
获得的侨汇（百万美元）	..	122	291
外国直接投资，净流入额（10亿美元）	*0.1*	1.3	10.7
获得的净官方发展援助（百万美元）	*112*	189	222

肯尼亚

撒哈拉以南非洲地区		低收入经济体	
人口（百万）	40.5	人口增长率（百分比）	2.6
陆地面积（千平方公里）	580	国家贫困率（占人口的百分比）	*45.9*
GNI，图表集法（10亿美元）	31.8	人均GNI，图表集法（美元）	790
PPP衡量的GNI（10亿美元）	68.1	PPP衡量的人均GNI（美元）	1,680

	1990	2000	2010
人口			
最贫困的20%人口占国家消费/收入的份额（百分比）	*3.4*	..	*4.8*
出生时的预期寿命（岁）	59	52	56
总生育率（每个女性生育数）	6.0	5.0	4.7
青年女性生育率（每千名15—19岁女性生育数）	..	105	99
避孕普及率（占15—49岁已婚女性的百分比）	*27*	*39*	*46*
在熟练医护人员护理下的分娩（占总数的百分比）	*50*	*42*	*44*
5岁以下儿童死亡率（每千人）	99	111	85
儿童营养不良，体重不足（占5岁以下儿童的百分比）	*20.1*	17.5	*16.4*
儿童麻疹免疫接种率（占12—23个月年龄组的百分比）	78	75	86
小学毕业率，总数（占适龄年龄组的百分比）	..	..	..
中学总入学率，总数（占适龄年龄组的百分比）	*40*	39	*60*
小学和中学中女孩与男孩的比率（百分比）	*92*	98	*95*
HIV感染率（占15—49岁人口的百分比）	3.9	9.0	*6.3*
环境			
森林（千平方公里）	37	36	35
森林采伐（1990—2010年，平均年度百分比）	..	0.4	0.3
淡水使用量（占内陆水资源的百分比）	9.9	*13.2*	*8.9*
获得改善的水资源的人口（占总人口的百分比）	44	52	59
获得改善的卫生设施的人口（占总人口的百分比）	25	28	32
人均能源使用量（千克石油当量）	467	447	*474*
人均二氧化碳排放量（吨）	0.2	0.3	*0.3*
人均用电量（千瓦时）	125	110	*147*
经济			
GDP（10亿美元）	8.6	12.7	31.4
GDP增长率（年度百分比）	4.2	0.6	5.3
GDP隐含价格平减指数（年度增长百分比）	10.6	6.1	3.9
农业增加值（占GDP的百分比）	30	32	19
工业增加值（占GDP的百分比）	19	17	14
服务业增加值（占GDP的百分比）	51	51	67
货物和服务出口（占GDP的百分比）	26	22	26
货物和服务进口（占GDP的百分比）	31	32	39
资本形成总额（占GDP的百分比）	24	17	21
中央政府收入（占GDP的百分比）	*19.5*	19.7	20.3
中央政府现金盈余/赤字（占GDP的百分比）	*-2.8*	2.0	-5.9
政府与市场			
创办企业的时间（天）	..	*60*	33
股票市场资本总额（占GDP的百分比）	5.3	10.1	46.0
军费支出（占GDP的百分比）	2.9	1.3	1.9
移动电话用户（每100人）	0.0	0.4	61.6
互联网用户（每100人）	0.0	0.3	25.9
铺敷道路（占总数的百分比）	12.8	12.1	*14.3*
高科技出口（占制成品出口的百分比）	4	4	6
全球联系			
商品贸易（占GDP的百分比）	38	38	55
净易货贸易条件指数（2000年=100）	70	100	92
外债总额（10亿美元）	7.1	6.1	8.4
债务还本付息总额（占出口的百分比）	35.4	20.9	4.4
净移民（千人）	5	-21	-189
获得的侨汇（百万美元）	139	538	1,777
外国直接投资，净流入额（百万美元）	57	111	186
获得的净官方发展援助（10亿美元）	1.2	0.5	1.6

基里巴斯

东亚和太平洋地区			中低收入经济体
人口（千人）	100	人口增长率（百分比）	1.5
陆地面积（平方公里）	810	国家贫困率（占人口的百分比）	..
GNI，图表集法（百万美元）	199.9	人均 GNI，图表集法（美元）	2,000
PPP 衡量的 GNI（百万美元）	351.7	PPP 衡量的人均 GNI（美元）	3,520

	1990	2000	2010
人口			
最贫困的 20% 人口占国家消费/收入的份额（百分比）	..	..	..
出生时的预期寿命（岁）	58	60	..
总生育率（每个女性生育数）	*3.8*	*3.6*	..
青年女性生育率（每千名 15—19 岁女性生育数）	..	..	..
避孕普及率（占 15—49 岁已婚女性的百分比）	..	36	..
在熟练医护人员护理下的分娩（占总数的百分比）	..	*89*	*65*
5 岁以下儿童死亡率（每千人）	87	65	49
儿童营养不良，体重不足（占 5 岁以下儿童的百分比）	..	..	..
儿童麻疹免疫接种率（占 12—23 个月年龄组的百分比）	75	80	89
小学毕业率，总数（占适龄年龄组的百分比）	101	99	*112*
中学总入学率，总数（占适龄年龄组的百分比）	38	64	*86*
小学和中学中女孩与男孩的比率（百分比）	99	106	*107*
HIV 感染率（占 15—49 岁人口的百分比）	..	..	..
环境			
森林（平方公里）	120	120	120
森林采伐（1990—2010 年，平均年度百分比）	..	0.0	0.0
淡水使用量（占内陆水资源的百分比）	..	..	..
获得改善的水资源的人口（占总人口的百分比）	48	62	..
获得改善的卫生设施的人口（占总人口的百分比）	26	33	..
人均能源使用量（千克石油当量）	99	..	*116*
人均二氧化碳排放量（吨）	0.3	0.4	*0.3*
人均用电量（千瓦时）	..	..	..
经济			
GDP（百万美元）	28.4	68.2	151.2
GDP 增长率（年度百分比）	2.1	7.2	1.8
GDP 隐含价格平减指数（年度增长百分比）	-4.7	0.3	-1.4
农业增加值（占 GDP 的百分比）	19	22	*29*
工业增加值（占 GDP 的百分比）	8	12	*10*
服务业增加值（占 GDP 的百分比）	74	66	*62*
货物和服务出口（占 GDP 的百分比）	12	7	..
货物和服务进口（占 GDP 的百分比）	147	47	..
资本形成总额（占 GDP 的百分比）	93	..	..
中央政府收入（占 GDP 的百分比）	..	..	..
中央政府现金盈余/赤字（占 GDP 的百分比）	..	..	..
政府与市场			
创办企业的时间（天）	..	*21*	31
股票市场资本总额（占 GDP 的百分比）	..	..	..
军费支出（占 GDP 的百分比）	..	..	..
移动电话用户（每 100 人）	0.0	0.4	10.0
互联网用户（每 100 人）	0.0	1.8	9.0
铺敷道路（占总数的百分比）	..	..	..
高科技出口（占制成品出口的百分比）	..	..	..
全球联系			
商品贸易（占 GDP 的百分比）	105	64	73
净易货贸易条件指数（2000 年 =100）	..	100	82
外债总额（百万美元）	..	..	..
债务还本付息总额（占出口的百分比）	..	..	..
净移民（千人）	..	..	..
获得的侨汇（百万美元）	5.1	..	..
外国直接投资，净流入额（百万美元）	0.3	0.7	3.7
获得的净官方发展援助（百万美元）	20.2	17.9	22.8

朝 鲜

东亚和太平洋地区			低收入经济体
人口（百万）	24.3	人口增长率（百分比）	0.4
陆地面积（千平方公里）	121	国家贫困率（占人口的百分比）	..
GNI，图表集法（百万美元）	..	人均 GNI，图表集法（美元）	..
PPP 衡量的 GNI（百万美元）	..	PPP 衡量的人均 GNI（美元）	..

	1990	2000	2010
人口			
最贫困的 20% 人口占国家消费/收入的份额（百分比）	..	..	..
出生时的预期寿命（岁）	70	65	69
总生育率（每个女性生育数）	2.4	2.1	2.0
青年女性生育率（每千名 15—19 岁女性生育数）	..	1	1
避孕普及率（占 15—49 岁已婚女性的百分比）	*62*	*69*	..
在熟练医护人员护理下的分娩（占总数的百分比）	..	97	*100*
5 岁以下儿童死亡率（每千人）	45	58	33
儿童营养不良，体重不足（占 5 岁以下儿童的百分比）	..	24.7	*18.8*
儿童麻疹免疫接种率（占 12—23 个月年龄组的百分比）	98	78	99
小学毕业率，总数（占适龄年龄组的百分比）	..	..	..
中学总入学率，总数（占适龄年龄组的百分比）	..	..	..
小学和中学中女孩与男孩的比率（百分比）	..	..	..
HIV 感染率（占 15—49 岁人口的百分比）	..	..	..
环境			
森林（千平方公里）	82	69	57
森林采伐（1990—2010 年，平均年度百分比）	..	1.7	2.0
淡水使用量（占内陆水资源的百分比）	..	10.3	*11.2*
获得改善的水资源的人口（占总人口的百分比）	100	100	98
获得改善的卫生设施的人口（占总人口的百分比）	..	61	80
人均能源使用量（千克石油当量）	1,649	864	*795*
人均二氧化碳排放量（吨）	..	3.4	*3.2*
人均用电量（千瓦时）	1,247	713	*733*
经济			
GDP（百万美元）	..	..	..
GDP 增长率（年度百分比）	..	..	..
GDP 隐含价格平减指数（年度增长百分比）	..	..	..
农业增加值（占 GDP 的百分比）	..	..	..
工业增加值（占 GDP 的百分比）	..	..	..
服务业增加值（占 GDP 的百分比）	..	..	..
货物和服务出口（占 GDP 的百分比）	..	..	..
货物和服务进口（占 GDP 的百分比）	..	..	..
资本形成总额（占 GDP 的百分比）	..	..	..
中央政府收入（占 GDP 的百分比）	..	..	..
中央政府现金盈余/赤字（占 GDP 的百分比）	..	..	..
政府与市场			
创办企业的时间（天）	..	..	..
股票市场资本总额（占 GDP 的百分比）	..	..	..
军费支出（占 GDP 的百分比）	..	..	..
移动电话用户（每 100 人）	0.0	0.0	1.8
互联网用户（每 100 人）	0.0	0.0	*0.0*
铺敷道路（占总数的百分比）	5.7	6.4	*2.8*
高科技出口（占制成品出口的百分比）	..	..	..
全球联系			
商品贸易（占 GDP 的百分比）	..	..	..
净易货贸易条件指数（2000 年 = 100）	..	100	77
外债总额（百万美元）	..	..	..
债务还本付息总额（占出口的百分比）	..	..	..
净移民（千人）	0.0	0.0	0.0
获得的侨汇（百万美元）	..	..	..
外国直接投资，净流入额（百万美元）	-60.8	3.4	37.7
获得的净官方发展援助（百万美元）	7.7	73.3	79.4

韩 国

高收入经济体

人口（百万）	48.9	人口增长率（百分比）	0.3
陆地面积（千平方公里）	100	国家贫困率（占人口的百分比）	..
GNI，图表集法（10亿美元）	972.3	人均GNI，图表集法（美元）	19,890
PPP衡量的GNI（10亿美元）	1,422.7	PPP衡量的人均GNI（美元）	29,110

	1990	2000	2010
人口			
最贫困的20%人口占国家消费/收入的份额（百分比）	..	*7.9*	..
出生时的预期寿命（岁）	71	76	81
总生育率（每个女性生育数）	1.6	1.5	1.2
青年女性生育率（每千名15—19岁女性生育数）	..	3	4
避孕普及率（占15—49岁已婚女性的百分比）	*79*	79	*80*
在熟练医护人员护理下的分娩（占总数的百分比）	..	*100*	..
5岁以下儿童死亡率（每千人）	8	6	5
儿童营养不良，体重不足（占5岁以下儿童的百分比）	..	..	..
儿童麻疹免疫接种率（占12—23个月年龄组的百分比）	93	95	98
小学毕业率，总数（占适龄年龄组的百分比）	99	104	*101*
中学总入学率，总数（占适龄年龄组的百分比）	93	99	*97*
小学和中学中女孩与男孩的比率（百分比）	98	100	*99*
HIV感染率（占15—49岁人口的百分比）	0.1	0.1	*0.1*
环境			
森林（千平方公里）	64	63	62
森林采伐（1990—2010年，平均年度百分比）	..	0.1	0.1
淡水使用量（占内陆水资源的百分比）	..	*36.5*	*36.5*
获得改善的水资源的人口（占总人口的百分比）	..	93	98
获得改善的卫生设施的人口（占总人口的百分比）	100	100	100
人均能源使用量（千克石油当量）	2,171	4,001	5,044
人均二氧化碳排放量（吨）	5.7	9.2	*10.5*
人均用电量（千瓦时）	2,373	5,907	*8,980*
经济			
GDP（10亿美元）	264	533	1,014
GDP增长率（年度百分比）	9.2	8.5	6.2
GDP隐含价格平减指数（年度增长百分比）	10.5	5.0	3.7
农业增加值（占GDP的百分比）	9	5	3
工业增加值（占GDP的百分比）	42	38	39
服务业增加值（占GDP的百分比）	49	57	58
货物和服务出口（占GDP的百分比）	28	39	52
货物和服务进口（占GDP的百分比）	29	36	50
资本形成总额（占GDP的百分比）	38	31	29
中央政府收入（占GDP的百分比）	16.8	22.3	22.7
中央政府现金盈余/赤字（占GDP的百分比）	1.7	4.4	1.7
政府与市场			
创办企业的时间（天）	..	*17*	7
股票市场资本总额（占GDP的百分比）	42.1	32.2	107.4
军费支出（占GDP的百分比）	3.8	2.6	2.7
移动电话用户（每100人）	0.2	57.0	103.9
互联网用户（每100人）	0.0	43.7	82.5
铺敷道路（占总数的百分比）	71.5	74.5	*79.3*
高科技出口（占制成品出口的百分比）	18	35	*29*
全球联系			
商品贸易（占GDP的百分比）	51	62	88
净易货贸易条件指数（2000年=100）	133	100	68
外债总额（百万美元）	..	..	..
债务还本付息总额（占出口的百分比）	..	..	..
净移民（千人）	435	-515	-30
获得的侨汇（10亿美元）	2.4	4.9	8.7
外国直接投资，净流入额（百万美元）	789	9,283	-150
获得的净官方发展援助（百万美元）	52.0	*-55.1*	..

科索沃

欧洲和中亚		中低收入经济体	
人口（百万）	1.8	人口增长率（百分比）	0.6
陆地面积（千平方公里）	*11*	国家贫困率（占人口的百分比）	*34.5*
GNI，图表集法（10亿美元）	6.0	人均GNI，图表集法（美元）	3,290
PPP衡量的GNI（百万美元）	..	PPP衡量的人均GNI（美元）	..

	1990	2000	2010
人口			
最贫困的20%人口占国家消费/收入的份额（百分比）	..	..	..
出生时的预期寿命（岁）	68	68	70
总生育率（每个女性生育数）	3.9	3.0	2.3
青年女性生育率（每千名15—19岁女性生育数）	..	..	..
避孕普及率（占15—49岁已婚女性的百分比）	..	..	..
在熟练医护人员护理下的分娩（占总数的百分比）	..	..	..
5岁以下儿童死亡率（每千人）	..	..	..
儿童营养不良，体重不足（占5岁以下儿童的百分比）	..	..	..
儿童麻疹免疫接种率（占12—23个月年龄组的百分比）	..	..	..
小学毕业率，总数（占适龄年龄组的百分比）	..	..	..
中学总入学率，总数（占适龄年龄组的百分比）	..	..	..
小学和中学中女孩与男孩的比率（百分比）	..	..	..
HIV感染率（占15—49岁人口的百分比）	..	..	..
环境			
森林（平方公里）	..	..	..
森林采伐（1990—2010年，平均年度百分比）	..	..	..
淡水使用量（占内陆水资源的百分比）	..	..	..
获得改善的水资源的人口（占总人口的百分比）	..	..	..
获得改善的卫生设施的人口（占总人口的百分比）	..	..	..
人均能源使用量（千克石油当量）	..	..	..
人均二氧化碳排放量（吨）	..	..	..
人均用电量（千瓦时）	..	..	..
经济			
GDP（百万美元）	..	1,849	5,552
GDP增长率（年度百分比）	..	*27.0*	4.0
GDP隐含价格平减指数（年度增长百分比）	..	*11.4*	3.0
农业增加值（占GDP的百分比）	..	..	12
工业增加值（占GDP的百分比）	..	..	20
服务业增加值（占GDP的百分比）	..	..	68
货物和服务出口（占GDP的百分比）	..	..	19
货物和服务进口（占GDP的百分比）	..	..	62
资本形成总额（占GDP的百分比）	..	..	30
中央政府收入（占GDP的百分比）	..	..	..
中央政府现金盈余/赤字（占GDP的百分比）	..	..	..
政府与市场			
创办企业的时间（天）	..	..	58
股票市场资本总额（占GDP的百分比）	..	..	..
军费支出（占GDP的百分比）	..	..	..
移动电话用户（每100人）	..	..	..
互联网用户（每100人）	..	..	..
铺敷道路（占总数的百分比）	..	..	..
高科技出口（占制成品出口的百分比）	..	..	..
全球联系			
商品贸易（占GDP的百分比）	..	..	..
净易货贸易条件指数（2000年=100）	..	..	..
外债总额（百万美元）	..	..	342
债务还本付息总额（占出口的百分比）	..	..	1.6
净移民（千人）	..	..	..
获得的侨汇（百万美元）	..	..	932
外国直接投资，净流入额（百万美元）	..	..	481
获得的净官方发展援助（百万美元）	..	..	591

科威特

高收入经济体

人口（百万）	2.7	人口增长率（百分比）	3.4
陆地面积（千平方公里）	18	国家贫困率（占人口的百分比）	..
GNI，图表集法（10亿美元）	*117.0*	人均GNI，图表集法（美元）	*47,790*
PPP衡量的GNI（10亿美元）	*142.8*	PPP衡量的人均GNI（美元）	*58,350*

	1990	2000	2010
人口			
最贫困的20%人口占国家消费/收入的份额（百分比）	..	..	..
出生时的预期寿命（岁）	73	74	75
总生育率（每个女性生育数）	2.6	2.6	2.3
青年女性生育率（每千名15—19岁女性生育数）	..	20	14
避孕普及率（占15—49岁已婚女性的百分比）	..	*52*	..
在熟练医护人员护理下的分娩（占总数的百分比）	..	*100*	*100*
5岁以下儿童死亡率（每千人）	15	13	11
儿童营养不良，体重不足（占5岁以下儿童的百分比）	..	*2.2*	*1.7*
儿童麻疹免疫接种率（占12—23个月年龄组的百分比）	66	99	98
小学毕业率，总数（占适龄年龄组的百分比）	*57*	103	*112*
中学总入学率，总数（占适龄年龄组的百分比）	83	108	*101*
小学和中学中女孩与男孩的比率（百分比）	97	103	*105*
HIV感染率（占15—49岁人口的百分比）	..	..	..
环境			
森林（平方公里）	30	50	60
森林采伐（1990—2010年，平均年度百分比）	..	-3.5	-2.6
淡水使用量（占内陆水资源的百分比）	..	*2,465.0*	*2,465.0*
获得改善的水资源的人口（占总人口的百分比）	99	99	99
获得改善的卫生设施的人口（占总人口的百分比）	100	100	100
人均能源使用量（千克石油当量）	4,364	9,690	*11,402*
人均二氧化碳排放量（吨）	21.8	30.5	*30.1*
人均用电量（千瓦时）	8,253	14,822	*17,610*
经济			
GDP（10亿美元）	18.4	37.7	*109.5*
GDP增长率（年度百分比）	*25.9*	4.7	*4.4*
GDP隐含价格平减指数（年度增长百分比）	*-1.7*	20.5	5.9
农业增加值（占GDP的百分比）	1	0	..
工业增加值（占GDP的百分比）	52	59	..
服务业增加值（占GDP的百分比）	47	40	..
货物和服务出口（占GDP的百分比）	45	56	56
货物和服务进口（占GDP的百分比）	58	30	*28*
资本形成总额（占GDP的百分比）	18	11	*14*
中央政府收入（占GDP的百分比）	58.7	*48.3*	55.5
中央政府现金盈余/赤字（占GDP的百分比）	6.1	*4.9*	*18.7*
政府与市场			
创办企业的时间（天）	..	*35*	32
股票市场资本总额（占GDP的百分比）	*40.8*	55.1	*87.6*
军费支出（占GDP的百分比）	48.7	7.1	*4.0*
移动电话用户（每100人）	1.0	24.5	160.8
互联网用户（每100人）	0.0	6.7	38.3
铺敷道路（占总数的百分比）	72.9	80.6	..
高科技出口（占制成品出口的百分比）	3	0	*1*
全球联系			
商品贸易（占GDP的百分比）	60	71	66
净易货贸易条件指数（2000年=100）	..	100	187
外债总额（百万美元）	..	..	..
债务还本付息总额（占出口的百分比）	..	..	..
净移民（千人）	119	125	278
获得的侨汇（百万美元）	..	..	..
外国直接投资，净流入额（百万美元）	5.6	16.3	80.8
获得的净官方发展援助（百万美元）	12.9	..	..

吉尔吉斯斯坦

欧洲和中亚 **低收入经济体**

人口（百万）	5.4	人口增长率（百分比）	1.2
陆地面积（千平方公里）	200	国家贫困率（占人口的百分比）	33.7
GNI，图表集法（10 亿美元）	4.5	人均 GNI，图表集法（美元）	830
PPP 衡量的 GNI（10 亿美元）	11.3	PPP 衡量的人均 GNI（美元）	2,070

	1990	2000	2010
人口			
最贫困的 20% 人口占国家消费/收入的份额（百分比）	*2.5*	*8.4*	*6.8*
出生时的预期寿命（岁）	68	69	69
总生育率（每个女性生育数）	3.7	2.4	2.9
青年女性生育率（每千名 15—19 岁女性生育数）	..	34	33
避孕普及率（占 15—49 岁已婚女性的百分比）	..	..	*48*
在熟练医护人员护理下的分娩（占总数的百分比）	99	99	*99*
5 岁以下儿童死亡率（每千人）	72	52	38
儿童营养不良，体重不足（占 5 岁以下儿童的百分比）	..	..	*2.7*
儿童麻疹免疫接种率（占 12—23 个月年龄组的百分比）	*94*	98	99
小学毕业率，总数（占适龄年龄组的百分比）	..	93	97
中学总入学率，总数（占适龄年龄组的百分比）	103	84	84
小学和中学中女孩与男孩的比率（百分比）	100	101	99
HIV 感染率（占 15—49 岁人口的百分比）	0.1	0.1	*0.3*
环境			
森林（千平方公里）	8.4	8.6	9.5
森林采伐（1990—2010 年，平均年度百分比）	..	-0.3	-1.1
淡水使用量（占内陆水资源的百分比）	..	20.6	*43.7*
获得改善的水资源的人口（占总人口的百分比）	..	82	90
获得改善的卫生设施的人口（占总人口的百分比）	..	93	93
人均能源使用量（千克石油当量）	1,705	490	*559*
人均二氧化碳排放量（吨）	*2.4*	0.9	*1.2*
人均用电量（千瓦时）	2,331	1,911	*1,386*
经济			
GDP（10 亿美元）	2.7	1.4	4.6
GDP 增长率（年度百分比）	5.7	5.4	-1.4
GDP 隐含价格平减指数（年度增长百分比）	7.9	27.2	6.9
农业增加值（占 GDP 的百分比）	34	37	21
工业增加值（占 GDP 的百分比）	35	31	28
服务业增加值（占 GDP 的百分比）	31	32	51
货物和服务出口（占 GDP 的百分比）	29	42	58
货物和服务进口（占 GDP 的百分比）	50	48	89
资本形成总额（占 GDP 的百分比）	24	20	28
中央政府收入（占 GDP 的百分比）	*15.5*	14.2	20.2
中央政府现金盈余/赤字（占 GDP 的百分比）	..	-2.9	-5.0
政府与市场			
创办企业的时间（天）	..	*21*	10
股票市场资本总额（占 GDP 的百分比）	..	0.3	1.7
军费支出（占 GDP 的百分比）	*1.6*	2.9	*3.6*
移动电话用户（每 100 人）	0.0	0.2	96.8
互联网用户（每 100 人）	0.0	1.1	19.6
铺敷道路（占总数的百分比）	90.0	91.1	..
高科技出口（占制成品出口的百分比）	..	15	1
全球联系			
商品贸易（占 GDP 的百分比）	..	77	108
净易货贸易条件指数（2000 年 =100）	..	100	108
外债总额（10 亿美元）	*0.0*	1.8	4.0
债务还本付息总额（占出口的百分比）	*0.4*	29.4	21.9
净移民（千人）	-155	-27	-132
获得的侨汇（百万美元）	*2*	9	1,275
外国直接投资，净流入额（百万美元）	*10*	-2	438
获得的净官方发展援助（百万美元）	*21*	215	373

老挝

东亚和太平洋地区			中低收入经济体
人口（百万）	6.2	人口增长率（百分比）	1.4
陆地面积（千平方公里）	237	国家贫困率（占人口的百分比）	*27.6*
GNI，图表集法（10亿美元）	6.5	人均 GNI，图表集法（美元）	1,050
PPP 衡量的 GNI（10亿美元）	15.3	PPP 衡量的人均 GNI（美元）	2,460

	1990	2000	2010
人口			
最贫困的 20% 人口占国家消费/收入的份额（百分比）	*9.3*	*8.6*	*7.6*
出生时的预期寿命（岁）	54	61	67
总生育率（每个女性生育数）	6.2	4.2	2.7
青年女性生育率（每千名 15—19 岁女性生育数）	..	53	34
避孕普及率（占 15—49 岁已婚女性的百分比）	*19*	32	*38*
在熟练医护人员护理下的分娩（占总数的百分比）	..	*19*	37
5 岁以下儿童死亡率（每千人）	145	88	54
儿童营养不良，体重不足（占 5 岁以下儿童的百分比）	*39.8*	36.4	*31.6*
儿童麻疹免疫接种率（占 12—23 个月年龄组的百分比）	32	42	64
小学毕业率，总数（占适龄年龄组的百分比）	45	69	*79*
中学总入学率，总数（占适龄年龄组的百分比）	24	35	*45*
小学和中学中女孩与男孩的比率（百分比）	77	81	*87*
HIV 感染率（占 15—49 岁人口的百分比）	0.1	0.1	*0.2*
环境			
森林（千平方公里）	173	165	158
森林采伐（1990—2010 年，平均年度百分比）	..	0.5	0.5
淡水使用量（占内陆水资源的百分比）	..	1.6	*1.3*
获得改善的水资源的人口（占总人口的百分比）	..	45	67
获得改善的卫生设施的人口（占总人口的百分比）	..	26	63
人均能源使用量（千克石油当量）	..	..	..
人均二氧化碳排放量（吨）	0.1	0.2	*0.3*
人均用电量（千瓦时）	..	..	..
经济			
GDP（百万美元）	866	1,735	7,296
GDP 增长率（年度百分比）	6.7	5.8	9.4
GDP 隐含价格平减指数（年度增长百分比）	37.9	25.1	9.4
农业增加值（占 GDP 的百分比）	61	53	33
工业增加值（占 GDP 的百分比）	15	23	30
服务业增加值（占 GDP 的百分比）	24	25	37
货物和服务出口（占 GDP 的百分比）	11	30	36
货物和服务进口（占 GDP 的百分比）	25	44	41
资本形成总额（占 GDP 的百分比）	*14*	14	26
中央政府收入（占 GDP 的百分比）	..	..	14.2
中央政府现金盈余/赤字（占 GDP 的百分比）	..	..	-0.8
政府与市场			
创办企业的时间（天）	..	*153*	93
股票市场资本总额（占 GDP 的百分比）	..	..	..
军费支出（占 GDP 的百分比）	*9.0*	0.8	*0.3*
移动电话用户（每 100 人）	0.0	0.2	64.6
互联网用户（每 100 人）	0.0	0.1	7.0
铺敷道路（占总数的百分比）	24.0	*14.1*	*13.7*
高科技出口（占制成品出口的百分比）	..	..	..
全球联系			
商品贸易（占 GDP 的百分比）	31	50	47
净易货贸易条件指数（2000 年 = 100）	..	100	119
外债总额（10亿美元）	1.8	2.5	5.6
债务还本付息总额（占出口的百分比）	8.5	7.8	*14.8*
净移民（千人）	0.1	-87.5	-75.0
获得的侨汇（百万美元）	10.9	0.7	40.9
外国直接投资，净流入额（百万美元）	6	34	279
获得的净官方发展援助（百万美元）	149	281	416

拉脱维亚

欧洲和中亚 **中高收入经济体**

人口（百万）	2.2	人口增长率（百分比）	-0.7
陆地面积（千平方公里）	65	国家贫困率（占人口的百分比）	5.9
GNI，图表集法（10亿美元）	26.1	人均GNI，图表集法（美元）	11,640
PPP衡量的GNI（10亿美元）	36.7	PPP衡量的人均GNI（美元）	16,380

	1990	2000	2010
人口			
最贫困的20%人口占国家消费/收入的份额（百分比）	*9.6*	6.9	6.6
出生时的预期寿命（岁）	69	70	73
总生育率（每个女性生育数）	2.0	1.2	1.2
青年女性生育率（每千名15—19岁女性生育数）	..	19	15
避孕普及率（占15—49岁已婚女性的百分比）	..	..	..
在熟练医护人员护理下的分娩（占总数的百分比）	100	100	*100*
5岁以下儿童死亡率（每千人）	21	17	10
儿童营养不良，体重不足（占5岁以下儿童的百分比）	..	..	..
儿童麻疹免疫接种率（占12—23个月年龄组的百分比）	*95*	97	93
小学毕业率，总数（占适龄年龄组的百分比）	..	92	92
中学总入学率，总数（占适龄年龄组的百分比）	96	91	95
小学和中学中女孩与男孩的比率（百分比）	*101*	101	98
HIV感染率（占15—49岁人口的百分比）	0.1	0.3	*0.7*
环境			
森林（千平方公里）	32	32	34
森林采伐（1990—2010年，平均年度百分比）	..	-0.2	-0.3
淡水使用量（占内陆水资源的百分比）	..	2.4	*1.2*
获得改善的水资源的人口（占总人口的百分比）	99	99	99
获得改善的卫生设施的人口（占总人口的百分比）	..	78	*78*
人均能源使用量（千克石油当量）	2,949	1,565	*1,871*
人均二氧化碳排放量（吨）	*5.4*	2.6	*3.3*
人均用电量（千瓦时）	3,397	2,078	*2,875*
经济			
GDP（10亿美元）	7.4	7.8	24.0
GDP增长率（年度百分比）	-7.9	6.9	-0.3
GDP隐含价格平减指数（年度增长百分比）	24.1	4.2	-2.3
农业增加值（占GDP的百分比）	22	5	4
工业增加值（占GDP的百分比）	46	24	22
服务业增加值（占GDP的百分比）	32	72	74
货物和服务出口（占GDP的百分比）	48	42	53
货物和服务进口（占GDP的百分比）	49	49	54
资本形成总额（占GDP的百分比）	40	24	21
中央政府收入（占GDP的百分比）	..	26.1	25.0
中央政府现金盈余/赤字（占GDP的百分比）	..	-2.2	-6.8
政府与市场			
创办企业的时间（天）	..	*16*	16
股票市场资本总额（占GDP的百分比）	..	7.2	5.2
军费支出（占GDP的百分比）	*0.8*	0.9	1.1
移动电话用户（每100人）	0.0	16.9	103.0
互联网用户（每100人）	0.0	6.4	71.5
铺敷道路（占总数的百分比）	..	*100.0*	*20.9*
高科技出口（占制成品出口的百分比）	..	4	8
全球联系			
商品贸易（占GDP的百分比）	..	65	88
净易货贸易条件指数（2000年=100）	..	100	105
外债总额（10亿美元）	*0.1*	4.9	39.6
债务还本付息总额（占出口的百分比）	..	..	76.4
净移民（千人）	41.8	-40.0	-10.0
获得的侨汇（百万美元）	..	72	614
外国直接投资，净流入额（百万美元）	*29*	413	369
获得的净官方发展援助（百万美元）	..	..	..

黎巴嫩

中东和北非			中高收入经济体
人口（百万）	4.2	人口增长率（百分比）	0.7
陆地面积（千平方公里）	10	国家贫困率（占人口的百分比）	..
GNI，图表集法（10亿美元）	37.5	人均GNI，图表集法（美元）	8,880
PPP衡量的GNI（10亿美元）	59.5	PPP衡量的人均GNI（美元）	14,090

	1990	2000	2010
人口			
最贫困的20%人口占国家消费/收入的份额（百分比）	..	..	..
出生时的预期寿命（岁）	69	71	72
总生育率（每个女性生育数）	3.1	2.4	1.8
青年女性生育率（每千名15—19岁女性生育数）	..	25	16
避孕普及率（占15—49岁已婚女性的百分比）	..	63	..
在熟练医护人员护理下的分娩（占总数的百分比）	..	*98*	..
5岁以下儿童死亡率（每千人）	38	29	22
儿童营养不良，体重不足（占5岁以下儿童的百分比）	..	*4.2*	..
儿童麻疹免疫接种率（占12—23个月年龄组的百分比）	61	71	53
小学毕业率，总数（占适龄年龄组的百分比）	..	*102*	87
中学总入学率，总数（占适龄年龄组的百分比）	*61*	*77*	81
小学和中学中女孩与男孩的比率（百分比）	*100*	*102*	104
HIV感染率（占15—49岁人口的百分比）	0.1	0.2	*0.1*
环境			
森林（千平方公里）	1.3	1.3	1.4
森林采伐（1990—2010年，平均年度百分比）	..	0.0	-0.4
淡水使用量（占内陆水资源的百分比）	..	29.9	*28.1*
获得改善的水资源的人口（占总人口的百分比）	100	100	100
获得改善的卫生设施的人口（占总人口的百分比）	..	98	..
人均能源使用量（千克石油当量）	663	1,311	*1,580*
人均二氧化碳排放量（吨）	3.1	4.1	*4.1*
人均用电量（千瓦时）	475	2,608	*3,130*
经济			
GDP（10亿美元）	2.8	17.3	39.0
GDP增长率（年度百分比）	26.5	1.3	7.0
GDP隐含价格平减指数（年度增长百分比）	15.5	-2.1	4.4
农业增加值（占GDP的百分比）	..	7	6
工业增加值（占GDP的百分比）	..	23	21
服务业增加值（占GDP的百分比）	..	70	72
货物和服务出口（占GDP的百分比）	18	14	21
货物和服务进口（占GDP的百分比）	100	36	44
资本形成总额（占GDP的百分比）	18	20	33
中央政府收入（占GDP的百分比）	..	16.0	*22.2*
中央政府现金盈余/赤字（占GDP的百分比）	..	-18.4	*-8.2*
政府与市场			
创办企业的时间（天）	..	*46*	9
股票市场资本总额（占GDP的百分比）	..	9.2	32.3
军费支出（占GDP的百分比）	7.6	5.4	4.2
移动电话用户（每100人）	0.0	19.9	68.0
互联网用户（每100人）	0.0	8.0	31.0
铺数道路（占总数的百分比）	95.0	*84.9*	..
高科技出口（占制成品出口的百分比）	..	2	13
全球联系			
商品贸易（占GDP的百分比）	107	40	60
净易货贸易条件指数（2000年=100）	..	100	96
外债总额（10亿美元）	1.8	10.2	24.3
债务还本付息总额（占出口的百分比）	..	*35.6*	19.1
净移民（千人）	-220	0	-13
获得的侨汇（百万美元）	..	*2,544*	7,558
外国直接投资，净流入额（百万美元）	..	*1,336*	4,280
获得的净官方发展援助（百万美元）	286	200	449

莱索托

撒哈拉以南非洲地区		中低收入经济体	
人口（百万）	2.2	人口增长率（百分比）	1.0
陆地面积（千平方公里）	30	国家贫困率（占人口的百分比）	*56.6*
GNI，图表集法（10亿美元）	2.2	人均GNI，图表集法（美元）	1,040
PPP衡量的GNI（10亿美元）	4.3	PPP衡量的人均GNI（美元）	1,960

	1990	2000	2010
人口			
最贫困的20%人口占国家消费/收入的份额（百分比）	*2.6*	*3.0*	..
出生时的预期寿命（岁）	59	48	47
总生育率（每个女性生育数）	4.9	4.1	3.2
青年女性生育率（每千名15—19岁女性生育数）	..	91	66
避孕普及率（占15—49岁已婚女性的百分比）	*23*	30	*47*
在熟练医护人员护理下的分娩（占总数的百分比）	*61*	60	*62*
5岁以下儿童死亡率（每千人）	89	127	85
儿童营养不良，体重不足（占5岁以下儿童的百分比）	*13.8*	15.0	13.5
儿童麻疹免疫接种率（占12—23个月年龄组的百分比）	80	74	85
小学毕业率，总数（占适龄年龄组的百分比）	58	60	70
中学总入学率，总数（占适龄年龄组的百分比）	25	30	46
小学和中学中女孩与男孩的比率（百分比）	124	107	106
HIV感染率（占15—49岁人口的百分比）	0.8	24.5	*23.6*
环境			
森林（平方公里）	400	420	440
森林采伐（1990—2010年，平均年度百分比）	..	-0.5	-0.5
淡水使用量（占内陆水资源的百分比）	..	1.0	*1.7*
获得改善的水资源的人口（占总人口的百分比）	80	80	78
获得改善的卫生设施的人口（占总人口的百分比）	..	25	26
人均能源使用量（千克石油当量）	..	..	*9*
人均二氧化碳排放量（吨）	..	..	..
人均用电量（千瓦时）	..	..	..
经济			
GDP（百万美元）	541	746	2,132
GDP增长率（年度百分比）	6.5	5.7	3.3
GDP隐含价格平减指数（年度增长百分比）	11.6	2.4	3.7
农业增加值（占GDP的百分比）	25	12	8
工业增加值（占GDP的百分比）	34	32	34
服务业增加值（占GDP的百分比）	41	56	58
货物和服务出口（占GDP的百分比）	18	34	49
货物和服务进口（占GDP的百分比）	123	103	114
资本形成总额（占GDP的百分比）	56	44	34
中央政府收入（占GDP的百分比）	44.9	50.7	*66.2*
中央政府现金盈余/赤字（占GDP的百分比）	-0.6	*-2.8*	5.7
政府与市场			
创办企业的时间（天）	..	*93*	40
股票市场资本总额（占GDP的百分比）	..	..	..
军费支出（占GDP的百分比）	5.1	4.1	*2.7*
移动电话用户（每100人）	0.0	1.1	45.5
互联网用户（每100人）	0.0	0.2	3.9
铺敷道路（占总数的百分比）	18.0	18.3	..
高科技出口（占制成品出口的百分比）	..	0	*0*
全球联系			
商品贸易（占GDP的百分比）	136	138	142
净易货贸易条件指数（2000年=100）	100	100	66
外债总额（百万美元）	396	672	726
债务还本付息总额（占出口的百分比）	4.2	11.3	1.9
净移民（千人）	-50.9	-20.9	-20.0
获得的侨汇（百万美元）	428	478	746
外国直接投资，净流入额（百万美元）	17	32	117
获得的净官方发展援助（百万美元）	139	37	257

利比里亚

撒哈拉以南非洲地区			低收入经济体
人口（百万）	4.0	人口增长率（百分比）	4.0
陆地面积（千平方公里）	111	国家贫困率（占人口的百分比）	*63.8*
GNI，图表集法（百万美元）	782.2	人均 GNI，图表集法（美元）	200
PPP 衡量的 GNI（百万美元）	1,364.5	PPP 衡量的人均 GNI（美元）	340

	1990	2000	2010
人口			
最贫困的 20% 人口占国家消费/收入的份额（百分比）	..	..	*6.4*
出生时的预期寿命（岁）	42	46	56
总生育率（每个女性生育数）	6.5	5.8	5.2
青年女性生育率（每千名 15—19 岁女性生育数）	..	149	131
避孕普及率（占 15—49 岁已婚女性的百分比）	..	10	*11*
在熟练医护人员护理下的分娩（占总数的百分比）	..	51	*46*
5 岁以下儿童死亡率（每千人）	227	169	103
儿童营养不良，体重不足（占 5 岁以下儿童的百分比）	..	22.8	*20.4*
儿童麻疹免疫接种率（占 12—23 个月年龄组的百分比）	..	63	64
小学毕业率，总数（占适龄年龄组的百分比）	..	..	*62*
中学总入学率，总数（占适龄年龄组的百分比）	..	35	..
小学和中学中女孩与男孩的比率（百分比）	..	73	..
HIV 感染率（占 15—49 岁人口的百分比）	0.3	3.3	*1.5*
环境			
森林（千平方公里）	49	46	43
森林采伐（1990—2010 年，平均年度百分比）	..	0.6	0.7
淡水使用量（占内陆水资源的百分比）	..	0.1	*0.1*
获得改善的水资源的人口（占总人口的百分比）	..	61	73
获得改善的卫生设施的人口（占总人口的百分比）	..	12	18
人均能源使用量（千克石油当量）	..	..	..
人均二氧化碳排放量（吨）	0.2	0.2	*0.2*
人均用电量（千瓦时）	..	..	..
经济			
GDP（百万美元）	384	561	986
GDP 增长率（年度百分比）	-51.0	25.7	5.5
GDP 隐含价格平减指数（年度增长百分比）	-0.2	-1.3	11.3
农业增加值（占 GDP 的百分比）	54	72	*61*
工业增加值（占 GDP 的百分比）	17	12	*17*
服务业增加值（占 GDP 的百分比）	29	16	*22*
货物和服务出口（占 GDP 的百分比）	..	21	*31*
货物和服务进口（占 GDP 的百分比）	..	26	*173*
资本形成总额（占 GDP 的百分比）	..	*5*	*20*
中央政府收入（占 GDP 的百分比）	..	..	*0.4*
中央政府现金盈余/赤字（占 GDP 的百分比）	..	..	*0.0*
政府与市场			
创办企业的时间（天）	..	..	6
股票市场资本总额（占 GDP 的百分比）	..	..	..
军费支出（占 GDP 的百分比）	3.7	*0.2*	*0.8*
移动电话用户（每 100 人）	0.0	0.1	39.3
互联网用户（每 100 人）	0.0	0.0	7.0
铺敷道路（占总数的百分比）	5.5	6.2	..
高科技出口（占制成品出口的百分比）	..	..	..
全球联系			
商品贸易（占 GDP 的百分比）	374	178	94
净易货贸易条件指数（2000 年 =100）	..	100	147
外债总额（10 亿美元）	2.1	2.8	0.2
债务还本付息总额（占出口的百分比）	..	..	1.3
净移民（千人）	-368	453	300
获得的侨汇（百万美元）	..	..	26.7
外国直接投资，净流入额（百万美元）	225	21	453
获得的净官方发展援助（百万美元）	114	67	1,423

利比亚

中东和北非			中高收入经济体
人口（百万）	6.4	人口增长率（百分比）	1.5
陆地面积（千平方公里）	1,760	国家贫困率（占人口的百分比）	..
GNI，图表集法（10 亿美元）	*77.1*	人均 GNI，图表集法（美元）	*12,320*
PPP 衡量的 GNI（10 亿美元）	*105.7*	PPP 衡量的人均 GNI（美元）	*16,880*

	1990	**2000**	**2010**
人口			
最贫困的 20% 人口占国家消费/收入的份额（百分比）	..	..	..
出生时的预期寿命（岁）	68	73	75
总生育率（每个女性生育数）	4.8	3.1	2.6
青年女性生育率（每千名 15—19 岁女性生育数）	..	4	3
避孕普及率（占 15—49 岁已婚女性的百分比）	..	..	..
在熟练医护人员护理下的分娩（占总数的百分比）	..	*99*	*100*
5 岁以下儿童死亡率（每千人）	45	27	17
儿童营养不良，体重不足（占 5 岁以下儿童的百分比）	..	..	5.6
儿童麻疹免疫接种率（占 12—23 个月年龄组的百分比）	89	93	98
小学毕业率，总数（占适龄年龄组的百分比）	..	..	..
中学总入学率，总数（占适龄年龄组的百分比）	..	*110*	..
小学和中学中女孩与男孩的比率（百分比）	..	*103*	..
HIV 感染率（占 15—49 岁人口的百分比）	..	..	..
环境			
森林（千平方公里）	2.2	2.2	2.2
森林采伐（1990—2010 年，平均年度百分比）	..	0.0	0.0
淡水使用量（占内陆水资源的百分比）	793.3	718.0	*718.0*
获得改善的水资源的人口（占总人口的百分比）	54	54	..
获得改善的卫生设施的人口（占总人口的百分比）	97	97	97
人均能源使用量（千克石油当量）	2,614	3,168	*3,258*
人均二氧化碳排放量（吨）	9.3	9.5	*9.5*
人均用电量（千瓦时）	1,614	2,276	*4,170*
经济			
GDP（10 亿美元）	28.9	33.9	*62.4*
GDP 增长率（年度百分比）	..	3.7	*2.1*
GDP 隐含价格平减指数（年度增长百分比）	..	18.4	*-32.8*
农业增加值（占 GDP 的百分比）	..	*5*	*2*
工业增加值（占 GDP 的百分比）	..	*66*	*78*
服务业增加值（占 GDP 的百分比）	..	*29*	*20*
货物和服务出口（占 GDP 的百分比）	40	36	*67*
货物和服务进口（占 GDP 的百分比）	31	15	*27*
资本形成总额（占 GDP 的百分比）	19	13	*28*
中央政府收入（占 GDP 的百分比）	..	..	..
中央政府现金盈余/赤字（占 GDP 的百分比）	..	..	..
政府与市场			
创办企业的时间（天）	..	..	..
股票市场资本总额（占 GDP 的百分比）	..	..	..
军费支出（占 GDP 的百分比）	..	3.2	*1.2*
移动电话用户（每 100 人）	0.0	0.8	171.5
互联网用户（每 100 人）	0.0	0.2	14.0
铺敷道路（占总数的百分比）	51.7	57.2	..
高科技出口（占制成品出口的百分比）	..	..	..
全球联系			
商品贸易（占 GDP 的百分比）	64	50	*75*
净易货贸易条件指数（2000 年 = 100）	..	100	162
外债总额（百万美元）	..	..	..
债务还本付息总额（占出口的百分比）	..	..	..
净移民（千人）	-20.3	-20.3	-20.3
获得的侨汇（百万美元）	..	9.0	17.3
外国直接投资，净流入额（百万美元）	159	141	1,784
获得的净官方发展援助（百万美元）	8.3	*4.7*	8.5

列支敦士登

高收入经济体

人口（千人）	36	人口增长率（百分比）	0.7
陆地面积（平方公里）	160	国家贫困率（占人口的百分比）	..
GNI，图表集法（10亿美元）	*4.9*	人均GNI，图表集法（美元）	*137,070*
PPP衡量的GNI（百万美元）	..	PPP衡量的人均GNI（美元）	..

	1990	2000	2010
人口			
最贫困的20%人口占国家消费/收入的份额（百分比）	..	..	..
出生时的预期寿命（岁）	..	..	..
总生育率（每个女性生育数）	..	1.6	1.4
青年女性生育率（每千名15—19岁女性生育数）	..	..	..
避孕普及率（占15—49岁已婚女性的百分比）	..	..	..
在熟练医护人员护理下的分娩（占总数的百分比）	..	..	..
5岁以下儿童死亡率（每千人）	10	6	2
儿童营养不良，体重不足（占5岁以下儿童的百分比）	..	..	..
儿童麻疹免疫接种率（占12—23个月年龄组的百分比）	..	..	..
小学毕业率，总数（占适龄年龄组的百分比）	..	*90*	*95*
中学总入学率，总数（占适龄年龄组的百分比）	..	*70*	*70*
小学和中学中女孩与男孩的比率（百分比）	..	*104*	*101*
HIV感染率（占15—49岁人口的百分比）	..	..	..
环境			
森林（平方公里）	70	70	70
森林采伐（1990—2010年，平均年度百分比）	..	-0.6	0.0
淡水使用量（占内陆水资源的百分比）	..	..	..
获得改善的水资源的人口（占总人口的百分比）	..	..	..
获得改善的卫生设施的人口（占总人口的百分比）	..	..	..
人均能源使用量（千克石油当量）	..	..	..
人均二氧化碳排放量（吨）	..	..	..
人均用电量（千瓦时）	..	..	..
经济			
GDP（10亿美元）	1.4	2.5	*4.8*
GDP增长率（年度百分比）	2.3	3.2	*-1.2*
GDP隐含价格平减指数（年度增长百分比）	5.4	1.6	*-0.5*
农业增加值（占GDP的百分比）	..	..	..
工业增加值（占GDP的百分比）	..	..	..
服务业增加值（占GDP的百分比）	..	..	..
货物和服务出口（占GDP的百分比）	..	..	..
货物和服务进口（占GDP的百分比）	..	..	..
资本形成总额（占GDP的百分比）	..	..	..
中央政府收入（占GDP的百分比）	..	..	..
中央政府现金盈余/赤字（占GDP的百分比）	..	..	..
政府与市场			
创办企业的时间（天）	..	..	..
股票市场资本总额（占GDP的百分比）	..	..	..
军费支出（占GDP的百分比）	..	..	..
移动电话用户（每100人）	0.0	30.4	98.5
互联网用户（每100人）	0.0	36.5	80.0
铺敷道路（占总数的百分比）	..	..	..
高科技出口（占制成品出口的百分比）	..	..	..
全球联系			
商品贸易（占GDP的百分比）	..	..	..
净易货贸易条件指数（2000年=100）	..	..	..
外债总额（百万美元）	..	..	..
债务还本付息总额（占出口的百分比）	..	..	..
净移民（千人）	..	..	..
获得的侨汇（百万美元）	..	..	..
外国直接投资，净流入额（百万美元）	..	..	..
获得的净官方发展援助（百万美元）	..	..	..

立陶宛

欧洲和中亚		中高收入经济体	
人口（百万）	3.3	人口增长率（百分比）	-1.6
陆地面积（千平方公里）	65	国家贫困率（占人口的百分比）	..
GNI，图表集法（10 亿美元）	37.8	人均 GNI，图表集法（美元）	11,510
PPP 衡量的 GNI（10 亿美元）	59.4	PPP 衡量的人均 GNI（美元）	18,060

	1990	2000	2010
人口			
最贫困的 20% 人口占国家消费/收入的份额（百分比）	*8.0*	7.9	*6.6*
出生时的预期寿命（岁）	71	72	73
总生育率（每个女性生育数）	2.0	1.4	1.6
青年女性生育率（每千名 15—19 岁女性生育数）	..	25	18
避孕普及率（占 15—49 岁已婚女性的百分比）	..	..	..
在熟练医护人员护理下的分娩（占总数的百分比）	100	100	*100*
5 岁以下儿童死亡率（每千人）	17	12	7
儿童营养不良，体重不足（占 5 岁以下儿童的百分比）	..	..	..
儿童麻疹免疫接种率（占 12—23 个月年龄组的百分比）	*89*	97	96
小学毕业率，总数（占适龄年龄组的百分比）	..	97	*96*
中学总入学率，总数（占适龄年龄组的百分比）	95	98	*98*
小学和中学中女孩与男孩的比率（百分比）	*96*	99	*99*
HIV 感染率（占 15—49 岁人口的百分比）	0.1	0.1	*0.1*
环境			
森林（千平方公里）	19	20	22
森林采伐（1990—2010 年，平均年度百分比）	..	-0.4	-0.7
淡水使用量（占内陆水资源的百分比）	..	*17.7*	*9.6*
获得改善的水资源的人口（占总人口的百分比）	..	92	..
获得改善的卫生设施的人口（占总人口的百分比）	..	86	..
人均能源使用量（千克石油当量）	4,357	2,038	*2,512*
人均二氧化碳排放量（吨）	*6.0*	3.5	*4.5*
人均用电量（千瓦时）	4,023	2,517	*3,431*
经济			
GDP（10 亿美元）	10.5	11.4	36.3
GDP 增长率（年度百分比）	*-5.7*	3.3	1.3
GDP 隐含价格平减指数（年度增长百分比）	*228.3*	0.9	2.0
农业增加值（占 GDP 的百分比）	27	6	4
工业增加值（占 GDP 的百分比）	31	30	28
服务业增加值（占 GDP 的百分比）	42	64	68
货物和服务出口（占 GDP 的百分比）	52	45	68
货物和服务进口（占 GDP 的百分比）	61	51	70
资本形成总额（占 GDP 的百分比）	33	19	17
中央政府收入（占 GDP 的百分比）	..	25.9	27.4
中央政府现金盈余/赤字（占 GDP 的百分比）	..	-2.8	-7.2
政府与市场			
创办企业的时间（天）	..	*26*	22
股票市场资本总额（占 GDP 的百分比）	..	13.9	15.6
军费支出（占 GDP 的百分比）	*0.8*	1.7	1.3
移动电话用户（每 100 人）	0.0	15.0	148.8
互联网用户（每 100 人）	0.0	6.4	62.8
铺敷道路（占总数的百分比）	..	..	*29.4*
高科技出口（占制成品出口的百分比）	*0*	4	11
全球联系			
商品贸易（占 GDP 的百分比）	..	81	122
净易货贸易条件指数（2000 年 =100）	..	100	104
外债总额（10 亿美元）	*0.1*	4.7	29.6
债务还本付息总额（占出口的百分比）	*0.3*	20.9	34.3
净移民（千人）	33	-106	-35
获得的侨汇（百万美元）	*0*	50	1,575
外国直接投资，净流入额（百万美元）	*30*	379	748
获得的净官方发展援助（百万美元）	..	..	..

卢森堡

高收入经济体

人口（千人）	507	人口增长率（百分比）	1.8
陆地面积（千平方公里）	2.6	国家贫困率（占人口的百分比）	..
GNI，图表集法（10亿美元）	39.0	人均GNI，图表集法（美元）	76,980
PPP衡量的GNI（10亿美元）	31.1	PPP衡量的人均GNI（美元）	61,240

	1990	2000	2010
人口			
最贫困的20%人口占国家消费/收入的份额（百分比）	..	8.4	..
出生时的预期寿命（岁）	75	78	80
总生育率（每个女性生育数）	1.6	1.8	1.6
青年女性生育率（每千名15—19岁女性生育数）	..	11	9
避孕普及率（占15—49岁已婚女性的百分比）	..	..	..
在熟练医护人员护理下的分娩（占总数的百分比）	..	*100*	..
5岁以下儿童死亡率（每千人）	8	5	3
儿童营养不良，体重不足（占5岁以下儿童的百分比）	..	..	..
儿童麻疹免疫接种率（占12—23个月年龄组的百分比）	80	91	96
小学毕业率，总数（占适龄年龄组的百分比）	..	*84*	*84*
中学总入学率，总数（占适龄年龄组的百分比）	*69*	97	*98*
小学和中学中女孩与男孩的比率（百分比）	*102*	104	*102*
HIV感染率（占15—49岁人口的百分比）	0.1	0.2	*0.3*
环境			
森林（平方公里）	860	870	870
森林采伐（1990—2010年，平均年度百分比）	..	-0.1	0.0
淡水使用量（占内陆水资源的百分比）	..	*1.9*	*1.9*
获得改善的水资源的人口（占总人口的百分比）	100	100	100
获得改善的卫生设施的人口（占总人口的百分比）	100	100	100
人均能源使用量（千克石油当量）	8,932	7,520	8,294
人均二氧化碳排放量（吨）	25.9	18.9	*21.5*
人均用电量（千瓦时）	13,668	14,703	*14,424*
经济			
GDP（10亿美元）	12.7	20.3	53.3
GDP增长率（年度百分比）	5.3	8.4	2.7
GDP隐含价格平减指数（年度增长百分比）	2.5	2.0	4.9
农业增加值（占GDP的百分比）	1	1	0
工业增加值（占GDP的百分比）	27	18	13
服务业增加值（占GDP的百分比）	71	81	87
货物和服务出口（占GDP的百分比）	102	150	165
货物和服务进口（占GDP的百分比）	88	129	134
资本形成总额（占GDP的百分比）	24	23	19
中央政府收入（占GDP的百分比）	..	39.8	38.5
中央政府现金盈余/赤字（占GDP的百分比）	..	5.5	-1.0
政府与市场			
创办企业的时间（天）	..	..	19
股票市场资本总额（占GDP的百分比）	82.9	167.8	189.6
军费支出（占GDP的百分比）	0.8	0.6	*0.6*
移动电话用户（每100人）	0.2	69.5	143.4
互联网用户（每100人）	0.0	22.8	90.1
铺敷道路（占总数的百分比）	99.1	100.0	..
高科技出口（占制成品出口的百分比）	..	17	8
全球联系			
商品贸易（占GDP的百分比）	..	97	82
净易货贸易条件指数（2000年=100）	..	100	96
外债总额（百万美元）	..	..	..
债务还本付息总额（占出口的百分比）	..	..	..
净移民（千人）	11.9	19.9	42.5
获得的侨汇（百万美元）	..	579	1,586
外国直接投资，净流入额（10亿美元）	8	89	208
获得的净官方发展援助（百万美元）	..	..	..

中国澳门

高收入经济体

人口（千人）	544	人口增长率（百分比）	2.3
陆地面积（平方公里）	*28*	国家贫困率（占人口的百分比）	..
GNI，图表集法（10亿美元）	*18.5*	人均GNI，图表集法（美元）	*34,880*
PPP衡量的GNI（10亿美元）	*24.0*	PPP衡量的人均GNI（美元）	*45,220*

	1990	2000	2010
人口			
最贫困的20%人口占国家消费/收入的份额（百分比）	..	..	..
出生时的预期寿命（岁）	76	79	81
总生育率（每个女性生育数）	1.7	0.9	1.1
青年女性生育率（每千名15—19岁女性生育数）	..	5	4
避孕普及率（占15—49岁已婚女性的百分比）	..	..	..
在熟练医护人员护理下的分娩（占总数的百分比）	..	*100*	..
5岁以下儿童死亡率（每千人）	..	..	..
儿童营养不良，体重不足（占5岁以下儿童的百分比）	..	..	..
儿童麻疹免疫接种率（占12—23个月年龄组的百分比）	..	..	..
小学毕业率，总数（占适龄年龄组的百分比）	97	99	97
中学总入学率，总数（占适龄年龄组的百分比）	61	83	92
小学和中学中女孩与男孩的比率（百分比）	99	100	95
HIV感染率（占15—49岁人口的百分比）	..	..	..
环境			
森林（平方公里）	..	..	..
森林采伐（1990—2010年，平均年度百分比）	..	..	..
淡水使用量（占内陆水资源的百分比）	..	..	..
获得改善的水资源的人口（占总人口的百分比）	..	..	..
获得改善的卫生设施的人口（占总人口的百分比）	..	..	..
人均能源使用量（千克石油当量）	..	..	..
人均二氧化碳排放量（吨）	2.9	3.8	*2.6*
人均用电量（千瓦时）	..	..	..
经济			
GDP（10亿美元）	3.0	6.1	28.0
GDP增长率（年度百分比）	8.0	5.7	26.4
GDP隐含价格平减指数（年度增长百分比）	11.5	-2.0	4.1
农业增加值（占GDP的百分比）	*0*	0	*0*
工业增加值（占GDP的百分比）	*21*	15	*11*
服务业增加值（占GDP的百分比）	*79*	85	*89*
货物和服务出口（占GDP的百分比）	110	100	107
货物和服务进口（占GDP的百分比）	84	65	50
资本形成总额（占GDP的百分比）	25	12	12
中央政府收入（占GDP的百分比）	..	19.9	36.9
中央政府现金盈余/赤字（占GDP的百分比）	..	1.6	19.6
政府与市场			
创办企业的时间（天）	..	..	..
股票市场资本总额（占GDP的百分比）	..	..	..
军费支出（占GDP的百分比）	..	..	..
移动电话用户（每100人）	0.6	32.7	206.3
互联网用户（每100人）	0.0	13.6	56.8
铺敷道路（占总数的百分比）	100.0	100.0	*100.0*
高科技出口（占制成品出口的百分比）	2	1	0
全球联系			
商品贸易（占GDP的百分比）	108	85	23
净易货贸易条件指数（2000年=100）	..	100	89
外债总额（百万美元）	..	..	..
债务还本付息总额（占出口的百分比）	..	..	..
净移民（千人）	36.9	19.8	50.6
获得的侨汇（百万美元）	..	*208*	835
外国直接投资，净流入额（百万美元）	0	−1	3,530
获得的净官方发展援助（百万美元）	0.2	*0.3*	..

前南马其顿

欧洲和中亚			中高收入经济体
人口（百万）	2.1	人口增长率（百分比）	0.2
陆地面积（千平方公里）	26	国家贫困率（占人口的百分比）	*19.0*
GNI，图表集法（10亿美元）	9.4	人均GNI，图表集法（美元）	4,570
PPP衡量的GNI（10亿美元）	22.5	PPP衡量的人均GNI（美元）	10,920

	1990	2000	2010
人口			
最贫困的20%人口占国家消费/收入的份额（百分比）	..	6.5	*5.1*
出生时的预期寿命（岁）	71	73	75
总生育率（每个女性生育数）	2.1	1.7	1.4
青年女性生育率（每千名15—19岁女性生育数）	..	29	19
避孕普及率（占15—49岁已婚女性的百分比）	..	..	*14*
在熟练医护人员护理下的分娩（占总数的百分比）	89	98	*100*
5岁以下儿童死亡率（每千人）	39	16	12
儿童营养不良，体重不足（占5岁以下儿童的百分比）	..	*1.9*	*1.8*
儿童麻疹免疫接种率（占12—23个月年龄组的百分比）	*98*	97	98
小学毕业率，总数（占适龄年龄组的百分比）	*98*	100	*92*
中学总入学率，总数（占适龄年龄组的百分比）	*76*	84	*83*
小学和中学中女孩与男孩的比率（百分比）	*99*	98	*99*
HIV感染率（占15—49岁人口的百分比）	..	..	..
环境			
森林（千平方公里）	9.1	9.6	10.0
森林采伐（1990—2010年，平均年度百分比）	..	-0.5	-0.4
淡水使用量（占内陆水资源的百分比）	..	*10.8*	*16.1*
获得改善的水资源的人口（占总人口的百分比）	100	100	100
获得改善的卫生设施的人口（占总人口的百分比）	..	88	88
人均能源使用量（千克石油当量）	1,298	1,331	*1,352*
人均二氧化碳排放量（吨）	5.6	6.0	5.8
人均用电量（千瓦时）	2,789	2,933	*3,442*
经济			
GDP（10亿美元）	4.5	3.6	9.2
GDP增长率（年度百分比）	-6.2	4.5	1.8
GDP隐含价格平减指数（年度增长百分比）	*93.7*	8.2	2.2
农业增加值（占GDP的百分比）	9	12	11
工业增加值（占GDP的百分比）	44	34	28
服务业增加值（占GDP的百分比）	47	54	61
货物和服务出口（占GDP的百分比）	26	49	47
货物和服务进口（占GDP的百分比）	36	64	66
资本形成总额（占GDP的百分比）	19	22	25
中央政府收入（占GDP的百分比）	..	..	*32.9*
中央政府现金盈余/赤字（占GDP的百分比）	..	..	*-0.8*
政府与市场			
创办企业的时间（天）	..	*48*	3
股票市场资本总额（占GDP的百分比）	..	0.2	28.8
军费支出（占GDP的百分比）	..	1.9	1.5
移动电话用户（每100人）	0.0	5.8	104.5
互联网用户（每100人）	0.0	2.5	51.9
铺敷道路（占总数的百分比）	58.9	*63.8*	*57.6*
高科技出口（占制成品出口的百分比）	..	1	*3*
全球联系			
商品贸易（占GDP的百分比）	*104*	95	95
净易货贸易条件指数（2000年=100）	..	100	89
外债总额（10亿美元）	*1.0*	1.5	5.8
债务还本付息总额（占出口的百分比）	..	8.2	15.2
净移民（千人）	-15.0	-9.0	2.0
获得的侨汇（百万美元）	..	81	388
外国直接投资，净流入额（百万美元）	..	215	207
获得的净官方发展援助（百万美元）	*3*	250	178

马达加斯加

撒哈拉以南非洲地区 低收入经济体

人口（百万）	20.7	人口增长率（百分比）	2.9
陆地面积（千平方公里）	587	国家贫困率（占人口的百分比）	*68.7*
GNI，图表集法（10亿美元）	8.8	人均GNI，图表集法（美元）	430
PPP衡量的GNI（10亿美元）	19.9	PPP衡量的人均GNI（美元）	960

	1990	2000	2010
人口			
最贫困的20%人口占国家消费/收入的份额（百分比）	*5.1*	*4.9*	5.4
出生时的预期寿命（岁）	51	60	66
总生育率（每个女性生育数）	6.3	5.5	4.7
青年女性生育率（每千名15—19岁女性生育数）	..	152	127
避孕普及率（占15—49岁已婚女性的百分比）	*17*	19	*40*
在熟练医护人员护理下的分娩（占总数的百分比）	57	46	*44*
5岁以下儿童死亡率（每千人）	159	102	62
儿童营养不良，体重不足（占5岁以下儿童的百分比）	*35.5*	*36.8*	..
儿童麻疹免疫接种率（占12—23个月年龄组的百分比）	47	55	67
小学毕业率，总数（占适龄年龄组的百分比）	37	37	72
中学总入学率，总数（占适龄年龄组的百分比）	19	*16*	*31*
小学和中学中女孩与男孩的比率（百分比）	96	*96*	*97*
HIV感染率（占15—49岁人口的百分比）	0.2	0.2	*0.2*
环境			
森林（千平方公里）	137	131	126
森林采伐（1990—2010年，平均年度百分比）	..	0.4	0.4
淡水使用量（占内陆水资源的百分比）	..	4.4	*4.4*
获得改善的水资源的人口（占总人口的百分比）	29	38	46
获得改善的卫生设施的人口（占总人口的百分比）	9	12	15
人均能源使用量（千克石油当量）	..	..	..
人均二氧化碳排放量（吨）	0.1	0.1	*0.1*
人均用电量（千瓦时）	..	..	..
经济			
GDP（10亿美元）	3.1	3.9	8.7
GDP增长率（年度百分比）	3.1	4.8	1.6
GDP隐含价格平减指数（年度增长百分比）	11.5	7.2	8.1
农业增加值（占GDP的百分比）	29	29	*29*
工业增加值（占GDP的百分比）	13	14	*16*
服务业增加值（占GDP的百分比）	59	57	*55*
货物和服务出口（占GDP的百分比）	17	31	*29*
货物和服务进口（占GDP的百分比）	28	38	*53*
资本形成总额（占GDP的百分比）	17	15	*33*
中央政府收入（占GDP的百分比）	..	11.7	*14.2*
中央政府现金盈余/赤字（占GDP的百分比）	..	-2.0	*-1.9*
政府与市场			
创办企业的时间（天）	..	67	8
股票市场资本总额（占GDP的百分比）	..	..	..
军费支出（占GDP的百分比）	1.2	1.2	0.7
移动电话用户（每100人）	0.0	0.4	37.2
互联网用户（每100人）	0.0	0.2	1.7
铺敷道路（占总数的百分比）	15.4	11.6	..
高科技出口（占制成品出口的百分比）	8	1	1
全球联系			
商品贸易（占GDP的百分比）	31	50	43
净易货贸易条件指数（2000年=100）	81	100	76
外债总额（10亿美元）	3.7	4.7	2.3
债务还本付息总额（占出口的百分比）	45.9	9.6	2.6
净移民（千人）	-8.0	-6.0	-5.0
获得的侨汇（百万美元）	7.9	11.3	..
外国直接投资，净流入额（百万美元）	22	83	860
获得的净官方发展援助（百万美元）	397	320	473

马拉维

撒哈拉以南非洲地区		低收入经济体	
人口（百万）	14.9	人口增长率（百分比）	3.1
陆地面积（千平方公里）	118	国家贫困率（占人口的百分比）	*52.4*
GNI，图表集法（10亿美元）	4.9	人均GNI，图表集法（美元）	330
PPP衡量的GNI（10亿美元）	12.7	PPP衡量的人均GNI（美元）	850

	1990	2000	2010
人口			
最贫困的20%人口占国家消费/收入的份额（百分比）	..	*7.0*	..
出生时的预期寿命（岁）	47	46	53
总生育率（每个女性生育数）	6.8	6.1	6.0
青年女性生育率（每千名15—19岁女性生育数）	..	160	111
避孕普及率（占15—49岁已婚女性的百分比）	*13*	31	*41*
在熟练医护人员护理下的分娩（占总数的百分比）	*55*	56	*54*
5岁以下儿童死亡率（每千人）	222	167	92
儿童营养不良，体重不足（占5岁以下儿童的百分比）	*24.4*	21.5	13.8
儿童麻疹免疫接种率（占12—23个月年龄组的百分比）	81	73	93
小学毕业率，总数（占适龄年龄组的百分比）	28	65	67
中学总入学率，总数（占适龄年龄组的百分比）	17	32	32
小学和中学中女孩与男孩的比率（百分比）	81	93	101
HIV感染率（占15—49岁人口的百分比）	7.2	14.2	*11.0*
环境			
森林（千平方公里）	39	36	32
森林采伐（1990—2010年，平均年度百分比）	..	0.9	1.0
淡水使用量（占内陆水资源的百分比）	..	6.0	*5.6*
获得改善的水资源的人口（占总人口的百分比）	41	62	83
获得改善的卫生设施的人口（占总人口的百分比）	39	46	51
人均能源使用量（千克石油当量）	..	..	..
人均二氧化碳排放量（吨）	0.1	0.1	*0.1*
人均用电量（千瓦时）	..	..	..
经济			
GDP（百万美元）	1,881	1,744	5,106
GDP增长率（年度百分比）	5.7	1.6	7.1
GDP隐含价格平减指数（年度增长百分比）	10.7	30.5	7.7
农业增加值（占GDP的百分比）	45	40	*31*
工业增加值（占GDP的百分比）	29	18	*16*
服务业增加值（占GDP的百分比）	26	43	*53*
货物和服务出口（占GDP的百分比）	24	26	26
货物和服务进口（占GDP的百分比）	33	35	36
资本形成总额（占GDP的百分比）	23	14	24
中央政府收入（占GDP的百分比）	..	..	..
中央政府现金盈余/赤字（占GDP的百分比）	..	..	..
政府与市场			
创办企业的时间（天）	..	*45*	39
股票市场资本总额（占GDP的百分比）	..	*3.6*	26.7
军费支出（占GDP的百分比）	1.3	0.7	*1.2*
移动电话用户（每100人）	0.0	0.4	20.4
互联网用户（每100人）	0.0	0.1	2.3
铺敷道路（占总数的百分比）	..	*45.0*	..
高科技出口（占制成品出口的百分比）	0	2	1
全球联系			
商品贸易（占GDP的百分比）	53	52	58
净易货贸易条件指数（2000年=100）	148	100	88
外债总额（10亿美元）	1.6	2.7	0.9
债务还本付息总额（占出口的百分比）	29.3	13.4	..
净移民（千人）	846	-106	-20
获得的侨汇（百万美元）	..	0.7	..
外国直接投资，净流入额（百万美元）	23	26	140
获得的净官方发展援助（百万美元）	500	446	1,027

马来西亚

东亚和太平洋地区			中高收入经济体
人口（百万）	28.4	人口增长率（百分比）	1.6
陆地面积（千平方公里）	331	国家贫困率（占人口的百分比）	*3.8*
GNI，图表集法（10 亿美元）	220.4	人均 GNI，图表集法（美元）	7,760
PPP 衡量的 GNI（10 亿美元）	403.9	PPP 衡量的人均 GNI（美元）	14,220

	1990	2000	2010
人口			
最贫困的 20% 人口占国家消费/收入的份额（百分比）	*5.1*	6.5	*4.5*
出生时的预期寿命（岁）	70	72	74
总生育率（每个女性生育数）	3.5	3.1	2.6
青年女性生育率（每千名 15—19 岁女性生育数）	..	15	12
避孕普及率（占 15—49 岁已婚女性的百分比）	*50*	..	..
在熟练医护人员护理下的分娩（占总数的百分比）	93	97	*99*
5 岁以下儿童死亡率（每千人）	18	11	6
儿童营养不良，体重不足（占 5 岁以下儿童的百分比）	22.1	*16.7*	*12.9*
儿童麻疹免疫接种率（占 12—23 个月年龄组的百分比）	70	88	96
小学毕业率，总数（占适龄年龄组的百分比）	90	*95*	..
中学总入学率，总数（占适龄年龄组的百分比）	56	66	*68*
小学和中学中女孩与男孩的比率（百分比）	102	104	..
HIV 感染率（占 15—49 岁人口的百分比）	0.1	0.4	*0.5*
环境			
森林（千平方公里）	224	216	205
森林采伐（1990—2010 年，平均年度百分比）	..	0.4	0.5
淡水使用量（占内陆水资源的百分比）	1.7	2.1	*2.3*
获得改善的水资源的人口（占总人口的百分比）	88	97	100
获得改善的卫生设施的人口（占总人口的百分比）	84	92	96
人均能源使用量（千克石油当量）	1,208	2,019	*2,391*
人均二氧化碳排放量（吨）	3.1	5.4	*7.6*
人均用电量（千瓦时）	1,171	2,726	*3,614*
经济			
GDP（10 亿美元）	44	94	238
GDP 增长率（年度百分比）	9.0	8.9	7.2
GDP 隐含价格平减指数（年度增长百分比）	3.8	8.9	5.1
农业增加值（占 GDP 的百分比）	15	9	11
工业增加值（占 GDP 的百分比）	42	48	44
服务业增加值（占 GDP 的百分比）	43	43	45
货物和服务出口（占 GDP 的百分比）	75	120	97
货物和服务进口（占 GDP 的百分比）	72	101	79
资本形成总额（占 GDP 的百分比）	32	27	21
中央政府收入（占 GDP 的百分比）	..	17.5	20.8
中央政府现金盈余/赤字（占 GDP 的百分比）	..	-4.1	-5.4
政府与市场			
创办企业的时间（天）	..	*37*	6
股票市场资本总额（占 GDP 的百分比）	110.4	124.7	172.6
军费支出（占 GDP 的百分比）	2.6	1.6	1.5
移动电话用户（每 100 人）	0.5	21.9	119.2
互联网用户（每 100 人）	0.0	21.4	56.3
铺敷道路（占总数的百分比）	70.0	76.2	..
高科技出口（占制成品出口的百分比）	38	60	45
全球联系			
商品贸易（占 GDP 的百分比）	133	192	153
净易货贸易条件指数（2000 年 = 100）	103	100	100
外债总额（10 亿美元）	15.3	41.8	81.5
债务还本付息总额（占出口的百分比）	12.6	5.6	5.2
净移民（千人）	461	422	84
获得的侨汇（百万美元）	185	342	1,301
外国直接投资，净流入额（10 亿美元）	2.3	3.8	9.2
获得的净官方发展援助（百万美元）	468	46	2

马尔代夫

南亚			中高收入经济体
人口（千人）	316	人口增长率（百分比）	1.3
陆地面积（平方公里）	300	国家贫困率（占人口的百分比）	..
GNI，图表集法（10 亿美元）	1.8	人均 GNI，图表集法（美元）	5,750
PPP 衡量的 GNI（10 亿美元）	2.6	PPP 衡量的人均 GNI（美元）	8,110

	1990	2000	2010
人口			
最贫困的 20% 人口占国家消费/收入的份额（百分比）	..	*6.5*	..
出生时的预期寿命（岁）	61	70	77
总生育率（每个女性生育数）	6.1	2.9	1.8
青年女性生育率（每千名 15—19 岁女性生育数）	..	32	11
避孕普及率（占 15—49 岁已婚女性的百分比）	*29*	*42*	*35*
在熟练医护人员护理下的分娩（占总数的百分比）	..	*70*	*95*
5 岁以下儿童死亡率（每千人）	102	47	15
儿童营养不良，体重不足（占 5 岁以下儿童的百分比）	..	*25.7*	*17.8*
儿童麻疹免疫接种率（占 12—23 个月年龄组的百分比）	96	99	97
小学毕业率，总数（占适龄年龄组的百分比）	..	*147*	*120*
中学总入学率，总数（占适龄年龄组的百分比）	..	53	..
小学和中学中女孩与男孩的比率（百分比）	..	101	..
HIV 感染率（占 15—49 岁人口的百分比）	0.1	0.1	*0.1*
环境			
森林（平方公里）	10.0	10.0	10.0
森林采伐（1990—2007 年，平均年度百分比）	..	0.0	0.0
淡水使用量（占内陆水资源的百分比）	..	..	*15.7*
获得改善的水资源的人口（占总人口的百分比）	93	95	98
获得改善的卫生设施的人口（占总人口的百分比）	68	79	97
人均能源使用量（千克石油当量）	232	..	*985*
人均二氧化碳排放量（吨）	0.7	1.8	*3.0*
人均用电量（千瓦时）	..	..	..
经济			
GDP（百万美元）	215	624	1,908
GDP 增长率（年度百分比）	..	4.8	9.9
GDP 隐含价格平减指数（年度增长百分比）	..	1.1	-0.3
农业增加值（占 GDP 的百分比）	..	9	3
工业增加值（占 GDP 的百分比）	..	15	15
服务业增加值（占 GDP 的百分比）	..	76	82
货物和服务出口（占 GDP 的百分比）	85	89	50
货物和服务进口（占 GDP 的百分比）	83	72	67
资本形成总额（占 GDP 的百分比）	..	26	..
中央政府收入（占 GDP 的百分比）	22.1	30.0	*24.0*
中央政府现金盈余/赤字（占 GDP 的百分比）	-7.5	-5.0	*-22.4*
政府与市场			
创办企业的时间（天）	..	*13*	9
股票市场资本总额（占 GDP 的百分比）	..	..	..
军费支出（占 GDP 的百分比）	..	..	..
移动电话用户（每 100 人）	0.0	2.8	156.4
互联网用户（每 100 人）	0.0	2.2	28.3
铺敷道路（占总数的百分比）	..	..	*100.0*
高科技出口（占制成品出口的百分比）	..	..	..
全球联系			
商品贸易（占 GDP 的百分比）	100	80	68
净易货贸易条件指数（2000 年 = 100）	..	100	96
外债总额（百万美元）	78	206	1,229
债务还本付息总额（占出口的百分比）	4.8	4.2	21.3
净移民（千人）	-2.6	-1.1	-0.1
获得的侨汇（百万美元）	1.7	2.2	4.1
外国直接投资，净流入额（百万美元）	6	22	164
获得的净官方发展援助（百万美元）	21	19	111

马 里

撒哈拉以南非洲地区 **低收入经济体**

人口（百万）	15.4	人口增长率（百分比）	3.0
陆地面积（千平方公里）	1,240	国家贫困率（占人口的百分比）	*47.4*
GNI，图表集法（10亿美元）	9.1	人均GNI，图表集法（美元）	600
PPP衡量的GNI（10亿美元）	15.8	PPP衡量的人均GNI（美元）	1,030

	1990	2000	2010
人口			
最贫困的20%人口占国家消费/收入的份额（百分比）	..	*6.1*	8.0
出生时的预期寿命（岁）	44	47	51
总生育率（每个女性生育数）	7.1	6.8	6.3
青年女性生育率（每千名15—19岁女性生育数）	..	190	176
避孕普及率（占15—49岁已婚女性的百分比）	..	*8*	*8*
在熟练医护人员护理下的分娩（占总数的百分比）	..	*41*	*49*
5岁以下儿童死亡率（每千人）	255	213	178
儿童营养不良，体重不足（占5岁以下儿童的百分比）	..	*30.1*	*27.9*
儿童麻疹免疫接种率（占12—23个月年龄组的百分比）	43	55	63
小学毕业率，总数（占适龄年龄组的百分比）	9	29	55
中学总入学率，总数（占适龄年龄组的百分比）	7	17	*39*
小学和中学中女孩与男孩的比率（百分比）	58	71	*83*
HIV感染率（占15—49岁人口的百分比）	0.4	1.7	*1.0*
环境			
森林（千平方公里）	141	133	125
森林采伐（1990—2010年，平均年度百分比）	..	0.6	0.6
淡水使用量（占内陆水资源的百分比）	..	10.9	*6.5*
获得改善的水资源的人口（占总人口的百分比）	28	46	64
获得改善的卫生设施的人口（占总人口的百分比）	15	18	22
人均能源使用量（千克石油当量）	..	..	..
人均二氧化碳排放量（吨）	0.0	0.0	*0.0*
人均用电量（千瓦时）	..	..	..
经济			
GDP（10亿美元）	2.4	2.4	9.3
GDP增长率（年度百分比）	-1.9	3.2	4.5
GDP隐含价格平减指数（年度增长百分比）	4.9	5.6	3.6
农业增加值（占GDP的百分比）	46	42	*37*
工业增加值（占GDP的百分比）	16	21	*24*
服务业增加值（占GDP的百分比）	39	38	..
货物和服务出口（占GDP的百分比）	17	27	*26*
货物和服务进口（占GDP的百分比）	34	39	*36*
资本形成总额（占GDP的百分比）	23	25	*22*
中央政府收入（占GDP的百分比）	..	13.4	*17.1*
中央政府现金盈余/赤字（占GDP的百分比）	..	-3.4	*-2.1*
政府与市场			
创办企业的时间（天）	..	*41*	8
股票市场资本总额（占GDP的百分比）	..	..	..
军费支出（占GDP的百分比）	2.2	2.4	1.9
移动电话用户（每100人）	0.0	0.1	48.4
互联网用户（每100人）	0.0	0.1	2.7
铺敷道路（占总数的百分比）	10.9	12.1	*24.6*
高科技出口（占制成品出口的百分比）	..	15	2
全球联系			
商品贸易（占GDP的百分比）	40	56	56
净易货贸易条件指数（2000年=100）	135	100	159
外债总额（10亿美元）	2.5	3.0	2.3
债务还本付息总额（占出口的百分比）	15.3	14.0	2.5
净移民（千人）	-481	-142	-101
获得的侨汇（百万美元）	107	73	436
外国直接投资，净流入额（百万美元）	6	82	148
获得的净官方发展援助（百万美元）	479	288	1,093

马耳他

高收入经济体

人口（千人）	416	人口增长率（百分比）	0.5
陆地面积（平方公里）	320	国家贫困率（占人口的百分比）	..
GNI，图表集法（10亿美元）	8.0	人均GNI，图表集法（美元）	19,130
PPP衡量的GNI（10亿美元）	10.3	PPP衡量的人均GNI（美元）	24,660

	1990	2000	2010
人口			
最贫困的20%人口占国家消费/收入的份额（百分比）	..	..	..
出生时的预期寿命（岁）	75	78	81
总生育率（每个女性生育数）	2.1	1.7	1.4
青年女性生育率（每千名15—19岁女性生育数）	..	16	14
避孕普及率（占15—49岁已婚女性的百分比）	*86*	..	..
在熟练医护人员护理下的分娩（占总数的百分比）	*98*	..	*100*
5岁以下儿童死亡率（每千人）	11	8	6
儿童营养不良，体重不足（占5岁以下儿童的百分比）	..	..	..
儿童麻疹免疫接种率（占12—23个月年龄组的百分比）	80	74	73
小学毕业率，总数（占适龄年龄组的百分比）	102	100	*92*
中学总入学率，总数（占适龄年龄组的百分比）	82	85	*105*
小学和中学中女孩与男孩的比率（百分比）	95	100	*93*
HIV感染率（占15—49岁人口的百分比）	0.1	0.1	*0.1*
环境			
森林（平方公里）	3.0	3.0	3.0
森林采伐（1990—2010年，平均年度百分比）	..	0.0	0.0
淡水使用量（占内陆水资源的百分比）	..	*71.3*	*71.3*
获得改善的水资源的人口（占总人口的百分比）	100	100	100
获得改善的卫生设施的人口（占总人口的百分比）	100	100	100
人均能源使用量（千克石油当量）	1,962	1,771	*1,931*
人均二氧化碳排放量（吨）	6.2	5.4	*6.2*
人均用电量（千瓦时）	2,824	4,410	*4,416*
经济			
GDP（10亿美元）	2.5	3.9	8.3
GDP增长率（年度百分比）	6.3	5.0	3.1
GDP隐含价格平减指数（年度增长百分比）	3.2	4.2	3.0
农业增加值（占GDP的百分比）	3	2	*2*
工业增加值（占GDP的百分比）	55	51	*33*
服务业增加值（占GDP的百分比）	41	47	*65*
货物和服务出口（占GDP的百分比）	76	92	85
货物和服务进口（占GDP的百分比）	89	103	83
资本形成总额（占GDP的百分比）	31	26	17
中央政府收入（占GDP的百分比）	..	*37.3*	37.0
中央政府现金盈余/赤字（占GDP的百分比）	..	*-9.8*	-3.6
政府与市场			
创办企业的时间（天）	..	..	..
股票市场资本总额（占GDP的百分比）	..	52.5	29.1
军费支出（占GDP的百分比）	0.8	0.7	0.7
移动电话用户（每100人）	0.0	30.0	109.5
互联网用户（每100人）	0.0	13.7	63.1
铺敷道路（占总数的百分比）	..	88.0	*87.5*
高科技出口（占制成品出口的百分比）	45	72	60
全球联系			
商品贸易（占GDP的百分比）	122	151	81
净易货贸易条件指数（2000年=100）	..	100	61
外债总额（百万美元）	..	..	..
债务还本付息总额（占出口的百分比）	..	..	..
净移民（千人）	2.3	2.2	5.0
获得的侨汇（百万美元）	58.2	20.0	47.6
外国直接投资，净流入额（百万美元）	46	601	994
获得的净官方发展援助（百万美元）	5.3	21.2	..

马绍尔群岛

东亚和太平洋地区			中低收入经济体
人口（千人）	54	人口增长率（百分比）	1.2
陆地面积（平方公里）	180	国家贫困率（占人口的百分比）	..
GNI，图表集法（百万美元）	196.6	人均 GNI，图表集法（美元）	3,640
PPP 衡量的 GNI（百万美元）	..	PPP 衡量的人均 GNI（美元）	..

	1990	2000	2010
人口			
最贫困的 20% 人口占国家消费/收入的份额（百分比）	..	..	..
出生时的预期寿命（岁）	..	65	..
总生育率（每个女性生育数）	..	*5.7*	*4.5*
青年女性生育率（每千名 15—19 岁女性生育数）	..	..	..
避孕普及率（占 15—49 岁已婚女性的百分比）	..	*34*	*45*
在熟练医护人员护理下的分娩（占总数的百分比）	..	*95*	*86*
5 岁以下儿童死亡率（每千人）	51	37	26
儿童营养不良，体重不足（占 5 岁以下儿童的百分比）	..	..	..
儿童麻疹免疫接种率（占 12—23 个月年龄组的百分比）	52	94	97
小学毕业率，总数（占适龄年龄组的百分比）	..	*93*	*97*
中学总入学率，总数（占适龄年龄组的百分比）	..	*68*	*99*
小学和中学中女孩与男孩的比率（百分比）	..	*102*	*101*
HIV 感染率（占 15—49 岁人口的百分比）	..	..	..
环境			
森林（平方公里）	130	130	130
森林采伐（1990—2007 年，平均年度百分比）	..	0.0	0.0
淡水使用量（占内陆水资源的百分比）	..	..	..
获得改善的水资源的人口（占总人口的百分比）	95	95	94
获得改善的卫生设施的人口（占总人口的百分比）	64	70	75
人均能源使用量（千克石油当量）	..	..	*610*
人均二氧化碳排放量（吨）	1.0	1.5	*1.9*
人均用电量（千瓦时）	..	..	..
经济			
GDP（百万美元）	78.5	110.9	162.9
GDP 增长率（年度百分比）	2.7	5.9	5.2
GDP 隐含价格平减指数（年度增长百分比）	5.0	-3.0	2.2
农业增加值（占 GDP 的百分比）	..	..	..
工业增加值（占 GDP 的百分比）	..	..	..
服务业增加值（占 GDP 的百分比）	..	..	..
货物和服务出口（占 GDP 的百分比）	..	..	..
货物和服务进口（占 GDP 的百分比）	..	..	..
资本形成总额（占 GDP 的百分比）	..	..	..
中央政府收入（占 GDP 的百分比）	..	..	..
中央政府现金盈余/赤字（占 GDP 的百分比）	..	..	..
政府与市场			
创办企业的时间（天）	..	*17*	17
股票市场资本总额（占 GDP 的百分比）	..	..	..
军费支出（占 GDP 的百分比）	..	..	..
移动电话用户（每 100 人）	0.0	0.9	7.0
互联网用户（每 100 人）	0.0	1.5	*3.5*
铺敷道路（占总数的百分比）	..	..	..
高科技出口（占制成品出口的百分比）	..	..	..
全球联系			
商品贸易（占 GDP 的百分比）	..	58	90
净易货贸易条件指数（2000 年 =100）	..	100	103
外债总额（百万美元）	..	..	..
债务还本付息总额（占出口的百分比）	..	..	..
净移民（千人）	..	..	..
获得的侨汇（百万美元）	..	..	..
外国直接投资，净流入额（百万美元）	1	125	9
获得的净官方发展援助（百万美元）	*0.3*	57.2	90.6

毛里塔尼亚

撒哈拉以南非洲地区 **中低收入经济体**

人口（百万）	3.5	人口增长率（百分比）	2.4
陆地面积（千平方公里）	1,031	国家贫困率（占人口的百分比）	*42.0*
GNI，图表集法（10亿美元）	3.6	人均GNI，图表集法（美元）	1,030
PPP衡量的GNI（10亿美元）	6.6	PPP衡量的人均GNI（美元）	1,910

	1990	2000	2010
人口			
最贫困的20%人口占国家消费/收入的份额（百分比）	*5.2*	6.2	*6.0*
出生时的预期寿命（岁）	56	57	58
总生育率（每个女性生育数）	5.9	5.2	4.5
青年女性生育率（每千名15—19岁女性生育数）	..	91	75
避孕普及率（占15—49岁已婚女性的百分比）	*4*	*8*	*9*
在熟练医护人员护理下的分娩（占总数的百分比）	*40*	*57*	*61*
5岁以下儿童死亡率（每千人）	124	116	111
儿童营养不良，体重不足（占5岁以下儿童的百分比）	43.3	*30.4*	*15.9*
儿童麻疹免疫接种率（占12—23个月年龄组的百分比）	38	62	67
小学毕业率，总数（占适龄年龄组的百分比）	29	*46*	75
中学总入学率，总数（占适龄年龄组的百分比）	14	18	24
小学和中学中女孩与男孩的比率（百分比）	69	93	101
HIV感染率（占15—49岁人口的百分比）	0.2	0.6	*0.7*
环境			
森林（千平方公里）	4.2	3.2	2.4
森林采伐（1990—2010年，平均年度百分比）	..	2.7	2.7
淡水使用量（占内陆水资源的百分比）	..	399.8	*14.0*
获得改善的水资源的人口（占总人口的百分比）	30	40	50
获得改善的卫生设施的人口（占总人口的百分比）	16	21	26
人均能源使用量（千克石油当量）	..	..	..
人均二氧化碳排放量（吨）	1.3	0.5	*0.6*
人均用电量（千瓦时）	..	..	..
经济			
GDP（百万美元）	1,020	1,081	3,636
GDP增长率（年度百分比）	-1.8	1.9	5.0
GDP隐含价格平减指数（年度增长百分比）	2.6	1.3	19.3
农业增加值（占GDP的百分比）	30	28	20
工业增加值（占GDP的百分比）	29	30	37
服务业增加值（占GDP的百分比）	42	43	43
货物和服务出口（占GDP的百分比）	46	46	48
货物和服务进口（占GDP的百分比）	61	74	63
资本形成总额（占GDP的百分比）	20	19	28
中央政府收入（占GDP的百分比）	..	..	..
中央政府现金盈余/赤字（占GDP的百分比）	..	..	..
政府与市场			
创办企业的时间（天）	..	*82*	19
股票市场资本总额（占GDP的百分比）	..	..	..
军费支出（占GDP的百分比）	3.9	2.9	*3.8*
移动电话用户（每100人）	0.0	0.6	79.3
互联网用户（每100人）	0.0	0.2	3.0
铺敷道路（占总数的百分比）	..	*32.6*	*26.8*
高科技出口（占制成品出口的百分比）	..	..	..
全球联系			
商品贸易（占GDP的百分比）	84	75	106
净易货贸易条件指数（2000年=100）	97	100	133
外债总额（10亿美元）	2.1	2.4	2.5
债务还本付息总额（占出口的百分比）	30.7	*27.8*	*4.8*
净移民（千人）	-30.3	9.9	9.9
获得的侨汇（百万美元）	13.7	*2.2*	..
外国直接投资，净流入额（百万美元）	6.7	40.1	13.6
获得的净官方发展援助（百万美元）	236	223	373

毛里求斯

撒哈拉以南非洲地区			中高收入经济体
人口（百万）	1.3	人口增长率（百分比）	0.5
陆地面积（千平方公里）	2.0	国家贫困率（占人口的百分比）	..
GNI，图表集法（10亿美元）	9.9	人均GNI，图表集法（美元）	7,750
PPP衡量的GNI（10亿美元）	17.9	PPP衡量的人均GNI（美元）	13,960

	1990	2000	2010
人口			
最贫困的20%人口占国家消费/收入的份额（百分比）	..	..	..
出生时的预期寿命（岁）	69	72	73
总生育率（每个女性生育数）	2.3	2.0	1.5
青年女性生育率（每千名15—19岁女性生育数）	..	36	33
避孕普及率（占15—49岁已婚女性的百分比）	*75*	*76*	..
在熟练医护人员护理下的分娩（占总数的百分比）	91	*99*	*99*
5岁以下儿童死亡率（每千人）	24	19	15
儿童营养不良，体重不足（占5岁以下儿童的百分比）	..	..	..
儿童麻疹免疫接种率（占12—23个月年龄组的百分比）	76	84	99
小学毕业率，总数（占适龄年龄组的百分比）	114	96	96
中学总入学率，总数（占适龄年龄组的百分比）	52	75	89
小学和中学中女孩与男孩的比率（百分比）	100	98	100
HIV感染率（占15—49岁人口的百分比）	0.1	0.3	*1.0*
环境			
森林（平方公里）	390	390	350
森林采伐（1990—2010年，平均年度百分比）	..	0.0	1.0
淡水使用量（占内陆水资源的百分比）	20.6	22.2	*26.4*
获得改善的水资源的人口（占总人口的百分比）	99	99	99
获得改善的卫生设施的人口（占总人口的百分比）	89	89	89
人均能源使用量（千克石油当量）	453	..	*947*
人均二氧化碳排放量（吨）	1.4	2.3	*3.1*
人均用电量（千瓦时）	..	..	..
经济			
GDP（10亿美元）	2.7	4.6	9.7
GDP增长率（年度百分比）	7.2	9.0	4.0
GDP隐含价格平减指数（年度增长百分比）	10.1	2.1	1.6
农业增加值（占GDP的百分比）	13	7	4
工业增加值（占GDP的百分比）	33	31	29
服务业增加值（占GDP的百分比）	54	62	67
货物和服务出口（占GDP的百分比）	65	61	45
货物和服务进口（占GDP的百分比）	72	62	58
资本形成总额（占GDP的百分比）	30	26	22
中央政府收入（占GDP的百分比）	..	..	22.7
中央政府现金盈余/赤字（占GDP的百分比）	..	..	-2.4
政府与市场			
创办企业的时间（天）	..	*46*	6
股票市场资本总额（占GDP的百分比）	10.1	29.0	66.9
军费支出（占GDP的百分比）	0.3	0.2	*0.2*
移动电话用户（每100人）	0.2	15.2	93.0
互联网用户（每100人）	0.0	7.3	28.7
铺敷道路（占总数的百分比）	93.0	97.0	*98.0*
高科技出口（占制成品出口的百分比）	1	1	1
全球联系			
商品贸易（占GDP的百分比）	106	80	68
净易货贸易条件指数（2000年=100）	93	100	73
外债总额（百万美元）	932	946	1,076
债务还本付息总额（占出口的百分比）	8.5	16.9	2.4
净移民（千人）	-35.9	-8.8	0.0
获得的侨汇（百万美元）	..	177	226
外国直接投资，净流入额（百万美元）	41	266	431
获得的净官方发展援助（百万美元）	88	20	125

马约特

撒哈拉以南非洲地区			中高收入经济体
人口（千人）	204	人口增长率（百分比）	3.1
陆地面积（平方公里）	370	国家贫困率（占人口的百分比）	..
GNI，图表集法（百万美元）	..	人均GNI，图表集法（美元）	..
PPP衡量的GNI（百万美元）	..	PPP衡量的人均GNI（美元）	..

	1990	2000	2010
人口			
最贫困的20%人口占国家消费/收入的份额（百分比）	..	..	..
出生时的预期寿命（岁）	72	75	78
总生育率（每个女性生育数）	5.9	4.6	4.3
青年女性生育率（每千名15—19岁女性生育数）	..	98	101
避孕普及率（占15—49岁已婚女性的百分比）	..	..	..
在熟练医护人员护理下的分娩（占总数的百分比）	..	..	..
5岁以下儿童死亡率（每千人）	..	..	..
儿童营养不良，体重不足（占5岁以下儿童的百分比）	..	..	..
儿童麻疹免疫接种率（占12—23个月年龄组的百分比）	..	..	..
小学毕业率，总数（占适龄年龄组的百分比）	..	..	..
中学总入学率，总数（占适龄年龄组的百分比）	..	..	..
小学和中学中女孩与男孩的比率（百分比）	..	..	..
HIV感染率（占15—49岁人口的百分比）	..	..	..
环境			
森林（平方公里）	180	160	140
森林采伐（1990—2007年，平均年度百分比）	..	1.2	1.3
淡水使用量（占内陆水资源的百分比）	..	..	..
获得改善的水资源的人口（占总人口的百分比）	..	..	..
获得改善的卫生设施的人口（占总人口的百分比）	..	..	..
人均能源使用量（千克石油当量）	..	..	..
人均二氧化碳排放量（吨）	..	..	..
人均用电量（千瓦时）	..	..	..
经济			
GDP（百万美元）	..	..	..
GDP增长率（年度百分比）	..	..	..
GDP隐含价格平减指数（年度增长百分比）	..	..	..
农业增加值（占GDP的百分比）	..	..	..
工业增加值（占GDP的百分比）	..	..	..
服务业增加值（占GDP的百分比）	..	..	..
货物和服务出口（占GDP的百分比）	..	..	..
货物和服务进口（占GDP的百分比）	..	..	..
资本形成总额（占GDP的百分比）	..	..	..
中央政府收入（占GDP的百分比）	..	..	..
中央政府现金盈余/赤字（占GDP的百分比）	..	..	..
政府与市场			
创办企业的时间（天）	..	..	..
股票市场资本总额（占GDP的百分比）	..	..	..
军费支出（占GDP的百分比）	..	..	..
移动电话用户（每100人）	0.0	0.0	..
互联网用户（每100人）	..	..	..
铺敷道路（占总数的百分比）	..	..	..
高科技出口（占制成品出口的百分比）	..	2	2
全球联系			
商品贸易（占GDP的百分比）	..	..	..
净易货贸易条件指数（2000年=100）	..	100	80
外债总额（百万美元）	..	..	..
债务还本付息总额（占出口的百分比）	..	..	..
净移民（千人）	6.1	5.8	-0.3
获得的侨汇（百万美元）	..	..	..
外国直接投资，净流入额（百万美元）	..	0.0	..
获得的净官方发展援助（百万美元）	61	103	604

墨西哥

拉丁美洲和加勒比地区		中高收入经济体	
人口（百万）	113.4	人口增长率（百分比）	1.2
陆地面积（千平方公里）	1,964	国家贫困率（占人口的百分比）	51.3
GNI，图表集法（10 亿美元）	1,008.0	人均 GNI，图表集法（美元）	8,890
PPP 衡量的 GNI（10 亿美元）	1,627.0	PPP 衡量的人均 GNI（美元）	14,340

	1990	2000	2010
人口			
最贫困的 20% 人口占国家消费/收入的份额（百分比）	*6.4*	4.0	*4.7*
出生时的预期寿命（岁）	71	74	77
总生育率（每个女性生育数）	3.4	2.6	2.3
青年女性生育率（每千名 15—19 岁女性生育数）	..	76	68
避孕普及率（占 15—49 岁已婚女性的百分比）	*63*	70	*73*
在熟练医护人员护理下的分娩（占总数的百分比）	84	*95*	95
5 岁以下儿童死亡率（每千人）	49	29	17
儿童营养不良，体重不足（占 5 岁以下儿童的百分比）	*13.9*	*6.0*	*3.4*
儿童麻疹免疫接种率（占 12—23 个月年龄组的百分比）	75	96	95
小学毕业率，总数（占适龄年龄组的百分比）	88	99	*104*
中学总入学率，总数（占适龄年龄组的百分比）	55	73	*87*
小学和中学中女孩与男孩的比率（百分比）	97	100	*102*
HIV 感染率（占 15—49 岁人口的百分比）	0.4	0.3	*0.3*
环境			
森林（千平方公里）	703	668	648
森林采伐（1990—2010 年，平均年度百分比）	..	0.5	0.3
淡水使用量（占内陆水资源的百分比）	..	*15.9*	*17.5*
获得改善的水资源的人口（占总人口的百分比）	85	90	96
获得改善的卫生设施的人口（占总人口的百分比）	64	75	85
人均能源使用量（千克石油当量）	1,453	1,452	1,497
人均二氧化碳排放量（吨）	3.9	3.8	*4.3*
人均用电量（千瓦时）	1,180	1,766	*1,943*
经济			
GDP（10 亿美元）	263	581	1,035
GDP 增长率（年度百分比）	5.1	6.6	5.4
GDP 隐含价格平减指数（年度增长百分比）	28.1	12.1	4.4
农业增加值（占 GDP 的百分比）	8	4	4
工业增加值（占 GDP 的百分比）	28	28	34
服务业增加值（占 GDP 的百分比）	64	68	62
货物和服务出口（占 GDP 的百分比）	19	31	30
货物和服务进口（占 GDP 的百分比）	20	33	32
资本形成总额（占 GDP 的百分比）	23	24	25
中央政府收入（占 GDP 的百分比）	15.3	14.7	..
中央政府现金盈余/赤字（占 GDP 的百分比）	-2.5	-1.2	..
政府与市场			
创办企业的时间（天）	..	*58*	9
股票市场资本总额（占 GDP 的百分比）	12.4	21.5	43.9
军费支出（占 GDP 的百分比）	0.5	0.6	0.5
移动电话用户（每 100 人）	0.1	14.1	80.6
互联网用户（每 100 人）	0.0	5.1	31.1
铺敷道路（占总数的百分比）	35.1	32.8	*35.3*
高科技出口（占制成品出口的百分比）	8	22	17
全球联系			
商品贸易（占 GDP 的百分比）	32	59	59
净易货贸易条件指数（2000 年 = 100）	102	100	104
外债总额（10 亿美元）	104	151	200
债务还本付息总额（占出口的百分比）	21.7	31.5	9.8
净移民（百万）	-1.3	-1.4	-1.8
获得的侨汇（10 亿美元）	3.1	7.5	22.0
外国直接投资，净流入额（10 亿美元）	2.5	18.1	19.8
获得的净官方发展援助（百万美元）	156	-58	473

密克罗尼西亚联邦

东亚和太平洋地区			中低收入经济体
人口（千人）	111	人口增长率（百分比）	0.3
陆地面积（平方公里）	700	国家贫困率（占人口的百分比）	..
GNI，图表集法（百万美元）	303.6	人均 GNI，图表集法（美元）	2,740
PPP 衡量的 GNI（百万美元）	387.7	PPP 衡量的人均 GNI（美元）	3,490

	1990	2000	2010
人口			
最贫困的 20% 人口占国家消费/收入的份额（百分比）	..	1.6	..
出生时的预期寿命（岁）	66	67	69
总生育率（每个女性生育数）	5.0	4.3	3.5
青年女性生育率（每千名 15—19 岁女性生育数）	..	38	21
避孕普及率（占 15—49 岁已婚女性的百分比）	..	*23*	..
在熟练医护人员护理下的分娩（占总数的百分比）	..	*88*	*92*
5 岁以下儿童死亡率（每千人）	56	49	42
儿童营养不良，体重不足（占 5 岁以下儿童的百分比）	..	..	..
儿童麻疹免疫接种率（占 12—23 个月年龄组的百分比）	81	85	80
小学毕业率，总数（占适龄年龄组的百分比）	..	..	..
中学总入学率，总数（占适龄年龄组的百分比）	..	..	..
小学和中学中女孩与男孩的比率（百分比）	..	..	..
HIV 感染率（占 15—49 岁人口的百分比）	..	..	..
环境			
森林（平方公里）	640	640	640
森林采伐（1990—2007 年，平均年度百分比）	..	0.0	0.0
淡水使用量（占内陆水资源的百分比）	..	..	..
获得改善的水资源的人口（占总人口的百分比）	89	92	..
获得改善的卫生设施的人口（占总人口的百分比）	29	26	..
人均能源使用量（千克石油当量）	..	..	..
人均二氧化碳排放量（吨）	..	0.5	*0.6*
人均用电量（千瓦时）	..	..	..
经济			
GDP（百万美元）	147	234	297
GDP 增长率（年度百分比）	3.7	4.5	3.1
GDP 隐含价格平减指数（年度增长百分比）	4.9	1.1	3.1
农业增加值（占 GDP 的百分比）	..	..	..
工业增加值（占 GDP 的百分比）	..	..	..
服务业增加值（占 GDP 的百分比）	..	..	..
货物和服务出口（占 GDP 的百分比）	..	..	..
货物和服务进口（占 GDP 的百分比）	..	..	..
资本形成总额（占 GDP 的百分比）	..	..	..
中央政府收入（占 GDP 的百分比）	..	..	..
中央政府现金盈余/赤字（占 GDP 的百分比）	..	..	..
政府与市场			
创办企业的时间（天）	..	*16*	16
股票市场资本总额（占 GDP 的百分比）	..	..	..
军费支出（占 GDP 的百分比）	..	..	..
移动电话用户（每 100 人）	0.0	0.0	24.8
互联网用户（每 100 人）	0.0	3.7	20.0
铺敷道路（占总数的百分比）	15.9	17.5	..
高科技出口（占制成品出口的百分比）	..	..	..
全球联系			
商品贸易（占 GDP 的百分比）	..	55	61
净易货贸易条件指数（2000 年 =100）	..	100	94
外债总额（百万美元）	..	..	..
债务还本付息总额（占出口的百分比）	..	..	..
净移民（千人）	-2.5	-13.6	-9.0
获得的侨汇（百万美元）	..	..	..
外国直接投资，净流入额（百万美元）	..	*-0.2*	10.0
获得的净官方发展援助（百万美元）	*0*	102	125

摩尔多瓦

欧洲和中亚			中低收入经济体
人口（百万）	3.6	人口增长率（百分比）	-0.1
陆地面积（千平方公里）	34	国家贫困率（占人口的百分比）	21.9
GNI，图表集法（10亿美元）	6.5	人均GNI，图表集法（美元）	1,810
PPP衡量的GNI（10亿美元）	12.0	PPP衡量的人均GNI（美元）	3,360

	1990	2000	2010
人口			
最贫困的20%人口占国家消费/收入的份额（百分比）	*6.9*	*6.7*	7.8
出生时的预期寿命（岁）	67	67	69
总生育率（每个女性生育数）	2.4	1.6	1.5
青年女性生育率（每千名15—19岁女性生育数）	..	46	31
避孕普及率（占15—49岁已婚女性的百分比）	..	62	*68*
在熟练医护人员护理下的分娩（占总数的百分比）	100	98	*100*
5岁以下儿童死亡率（每千人）	37	26	19
儿童营养不良，体重不足（占5岁以下儿童的百分比）	..	..	*3.2*
儿童麻疹免疫接种率（占12—23个月年龄组的百分比）	*73*	89	97
小学毕业率，总数（占适龄年龄组的百分比）	..	98	*93*
中学总入学率，总数（占适龄年龄组的百分比）	94	82	88
小学和中学中女孩与男孩的比率（百分比）	105	101	101
HIV感染率（占15—49岁人口的百分比）	0.1	0.4	*0.4*
环境			
森林（千平方公里）	3.2	3.2	3.9
森林采伐（1990—2010年，平均年度百分比）	..	-0.2	-1.8
淡水使用量（占内陆水资源的百分比）	*25.4*	191.5	*16.4*
获得改善的水资源的人口（占总人口的百分比）	..	93	96
获得改善的卫生设施的人口（占总人口的百分比）	..	79	85
人均能源使用量（千克石油当量）	2,669	782	*687*
人均二氧化碳排放量（吨）	5.7	1.0	*1.3*
人均用电量（千瓦时）	3,235	1,005	*1,018*
经济			
GDP（10亿美元）	3.6	1.3	5.8
GDP增长率（年度百分比）	-2.4	2.1	6.9
GDP隐含价格平减指数（年度增长百分比）	13.5	27.3	11.2
农业增加值（占GDP的百分比）	36	29	14
工业增加值（占GDP的百分比）	37	22	13
服务业增加值（占GDP的百分比）	27	49	73
货物和服务出口（占GDP的百分比）	48	50	40
货物和服务进口（占GDP的百分比）	51	75	78
资本形成总额（占GDP的百分比）	25	24	24
中央政府收入（占GDP的百分比）	..	24.5	31.6
中央政府现金盈余/赤字（占GDP的百分比）	..	-1.5	-2.6
政府与市场			
创办企业的时间（天）	..	*42*	9
股票市场资本总额（占GDP的百分比）	..	*3.2*	..
军费支出（占GDP的百分比）	*0.5*	0.4	0.3
移动电话用户（每100人）	0.0	3.8	88.9
互联网用户（每100人）	0.0	1.4	40.1
铺敷道路（占总数的百分比）	87.1	86.1	*85.8*
高科技出口（占制成品出口的百分比）	..	3	8
全球联系			
商品贸易（占GDP的百分比）	..	97	94
净易货贸易条件指数（2000年=100）	..	100	105
外债总额（10亿美元）	*0.0*	1.7	4.6
债务还本付息总额（占出口的百分比）	..	19.2	12.8
净移民（千人）	-89	-253	-172
获得的侨汇（百万美元）	..	179	1,370
外国直接投资，净流入额（百万美元）	*17*	128	193
获得的净官方发展援助（百万美元）	..	123	468

摩纳哥

高收入经济体

人口（千人）	35	人口增长率（百分比）	0.1
陆地面积（平方公里）	*2.0*	国家贫困率（占人口的百分比）	..
GNI，图表集法（10 亿美元）	*6.5*	人均 GNI，图表集法（美元）	*183,150*
PPP 衡量的 GNI（百万美元）	..	PPP 衡量的人均 GNI（美元）	..

	1990	2000	2010
人口			
最贫困的 20% 人口占国家消费/收入的份额（百分比）	..	..	..
出生时的预期寿命（岁）	..	..	..
总生育率（每个女性生育数）	..	..	..
青年女性生育率（每千名 15—19 岁女性生育数）	..	..	..
避孕普及率（占 15—49 岁已婚女性的百分比）	..	..	..
在熟练医护人员护理下的分娩（占总数的百分比）	..	..	..
5 岁以下儿童死亡率（每千人）	9	5	4
儿童营养不良，体重不足（占 5 岁以下儿童的百分比）	..	..	..
儿童麻疹免疫接种率（占 12—23 个月年龄组的百分比）	99	99	99
小学毕业率，总数（占适龄年龄组的百分比）	..	..	*132*
中学总入学率，总数（占适龄年龄组的百分比）	..	*154*	*153*
小学和中学中女孩与男孩的比率（百分比）	..	*104*	*98*
HIV 感染率（占 15—49 岁人口的百分比）	..	..	..
环境			
森林（平方公里）	0.0	0.0	0.0
森林采伐（1990—2010 年，平均年度百分比）	..	0.0	0.0
淡水使用量（占内陆水资源的百分比）	..	..	..
获得改善的水资源的人口（占总人口的百分比）	100	100	100
获得改善的卫生设施的人口（占总人口的百分比）	100	100	100
人均能源使用量（千克石油当量）	..	..	..
人均二氧化碳排放量（吨）	..	..	..
人均用电量（千瓦时）	..	..	..
经济			
GDP（10 亿美元）	2.5	2.6	*6.1*
GDP 增长率（年度百分比）	2.6	3.9	*-2.6*
GDP 隐含价格平减指数（年度增长百分比）	2.6	1.4	*0.5*
农业增加值（占 GDP 的百分比）	..	..	..
工业增加值（占 GDP 的百分比）	..	..	..
服务业增加值（占 GDP 的百分比）	..	..	..
货物和服务出口（占 GDP 的百分比）	..	..	..
货物和服务进口（占 GDP 的百分比）	..	..	..
资本形成总额（占 GDP 的百分比）	..	..	..
中央政府收入（占 GDP 的百分比）	..	..	..
中央政府现金盈余/赤字（占 GDP 的百分比）	..	..	..
政府与市场			
创办企业的时间（天）	..	..	..
股票市场资本总额（占 GDP 的百分比）	..	..	..
军费支出（占 GDP 的百分比）	..	..	..
移动电话用户（每 100 人）	..	..	..
互联网用户（每 100 人）	..	..	..
铺敷道路（占总数的百分比）	100.0	100.0	*100.0*
高科技出口（占制成品出口的百分比）	..	..	..
全球联系			
商品贸易（占 GDP 的百分比）	..	..	..
净易货贸易条件指数（2000 年 = 100）	..	..	..
外债总额（百万美元）	..	..	..
债务还本付息总额（占出口的百分比）	..	..	..
净移民（千人）	..	..	..
获得的侨汇（百万美元）	..	..	..
外国直接投资，净流入额（百万美元）	..	..	..
获得的净官方发展援助（百万美元）	..	..	..

蒙古

东亚和太平洋地区		中低收入经济体	
人口（百万）	2.8	人口增长率（百分比）	1.6
陆地面积（千平方公里）	1,564	国家贫困率（占人口的百分比）	*35.2*
GNI，图表集法（10亿美元）	5.2	人均GNI，图表集法（美元）	1,870
PPP衡量的GNI（10亿美元）	10.1	PPP衡量的人均GNI（美元）	3,670

	1990	2000	2010
人口			
最贫困的20%人口占国家消费/收入的份额（百分比）	..	*7.5*	*7.1*
出生时的预期寿命（岁）	61	63	68
总生育率（每个女性生育数）	4.1	2.2	2.5
青年女性生育率（每千名15—19岁女性生育数）	..	26	20
避孕普及率（占15—49岁已婚女性的百分比）	..	67	55
在熟练医护人员护理下的分娩（占总数的百分比）	..	97	100
5岁以下儿童死亡率（每千人）	107	61	32
儿童营养不良，体重不足（占5岁以下儿童的百分比）	*10.8*	11.6	*5.3*
儿童麻疹免疫接种率（占12—23个月年龄组的百分比）	92	92	97
小学毕业率，总数（占适龄年龄组的百分比）	..	86	*108*
中学总入学率，总数（占适龄年龄组的百分比）	87	65	*93*
小学和中学中女孩与男孩的比率（百分比）	*109*	111	*103*
HIV感染率（占15—49岁人口的百分比）	0.1	0.1	*0.1*
环境			
森林（千平方公里）	125	117	109
森林采伐（1990—2010年，平均年度百分比）	..	0.7	0.7
淡水使用量（占内陆水资源的百分比）	*1.2*	1.4	*1.4*
获得改善的水资源的人口（占总人口的百分比）	54	65	82
获得改善的卫生设施的人口（占总人口的百分比）	..	49	51
人均能源使用量（千克石油当量）	1,558	980	*1,194*
人均二氧化碳排放量（吨）	4.6	3.1	*4.1*
人均用电量（千瓦时）	1,540	1,070	*1,411*
经济			
GDP（10亿美元）	2.6	1.1	6.2
GDP增长率（年度百分比）	-3.2	1.1	6.4
GDP隐含价格平减指数（年度增长百分比）	23.2	12.0	20.0
农业增加值（占GDP的百分比）	13	31	16
工业增加值（占GDP的百分比）	42	25	38
服务业增加值（占GDP的百分比）	45	44	46
货物和服务出口（占GDP的百分比）	18	54	55
货物和服务进口（占GDP的百分比）	40	68	62
资本形成总额（占GDP的百分比）	29	29	41
中央政府收入（占GDP的百分比）	*15.4*	24.4	33.7
中央政府现金盈余/赤字（占GDP的百分比）	*-0.5*	0.2	3.0
政府与市场			
创办企业的时间（天）	..	*20*	13
股票市场资本总额（占GDP的百分比）	..	3.2	17.6
军费支出（占GDP的百分比）	4.6	2.1	0.9
移动电话用户（每100人）	0.0	6.4	91.1
互联网用户（每100人）	0.0	1.3	12.9
铺敷道路（占总数的百分比）	..	3.5	..
高科技出口（占制成品出口的百分比）	..	0	7
全球联系			
商品贸易（占GDP的百分比）	62	101	100
净易货贸易条件指数（2000年=100）	..	100	216
外债总额（百万美元）	*355*	896	2,444
债务还本付息总额（占出口的百分比）	*17.3*	6.2	5.0
净移民（千人）	0.0	-57.7	-15.0
获得的侨汇（百万美元）	..	12	277
外国直接投资，净流入额（百万美元）	*11*	54	1,455
获得的净官方发展援助（百万美元）	13	217	304

黑 山

欧洲和中亚 **中高收入经济体**

人口（千人）	632	人口增长率（百分比）	0.2
陆地面积（千平方公里）	14	国家贫困率（占人口的百分比）	6.6
GNI，图表集法（10 亿美元）	4.3	人均 GNI，图表集法（美元）	6,740
PPP 衡量的 GNI（10 亿美元）	8.1	PPP 衡量的人均 GNI（美元）	12,770

	1990	2000	2010
人口			
最贫困的 20% 人口占国家消费/收入的份额（百分比）	..	..	*8.5*
出生时的预期寿命（岁）	75	75	74
总生育率（每个女性生育数）	1.9	1.8	1.7
青年女性生育率（每千名 15—19 岁女性生育数）	..	22	16
避孕普及率（占 15—49 岁已婚女性的百分比）	..	53	*39*
在熟练医护人员护理下的分娩（占总数的百分比）	..	99	*100*
5 岁以下儿童死亡率（每千人）	18	13	8
儿童营养不良，体重不足（占 5 岁以下儿童的百分比）	..	..	*2.2*
儿童麻疹免疫接种率（占 12—23 个月年龄组的百分比）	..	..	90
小学毕业率，总数（占适龄年龄组的百分比）	..	..	..
中学总入学率，总数（占适龄年龄组的百分比）	..	*86*	104
小学和中学中女孩与男孩的比率（百分比）	..	*100*	100
HIV 感染率（占 15—49 岁人口的百分比）	..	..	..
环境			
森林（千平方公里）	5.4	5.4	5.4
森林采伐（1990—2007 年，平均年度百分比）	..	0.0	0.0
淡水使用量（占内陆水资源的百分比）	..	..	..
获得改善的水资源的人口（占总人口的百分比）	97	98	98
获得改善的卫生设施的人口（占总人口的百分比）	..	90	90
人均能源使用量（千克石油当量）	..	..	*1,384*
人均二氧化碳排放量（吨）	..	..	*3.1*
人均用电量（千瓦时）	..	..	..
经济			
GDP（百万美元）	..	984	4,111
GDP 增长率（年度百分比）	..	3.1	2.5
GDP 隐含价格平减指数（年度增长百分比）	..	*20.2*	1.6
农业增加值（占 GDP 的百分比）	..	12	9
工业增加值（占 GDP 的百分比）	..	23	20
服务业增加值（占 GDP 的百分比）	..	64	71
货物和服务出口（占 GDP 的百分比）	..	37	36
货物和服务进口（占 GDP 的百分比）	..	51	64
资本形成总额（占 GDP 的百分比）	..	22	23
中央政府收入（占 GDP 的百分比）	..	..	..
中央政府现金盈余/赤字（占 GDP 的百分比）	..	..	..
政府与市场			
创办企业的时间（天）	..	..	10
股票市场资本总额（占 GDP 的百分比）	..	..	87.7
军费支出（占 GDP 的百分比）	..	..	1.3
移动电话用户（每 100 人）	..	..	185.1
互联网用户（每 100 人）	..	..	52.0
铺敷道路（占总数的百分比）	..	..	..
高科技出口（占制成品出口的百分比）	..	..	..
全球联系			
商品贸易（占 GDP 的百分比）	..	..	65
净易货贸易条件指数（2000 年 = 100）	..	..	..
外债总额（百万美元）	..	..	1,554
债务还本付息总额（占出口的百分比）	..	..	5.9
净移民（千人）	17.7	-32.5	-2.5
获得的侨汇（百万美元）	..	..	301
外国直接投资，净流入额（百万美元）	..	..	760
获得的净官方发展援助（百万美元）	..	*8.1*	77.4

摩洛哥

中东和北非 | **中低收入经济体**

人口（百万）	32.0	人口增长率（百分比）	1.0
陆地面积（千平方公里）	447	国家贫困率（占人口的百分比）	*9.0*
GNI，图表集法（10亿美元）	92.6	人均GNI，图表集法（美元）	2,850
PPP衡量的GNI（10亿美元）	149.3	PPP衡量的人均GNI（美元）	4,600

	1990	2000	2010
人口			
最贫困的20%人口占国家消费/收入的份额（百分比）	*6.6*	*6.5*	*6.5*
出生时的预期寿命（岁）	64	69	72
总生育率（每个女性生育数）	4.0	2.7	2.3
青年女性生育率（每千名15—19岁女性生育数）	..	23	13
避孕普及率（占15—49岁已婚女性的百分比）	*42*	*63*	..
在熟练医护人员护理下的分娩（占总数的百分比）	*31*	*63*	..
5岁以下儿童死亡率（每千人）	86	55	36
儿童营养不良，体重不足（占5岁以下儿童的百分比）	*8.1*	*9.9*	..
儿童麻疹免疫接种率（占12—23个月年龄组的百分比）	79	93	98
小学毕业率，总数（占适龄年龄组的百分比）	51	57	85
中学总入学率，总数（占适龄年龄组的百分比）	38	38	*56*
小学和中学中女孩与男孩的比率（百分比）	69	83	*89*
HIV感染率（占15—49岁人口的百分比）	0.1	0.1	*0.1*
环境			
森林（千平方公里）	50	50	51
森林采伐（1990—2010年，平均年度百分比）	..	0.1	-0.2
淡水使用量（占内陆水资源的百分比）	*38.1*	43.4	*43.4*
获得改善的水资源的人口（占总人口的百分比）	73	78	83
获得改善的卫生设施的人口（占总人口的百分比）	53	64	70
人均能源使用量（千克石油当量）	280	356	*477*
人均二氧化碳排放量（吨）	1.0	1.2	*1.5*
人均用电量（千瓦时）	360	490	*756*
经济			
GDP（10亿美元）	25.8	37.0	90.8
GDP增长率（年度百分比）	4.0	1.6	3.7
GDP隐含价格平减指数（年度增长百分比）	5.5	-0.6	0.6
农业增加值（占GDP的百分比）	18	15	15
工业增加值（占GDP的百分比）	33	29	30
服务业增加值（占GDP的百分比）	48	56	55
货物和服务出口（占GDP的百分比）	26	28	33
货物和服务进口（占GDP的百分比）	32	33	43
资本形成总额（占GDP的百分比）	25	26	35
中央政府收入（占GDP的百分比）	..	*30.0*	31.8
中央政府现金盈余/赤字（占GDP的百分比）	..	*-3.1*	-2.6
政府与市场			
创办企业的时间（天）	..	*36*	12
股票市场资本总额（占GDP的百分比）	3.7	29.4	76.2
军费支出（占GDP的百分比）	4.1	2.3	3.5
移动电话用户（每100人）	0.0	8.1	100.1
互联网用户（每100人）	0.0	0.7	49.0
铺敷道路（占总数的百分比）	49.1	56.4	*70.3*
高科技出口（占制成品出口的百分比）	*3*	11	8
全球联系			
商品贸易（占GDP的百分比）	43	51	58
净易货贸易条件指数（2000年=100）	85	100	134
外债总额（10亿美元）	25.0	20.7	25.4
债务还本付息总额（占出口的百分比）	28.4	25.2	10.7
净移民（千人）	-250	-500	-675
获得的侨汇（10亿美元）	2.0	2.2	6.4
外国直接投资，净流入额（百万美元）	165	221	1,241
获得的净官方发展援助（百万美元）	1,241	434	994

莫桑比克

撒哈拉以南非洲地区 **低收入经济体**

人口（百万）	23.4	人口增长率（百分比）	2.3
陆地面积（千平方公里）	799	国家贫困率（占人口的百分比）	*54.7*
GNI，图表集法（10亿美元）	10.3	人均GNI，图表集法（美元）	440
PPP衡量的GNI（10亿美元）	21.7	PPP衡量的人均GNI（美元）	930

	1990	2000	2010
人口			
最贫困的20%人口占国家消费/收入的份额（百分比）	..	*5.4*	*5.2*
出生时的预期寿命（岁）	43	47	50
总生育率（每个女性生育数）	6.2	5.7	4.9
青年女性生育率（每千名15—19岁女性生育数）	..	153	134
避孕普及率（占15—49岁已婚女性的百分比）	..	*17*	*16*
在熟练医护人员护理下的分娩（占总数的百分比）	..	*48*	*55*
5岁以下儿童死亡率（每千人）	219	177	135
儿童营养不良，体重不足（占5岁以下儿童的百分比）	..	*21.2*	*18.3*
儿童麻疹免疫接种率（占12—23个月年龄组的百分比）	59	71	70
小学毕业率，总数（占适龄年龄组的百分比）	26	16	61
中学总入学率，总数（占适龄年龄组的百分比）	7	6	25
小学和中学中女孩与男孩的比率（百分比）	73	75	89
HIV感染率（占15—49岁人口的百分比）	1.2	8.6	*11.5*
环境			
森林（千平方公里）	434	412	390
森林采伐（1990—2010年，平均年度百分比）	..	0.5	0.5
淡水使用量（占内陆水资源的百分比）	0.6	0.7	*0.3*
获得改善的水资源的人口（占总人口的百分比）	36	42	47
获得改善的卫生设施的人口（占总人口的百分比）	11	14	18
人均能源使用量（千克石油当量）	437	394	*427*
人均二氧化碳排放量（吨）	0.1	0.1	*0.1*
人均用电量（千瓦时）	40	122	*453*
经济			
GDP（10亿美元）	2.5	4.2	9.6
GDP增长率（年度百分比）	1.0	1.1	7.2
GDP隐含价格平减指数（年度增长百分比）	34.1	12.0	12.7
农业增加值（占GDP的百分比）	37	24	32
工业增加值（占GDP的百分比）	18	25	23
服务业增加值（占GDP的百分比）	44	51	45
货物和服务出口（占GDP的百分比）	8	16	25
货物和服务进口（占GDP的百分比）	36	37	43
资本形成总额（占GDP的百分比）	22	31	24
中央政府收入（占GDP的百分比）	..	..	..
中央政府现金盈余/赤字（占GDP的百分比）	..	..	..
政府与市场			
创办企业的时间（天）	..	*153*	13
股票市场资本总额（占GDP的百分比）	..	..	..
军费支出（占GDP的百分比）	3.4	1.3	*0.9*
移动电话用户（每100人）	0.0	0.3	30.9
互联网用户（每100人）	0.0	0.1	4.2
铺敷道路（占总数的百分比）	16.8	18.7	*20.8*
高科技出口（占制成品出口的百分比）	..	9	1
全球联系			
商品贸易（占GDP的百分比）	41	36	80
净易货贸易条件指数（2000年=100）	175	100	109
外债总额（10亿美元）	4.6	7.2	4.1
债务还本付息总额（占出口的百分比）	26.2	12.5	2.9
净移民（千人）	-1,300	75	-20
获得的侨汇（百万美元）	70	37	132
外国直接投资，净流入额（百万美元）	9	139	789
获得的净官方发展援助（百万美元）	998	906	1,959

缅 甸

东亚和太平洋地区 **低收入经济体**

人口（百万）	48.0	人口增长率（百分比）	0.8
陆地面积（千平方公里）	677	国家贫困率（占人口的百分比）	..
GNI，图表集法（百万美元）	..	人均 GNI，图表集法（美元）	..
PPP 衡量的 GNI（10 亿美元）	93.5	PPP 衡量的人均 GNI（美元）	1,950

	1990	2000	2010
人口			
最贫困的 20% 人口占国家消费/收入的份额（百分比）	..	..	..
出生时的预期寿命（岁）	57	62	65
总生育率（每个女性生育数）	3.4	2.4	2.0
青年女性生育率（每千名 15—19 岁女性生育数）	..	21	14
避孕普及率（占 15—49 岁已婚女性的百分比）	*17*	*37*	*41*
在熟练医护人员护理下的分娩（占总数的百分比）	*46*	*57*	*64*
5 岁以下儿童死亡率（每千人）	112	87	66
儿童营养不良，体重不足（占 5 岁以下儿童的百分比）	28.8	30.1	..
儿童麻疹免疫接种率（占 12—23 个月年龄组的百分比）	68	84	88
小学毕业率，总数（占适龄年龄组的百分比）	..	81	104
中学总入学率，总数（占适龄年龄组的百分比）	20	40	54
小学和中学中女孩与男孩的比率（百分比）	93	101	102
HIV 感染率（占 15—49 岁人口的百分比）	0.2	0.8	*0.6*
环境			
森林（千平方公里）	392	349	318
森林采伐（1990—2010 年，平均年度百分比）	..	1.2	0.9
淡水使用量（占内陆水资源的百分比）	..	3.3	*2.8*
获得改善的水资源的人口（占总人口的百分比）	56	67	83
获得改善的卫生设施的人口（占总人口的百分比）	..	62	76
人均能源使用量（千克石油当量）	271	278	*316*
人均二氧化碳排放量（吨）	0.1	0.2	*0.3*
人均用电量（千瓦时）	46	78	*104*
经济			
GDP（百万美元）	..	..	..
GDP 增长率（年度百分比）	2.8	13.7	10.4
GDP 隐含价格平减指数（年度增长百分比）	18.5	2.5	8.2
农业增加值（占 GDP 的百分比）	57	57	36
工业增加值（占 GDP 的百分比）	11	10	26
服务业增加值（占 GDP 的百分比）	32	33	38
货物和服务出口（占 GDP 的百分比）	2	0	0
货物和服务进口（占 GDP 的百分比）	4	1	0
资本形成总额（占 GDP 的百分比）	13	12	23
中央政府收入（占 GDP 的百分比）	10.5	5.3	..
中央政府现金盈余/赤字（占 GDP 的百分比）	..	*-2.7*	..
政府与市场			
创办企业的时间（天）	..	..	..
股票市场资本总额（占 GDP 的百分比）	..	..	..
军费支出（占 GDP 的百分比）	3.4	2.3	..
移动电话用户（每 100 人）	0.0	0.0	1.2
互联网用户（每 100 人）	0.0	*0.0*	*0.2*
铺敷道路（占总数的百分比）	10.9	11.4	*11.9*
高科技出口（占制成品出口的百分比）	*0*	..	..
全球联系			
商品贸易（占 GDP 的百分比）	..	..	..
净易货贸易条件指数（2000 年 = 100）	252	100	110
外债总额（10 亿美元）	4.7	6.0	6.4
债务还本付息总额（占出口的百分比）	18.8	1.7	..
净移民（千人）	-137	4	-500
获得的侨汇（百万美元）	6	104	133
外国直接投资，净流入额（百万美元）	163	258	910
获得的净官方发展援助（百万美元）	161	106	358

纳米比亚

撒哈拉以南非洲地区		中高收入经济体	
人口（百万）	2.3	人口增长率（百分比）	1.8
陆地面积（千平方公里）	824	国家贫困率（占人口的百分比）	*38.0*
GNI，图表集法（10 亿美元）	10.3	人均 GNI，图表集法（美元）	4,510
PPP 衡量的 GNI（10 亿美元）	14.7	PPP 衡量的人均 GNI（美元）	6,420

	1990	2000	2010
人口			
最贫困的 20% 人口占国家消费/收入的份额（百分比）	*1.5*	*3.2*	..
出生时的预期寿命（岁）	61	58	62
总生育率（每个女性生育数）	5.2	4.0	3.2
青年女性生育率（每千名 15—19 岁女性生育数）	..	85	62
避孕普及率（占 15—49 岁已婚女性的百分比）	*41*	44	*55*
在熟练医护人员护理下的分娩（占总数的百分比）	*68*	76	*81*
5 岁以下儿童死亡率（每千人）	73	74	40
儿童营养不良，体重不足（占 5 岁以下儿童的百分比）	*21.5*	20.3	*17.5*
儿童麻疹免疫接种率（占 12—23 个月年龄组的百分比）	*76*	69	75
小学毕业率，总数（占适龄年龄组的百分比）	*74*	91	*84*
中学总入学率，总数（占适龄年龄组的百分比）	38	60	*64*
小学和中学中女孩与男孩的比率（百分比）	111	104	*104*
HIV 感染率（占 15—49 岁人口的百分比）	1.6	15.3	*13.1*
环境			
森林（千平方公里）	88	80	73
森林采伐（1990—2010 年，平均年度百分比）	..	0.9	1.0
淡水使用量（占内陆水资源的百分比）	*4.0*	4.9	*1.7*
获得改善的水资源的人口（占总人口的百分比）	64	81	93
获得改善的卫生设施的人口（占总人口的百分比）	24	28	32
人均能源使用量（千克石油当量）	*445*	537	*764*
人均二氧化碳排放量（吨）	0.0	0.9	*1.8*
人均用电量（千瓦时）	*1,050*	1,179	*1,576*
经济			
GDP（10 亿美元）	2.4	3.9	12.2
GDP 增长率（年度百分比）	2.5	3.5	4.8
GDP 隐含价格平减指数（年度增长百分比）	4.3	26.7	9.3
农业增加值（占 GDP 的百分比）	12	12	8
工业增加值（占 GDP 的百分比）	38	28	20
服务业增加值（占 GDP 的百分比）	50	60	73
货物和服务出口（占 GDP 的百分比）	52	41	39
货物和服务进口（占 GDP 的百分比）	67	45	38
资本形成总额（占 GDP 的百分比）	34	17	23
中央政府收入（占 GDP 的百分比）	31.3	30.1	*29.2*
中央政府现金盈余/赤字（占 GDP 的百分比）	*-2.6*	-1.6	*2.0*
政府与市场			
创办企业的时间（天）	..	*85*	66
股票市场资本总额（占 GDP 的百分比）	*0.7*	8.0	9.7
军费支出（占 GDP 的百分比）	8.4	2.4	3.3
移动电话用户（每 100 人）	0.0	4.3	67.2
互联网用户（每 100 人）	0.0	1.6	6.5
铺敷道路（占总数的百分比）	10.8	*13.6*	*14.7*
高科技出口（占制成品出口的百分比）	..	2	*1*
全球联系			
商品贸易（占 GDP 的百分比）	96	73	77
净易货贸易条件指数（2000 年 = 100）	93	100	120
外债总额（百万美元）	..	..	..
债务还本付息总额（占出口的百分比）	..	..	..
净移民（千人）	74.8	35.5	-1.5
获得的侨汇（百万美元）	13.5	9.5	14.8
外国直接投资，净流入额（百万美元）	30	119	796
获得的净官方发展援助（百万美元）	120	152	259

尼泊尔

南亚 **低收入经济体**

人口（百万）	30.0	人口增长率（百分比）	1.8
陆地面积（千平方公里）	147	国家贫困率（占人口的百分比）	*25.2*
GNI，图表集法（10 亿美元）	14.5	人均 GNI，图表集法（美元）	490
PPP 衡量的 GNI（10 亿美元）	36.2	PPP 衡量的人均 GNI（美元）	1,210

	1990	2000	2010
人口			
最贫困的 20% 人口占国家消费/收入的份额（百分比）	..	*6.5*	8.3
出生时的预期寿命（岁）	54	62	68
总生育率（每个女性生育数）	5.2	4.1	2.7
青年女性生育率（每千名 15—19 岁女性生育数）	..	124	93
避孕普及率（占 15—49 岁已婚女性的百分比）	*24*	37	*48*
在熟练医护人员护理下的分娩（占总数的百分比）	*7*	12	*19*
5 岁以下儿童死亡率（每千人）	141	84	50
儿童营养不良，体重不足（占 5 岁以下儿童的百分比）	..	*43.0*	*38.8*
儿童麻疹免疫接种率（占 12—23 个月年龄组的百分比）	57	77	86
小学毕业率，总数（占适龄年龄组的百分比）	*51*	66	..
中学总入学率，总数（占适龄年龄组的百分比）	32	35	..
小学和中学中女孩与男孩的比率（百分比）	57	77	..
HIV 感染率（占 15—49 岁人口的百分比）	0.2	0.5	*0.4*
环境			
森林（千平方公里）	48	39	36
森林采伐（1990—2010 年，平均年度百分比）	..	2.1	0.7
淡水使用量（占内陆水资源的百分比）	..	5.1	*4.7*
获得改善的水资源的人口（占总人口的百分比）	76	83	89
获得改善的卫生设施的人口（占总人口的百分比）	10	20	31
人均能源使用量（千克石油当量）	303	332	*338*
人均二氧化碳排放量（吨）	0.03	0.13	*0.12*
人均用电量（千瓦时）	35	58	*91*
经济			
GDP（10 亿美元）	3.6	5.5	15.7
GDP 增长率（年度百分比）	4.6	6.2	4.6
GDP 隐含价格平减指数（年度增长百分比）	10.7	4.5	13.4
农业增加值（占 GDP 的百分比）	52	41	36
工业增加值（占 GDP 的百分比）	16	22	15
服务业增加值（占 GDP 的百分比）	32	37	48
货物和服务出口（占 GDP 的百分比）	11	23	10
货物和服务进口（占 GDP 的百分比）	22	32	37
资本形成总额（占 GDP 的百分比）	18	24	35
中央政府收入（占 GDP 的百分比）	8.4	10.6	15.2
中央政府现金盈余/赤字（占 GDP 的百分比）	..	..	..
政府与市场			
创办企业的时间（天）	..	*31*	29
股票市场资本总额（占 GDP 的百分比）	..	14.4	30.8
军费支出（占 GDP 的百分比）	1.1	1.0	1.5
移动电话用户（每 100 人）	0.0	0.0	30.7
互联网用户（每 100 人）	0.0	0.2	7.9
铺敷道路（占总数的百分比）	37.5	*53.9*	*53.9*
高科技出口（占制成品出口的百分比）	..	0	1
全球联系			
商品贸易（占 GDP 的百分比）	24	43	39
净易货贸易条件指数（2000 年 =100）	..	100	78
外债总额（10 亿美元）	1.6	2.9	3.7
债务还本付息总额（占出口的百分比）	15.2	7.5	10.5
净移民（千人）	-145	-99	-100
获得的侨汇（百万美元）	55	111	3,468
外国直接投资，净流入额（百万美元）	5.9	-0.5	87.8
获得的净官方发展援助（百万美元）	423	386	821

荷 兰

高收入经济体

人口（百万）	16.6	人口增长率（百分比）	0.5
陆地面积（千平方公里）	42	国家贫困率（占人口的百分比）	..
GNI，图表集法（10亿美元）	814.8	人均GNI，图表集法（美元）	49,030
PPP衡量的GNI（10亿美元）	694.7	PPP衡量的人均GNI（美元）	41,810

	1990	2000	2010
人口			
最贫困的20%人口占国家消费/收入的份额（百分比）	..	*7.6*	..
出生时的预期寿命（岁）	77	78	81
总生育率（每个女性生育数）	1.6	1.7	1.8
青年女性生育率（每千名15—19岁女性生育数）	..	7	5
避孕普及率（占15—49岁已婚女性的百分比）	*79*	*67*	*69*
在熟练医护人员护理下的分娩（占总数的百分比）	..	*100*	..
5岁以下儿童死亡率（每千人）	8	6	4
儿童营养不良，体重不足（占5岁以下儿童的百分比）	..	..	..
儿童麻疹免疫接种率（占12—23个月年龄组的百分比）	94	96	96
小学毕业率，总数（占适龄年龄组的百分比）	..	98	..
中学总入学率，总数（占适龄年龄组的百分比）	119	123	*120*
小学和中学中女孩与男孩的比率（百分比）	97	97	*99*
HIV感染率（占15—49岁人口的百分比）	0.1	0.2	*0.2*
环境			
森林（千平方公里）	3.5	3.6	3.7
森林采伐（1990—2010年，平均年度百分比）	..	-0.4	-0.1
淡水使用量（占内陆水资源的百分比）	*8.8*	*105.1*	*11.7*
获得改善的水资源的人口（占总人口的百分比）	100	100	100
获得改善的卫生设施的人口（占总人口的百分比）	100	100	100
人均能源使用量（千克石油当量）	4,393	4,598	5,015
人均二氧化碳排放量（吨）	11.0	10.4	*10.6*
人均用电量（千瓦时）	5,218	6,560	*6,896*
经济			
GDP（10亿美元）	295	385	779
GDP增长率（年度百分比）	4.2	3.9	1.7
GDP隐含价格平减指数（年度增长百分比）	1.6	4.1	1.3
农业增加值（占GDP的百分比）	4	3	2
工业增加值（占GDP的百分比）	29	25	24
服务业增加值（占GDP的百分比）	66	72	74
货物和服务出口（占GDP的百分比）	56	70	78
货物和服务进口（占GDP的百分比）	53	65	71
资本形成总额（占GDP的百分比）	23	22	19
中央政府收入（占GDP的百分比）	..	40.7	*40.9*
中央政府现金盈余/赤字（占GDP的百分比）	..	2.0	*-4.8*
政府与市场			
创办企业的时间（天）	..	9	8
股票市场资本总额（占GDP的百分比）	40.7	166.3	84.8
军费支出（占GDP的百分比）	2.5	1.6	1.4
移动电话用户（每100人）	0.5	67.5	115.4
互联网用户（每100人）	0.3	43.8	90.7
铺敷道路（占总数的百分比）	88.0	90.0	..
高科技出口（占制成品出口的百分比）	16	36	21
全球联系			
商品贸易（占GDP的百分比）	87	117	140
净易货贸易条件指数（2000年=100）	..	100	102
外债总额（百万美元）	..	..	..
债务还本付息总额（占出口的百分比）	..	..	..
净移民（千人）	134	154	50
获得的侨汇（10亿美元）	0.7	1.2	3.8
外国直接投资，净流入额（10亿美元）	10.7	63.1	-15.6
获得的净官方发展援助（百万美元）	..	..	..

新喀里多尼亚

高收入经济体

人口（千人）	247	人口增长率（百分比）	0.6
陆地面积（千平方公里）	19	国家贫困率（占人口的百分比）	..
GNI，图表集法（10亿美元）	..	人均GNI，图表集法（美元）	..
PPP衡量的GNI（百万美元）	..	PPP衡量的人均GNI（美元）	..

	1990	2000	2010
人口			
最贫困的20%人口占国家消费/收入的份额（百分比）	..	..	..
出生时的预期寿命（岁）	70	75	76
总生育率（每个女性生育数）	3.2	2.6	2.1
青年女性生育率（每千名15—19岁女性生育数）	..	18	20
避孕普及率（占15—49岁已婚女性的百分比）	..	..	..
在熟练医护人员护理下的分娩（占总数的百分比）	..	..	..
5岁以下儿童死亡率（每千人）	..	..	..
儿童营养不良，体重不足（占5岁以下儿童的百分比）	..	..	..
儿童麻疹免疫接种率（占12—23个月年龄组的百分比）	..	..	..
小学毕业率，总数（占适龄年龄组的百分比）	..	..	..
中学总入学率，总数（占适龄年龄组的百分比）	..	..	..
小学和中学中女孩与男孩的比率（百分比）	..	..	..
HIV感染率（占15—49岁人口的百分比）	..	..	..
环境			
森林（千平方公里）	8.4	8.4	8.4
森林采伐（1990—2010年，平均年度百分比）	..	0.0	0.0
淡水使用量（占内陆水资源的百分比）	..	..	..
获得改善的水资源的人口（占总人口的百分比）	..	..	..
获得改善的卫生设施的人口（占总人口的百分比）	..	..	..
人均能源使用量（千克石油当量）	..	..	..
人均二氧化碳排放量（吨）	9.7	10.8	*12.9*
人均用电量（千瓦时）	..	..	..
经济			
GDP（10亿美元）	2.5	2.7	..
GDP增长率（年度百分比）	3.6	2.1	..
GDP隐含价格平减指数（年度增长百分比）	-4.6	-0.6	..
农业增加值（占GDP的百分比）	4	..	..
工业增加值（占GDP的百分比）	23	..	..
服务业增加值（占GDP的百分比）	73	..	..
货物和服务出口（占GDP的百分比）	18	*13*	..
货物和服务进口（占GDP的百分比）	35	*33*	..
资本形成总额（占GDP的百分比）	31	..	..
中央政府收入（占GDP的百分比）	..	..	..
中央政府现金盈余/赤字（占GDP的百分比）	..	..	..
政府与市场			
创办企业的时间（天）	..	..	..
股票市场资本总额（占GDP的百分比）	..	..	..
军费支出（占GDP的百分比）	..	..	..
移动电话用户（每100人）	0.0	23.4	89.4
互联网用户（每100人）	0.0	13.9	*34.2*
铺敷道路（占总数的百分比）	..	..	..
高科技出口（占制成品出口的百分比）	..	1	1
全球联系			
商品贸易（占GDP的百分比）	53	57	..
净易货贸易条件指数（2000年=100）	..	100	215
外债总额（百万美元）	..	..	..
债务还本付息总额（占出口的百分比）	..	..	..
净移民（千人）	0.6	6.2	6.4
获得的侨汇（百万美元）	..	*333*	638
外国直接投资，净流入额（百万美元）	31	-41	1,439
获得的净官方发展援助（百万美元）	302	*315*	..

新西兰

高收入经济体

人口（百万）	4.4	人口增长率（百分比）	1.2
陆地面积（千平方公里）	268	国家贫困率（占人口的百分比）	..
GNI，图表集法（10亿美元）	*124.2*	人均GNI，图表集法（美元）	*28,770*
PPP衡量的GNI（10亿美元）	*121.3*	PPP衡量的人均GNI（美元）	*28,100*

	1990	2000	2010
人口			
最贫困的20%人口占国家消费/收入的份额（百分比）	..	..	..
出生时的预期寿命（岁）	75	79	81
总生育率（每个女性生育数）	2.2	2.0	2.2
青年女性生育率（每千名15—19岁女性生育数）	..	29	24
避孕普及率（占15—49岁已婚女性的百分比）	..	..	..
在熟练医护人员护理下的分娩（占总数的百分比）	..	*97*	..
5岁以下儿童死亡率（每千人）	11	7	6
儿童营养不良，体重不足（占5岁以下儿童的百分比）	..	..	..
儿童麻疹免疫接种率（占12—23个月年龄组的百分比）	90	85	91
小学毕业率，总数（占适龄年龄组的百分比）	..	..	..
中学总入学率，总数（占适龄年龄组的百分比）	90	111	119
小学和中学中女孩与男孩的比率（百分比）	99	103	103
HIV感染率（占15—49岁人口的百分比）	0.1	0.1	*0.1*
环境			
森林（千平方公里）	77	83	83
森林采伐（1990—2010年，平均年度百分比）	..	-0.7	0.0
淡水使用量（占内陆水资源的百分比）	..	0.6	*1.5*
获得改善的水资源的人口（占总人口的百分比）	100	100	100
获得改善的卫生设施的人口（占总人口的百分比）	..	..	..
人均能源使用量（千克石油当量）	3,720	4,360	4,193
人均二氧化碳排放量（吨）	7.0	8.5	*7.8*
人均用电量（千瓦时）	8,664	9,384	*9,346*
经济			
GDP（10亿美元）	44.5	51.6	*126.7*
GDP增长率（年度百分比）	0.0	2.6	*-0.5*
GDP隐含价格平减指数（年度增长百分比）	2.5	3.0	*1.7*
农业增加值（占GDP的百分比）	7	9	..
工业增加值（占GDP的百分比）	28	25	..
服务业增加值（占GDP的百分比）	65	66	..
货物和服务出口（占GDP的百分比）	27	35	29
货物和服务进口（占GDP的百分比）	26	33	27
资本形成总额（占GDP的百分比）	20	21	20
中央政府收入（占GDP的百分比）	..	*33.7*	*36.1*
中央政府现金盈余/赤字（占GDP的百分比）	..	*1.7*	*3.1*
政府与市场			
创办企业的时间（天）	..	*12*	1
股票市场资本总额（占GDP的百分比）	19.9	36.6	*52.9*
军费支出（占GDP的百分比）	1.8	1.2	1.1
移动电话用户（每100人）	1.6	40.0	114.9
互联网用户（每100人）	0.0	47.4	83.0
铺敷道路（占总数的百分比）	57.0	62.8	*66.2*
高科技出口（占制成品出口的百分比）	4	10	9
全球联系			
商品贸易（占GDP的百分比）	42	53	*40*
净易货贸易条件指数（2000年=100）	..	100	124
外债总额（百万美元）	..	..	..
债务还本付息总额（占出口的百分比）	..	..	..
净移民（千人）	-8.6	43.0	65.0
获得的侨汇（百万美元）	762	236	843
外国直接投资，净流入额（10亿美元）	1.7	3.8	0.7
获得的净官方发展援助（百万美元）	..	..	..

尼加拉瓜

拉丁美洲和加勒比地区 **中低收入经济体**

人口（百万）	5.8	人口增长率（百分比）	1.4
陆地面积（千平方公里）	130	国家贫困率（占人口的百分比）	*46.2*
GNI，图表集法（10 亿美元）	6.4	人均 GNI，图表集法（美元）	1,110
PPP 衡量的 GNI（10 亿美元）	16.1	PPP 衡量的人均 GNI（美元）	2,790

	1990	2000	2010
人口			
最贫困的 20% 人口占国家消费/收入的份额（百分比）	*4.2*	5.6	*6.2*
出生时的预期寿命（岁）	64	70	74
总生育率（每个女性生育数）	4.8	3.3	2.6
青年女性生育率（每千名 15—19 岁女性生育数）	..	125	108
避孕普及率（占 15—49 岁已婚女性的百分比）	*49*	*69*	72
在熟练医护人员护理下的分娩（占总数的百分比）	*61*	*67*	*74*
5 岁以下儿童死亡率（每千人）	68	43	27
儿童营养不良，体重不足（占 5 岁以下儿童的百分比）	*9.6*	*7.8*	*5.7*
儿童麻疹免疫接种率（占 12—23 个月年龄组的百分比）	82	86	99
小学毕业率，总数（占适龄年龄组的百分比）	39	66	81
中学总入学率，总数（占适龄年龄组的百分比）	37	53	69
小学和中学中女孩与男孩的比率（百分比）	*119*	105	102
HIV 感染率（占 15—49 岁人口的百分比）	0.1	0.1	*0.2*
环境			
森林（千平方公里）	45	38	31
森林采伐（1990—2010 年，平均年度百分比）	..	1.7	2.0
淡水使用量（占内陆水资源的百分比）	..	0.7	*0.7*
获得改善的水资源的人口（占总人口的百分比）	74	80	85
获得改善的卫生设施的人口（占总人口的百分比）	43	48	52
人均能源使用量（千克石油当量）	508	536	*540*
人均二氧化碳排放量（吨）	0.6	0.7	*0.8*
人均用电量（千瓦时）	285	327	*460*
经济			
GDP（10 亿美元）	1.0	3.9	6.6
GDP 增长率（年度百分比）	-0.1	4.1	7.6
GDP 隐含价格平减指数（年度增长百分比）	5,018.1	8.6	2.9
农业增加值（占 GDP 的百分比）	..	21	21
工业增加值（占 GDP 的百分比）	..	28	30
服务业增加值（占 GDP 的百分比）	..	51	49
货物和服务出口（占 GDP 的百分比）	25	24	41
货物和服务进口（占 GDP 的百分比）	46	51	70
资本形成总额（占 GDP 的百分比）	19	30	28
中央政府收入（占 GDP 的百分比）	30.0	15.1	19.7
中央政府现金盈余/赤字（占 GDP 的百分比）	-34.2	-3.6	-1.0
政府与市场			
创办企业的时间（天）	..	*46*	39
股票市场资本总额（占 GDP 的百分比）	..	..	..
军费支出（占 GDP 的百分比）	*4.0*	0.8	0.7
移动电话用户（每 100 人）	0.0	1.8	65.1
互联网用户（每 100 人）	0.0	1.0	10.0
铺敷道路（占总数的百分比）	10.5	11.1	*11.6*
高科技出口（占制成品出口的百分比）	6	5	5
全球联系			
商品贸易（占 GDP 的百分比）	96	62	92
净易货贸易条件指数（2000 年 =100）	155	100	82
外债总额（10 亿美元）	10.8	6.7	4.8
债务还本付息总额（占出口的百分比）	3.9	25.3	14.3
净移民（千人）	-156	-158	-200
获得的侨汇（百万美元）	*10*	320	823
外国直接投资，净流入额（百万美元）	1	267	508
获得的净官方发展援助（百万美元）	330	560	628

尼日尔

撒哈拉以南非洲地区			低收入经济体
人口（百万）	15.5	人口增长率（百分比）	3.5
陆地面积（千平方公里）	1,267	国家贫困率（占人口的百分比）	*59.5*
GNI，图表集法（10亿美元）	5.7	人均GNI，图表集法（美元）	370
PPP衡量的GNI（10亿美元）	11.2	PPP衡量的人均GNI（美元）	720

	1990	2000	2010
人口			
最贫困的20%人口占国家消费/收入的份额（百分比）	*7.5*	..	*8.1*
出生时的预期寿命（岁）	41	48	54
总生育率（每个女性生育数）	7.8	7.5	7.1
青年女性生育率（每千名15—19岁女性生育数）	..	216	199
避孕普及率（占15—49岁已婚女性的百分比）	*4*	14	18
在熟练医护人员护理下的分娩（占总数的百分比）	*15*	16	*18*
5岁以下儿童死亡率（每千人）	311	218	143
儿童营养不良，体重不足（占5岁以下儿童的百分比）	*41.0*	43.6	*39.9*
儿童麻疹免疫接种率（占12—23个月年龄组的百分比）	25	37	71
小学毕业率，总数（占适龄年龄组的百分比）	16	19	*46*
中学总入学率，总数（占适龄年龄组的百分比）	6	7	13
小学和中学中女孩与男孩的比率（百分比）	53	65	78
HIV感染率（占15—49岁人口的百分比）	0.1	1.0	*0.8*
环境			
森林（千平方公里）	19	13	12
森林采伐（1990—2010年，平均年度百分比）	..	3.7	1.0
淡水使用量（占内陆水资源的百分比）	*1.5*	67.5	*7.0*
获得改善的水资源的人口（占总人口的百分比）	35	42	49
获得改善的卫生设施的人口（占总人口的百分比）	5	7	9
人均能源使用量（千克石油当量）	..	..	..
人均二氧化碳排放量（吨）	0.1	0.1	*0.1*
人均用电量（千瓦时）	..	..	..
经济			
GDP（10亿美元）	2.5	1.8	5.5
GDP增长率（年度百分比）	-1.3	-1.4	8.8
GDP隐含价格平减指数（年度增长百分比）	-1.6	4.5	1.7
农业增加值（占GDP的百分比）	35	38	..
工业增加值（占GDP的百分比）	16	18	..
服务业增加值（占GDP的百分比）	49	44	..
货物和服务出口（占GDP的百分比）	15	18	..
货物和服务进口（占GDP的百分比）	22	26	..
资本形成总额（占GDP的百分比）	8	11	..
中央政府收入（占GDP的百分比）	..	..	*13.5*
中央政府现金盈余/赤字（占GDP的百分比）	..	..	*-0.9*
政府与市场			
创办企业的时间（天）	..	*35*	17
股票市场资本总额（占GDP的百分比）	..	..	..
军费支出（占GDP的百分比）	..	1.1	0.9
移动电话用户（每100人）	0.0	0.0	24.5
互联网用户（每100人）	0.0	0.0	0.8
铺敷道路（占总数的百分比）	29.0	*25.7*	*20.7*
高科技出口（占制成品出口的百分比）	..	6	7
全球联系			
商品贸易（占GDP的百分比）	27	38	56
净易货贸易条件指数（2000年=100）	165	100	150
外债总额（10亿美元）	1.8	1.7	1.1
债务还本付息总额（占出口的百分比）	17.8	7.8	*2.6*
净移民（千人）	-91.9	24.1	-28.5
获得的侨汇（百万美元）	13.9	14.4	88.0
外国直接投资，净流入额（百万美元）	41	8	947
获得的净官方发展援助（百万美元）	388	209	749

尼日利亚

撒哈拉以南非洲地区 **中低收入经济体**

人口（百万）	158.4	人口增长率（百分比）	2.5
陆地面积（千平方公里）	924	国家贫困率（占人口的百分比）	*54.7*
GNI，图表集法（10亿美元）	186.4	人均GNI，图表集法（美元）	1,180
PPP衡量的GNI（10亿美元）	344.2	PPP衡量的人均GNI（美元）	2,170

	1990	2000	2010
人口			
最贫困的20%人口占国家消费/收入的份额（百分比）	*4.0*	*5.1*	4.4
出生时的预期寿命（岁）	46	46	51
总生育率（每个女性生育数）	6.4	5.9	5.5
青年女性生育率（每千名15—19岁女性生育数）	..	130	114
避孕普及率（占15—49岁已婚女性的百分比）	6	*15*	*15*
在熟练医护人员护理下的分娩（占总数的百分比）	31	*42*	*39*
5岁以下儿童死亡率（每千人）	213	186	143
儿童营养不良，体重不足（占5岁以下儿童的百分比）	35.1	*27.3*	*26.7*
儿童麻疹免疫接种率（占12—23个月年龄组的百分比）	54	33	71
小学毕业率，总数（占适龄年龄组的百分比）	..	*77*	*74*
中学总入学率，总数（占适龄年龄组的百分比）	24	24	44
小学和中学中女孩与男孩的比率（百分比）	77	82	90
HIV感染率（占15—49岁人口的百分比）	1.3	3.9	*3.6*
环境			
森林（千平方公里）	172	131	90
森林采伐（1990—2010年，平均年度百分比）	..	2.7	3.7
淡水使用量（占内陆水资源的百分比）	..	4.7	*3.6*
获得改善的水资源的人口（占总人口的百分比）	47	53	58
获得改善的卫生设施的人口（占总人口的百分比）	37	34	31
人均能源使用量（千克石油当量）	724	726	*701*
人均二氧化碳排放量（吨）	0.5	0.6	*0.6*
人均用电量（千瓦时）	85	74	*121*
经济			
GDP（10亿美元）	28.5	46.0	193.7
GDP增长率（年度百分比）	8.2	5.4	7.9
GDP隐含价格平减指数（年度增长百分比）	7.2	38.2	7.5
农业增加值（占GDP的百分比）	..	*49*	*33*
工业增加值（占GDP的百分比）	..	*31*	*41*
服务业增加值（占GDP的百分比）	..	*21*	*27*
货物和服务出口（占GDP的百分比）	43	54	39
货物和服务进口（占GDP的百分比）	29	32	27
资本形成总额（占GDP的百分比）	..	..	..
中央政府收入（占GDP的百分比）	..	..	*9.7*
中央政府现金盈余/赤字（占GDP的百分比）	..	..	*-1.7*
政府与市场			
创办企业的时间（天）	..	*44*	34
股票市场资本总额（占GDP的百分比）	4.8	9.2	26.3
军费支出（占GDP的百分比）	0.9	0.8	1.0
移动电话用户（每100人）	0.0	0.0	55.1
互联网用户（每100人）	0.0	0.1	28.4
铺敷道路（占总数的百分比）	..	*15.0*	..
高科技出口（占制成品出口的百分比）	..	1	1
全球联系			
商品贸易（占GDP的百分比）	68	65	65
净易货贸易条件指数（2000年=100）	89	100	187
外债总额（10亿美元）	33.4	31.4	7.9
债务还本付息总额（占出口的百分比）	22.6	8.7	0.4
净移民（千人）	-91	-95	-300
获得的侨汇（10亿美元）	0.0	1.4	10.0
外国直接投资，净流入额（10亿美元）	0.6	1.1	6.0
获得的净官方发展援助（百万美元）	255	174	2,069

北马里亚纳群岛

高收入经济体

人口（千人）	61	人口增长率（百分比）	-0.9
陆地面积（平方公里）	460	国家贫困率（占人口的百分比）	..
GNI，图表集法（百万美元）	..	人均 GNI，图表集法（美元）	..
PPP 衡量的 GNI（百万美元）	..	PPP 衡量的人均 GNI（美元）	..

	1990	2000	2010
人口			
最贫困的 20% 人口占国家消费/收入的份额（百分比）	..	..	..
出生时的预期寿命（岁）	..	..	..
总生育率（每个女性生育数）	..	..	..
青年女性生育率（每千名 15—19 岁女性生育数）	..	..	..
避孕普及率（占 15—49 岁已婚女性的百分比）	..	..	..
在熟练医护人员护理下的分娩（占总数的百分比）	..	100	..
5 岁以下儿童死亡率（每千人）	..	..	..
儿童营养不良，体重不足（占 5 岁以下儿童的百分比）	..	..	..
儿童麻疹免疫接种率（占 12—23 个月年龄组的百分比）	..	..	..
小学毕业率，总数（占适龄年龄组的百分比）	..	..	..
中学总入学率，总数（占适龄年龄组的百分比）	..	..	..
小学和中学中女孩与男孩的比率（百分比）	..	..	..
HIV 感染率（占 15—49 岁人口的百分比）	..	..	..
环境			
森林（平方公里）	340	320	300
森林采伐（1990—2010 年，平均年度百分比）	..	0.5	0.5
淡水使用量（占内陆水资源的百分比）	..	..	..
获得改善的水资源的人口（占总人口的百分比）	98	98	98
获得改善的卫生设施的人口（占总人口的百分比）	84	92	..
人均能源使用量（千克石油当量）	..	..	..
人均二氧化碳排放量（吨）	..	..	..
人均用电量（千瓦时）	..	..	..
经济			
GDP（百万美元）	..	..	..
GDP 增长率（年度百分比）	..	..	..
GDP 隐含价格平减指数（年度增长百分比）	..	..	..
农业增加值（占 GDP 的百分比）	..	..	..
工业增加值（占 GDP 的百分比）	..	..	..
服务业增加值（占 GDP 的百分比）	..	..	..
货物和服务出口（占 GDP 的百分比）	..	..	..
货物和服务进口（占 GDP 的百分比）	..	..	..
资本形成总额（占 GDP 的百分比）	..	..	..
中央政府收入（占 GDP 的百分比）	..	..	..
中央政府现金盈余/赤字（占 GDP 的百分比）	..	..	..
政府与市场			
创办企业的时间（天）	..	..	..
股票市场资本总额（占 GDP 的百分比）	..	..	..
军费支出（占 GDP 的百分比）	..	..	..
移动电话用户（每 100 人）	0.0	4.4	..
互联网用户（每 100 人）	0.0	..	..
铺敷道路（占总数的百分比）	..	..	..
高科技出口（占制成品出口的百分比）	..	..	..
全球联系			
商品贸易（占 GDP 的百分比）	..	..	..
净易货贸易条件指数（2000 年 =100）	..	100	88
外债总额（百万美元）	..	..	..
债务还本付息总额（占出口的百分比）	..	..	..
净移民（千人）	..	..	..
获得的侨汇（百万美元）	..	..	..
外国直接投资，净流入额（百万美元）	124	12	..
获得的净官方发展援助（百万美元）	63.1	*0.1*	..

挪 威

高收入经济体

人口（百万）	4.9	人口增长率（百分比）	1.2
陆地面积（千平方公里）	324	国家贫困率（占人口的百分比）	..
GNI，图表集法（10 亿美元）	427.1	人均 GNI，图表集法（美元）	87,350
PPP 衡量的 GNI（10 亿美元）	286.3	PPP 衡量的人均 GNI（美元）	58,570

	1990	2000	2010
人口			
最贫困的 20% 人口占国家消费/收入的份额（百分比）	..	9.6	..
出生时的预期寿命（岁）	77	79	81
总生育率（每个女性生育数）	1.9	1.9	2.0
青年女性生育率（每千名 15—19 岁女性生育数）	..	11	8
避孕普及率（占 15—49 岁已婚女性的百分比）	*74*	*87*	*88*
在熟练医护人员护理下的分娩（占总数的百分比）	*100*	..	..
5 岁以下儿童死亡率（每千人）	9	5	3
儿童营养不良，体重不足（占 5 岁以下儿童的百分比）	..	..	..
儿童麻疹免疫接种率（占 12—23 个月年龄组的百分比）	87	88	93
小学毕业率，总数（占适龄年龄组的百分比）	96	98	*100*
中学总入学率，总数（占适龄年龄组的百分比）	101	116	*110*
小学和中学中女孩与男孩的比率（百分比）	102	101	*99*
HIV 感染率（占 15—49 岁人口的百分比）	0.1	0.1	*0.1*
环境			
森林（千平方公里）	91	93	101
森林采伐（1990—2010 年，平均年度百分比）	..	-0.2	-0.8
淡水使用量（占内陆水资源的百分比）	..	0.5	*0.8*
获得改善的水资源的人口（占总人口的百分比）	100	100	100
获得改善的卫生设施的人口（占总人口的百分比）	100	100	100
人均能源使用量（千克石油当量）	4,952	5,760	6,327
人均二氧化碳排放量（吨）	7.4	8.6	*10.5*
人均用电量（千瓦时）	23,354	24,994	*23,550*
经济			
GDP（10 亿美元）	118	168	417
GDP 增长率（年度百分比）	1.9	3.3	0.7
GDP 隐含价格平减指数（年度增长百分比）	3.8	15.7	6.4
农业增加值（占 GDP 的百分比）	3	2	2
工业增加值（占 GDP 的百分比）	34	42	40
服务业增加值（占 GDP 的百分比）	63	56	58
货物和服务出口（占 GDP 的百分比）	40	47	41
货物和服务进口（占 GDP 的百分比）	34	29	29
资本形成总额（占 GDP 的百分比）	23	20	22
中央政府收入（占 GDP 的百分比）	..	48.4	47.7
中央政府现金盈余/赤字（占 GDP 的百分比）	..	15.7	11.7
政府与市场			
创办企业的时间（天）	..	*18*	7
股票市场资本总额（占 GDP 的百分比）	22.2	38.6	60.1
军费支出（占 GDP 的百分比）	2.9	1.7	1.6
移动电话用户（每 100 人）	4.6	71.8	115.5
互联网用户（每 100 人）	0.7	26.8	93.3
铺敷道路（占总数的百分比）	69.0	76.0	*80.7*
高科技出口（占制成品出口的百分比）	11	17	16
全球联系			
商品贸易（占 GDP 的百分比）	52	56	50
净易货贸易条件指数（2000 年 = 100）	..	100	140
外债总额（百万美元）	..	..	..
债务还本付息总额（占出口的百分比）	..	..	..
净移民（千人）	34	59	171
获得的侨汇（百万美元）	158	270	680
外国直接投资，净流入额（10 亿美元）	1.0	7.0	11.7
获得的净官方发展援助（百万美元）	..	..	..

阿曼

高收入经济体

人口（百万）	2.8	人口增长率（百分比）	2.6
陆地面积（千平方公里）	310	国家贫困率（占人口的百分比）	..
GNI，图表集法（10亿美元）	*49.5*	人均GNI，图表集法（美元）	*18,260*
PPP衡量的GNI（10亿美元）	*68.3*	PPP衡量的人均GNI（美元）	*25,190*

	1990	2000	2010
人口			
最贫困的20%人口占国家消费/收入的份额（百分比）	..	..	..
出生时的预期寿命（岁）	71	74	73
总生育率（每个女性生育数）	7.2	3.6	2.3
青年女性生育率（每千名15—19岁女性生育数）	..	28	9
避孕普及率（占15—49岁已婚女性的百分比）	9	32	*24*
在熟练医护人员护理下的分娩（占总数的百分比）	..	95	*99*
5岁以下儿童死亡率（每千人）	47	22	9
儿童营养不良，体重不足（占5岁以下儿童的百分比）	*21.4*	*11.3*	*8.6*
儿童麻疹免疫接种率（占12—23个月年龄组的百分比）	98	99	97
小学毕业率，总数（占适龄年龄组的百分比）	65	78	*101*
中学总入学率，总数（占适龄年龄组的百分比）	39	75	*100*
小学和中学中女孩与男孩的比率（百分比）	86	99	*98*
HIV感染率（占15—49岁人口的百分比）	0.1	0.1	*0.1*
环境			
森林（平方公里）	20	20	20
森林采伐（1990—2010年，平均年度百分比）	..	0.0	0.0
淡水使用量（占内陆水资源的百分比）	*87.4*	94.7	*86.6*
获得改善的水资源的人口（占总人口的百分比）	80	83	89
获得改善的卫生设施的人口（占总人口的百分比）	82	90	99
人均能源使用量（千克石油当量）	2,258	3,646	*5,554*
人均二氧化碳排放量（吨）	5.5	9.7	*17.3*
人均用电量（千瓦时）	2,121	3,345	*5,724*
经济			
GDP（10亿美元）	11.7	19.9	*46.9*
GDP增长率（年度百分比）	-0.1	5.4	*1.1*
GDP隐含价格平减指数（年度增长百分比）	24.8	20.0	*-23.5*
农业增加值（占GDP的百分比）	3	2	..
工业增加值（占GDP的百分比）	54	57	..
服务业增加值（占GDP的百分比）	43	41	..
货物和服务出口（占GDP的百分比）	47	59	*53*
货物和服务进口（占GDP的百分比）	28	31	*41*
资本形成总额（占GDP的百分比）	12	12	*30*
中央政府收入（占GDP的百分比）	35.0	23.9	..
中央政府现金盈余/赤字（占GDP的百分比）	-0.3	-4.4	..
政府与市场			
创办企业的时间（天）	..	35	8
股票市场资本总额（占GDP的百分比）	*8.5*	17.4	*36.9*
军费支出（占GDP的百分比）	16.5	10.6	*9.6*
移动电话用户（每100人）	0.1	7.2	165.5
互联网用户（每100人）	0.0	3.5	62.0
铺敷道路（占总数的百分比）	21.0	30.0	*46.0*
高科技出口（占制成品出口的百分比）	15	3	1
全球联系			
商品贸易（占GDP的百分比）	71	83	*97*
净易货贸易条件指数（2000年=100）	..	100	193
外债总额（百万美元）	..	..	..
债务还本付息总额（占出口的百分比）	..	..	..
净移民（千人）	9	-229	153
获得的侨汇（百万美元）	39.0	39.0	39.0
外国直接投资，净流入额（百万美元）	142	82	2,333
获得的净官方发展援助（百万美元）	68.2	79.7	-40.0

巴基斯坦

南亚　　中低收入经济体

人口（百万）	173.6	人口增长率（百分比）	1.8
陆地面积（千平方公里）	796	国家贫困率（占人口的百分比）	*22.3*
GNI，图表集法（10亿美元）	182.8	人均GNI，图表集法（美元）	1,050
PPP衡量的GNI（10亿美元）	484.4	PPP衡量的人均GNI（美元）	2,790

	1990	2000	2010
人口			
最贫困的20%人口占国家消费/收入的份额（百分比）	*8.1*	*8.7*	*9.6*
出生时的预期寿命（岁）	61	63	65
总生育率（每个女性生育数）	6.0	4.5	3.4
青年女性生育率（每千名15—19岁女性生育数）	..	49	30
避孕普及率（占15—49岁已婚女性的百分比）	15	*28*	*27*
在熟练医护人员护理下的分娩（占总数的百分比）	*19*	*23*	*39*
5岁以下儿童死亡率（每千人）	124	101	87
儿童营养不良，体重不足（占5岁以下儿童的百分比）	*39.0*	*31.3*	..
儿童麻疹免疫接种率（占12—23个月年龄组的百分比）	50	59	86
小学毕业率，总数（占适龄年龄组的百分比）	..	..	67
中学总入学率，总数（占适龄年龄组的百分比）	20	*28*	34
小学和中学中女孩与男孩的比率（百分比）	48	*73*	80
HIV感染率（占15—49岁人口的百分比）	0.1	0.1	*0.1*
环境			
森林（千平方公里）	25	21	17
森林采伐（1990—2010年，平均年度百分比）	..	1.8	2.2
淡水使用量（占内陆水资源的百分比）	*282.9*	313.8	*79.5*
获得改善的水资源的人口（占总人口的百分比）	85	89	92
获得改善的卫生设施的人口（占总人口的百分比）	27	37	48
人均能源使用量（千克石油当量）	383	440	*502*
人均二氧化碳排放量（吨）	0.6	0.7	*1.0*
人均用电量（千瓦时）	267	357	*449*
经济			
GDP（10亿美元）	40.0	74.0	176.9
GDP增长率（年度百分比）	4.5	4.3	4.1
GDP隐含价格平减指数（年度增长百分比）	6.5	24.9	12.0
农业增加值（占GDP的百分比）	26	26	21
工业增加值（占GDP的百分比）	25	23	25
服务业增加值（占GDP的百分比）	49	51	53
货物和服务出口（占GDP的百分比）	16	13	14
货物和服务进口（占GDP的百分比）	23	15	19
资本形成总额（占GDP的百分比）	19	17	15
中央政府收入（占GDP的百分比）	19.1	13.9	13.8
中央政府现金盈余/赤字（占GDP的百分比）	-2.5	-4.1	-5.0
政府与市场			
创办企业的时间（天）	..	*24*	21
股票市场资本总额（占GDP的百分比）	7.1	8.9	21.6
军费支出（占GDP的百分比）	6.9	4.0	3.2
移动电话用户（每100人）	0.0	0.2	57.1
互联网用户（每100人）	0.0	*1.3*	16.8
铺敷道路（占总数的百分比）	54.0	56.0	*65.4*
高科技出口（占制成品出口的百分比）	0	0	2
全球联系			
商品贸易（占GDP的百分比）	33	27	34
净易货贸易条件指数（2000年=100）	109	100	52
外债总额（10亿美元）	20.6	32.7	56.8
债务还本付息总额（占出口的百分比）	27.4	27.9	15.2
净移民（千人）	140	-187	-2,000
获得的侨汇（10亿美元）	2.0	1.1	9.7
外国直接投资，净流入额（百万美元）	245	308	2,022
获得的净官方发展援助（10亿美元）	1.1	0.7	3.0

帕劳

东亚和太平洋地区			中高收入经济体
人口（千人）	20	人口增长率（百分比）	0.6
陆地面积（平方公里）	460	国家贫困率（占人口的百分比）	..
GNI，图表集法（百万美元）	134.2	人均 GNI，图表集法（美元）	6,560
PPP 衡量的 GNI（百万美元）	225.2	PPP 衡量的人均 GNI（美元）	11,000

	1990	2000	2010
人口			
最贫困的 20% 人口占国家消费/收入的份额（百分比）	..	..	..
出生时的预期寿命（岁）	69	70	..
总生育率（每个女性生育数）	2.8	1.5	..
青年女性生育率（每千名 15—19 岁女性生育数）	..	..	..
避孕普及率（占 15—49 岁已婚女性的百分比）	..	17	*21*
在熟练医护人员护理下的分娩（占总数的百分比）	99	*100*	*100*
5 岁以下儿童死亡率（每千人）	33	25	19
儿童营养不良，体重不足（占 5 岁以下儿童的百分比）	..	..	..
儿童麻疹免疫接种率（占 12—23 个月年龄组的百分比）	98	83	75
小学毕业率，总数（占适龄年龄组的百分比）	..	99	..
中学总入学率，总数（占适龄年龄组的百分比）	..	86	*96*
小学和中学中女孩与男孩的比率（百分比）	..	100	..
HIV 感染率（占 15—49 岁人口的百分比）	..	..	..
环境			
森林（平方公里）	380	400	400
森林采伐（1990—2010 年，平均年度百分比）	..	-0.4	-0.2
淡水使用量（占内陆水资源的百分比）	..	..	..
获得改善的水资源的人口（占总人口的百分比）	80	83	85
获得改善的卫生设施的人口（占总人口的百分比）	65	84	100
人均能源使用量（千克石油当量）	4,869	..	..
人均二氧化碳排放量（吨）	15.6	6.1	*10.5*
人均用电量（千瓦时）	..	..	..
经济			
GDP（10 亿美元）	76.9	119.9	171.3
GDP 增长率（年度百分比）	*-6.4*	0.3	2.0
GDP 隐含价格平减指数（年度增长百分比）	*5.0*	5.3	2.0
农业增加值（占 GDP 的百分比）	*19*	4	*3*
工业增加值（占 GDP 的百分比）	*13*	15	*21*
服务业增加值（占 GDP 的百分比）	*69*	81	*76*
货物和服务出口（占 GDP 的百分比）	*20*	10	*81*
货物和服务进口（占 GDP 的百分比）	*39*	106	*100*
资本形成总额（占 GDP 的百分比）	..	..	..
中央政府收入（占 GDP 的百分比）	..	..	..
中央政府现金盈余/赤字（占 GDP 的百分比）	..	..	..
政府与市场			
创办企业的时间（天）	..	*24*	28
股票市场资本总额（占 GDP 的百分比）	..	..	..
军费支出（占 GDP 的百分比）	..	..	..
移动电话用户（每 100 人）	..	*12.6*	70.9
互联网用户（每 100 人）	0.0	*20.2*	..
铺敷道路（占总数的百分比）	..	..	..
高科技出口（占制成品出口的百分比）	..	..	..
全球联系			
商品贸易（占 GDP 的百分比）	..	113	74
净易货贸易条件指数（2000 年 =100）	..	100	102
外债总额（百万美元）	..	..	..
债务还本付息总额（占出口的百分比）	..	..	..
净移民（千人）	..	..	..
获得的侨汇（百万美元）	..	..	..
外国直接投资，净流入额（百万美元）	1.0	14.9	2.3
获得的净官方发展援助（百万美元）	*0.0*	39.1	26.3

巴拿马

拉丁美洲和加勒比地区		中高收入经济体	
人口（百万）	3.5	人口增长率（百分比）	1.6
陆地面积（千平方公里）	75	国家贫困率（占人口的百分比）	*32.7*
GNI，图表集法（10亿美元）	24.5	人均GNI，图表集法（美元）	6,970
PPP衡量的GNI（10亿美元）	44.9	PPP衡量的人均GNI（美元）	12,770

	1990	2000	2010
人口			
最贫困的20%人口占国家消费/收入的份额（百分比）	*1.2*	*1.9*	3.3
出生时的预期寿命（岁）	72	74	76
总生育率（每个女性生育数）	3.0	2.7	2.5
青年女性生育率（每千名15—19岁女性生育数）	..	91	79
避孕普及率（占15—49岁已婚女性的百分比）	..	..	*52*
在熟练医护人员护理下的分娩（占总数的百分比）	*86*	*93*	*89*
5岁以下儿童死亡率（每千人）	33	26	20
儿童营养不良，体重不足（占5岁以下儿童的百分比）	..	..	..
儿童麻疹免疫接种率（占12—23个月年龄组的百分比）	73	97	95
小学毕业率，总数（占适龄年龄组的百分比）	*86*	94	97
中学总入学率，总数（占适龄年龄组的百分比）	61	67	74
小学和中学中女孩与男孩的比率（百分比）	99	100	101
HIV感染率（占15—49岁人口的百分比）	0.2	1.4	*0.9*
环境			
森林（千平方公里）	38	34	33
森林采伐（1990—2010年，平均年度百分比）	..	1.2	0.4
淡水使用量（占内陆水资源的百分比）	..	0.3	*0.3*
获得改善的水资源的人口（占总人口的百分比）	84	90	*93*
获得改善的卫生设施的人口（占总人口的百分比）	58	65	*69*
人均能源使用量（千克石油当量）	603	853	*896*
人均二氧化碳排放量（吨）	1.3	2.0	*2.0*
人均用电量（千瓦时）	852	1,298	*1,735*
经济			
GDP（10亿美元）	5.3	11.6	26.7
GDP增长率（年度百分比）	8.1	2.7	4.8
GDP隐含价格平减指数（年度增长百分比）	0.6	-1.2	3.0
农业增加值（占GDP的百分比）	10	7	5
工业增加值（占GDP的百分比）	15	19	17
服务业增加值（占GDP的百分比）	75	74	78
货物和服务出口（占GDP的百分比）	87	73	65
货物和服务进口（占GDP的百分比）	79	70	69
资本形成总额（占GDP的百分比）	17	24	27
中央政府收入（占GDP的百分比）	25.6	23.1	..
中央政府现金盈余/赤字（占GDP的百分比）	2.0	-0.8	..
政府与市场			
创办企业的时间（天）	..	*18*	8
股票市场资本总额（占GDP的百分比）	*3.4*	24.0	40.9
军费支出（占GDP的百分比）	1.4	*1.0*	..
移动电话用户（每100人）	0.0	13.9	184.7
互联网用户（每100人）	0.0	6.6	42.7
铺敷道路（占总数的百分比）	32.0	34.6	*42.0*
高科技出口（占制成品出口的百分比）	..	1	1
全球联系			
商品贸易（占GDP的百分比）	35	36	37
净易货贸易条件指数（2000年=100）	69	100	87
外债总额（10亿美元）	6.5	6.6	11.4
债务还本付息总额（占出口的百分比）	6.2	9.4	5.7
净移民（千人）	-15.0	11.0	11.0
获得的侨汇（百万美元）	110	16	231
外国直接投资，净流入额（百万美元）	136	624	2,350
获得的净官方发展援助（百万美元）	99	15	129

巴布亚新几内亚

东亚和太平洋地区			中低收入经济体
人口（百万）	6.9	人口增长率（百分比）	2.3
陆地面积（千平方公里）	463	国家贫困率（占人口的百分比）	*37.5*
GNI，图表集法（10亿美元）	8.9	人均GNI，图表集法（美元）	1,300
PPP衡量的GNI（10亿美元）	16.6	PPP衡量的人均GNI（美元）	2,420

	1990	2000	2010
人口			
最贫困的20%人口占国家消费/收入的份额（百分比）	..	..	..
出生时的预期寿命（岁）	56	59	62
总生育率（每个女性生育数）	4.8	4.5	4.0
青年女性生育率（每千名15—19岁女性生育数）	..	73	64
避孕普及率（占15—49岁已婚女性的百分比）	..	..	*32*
在熟练医护人员护理下的分娩（占总数的百分比）	..	41	*53*
5岁以下儿童死亡率（每千人）	90	74	61
儿童营养不良，体重不足（占5岁以下儿童的百分比）	..	..	*18.1*
儿童麻疹免疫接种率（占12—23个月年龄组的百分比）	67	62	55
小学毕业率，总数（占适龄年龄组的百分比）	48	55	..
中学总入学率，总数（占适龄年龄组的百分比）	11	*20*	..
小学和中学中女孩与男孩的比率（百分比）	78	*84*	..
HIV感染率（占15—49岁人口的百分比）	0.1	0.4	*0.9*
环境			
森林（千平方公里）	315	301	287
森林采伐（1990—2010年，平均年度百分比）	..	0.5	0.5
淡水使用量（占内陆水资源的百分比）	..	0.0	*0.0*
获得改善的水资源的人口（占总人口的百分比）	41	39	40
获得改善的卫生设施的人口（占总人口的百分比）	47	46	45
人均能源使用量（千克石油当量）	..	..	..
人均二氧化碳排放量（吨）	0.5	0.5	*0.3*
人均用电量（千瓦时）	..	..	..
经济			
GDP（10亿美元）	3.2	3.5	9.5
GDP增长率（年度百分比）	-3.0	-2.5	8.0
GDP隐含价格平减指数（年度增长百分比）	4.1	13.1	9.3
农业增加值（占GDP的百分比）	31	36	36
工业增加值（占GDP的百分比）	32	41	45
服务业增加值（占GDP的百分比）	37	23	19
货物和服务出口（占GDP的百分比）	41	66	56
货物和服务进口（占GDP的百分比）	49	49	53
资本形成总额（占GDP的百分比）	24	22	18
中央政府收入（占GDP的百分比）	25.2	24.2	..
中央政府现金盈余/赤字（占GDP的百分比）	-2.2	-1.9	..
政府与市场			
创办企业的时间（天）	..	*51*	51
股票市场资本总额（占GDP的百分比）	..	*49.3*	102.8
军费支出（占GDP的百分比）	2.1	0.9	0.5
移动电话用户（每100人）	0.0	0.2	27.8
互联网用户（每100人）	0.0	0.8	1.3
铺敷道路（占总数的百分比）	3.2	3.5	..
高科技出口（占制成品出口的百分比）	..	19	..
全球联系			
商品贸易（占GDP的百分比）	74	92	100
净易货贸易条件指数（2000年=100）	..	100	150
外债总额（10亿美元）	2.6	2.3	5.8
债务还本付息总额（占出口的百分比）	37.2	12.9	12.9
净移民（千人）	0.0	0.0	0.0
获得的侨汇（百万美元）	5.4	7.2	15.0
外国直接投资，净流入额（百万美元）	155	96	29
获得的净官方发展援助（百万美元）	412	275	513

巴拉圭

拉丁美洲和加勒比地区		中低收入经济体	
人口（百万）	6.5	人口增长率（百分比）	1.8
陆地面积（千平方公里）	407	国家贫困率（占人口的百分比）	34.7
GNI，图表集法（10亿美元）	17.6	人均GNI，图表集法（美元）	2,720
PPP衡量的GNI（10亿美元）	32.8	PPP衡量的人均GNI（美元）	5,080

	1990	2000	2010
人口			
最贫困的20%人口占国家消费/收入的份额（百分比）	5.8	*2.7*	3.3
出生时的预期寿命（岁）	68	70	72
总生育率（每个女性生育数）	4.5	3.7	3.0
青年女性生育率（每千名15—19岁女性生育数）	..	86	69
避孕普及率（占15—49岁已婚女性的百分比）	48	*73*	*79*
在熟练医护人员护理下的分娩（占总数的百分比）	66	*77*	*82*
5岁以下儿童死亡率（每千人）	50	35	25
儿童营养不良，体重不足（占5岁以下儿童的百分比）	2.8	..	*3.4*
儿童麻疹免疫接种率（占12—23个月年龄组的百分比）	69	92	94
小学毕业率，总数（占适龄年龄组的百分比）	65	92	*94*
中学总入学率，总数（占适龄年龄组的百分比）	31	61	*67*
小学和中学中女孩与男孩的比率（百分比）	98	98	*100*
HIV感染率（占15—49岁人口的百分比）	0.1	0.3	*0.3*
环境			
森林（千平方公里）	212	194	176
森林采伐（1990—2010年，平均年度百分比）	..	0.9	1.0
淡水使用量（占内陆水资源的百分比）	..	0.5	*0.1*
获得改善的水资源的人口（占总人口的百分比）	52	74	86
获得改善的卫生设施的人口（占总人口的百分比）	37	58	71
人均能源使用量（千克石油当量）	724	721	*749*
人均二氧化碳排放量（吨）	0.5	0.7	*0.7*
人均用电量（千瓦时）	502	881	*1,056*
经济			
GDP（10亿美元）	5.3	7.1	18.3
GDP增长率（年度百分比）	3.1	-3.3	15.0
GDP隐含价格平减指数（年度增长百分比）	36.3	12.1	6.7
农业增加值（占GDP的百分比）	28	17	22
工业增加值（占GDP的百分比）	25	22	20
服务业增加值（占GDP的百分比）	47	61	57
货物和服务出口（占GDP的百分比）	33	38	57
货物和服务进口（占GDP的百分比）	39	49	55
资本形成总额（占GDP的百分比）	23	19	19
中央政府收入（占GDP的百分比）	12.3	17.0	18.1
中央政府现金盈余/赤字（占GDP的百分比）	2.9	-3.9	1.4
政府与市场			
创办企业的时间（天）	..	*74*	35
股票市场资本总额（占GDP的百分比）	*0.3*	3.5	0.2
军费支出（占GDP的百分比）	1.2	1.1	0.9
移动电话用户（每100人）	0.0	15.4	91.7
互联网用户（每100人）	0.0	0.7	19.8
铺敷道路（占总数的百分比）	..	50.8	..
高科技出口（占制成品出口的百分比）	0	3	7
全球联系			
商品贸易（占GDP的百分比）	44	43	80
净易货贸易条件指数（2000年=100）	103	100	103
外债总额（10亿美元）	2.1	3.1	4.9
债务还本付息总额（占出口的百分比）	12.3	11.1	4.6
净移民（千人）	-16.9	-43.0	-40.0
获得的侨汇（百万美元）	34	278	673
外国直接投资，净流入额（百万美元）	77	104	345
获得的净官方发展援助（百万美元）	57	82	105

秘 鲁

拉丁美洲和加勒比地区		中高收入经济体	
人口（百万）	29.1	人口增长率（百分比）	1.1
陆地面积（千平方公里）	1,285	国家贫困率（占人口的百分比）	31.3
GNI，图表集法（10亿美元）	136.7	人均GNI，图表集法（美元）	4,700
PPP衡量的GNI（10亿美元）	259.6	PPP衡量的人均GNI（美元）	8,930

	1990	2000	2010
人口			
最贫困的20%人口占国家消费/收入的份额（百分比）	..	3.4	3.9
出生时的预期寿命（岁）	66	70	74
总生育率（每个女性生育数）	3.8	2.9	2.5
青年女性生育率（每千名15—19岁女性生育数）	..	65	51
避孕普及率（占15—49岁已婚女性的百分比）	*59*	69	74
在熟练医护人员护理下的分娩（占总数的百分比）	*53*	59	84
5岁以下儿童死亡率（每千人）	78	41	19
儿童营养不良，体重不足（占5岁以下儿童的百分比）	*8.8*	5.2	*4.5*
儿童麻疹免疫接种率（占12—23个月年龄组的百分比）	64	97	94
小学毕业率，总数（占适龄年龄组的百分比）	..	103	*102*
中学总入学率，总数（占适龄年龄组的百分比）	67	86	*92*
小学和中学中女孩与男孩的比率（百分比）	*96*	97	*99*
HIV感染率（占15—49岁人口的百分比）	0.4	0.5	*0.4*
环境			
森林（千平方公里）	702	692	680
森林采伐（1990—2010年，平均年度百分比）	..	0.1	0.2
淡水使用量（占内陆水资源的百分比）	*1.0*	1.2	*1.0*
获得改善的水资源的人口（占总人口的百分比）	75	81	85
获得改善的卫生设施的人口（占总人口的百分比）	54	63	71
人均能源使用量（千克石油当量）	449	473	*550*
人均二氧化碳排放量（吨）	1.0	1.2	*1.4*
人均用电量（千瓦时）	550	682	*1,136*
经济			
GDP（10亿美元）	26.3	53.3	157.1
GDP增长率（年度百分比）	-5.1	3.0	8.8
GDP隐含价格平减指数（年度增长百分比）	6,836.9	3.7	6.9
农业增加值（占GDP的百分比）	9	8	8
工业增加值（占GDP的百分比）	27	30	34
服务业增加值（占GDP的百分比）	64	62	57
货物和服务出口（占GDP的百分比）	16	16	25
货物和服务进口（占GDP的百分比）	14	18	22
资本形成总额（占GDP的百分比）	16	20	24
中央政府收入（占GDP的百分比）	12.5	17.4	18.5
中央政府现金盈余/赤字（占GDP的百分比）	-8.1	-2.1	0.3
政府与市场			
创办企业的时间（天）	..	*98*	26
股票市场资本总额（占GDP的百分比）	3.1	19.8	63.6
军费支出（占GDP的百分比）	0.1	2.0	1.4
移动电话用户（每100人）	0.0	4.9	100.1
互联网用户（每100人）	0.0	3.1	34.3
铺敷道路（占总数的百分比）	9.9	13.4	*13.9*
高科技出口（占制成品出口的百分比）	*1*	4	7
全球联系			
商品贸易（占GDP的百分比）	22	27	42
净易货贸易条件指数（2000年=100）	114	100	152
外债总额（10亿美元）	20.1	28.6	36.3
债务还本付息总额（占出口的百分比）	11.0	27.8	16.7
净移民（千人）	-180	-350	-725
获得的侨汇（百万美元）	87	718	2,534
外国直接投资，净流入额（百万美元）	41	810	7,328
获得的净官方发展援助（百万美元）	397	397	-254

菲律宾

东亚和太平洋地区		中低收入经济体	
人口（百万）	93.3	人口增长率（百分比）	1.7
陆地面积（千平方公里）	300	国家贫困率（占人口的百分比）	*26.5*
GNI，图表集法（10亿美元）	192.2	人均GNI，图表集法（美元）	2,060
PPP衡量的GNI（10亿美元）	370.7	PPP衡量的人均GNI（美元）	3,980

	1990	2000	2010
人口			
最贫困的20%人口占国家消费/收入的份额（百分比）	5.9	5.4	*6.0*
出生时的预期寿命（岁）	65	67	68
总生育率（每个女性生育数）	4.3	3.8	3.1
青年女性生育率（每千名15—19岁女性生育数）	..	52	50
避孕普及率（占15—49岁已婚女性的百分比）	*40*	47	*51*
在熟练医护人员护理下的分娩（占总数的百分比）	*53*	58	*62*
5岁以下儿童死亡率（每千人）	59	40	29
儿童营养不良，体重不足（占5岁以下儿童的百分比）	*29.8*	*20.7*	*20.7*
儿童麻疹免疫接种率（占12—23个月年龄组的百分比）	85	80	88
小学毕业率，总数（占适龄年龄组的百分比）	88	*101*	*92*
中学总入学率，总数（占适龄年龄组的百分比）	71	*75*	*85*
小学和中学中女孩与男孩的比率（百分比）	99	*103*	*101*
HIV感染率（占15—49岁人口的百分比）	0.1	0.1	*0.1*
环境			
森林（千平方公里）	66	71	77
森林采伐（1990—2010年，平均年度百分比）	..	-0.8	-0.7
淡水使用量（占内陆水资源的百分比）	..	..	*17.0*
获得改善的水资源的人口（占总人口的百分比）	85	89	92
获得改善的卫生设施的人口（占总人口的百分比）	57	65	74
人均能源使用量（千克石油当量）	469	523	*424*
人均二氧化碳排放量（吨）	0.7	1.0	*0.9*
人均用电量（千瓦时）	363	504	*593*
经济			
GDP（10亿美元）	44.3	81.0	199.6
GDP增长率（年度百分比）	3.0	4.4	7.6
GDP隐含价格平减指数（年度增长百分比）	13.0	5.7	4.2
农业增加值（占GDP的百分比）	22	14	12
工业增加值（占GDP的百分比）	34	34	33
服务业增加值（占GDP的百分比）	44	52	55
货物和服务出口（占GDP的百分比）	28	51	35
货物和服务进口（占GDP的百分比）	33	53	37
资本形成总额（占GDP的百分比）	24	18	21
中央政府收入（占GDP的百分比）	16.2	14.2	13.4
中央政府现金盈余/赤字（占GDP的百分比）	-2.8	-3.7	-3.5
政府与市场			
创办企业的时间（天）	..	*49*	35
股票市场资本总额（占GDP的百分比）	13.4	32.0	78.8
军费支出（占GDP的百分比）	1.4	1.0	0.8
移动电话用户（每100人）	0.0	8.3	85.7
互联网用户（每100人）	0.0	2.0	25.0
铺敷道路（占总数的百分比）	..	*20.0*	..
高科技出口（占制成品出口的百分比）	*32*	73	68
全球联系			
商品贸易（占GDP的百分比）	48	95	55
净易货贸易条件指数（2000年=100）	87	100	69
外债总额（10亿美元）	30.6	58.3	72.3
债务还本付息总额（占出口的百分比）	27.6	16.0	18.4
净移民（千人）	-299	-776	-1,233
获得的侨汇（10亿美元）	1.5	7.0	21.4
外国直接投资，净流入额（10亿美元）	0.5	2.2	1.7
获得的净官方发展援助（百万美元）	1,271	572	535

波 兰

高收入经济体

人口（百万）	38.2	人口增长率（百分比）	0.1
陆地面积（千平方公里）	313	国家贫困率（占人口的百分比）	*10.6*
GNI，图表集法（10亿美元）	474.9	人均GNI，图表集法（美元）	12,440
PPP衡量的GNI（10亿美元）	731.5	PPP衡量的人均GNI（美元）	19,160

	1990	2000	2010
人口			
最贫困的20%人口占国家消费/收入的份额（百分比）	*9.2*	7.8	*7.7*
出生时的预期寿命（岁）	71	74	76
总生育率（每个女性生育数）	2.0	1.4	1.4
青年女性生育率（每千名15—19岁女性生育数）	..	17	13
避孕普及率（占15—49岁已婚女性的百分比）	*73*	..	..
在熟练医护人员护理下的分娩（占总数的百分比）	100	100	*100*
5岁以下儿童死亡率（每千人）	17	10	6
儿童营养不良，体重不足（占5岁以下儿童的百分比）	..	..	..
儿童麻疹免疫接种率（占12—23个月年龄组的百分比）	95	97	98
小学毕业率，总数（占适龄年龄组的百分比）	98	95	*95*
中学总入学率，总数（占适龄年龄组的百分比）	88	101	*97*
小学和中学中女孩与男孩的比率（百分比）	101	98	*99*
HIV感染率（占15—49岁人口的百分比）	0.1	0.1	*0.1*
环境			
森林（千平方公里）	89	91	93
森林采伐（1990—2010年，平均年度百分比）	..	-0.2	-0.3
淡水使用量（占内陆水资源的百分比）	*24.6*	24.5	*19.4*
获得改善的水资源的人口（占总人口的百分比）	..	..	*100*
获得改善的卫生设施的人口（占总人口的百分比）	..	90	*90*
人均能源使用量（千克石油当量）	2,705	2,317	2,664
人均二氧化碳排放量（吨）	9.6	7.8	*8.3*
人均用电量（千瓦时）	3,272	3,240	*3,591*
经济			
GDP（10亿美元）	65	171	469
GDP增长率（年度百分比）	*-7.0*	4.3	3.9
GDP隐含价格平减指数（年度增长百分比）	*55.3*	7.3	1.4
农业增加值（占GDP的百分比）	8	5	4
工业增加值（占GDP的百分比）	50	32	32
服务业增加值（占GDP的百分比）	42	63	65
货物和服务出口（占GDP的百分比）	26	27	42
货物和服务进口（占GDP的百分比）	20	34	43
资本形成总额（占GDP的百分比）	24	25	21
中央政府收入（占GDP的百分比）	..	*31.5*	*30.0*
中央政府现金盈余/赤字（占GDP的百分比）	..	*-2.8*	*-6.1*
政府与市场			
创办企业的时间（天）	..	*31*	32
股票市场资本总额（占GDP的百分比）	*0.2*	18.3	40.5
军费支出（占GDP的百分比）	2.4	1.8	1.9
移动电话用户（每100人）	0.0	17.5	123.0
互联网用户（每100人）	0.0	7.3	62.5
铺敷道路（占总数的百分比）	61.6	68.3	*69.9*
高科技出口（占制成品出口的百分比）	*3*	3	7
全球联系			
商品贸易（占GDP的百分比）	40	47	70
净易货贸易条件指数（2000年=100）	..	100	102
外债总额（百万美元）	..	..	..
债务还本付息总额（占出口的百分比）	..	..	..
净移民（千人）	-250	-199	56
获得的侨汇（10亿美元）	..	1.5	7.6
外国直接投资，净流入额（10亿美元）	0.1	9.3	9.1
获得的净官方发展援助（百万美元）	..	..	..

葡萄牙

高收入经济体

人口（百万）	10.6	人口增长率（百分比）	0.0
陆地面积（千平方公里）	92	国家贫困率（占人口的百分比）	..
GNI，图表集法（10亿美元）	232.6	人均GNI，图表集法（美元）	21,870
PPP衡量的GNI（10亿美元）	261.6	PPP衡量的人均GNI（美元）	24,590

	1990	2000	2010
人口			
最贫困的20%人口占国家消费/收入的份额（百分比）	..	..	..
出生时的预期寿命（岁）	74	76	79
总生育率（每个女性生育数）	1.4	1.6	1.3
青年女性生育率（每千名15—19岁女性生育数）	..	20	14
避孕普及率（占15—49岁已婚女性的百分比）	..	..	*67*
在熟练医护人员护理下的分娩（占总数的百分比）	*98*	100	..
5岁以下儿童死亡率（每千人）	15	7	4
儿童营养不良，体重不足（占5岁以下儿童的百分比）	..	..	..
儿童麻疹免疫接种率（占12—23个月年龄组的百分比）	85	87	96
小学毕业率，总数（占适龄年龄组的百分比）	..	..	..
中学总入学率，总数（占适龄年龄组的百分比）	59	105	*107*
小学和中学中女孩与男孩的比率（百分比）	97	101	*100*
HIV感染率（占15—49岁人口的百分比）	0.1	0.4	*0.6*
环境			
森林（千平方公里）	33	34	35
森林采伐（1990—2010年，平均年度百分比）	..	-0.3	-0.1
淡水使用量（占内陆水资源的百分比）	..	31.3	*12.3*
获得改善的水资源的人口（占总人口的百分比）	96	99	99
获得改善的卫生设施的人口（占总人口的百分比）	92	98	100
人均能源使用量（千克石油当量）	1,677	2,413	2,211
人均二氧化碳排放量（吨）	4.4	6.2	*5.3*
人均用电量（千瓦时）	2,542	4,014	*4,815*
经济			
GDP（10亿美元）	78	117	229
GDP增长率（年度百分比）	4.0	3.9	1.4
GDP隐含价格平减指数（年度增长百分比）	13.1	3.3	1.0
农业增加值（占GDP的百分比）	9	4	2
工业增加值（占GDP的百分比）	29	28	23
服务业增加值（占GDP的百分比）	63	68	74
货物和服务出口（占GDP的百分比）	30	29	31
货物和服务进口（占GDP的百分比）	37	40	38
资本形成总额（占GDP的百分比）	27	28	20
中央政府收入（占GDP的百分比）	..	34.6	*34.5*
中央政府现金盈余/赤字（占GDP的百分比）	..	-2.6	*-8.7*
政府与市场			
创办企业的时间（天）	..	*78*	5
股票市场资本总额（占GDP的百分比）	11.8	51.7	35.9
军费支出（占GDP的百分比）	2.4	1.9	2.2
移动电话用户（每100人）	0.1	65.2	142.8
互联网用户（每100人）	0.0	16.6	51.3
铺敷道路（占总数的百分比）	..	86.0	..
高科技出口（占制成品出口的百分比）	4	6	3
全球联系			
商品贸易（占GDP的百分比）	54	55	54
净易货贸易条件指数（2000年=100）	..	100	88
外债总额（百万美元）	..	..	..
债务还本付息总额（占出口的百分比）	..	..	..
净移民（千人）	-148	174	150
获得的侨汇（10亿美元）	4.5	3.5	3.5
外国直接投资，净流入额（10亿美元）	2.6	6.7	1.5
获得的净官方发展援助（百万美元）	..	..	..

波多黎各

高收入经济体

人口（百万）	4.0	人口增长率（百分比）	0.3
陆地面积（千平方公里）	8.9	国家贫困率（占人口的百分比）	..
GNI，图表集法（10亿美元）	61.6	人均GNI，图表集法（美元）	15,500
PPP衡量的GNI（百万美元）	..	PPP衡量的人均GNI（美元）	..

	1990	2000	2010
人口			
最贫困的20%人口占国家消费/收入的份额（百分比）	..	..	..
出生时的预期寿命（岁）	74	77	79
总生育率（每个女性生育数）	2.2	2.0	1.8
青年女性生育率（每千名15—19岁女性生育数）	..	68	52
避孕普及率（占15—49岁已婚女性的百分比）	..	*84*	..
在熟练医护人员护理下的分娩（占总数的百分比）	..	*100*	..
5岁以下儿童死亡率（每千人）	..	..	..
儿童营养不良，体重不足（占5岁以下儿童的百分比）	..	..	..
儿童麻疹免疫接种率（占12—23个月年龄组的百分比）	..	..	..
小学毕业率，总数（占适龄年龄组的百分比）	..	..	..
中学总入学率，总数（占适龄年龄组的百分比）	..	..	82
小学和中学中女孩与男孩的比率（百分比）	..	..	104
HIV感染率（占15—49岁人口的百分比）	..	..	..
环境			
森林（千平方公里）	2.9	4.6	5.5
森林采伐（1990—2010年，平均年度百分比）	..	-4.9	-1.8
淡水使用量（占内陆水资源的百分比）	11.2	12.1	*14.0*
获得改善的水资源的人口（占总人口的百分比）	..	..	..
获得改善的卫生设施的人口（占总人口的百分比）	..	..	..
人均能源使用量（千克石油当量）	..	..	..
人均二氧化碳排放量（吨）	..	..	..
人均用电量（千瓦时）	..	..	..
经济			
GDP（10亿美元）	30.6	61.7	96.3
GDP增长率（年度百分比）	3.8	3.3	-2.1
GDP隐含价格平减指数（年度增长百分比）	4.3	3.3	3.2
农业增加值（占GDP的百分比）	1	1	1
工业增加值（占GDP的百分比）	42	42	50
服务业增加值（占GDP的百分比）	57	57	49
货物和服务出口（占GDP的百分比）	*72*	75	78
货物和服务进口（占GDP的百分比）	*70*	98	92
资本形成总额（占GDP的百分比）	17	*18*	9
中央政府收入（占GDP的百分比）	..	..	..
中央政府现金盈余/赤字（占GDP的百分比）	..	..	..
政府与市场			
创办企业的时间（天）	..	*7*	6
股票市场资本总额（占GDP的百分比）	..	..	..
军费支出（占GDP的百分比）	..	..	..
移动电话用户（每100人）	0.6	34.6	73.8
互联网用户（每100人）	0.0	10.5	42.7
铺敷道路（占总数的百分比）	..	94.0	..
高科技出口（占制成品出口的百分比）	..	..	..
全球联系			
商品贸易（占GDP的百分比）	..	..	..
净易货贸易条件指数（2000年=100）	..	..	..
外债总额（百万美元）	..	..	..
债务还本付息总额（占出口的百分比）	..	..	..
净移民（千人）	-55	-25	-145
获得的侨汇（百万美元）	..	..	..
外国直接投资，净流入额（百万美元）	..	..	..
获得的净官方发展援助（百万美元）	..	..	..

卡塔尔

高收入经济体

人口（百万）	1.8	人口增长率（百分比）	9.6
陆地面积（千平方公里）	12	国家贫困率（占人口的百分比）	..
GNI，图表集法（百万美元）	..	人均 GNI，图表集法（美元）	..
PPP 衡量的 GNI（百万美元）	..	PPP 衡量的人均 GNI（美元）	..

	1990	2000	2010
人口			
最贫困的 20% 人口占国家消费/收入的份额（百分比）	..	..	3.9
出生时的预期寿命（岁）	74	76	78
总生育率（每个女性生育数）	4.2	3.1	2.3
青年女性生育率（每千名 15—19 岁女性生育数）	..	21	16
避孕普及率（占 15—49 岁已婚女性的百分比）	..	*43*	..
在熟练医护人员护理下的分娩（占总数的百分比）	..	*100*	*100*
5 岁以下儿童死亡率（每千人）	21	13	8
儿童营养不良，体重不足（占 5 岁以下儿童的百分比）	..	..	..
儿童麻疹免疫接种率（占 12—23 个月年龄组的百分比）	79	91	99
小学毕业率，总数（占适龄年龄组的百分比）	70	*93*	*100*
中学总入学率，总数（占适龄年龄组的百分比）	83	88	94
小学和中学中女孩与男孩的比率（百分比）	98	109	109
HIV 感染率（占 15—49 岁人口的百分比）	0.1	0.1	*0.1*
环境			
森林（平方公里）	0.0	0.0	0.0
森林采伐（1990—2010 年，平均年度百分比）	..	0.0	0.0
淡水使用量（占内陆水资源的百分比）	..	348.0	*455.2*
获得改善的水资源的人口（占总人口的百分比）	100	100	100
获得改善的卫生设施的人口（占总人口的百分比）	100	100	100
人均能源使用量（千克石油当量）	13,098	18,029	*14,911*
人均二氧化碳排放量（吨）	24.9	58.8	*49.1*
人均用电量（千瓦时）	9,643	14,385	*14,421*
经济			
GDP（10 亿美元）	7.4	17.8	*98.3*
GDP 增长率（年度百分比）	..	*3.3*	*8.6*
GDP 隐含价格平减指数（年度增长百分比）	..	*-4.4*	*-18.3*
农业增加值（占 GDP 的百分比）	..	..	..
工业增加值（占 GDP 的百分比）	..	..	..
服务业增加值（占 GDP 的百分比）	..	..	..
货物和服务出口（占 GDP 的百分比）	..	67	*47*
货物和服务进口（占 GDP 的百分比）	..	22	*31*
资本形成总额（占 GDP 的百分比）	..	20	*39*
中央政府收入（占 GDP 的百分比）	..	..	*47.2*
中央政府现金盈余/赤字（占 GDP 的百分比）	..	..	*15.2*
政府与市场			
创办企业的时间（天）	..	..	12
股票市场资本总额（占 GDP 的百分比）	..	29.0	*89.4*
军费支出（占 GDP 的百分比）	..	*4.7*	*2.3*
移动电话用户（每 100 人）	0.8	20.5	132.4
互联网用户（每 100 人）	0.0	4.9	81.6
铺敷道路（占总数的百分比）	85.6	90.0	..
高科技出口（占制成品出口的百分比）	*0*	0	*0*
全球联系			
商品贸易（占 GDP 的百分比）	76	84	67
净易货贸易条件指数（2000 年 =100）	..	100	188
外债总额（百万美元）	..	..	..
债务还本付息总额（占出口的百分比）	..	..	..
净移民（千人）	58	43	857
获得的侨汇（百万美元）	..	..	..
外国直接投资，净流入额（百万美元）	5	252	5,534
获得的净官方发展援助（百万美元）	3.0	..	..

罗马尼亚

欧洲和中亚　　中高收入经济体

人口（百万）	21.4	人口增长率（百分比）	-0.2
陆地面积（千平方公里）	238	国家贫困率（占人口的百分比）	*13.8*
GNI，图表集法（10亿美元）	168.2	人均GNI，图表集法（美元）	7,850
PPP衡量的GNI（10亿美元）	306.4	PPP衡量的人均GNI（美元）	14,290

	1990	2000	2010
人口			
最贫困的20%人口占国家消费/收入的份额（百分比）	*9.9*	8.2	*8.3*
出生时的预期寿命（岁）	70	71	73
总生育率（每个女性生育数）	1.8	1.3	1.4
青年女性生育率（每千名15—19岁女性生育数）	..	38	30
避孕普及率（占15—49岁已婚女性的百分比）	*57*	*64*	..
在熟练医护人员护理下的分娩（占总数的百分比）	100	99	*99*
5岁以下儿童死亡率（每千人）	37	27	14
儿童营养不良，体重不足（占5岁以下儿童的百分比）	*5.0*	3.7	..
儿童麻疹免疫接种率（占12—23个月年龄组的百分比）	92	98	95
小学毕业率，总数（占适龄年龄组的百分比）	96	95	*91*
中学总入学率，总数（占适龄年龄组的百分比）	102	82	*95*
小学和中学中女孩与男孩的比率（百分比）	98	100	*99*
HIV感染率（占15—49岁人口的百分比）	0.1	0.1	*0.1*
环境			
森林（千平方公里）	64	64	66
森林采伐（1990—2010年，平均年度百分比）	..	0.0	-0.3
淡水使用量（占内陆水资源的百分比）	48.3	*4.2*	*3.2*
获得改善的水资源的人口（占总人口的百分比）	75	84	..
获得改善的卫生设施的人口（占总人口的百分比）	71	72	*72*
人均能源使用量（千克石油当量）	2,683	1,612	*1,602*
人均二氧化碳排放量（吨）	6.8	4.0	*4.4*
人均用电量（千瓦时）	2,925	1,988	*2,267*
经济			
GDP（10亿美元）	38.3	37.1	161.6
GDP增长率（年度百分比）	-5.6	2.1	0.9
GDP隐含价格平减指数（年度增长百分比）	13.6	44.3	3.6
农业增加值（占GDP的百分比）	24	13	7
工业增加值（占GDP的百分比）	50	36	26
服务业增加值（占GDP的百分比）	26	51	67
货物和服务出口（占GDP的百分比）	17	33	23
货物和服务进口（占GDP的百分比）	26	38	30
资本形成总额（占GDP的百分比）	30	20	31
中央政府收入（占GDP的百分比）	..	*25.8*	*30.9*
中央政府现金盈余/赤字（占GDP的百分比）	..	*-2.0*	*-4.6*
政府与市场			
创办企业的时间（天）	..	*29*	14
股票市场资本总额（占GDP的百分比）	..	2.9	20.0
军费支出（占GDP的百分比）	4.5	2.5	1.4
移动电话用户（每100人）	0.0	11.1	114.9
互联网用户（每100人）	0.0	3.6	40.0
铺敷道路（占总数的百分比）	*51.0*	49.5	..
高科技出口（占制成品出口的百分比）	3	6	11
全球联系			
商品贸易（占GDP的百分比）	33	64	69
净易货贸易条件指数（2000年=100）	..	100	100
外债总额（10亿美元）	1	11	122
债务还本付息总额（占出口的百分比）	0.3	20.1	31.2
净移民（千人）	-121	-300	-100
获得的侨汇（百万美元）	..	96	3,883
外国直接投资，净流入额（10亿美元）	0.0	1.0	2.9
获得的净官方发展援助（百万美元）	..	..	..

俄罗斯联邦

欧洲和中亚 **中高收入经济体**

人口（百万）	141.8	人口增长率（百分比）	-0.1
陆地面积（千平方公里）	17,098	国家贫困率（占人口的百分比）	*11.1*
GNI，图表集法（10亿美元）	1,403.8	人均GNI，图表集法（美元）	9,900
PPP衡量的GNI（10亿美元）	2,726.8	PPP衡量的人均GNI（美元）	19,240

	1990	2000	2010
人口			
最贫困的20%人口占国家消费/收入的份额（百分比）	*4.4*	*6.1*	6.5
出生时的预期寿命（岁）	69	65	69
总生育率（每个女性生育数）	1.9	1.2	1.5
青年女性生育率（每千名15—19岁女性生育数）	..	31	26
避孕普及率（占15—49岁已婚女性的百分比）	*63*	*84*	*80*
在熟练医护人员护理下的分娩（占总数的百分比）	99	99	*100*
5岁以下儿童死亡率（每千人）	27	23	12
儿童营养不良，体重不足（占5岁以下儿童的百分比）	..	..	..
儿童麻疹免疫接种率（占12—23个月年龄组的百分比）	*83*	97	98
小学毕业率，总数（占适龄年龄组的百分比）	..	91	*98*
中学总入学率，总数（占适龄年龄组的百分比）	95	*92*	*89*
小学和中学中女孩与男孩的比率（百分比）	101	*100*	*98*
HIV感染率（占15—49岁人口的百分比）	0.1	0.3	*1.0*
环境			
森林（千平方公里）	8,090	8,093	8,091
森林采伐（1990—2010年，平均年度百分比）	..	0.0	0.0
淡水使用量（占内陆水资源的百分比）	..	*1.5*	*1.5*
获得改善的水资源的人口（占总人口的百分比）	93	95	97
获得改善的卫生设施的人口（占总人口的百分比）	74	72	70
人均能源使用量（千克石油当量）	5,929	4,233	*4,561*
人均二氧化碳排放量（吨）	*14.9*	10.6	*12.0*
人均用电量（千瓦时）	6,673	5,209	*6,136*
经济			
GDP（10亿美元）	517	260	1,480
GDP增长率（年度百分比）	-3.0	10.0	4.0
GDP隐含价格平减指数（年度增长百分比）	15.9	37.7	11.4
农业增加值（占GDP的百分比）	17	6	4
工业增加值（占GDP的百分比）	48	38	37
服务业增加值（占GDP的百分比）	35	56	59
货物和服务出口（占GDP的百分比）	18	44	30
货物和服务进口（占GDP的百分比）	18	24	22
资本形成总额（占GDP的百分比）	30	19	23
中央政府收入（占GDP的百分比）	..	*31.8*	26.8
中央政府现金盈余/赤字（占GDP的百分比）	..	*7.0*	-1.9
政府与市场			
创办企业的时间（天）	..	*44*	30
股票市场资本总额（占GDP的百分比）	*0.0*	15.0	67.9
军费支出（占GDP的百分比）	19.1	3.7	4.0
移动电话用户（每100人）	0.0	2.2	167.7
互联网用户（每100人）	0.0	2.0	43.4
铺敷道路（占总数的百分比）	74.2	*67.4*	*80.1*
高科技出口（占制成品出口的百分比）	..	16	9
全球联系			
商品贸易（占GDP的百分比）	..	58	44
净易货贸易条件指数（2000年=100）	..	100	197
外债总额（10亿美元）	*78*	160	385
债务还本付息总额（占出口的百分比）	..	9.9	12.8
净移民（百万）	0.9	2.2	1.1
获得的侨汇（10亿美元）	..	1.3	5.3
外国直接投资，净流入额（10亿美元）	*1.2*	2.7	43.3
获得的净官方发展援助（百万美元）	..	..	..

卢旺达

撒哈拉以南非洲地区		低收入经济体	
人口（百万）	10.6	人口增长率（百分比）	3.0
陆地面积（千平方公里）	26	国家贫困率（占人口的百分比）	*44.9*
GNI，图表集法（10亿美元）	5.5	人均GNI，图表集法（美元）	520
PPP衡量的GNI（10亿美元）	12.3	PPP衡量的人均GNI（美元）	1,150

	1990	2000	2010
人口			
最贫困的20%人口占国家消费/收入的份额（百分比）	..	4.8	*5.2*
出生时的预期寿命（岁）	33	47	55
总生育率（每个女性生育数）	7.0	5.8	5.4
青年女性生育率（每千名15—19岁女性生育数）	..	48	37
避孕普及率（占15—49岁已婚女性的百分比）	*21*	13	52
在熟练医护人员护理下的分娩（占总数的百分比）	*26*	31	69
5岁以下儿童死亡率（每千人）	163	177	91
儿童营养不良，体重不足（占5岁以下儿童的百分比）	*24.3*	20.3	*18.0*
儿童麻疹免疫接种率（占12—23个月年龄组的百分比）	83	74	82
小学毕业率，总数（占适龄年龄组的百分比）	49	23	70
中学总入学率，总数（占适龄年龄组的百分比）	17	11	32
小学和中学中女孩与男孩的比率（百分比）	95	97	102
HIV感染率（占15—49岁人口的百分比）	5.2	3.8	*2.9*
环境			
森林（千平方公里）	3.2	3.4	4.4
森林采伐（1990—2010年，平均年度百分比）	..	-0.8	-2.4
淡水使用量（占内陆水资源的百分比）	..	1.6	*1.6*
获得改善的水资源的人口（占总人口的百分比）	66	66	65
获得改善的卫生设施的人口（占总人口的百分比）	36	47	55
人均能源使用量（千克石油当量）	..	..	..
人均二氧化碳排放量（吨）	0.1	0.1	*0.1*
人均用电量（千瓦时）	..	..	..
经济			
GDP（10亿美元）	2.6	1.7	5.6
GDP增长率（年度百分比）	-2.4	8.1	7.5
GDP隐含价格平减指数（年度增长百分比）	13.5	-3.0	2.1
农业增加值（占GDP的百分比）	33	37	*34*
工业增加值（占GDP的百分比）	25	14	*14*
服务业增加值（占GDP的百分比）	43	49	*52*
货物和服务出口（占GDP的百分比）	6	9	*12*
货物和服务进口（占GDP的百分比）	14	26	*29*
资本形成总额（占GDP的百分比）	15	18	*22*
中央政府收入（占GDP的百分比）	10.8	..	..
中央政府现金盈余/赤字（占GDP的百分比）	-5.4	..	..
政府与市场			
创办企业的时间（天）	..	*18*	3
股票市场资本总额（占GDP的百分比）	..	..	..
军费支出（占GDP的百分比）	3.7	3.5	1.4
移动电话用户（每100人）	0.0	0.5	33.4
互联网用户（每100人）	0.0	0.1	13.0
铺敷道路（占总数的百分比）	9.0	*19.0*	..
高科技出口（占制成品出口的百分比）	..	*2*	6
全球联系			
商品贸易（占GDP的百分比）	15	15	31
净易货贸易条件指数（2000年=100）	40	100	234
外债总额（百万美元）	708	1,270	795
债务还本付息总额（占出口的百分比）	13.4	25.2	2.3
净移民（千人）	15	1,816	15
获得的侨汇（百万美元）	2.6	6.6	91.8
外国直接投资，净流入额（百万美元）	7.6	8.3	42.3
获得的净官方发展援助（百万美元）	288	321	1,034

萨摩亚

东亚和太平洋地区			中低收入经济体
人口（千人）	184	人口增长率（百分比）	0.4
陆地面积（千平方公里）	2.8	国家贫困率（占人口的百分比）	..
GNI，图表集法（百万美元）	549.0	人均 GNI，图表集法（美元）	2,980
PPP 衡量的 GNI（百万美元）	782.2	PPP 衡量的人均 GNI（美元）	4,250

	1990	2000	2010
人口			
最贫困的 20% 人口占国家消费/收入的份额（百分比）	..	..	..
出生时的预期寿命（岁）	65	69	72
总生育率（每个女性生育数）	4.8	4.6	3.9
青年女性生育率（每千名 15—19 岁女性生育数）	..	40	27
避孕普及率（占 15—49 岁已婚女性的百分比）	..	*25*	*29*
在熟练医护人员护理下的分娩（占总数的百分比）	76	*100*	*81*
5 岁以下儿童死亡率（每千人）	27	23	20
儿童营养不良，体重不足（占 5 岁以下儿童的百分比）	..	*1.7*	..
儿童麻疹免疫接种率（占 12—23 个月年龄组的百分比）	89	93	61
小学毕业率，总数（占适龄年龄组的百分比）	..	94	101
中学总入学率，总数（占适龄年龄组的百分比）	..	78	85
小学和中学中女孩与男孩的比率（百分比）	..	106	108
HIV 感染率（占 15—49 岁人口的百分比）	..	..	..
环境			
森林（千平方公里）	1.3	1.7	1.7
森林采伐（1990—2010 年，平均年度百分比）	..	-2.8	0.0
淡水使用量（占内陆水资源的百分比）	..	..	..
获得改善的水资源的人口（占总人口的百分比）	89	92	96
获得改善的卫生设施的人口（占总人口的百分比）	99	98	98
人均能源使用量（千克石油当量）	268	..	*320*
人均二氧化碳排放量（吨）	0.8	0.8	*0.9*
人均用电量（千瓦时）	..	..	..
经济			
GDP（百万美元）	112	246	574
GDP 增长率（年度百分比）	-4.4	7.0	1.7
GDP 隐含价格平减指数（年度增长百分比）	9.0	2.8	2.3
农业增加值（占 GDP 的百分比）	..	17	10
工业增加值（占 GDP 的百分比）	..	26	28
服务业增加值（占 GDP 的百分比）	..	57	62
货物和服务出口（占 GDP 的百分比）	..	34	32
货物和服务进口（占 GDP 的百分比）	..	57	59
资本形成总额（占 GDP 的百分比）	..	..	..
中央政府收入（占 GDP 的百分比）	..	..	..
中央政府现金盈余/赤字（占 GDP 的百分比）	..	..	..
政府与市场			
创办企业的时间（天）	..	*42*	9
股票市场资本总额（占 GDP 的百分比）	..	..	..
军费支出（占 GDP 的百分比）	..	..	..
移动电话用户（每 100 人）	0.0	1.4	91.0
互联网用户（每 100 人）	0.0	0.6	7.0
铺敷道路（占总数的百分比）	..	*14.2*	..
高科技出口（占制成品出口的百分比）	..	*1*	0
全球联系			
商品贸易（占 GDP 的百分比）	80	70	64
净易货贸易条件指数（2000 年 =100）	..	100	79
外债总额（百万美元）	92	138	308
债务还本付息总额（占出口的百分比）	10.6	5.7	5.2
净移民（千人）	-16.4	-15.0	-15.7
获得的侨汇（百万美元）	43	45	143
外国直接投资，净流入额（百万美元）	6.6	-1.5	0.7
获得的净官方发展援助（百万美元）	48	27	147

圣马力诺

高收入经济体

人口（千人）	32	人口增长率（百分比）	0.6
陆地面积（平方公里）	60	国家贫困率（占人口的百分比）	..
GNI，图表集法（10 亿美元）	*1.6*	人均 GNI，图表集法（美元）	*50,400*
PPP 衡量的 GNI（百万美元）	..	PPP 衡量的人均 GNI（美元）	..

	1990	2000	2010
人口			
最贫困的 20% 人口占国家消费/收入的份额（百分比）	..	..	..
出生时的预期寿命（岁）	..	81	83
总生育率（每个女性生育数）	..	..	..
青年女性生育率（每千名 15—19 岁女性生育数）	..	..	..
避孕普及率（占 15—49 岁已婚女性的百分比）	..	..	..
在熟练医护人员护理下的分娩（占总数的百分比）	..	..	..
5 岁以下儿童死亡率（每千人）	12	5	2
儿童营养不良，体重不足（占 5 岁以下儿童的百分比）	..	..	..
儿童麻疹免疫接种率（占 12—23 个月年龄组的百分比）	*99*	74	93
小学毕业率，总数（占适龄年龄组的百分比）	..	..	101
中学总入学率，总数（占适龄年龄组的百分比）	..	..	97
小学和中学中女孩与男孩的比率（百分比）	..	..	106
HIV 感染率（占 15—49 岁人口的百分比）	..	..	..
环境			
森林（平方公里）	0.0	0.0	0.0
森林采伐（1990—2010 年，平均年度百分比）	..	0.0	0.0
淡水使用量（占内陆水资源的百分比）	..	..	..
获得改善的水资源的人口（占总人口的百分比）	..	..	..
获得改善的卫生设施的人口（占总人口的百分比）	..	..	..
人均能源使用量（千克石油当量）	..	..	..
人均二氧化碳排放量（吨）	..	..	..
人均用电量（千瓦时）	..	..	..
经济			
GDP（百万美元）	..	774	*1,900*
GDP 增长率（年度百分比）	2.1	2.2	*1.9*
GDP 隐含价格平减指数（年度增长百分比）	8.4	2.6	*3.2*
农业增加值（占 GDP 的百分比）	..	..	..
工业增加值（占 GDP 的百分比）	..	..	..
服务业增加值（占 GDP 的百分比）	..	..	..
货物和服务出口（占 GDP 的百分比）	..	..	..
货物和服务进口（占 GDP 的百分比）	..	..	..
资本形成总额（占 GDP 的百分比）	..	..	..
中央政府收入（占 GDP 的百分比）	..	*46.4*	*45.8*
中央政府现金盈余/赤字（占 GDP 的百分比）	..	*1.3*	*2.4*
政府与市场			
创办企业的时间（天）	..	..	..
股票市场资本总额（占 GDP 的百分比）	..	..	..
军费支出（占 GDP 的百分比）	..	..	..
移动电话用户（每 100 人）	0.0	53.8	76.1
互联网用户（每 100 人）	0.0	48.8	*54.2*
铺敷道路（占总数的百分比）	..	..	..
高科技出口（占制成品出口的百分比）	..	..	..
全球联系			
商品贸易（占 GDP 的百分比）	..	..	..
净易货贸易条件指数（2000 年 =100）	..	..	..
外债总额（百万美元）	..	..	..
债务还本付息总额（占出口的百分比）	..	..	..
净移民（千人）	..	..	..
获得的侨汇（百万美元）	..	..	..
外国直接投资，净流入额（百万美元）	..	..	..
获得的净官方发展援助（百万美元）	..	..	..

圣多美和普林西比

撒哈拉以南非洲地区 **中低收入经济体**

人口（千人）	165	人口增长率（百分比）	1.8
陆地面积（平方公里）	960	国家贫困率（占人口的百分比）	*66.2*
GNI，图表集法（百万美元）	198.7	人均 GNI，图表集法（美元）	1,200
PPP 衡量的 GNI（百万美元）	317.8	PPP 衡量的人均 GNI（美元）	1,930

	1990	2000	2010
人口			
最贫困的 20% 人口占国家消费/收入的份额（百分比）	..	*5.2*	..
出生时的预期寿命（岁）	61	62	64
总生育率（每个女性生育数）	5.4	4.6	3.7
青年女性生育率（每千名 15—19 岁女性生育数）	..	86	60
避孕普及率（占 15—49 岁已婚女性的百分比）	..	29	*38*
在熟练医护人员护理下的分娩（占总数的百分比）	..	79	*82*
5 岁以下儿童死亡率（每千人）	94	87	80
儿童营养不良，体重不足（占 5 岁以下儿童的百分比）	..	10.1	*14.4*
儿童麻疹免疫接种率（占 12—23 个月年龄组的百分比）	71	69	92
小学毕业率，总数（占适龄年龄组的百分比）	78	*46*	*115*
中学总入学率，总数（占适龄年龄组的百分比）	*35*	38	59
小学和中学中女孩与男孩的比率（百分比）	*95*	*100*	*102*
HIV 感染率（占 15—49 岁人口的百分比）	..	..	..
环境			
森林（平方公里）	270	270	270
森林采伐（1990—2007 年，平均年度百分比）	..	0.0	0.0
淡水使用量（占内陆水资源的百分比）	*0.3*	..	*0.3*
获得改善的水资源的人口（占总人口的百分比）	..	79	89
获得改善的卫生设施的人口（占总人口的百分比）	..	21	26
人均能源使用量（千克石油当量）	202	..	*280*
人均二氧化碳排放量（吨）	0.6	0.6	*0.8*
人均用电量（千瓦时）	..	..	..
经济			
GDP（百万美元）	..	*76.5*	196.8
GDP 增长率（年度百分比）	..	*11.6*	4.5
GDP 隐含价格平减指数（年度增长百分比）	..	*9.3*	13.1
农业增加值（占 GDP 的百分比）	..	*20*	..
工业增加值（占 GDP 的百分比）	..	*17*	..
服务业增加值（占 GDP 的百分比）	..	*63*	..
货物和服务出口（占 GDP 的百分比）	..	..	..
货物和服务进口（占 GDP 的百分比）	..	..	..
资本形成总额（占 GDP 的百分比）	..	..	..
中央政府收入（占 GDP 的百分比）	..	..	..
中央政府现金盈余/赤字（占 GDP 的百分比）	..	..	..
政府与市场			
创办企业的时间（天）	..	*192*	10
股票市场资本总额（占 GDP 的百分比）	..	..	..
军费支出（占 GDP 的百分比）	..	..	..
移动电话用户（每 100 人）	0.0	0.0	62.1
互联网用户（每 100 人）	0.0	4.6	18.8
铺敷道路（占总数的百分比）	61.6	68.1	..
高科技出口（占制成品出口的百分比）	..	*1*	14
全球联系			
商品贸易（占 GDP 的百分比）	..	*41*	63
净易货贸易条件指数（2000 年＝100）	101	100	136
外债总额（百万美元）	150	304	170
债务还本付息总额（占出口的百分比）	34.8	25.6	6.5
净移民（千人）	-3.2	-4.9	-6.5
获得的侨汇（百万美元）	0.3	0.5	2.0
外国直接投资，净流入额（百万美元）	*-0.1*	3.8	24.6
获得的净官方发展援助（百万美元）	54.1	34.9	49.5

沙特阿拉伯

高收入经济体

人口（百万）	27.4	人口增长率（百分比）	2.4
陆地面积（千平方公里）	2,150	国家贫困率（占人口的百分比）	..
GNI，图表集法（10亿美元）	*434.1*	人均GNI，图表集法（美元）	*16,190*
PPP衡量的GNI（10亿美元）	*609.8*	PPP衡量的人均GNI（美元）	*22,750*

	1990	2000	2010
人口			
最贫困的20%人口占国家消费/收入的份额（百分比）	..	..	..
出生时的预期寿命（岁）	69	71	74
总生育率（每个女性生育数）	5.8	4.0	2.8
青年女性生育率（每千名15—19岁女性生育数）	..	27	18
避孕普及率（占15—49岁已婚女性的百分比）	..	*21*	*24*
在熟练医护人员护理下的分娩（占总数的百分比）	..	*96*	*97*
5岁以下儿童死亡率（每千人）	45	26	18
儿童营养不良，体重不足（占5岁以下儿童的百分比）	..	..	*5.3*
儿童麻疹免疫接种率（占12—23个月年龄组的百分比）	88	94	98
小学毕业率，总数（占适龄年龄组的百分比）	..	..	93
中学总入学率，总数（占适龄年龄组的百分比）	..	..	101
小学和中学中女孩与男孩的比率（百分比）	..	..	97
HIV感染率（占15—49岁人口的百分比）	..	..	..
环境			
森林（千平方公里）	9.8	9.8	9.8
森林采伐（1990—2010年，平均年度百分比）	..	0.0	0.0
淡水使用量（占内陆水资源的百分比）	*680.8*	..	*943.3*
获得改善的水资源的人口（占总人口的百分比）	89	..	..
获得改善的卫生设施的人口（占总人口的百分比）	..	..	..
人均能源使用量（千克石油当量）	3,703	5,055	*5,888*
人均二氧化碳排放量（吨）	13.3	14.9	*16.6*
人均用电量（千瓦时）	4,041	5,840	*7,427*
经济			
GDP（10亿美元）	117	188	435
GDP增长率（年度百分比）	8.3	4.9	3.8
GDP隐含价格平减指数（年度增长百分比）	13.1	11.6	12.4
农业增加值（占GDP的百分比）	6	5	3
工业增加值（占GDP的百分比）	49	54	62
服务业增加值（占GDP的百分比）	45	41	35
货物和服务出口（占GDP的百分比）	41	44	57
货物和服务进口（占GDP的百分比）	32	25	35
资本形成总额（占GDP的百分比）	15	19	22
中央政府收入（占GDP的百分比）	..	..	..
中央政府现金盈余/赤字（占GDP的百分比）	..	..	..
政府与市场			
创办企业的时间（天）	..	*71*	5
股票市场资本总额（占GDP的百分比）	*36.7*	35.6	81.3
军费支出（占GDP的百分比）	14.0	10.6	10.4
移动电话用户（每100人）	0.1	6.9	187.9
互联网用户（每100人）	0.0	2.2	41.0
铺敷道路（占总数的百分比）	40.6	29.9	*21.5*
高科技出口（占制成品出口的百分比）	*0*	0	1
全球联系			
商品贸易（占GDP的百分比）	59	57	80
净易货贸易条件指数（2000年=100）	..	100	223
外债总额（百万美元）	..	..	..
债务还本付息总额（占出口的百分比）	..	..	..
净移民（千人）	538	-877	1,056
获得的侨汇（百万美元）	..	..	236
外国直接投资，净流入额（10亿美元）	1.9	-1.9	21.6
获得的净官方发展援助（百万美元）	15	22	*-131*

塞内加尔

撒哈拉以南非洲地区 **中低收入经济体**

人口（百万）	12.4	人口增长率（百分比）	2.7
陆地面积（千平方公里）	197	国家贫困率（占人口的百分比）	*50.8*
GNI，图表集法（10亿美元）	13.5	人均GNI，图表集法（美元）	1,090
PPP衡量的GNI（10亿美元）	23.8	PPP衡量的人均GNI（美元）	1,910

	1990	2000	2010
人口			
最贫困的20%人口占国家消费/收入的份额（百分比）	*3.5*	*6.6*	*6.2*
出生时的预期寿命（岁）	53	56	59
总生育率（每个女性生育数）	6.6	5.5	4.8
青年女性生育率（每千名15—19岁女性生育数）	..	110	96
避孕普及率（占15—49岁已婚女性的百分比）	*7*	*11*	*12*
在熟练医护人员护理下的分娩（占总数的百分比）	*47*	58	*52*
5岁以下儿童死亡率（每千人）	139	119	75
儿童营养不良，体重不足（占5岁以下儿童的百分比）	*19.0*	20.3	*14.5*
儿童麻疹免疫接种率（占12—23个月年龄组的百分比）	51	48	60
小学毕业率，总数（占适龄年龄组的百分比）	42	40	59
中学总入学率，总数（占适龄年龄组的百分比）	15	16	37
小学和中学中女孩与男孩的比率（百分比）	67	82	100
HIV感染率（占15—49岁人口的百分比）	0.2	0.6	*0.9*
环境			
森林（千平方公里）	93	89	85
森林采伐（1990—2010年，平均年度百分比）	..	0.5	0.5
淡水使用量（占内陆水资源的百分比）	..	*5.7*	*5.7*
获得改善的水资源的人口（占总人口的百分比）	61	66	72
获得改善的卫生设施的人口（占总人口的百分比）	38	45	52
人均能源使用量（千克石油当量）	233	252	*243*
人均二氧化碳排放量（吨）	0.4	0.4	*0.4*
人均用电量（千瓦时）	108	106	*196*
经济			
GDP（10亿美元）	5.7	4.7	13.0
GDP增长率（年度百分比）	-0.7	3.2	4.2
GDP隐含价格平减指数（年度增长百分比）	0.0	1.9	1.4
农业增加值（占GDP的百分比）	20	19	17
工业增加值（占GDP的百分比）	22	23	22
服务业增加值（占GDP的百分比）	58	58	61
货物和服务出口（占GDP的百分比）	25	28	25
货物和服务进口（占GDP的百分比）	32	37	44
资本形成总额（占GDP的百分比）	9	20	29
中央政府收入（占GDP的百分比）	..	16.9	..
中央政府现金盈余/赤字（占GDP的百分比）	..	-0.9	..
政府与市场			
创办企业的时间（天）	..	*58*	5
股票市场资本总额（占GDP的百分比）	..	..	..
军费支出（占GDP的百分比）	2.0	1.3	1.6
移动电话用户（每100人）	0.0	2.6	67.1
互联网用户（每100人）	0.0	0.4	16.0
铺敷道路（占总数的百分比）	27.2	29.3	*32.0*
高科技出口（占制成品出口的百分比）	..	7	1
全球联系			
商品贸易（占GDP的百分比）	35	52	54
净易货贸易条件指数（2000年=100）	172	100	99
外债总额（10亿美元）	3.8	3.6	3.7
债务还本付息总额（占出口的百分比）	21.1	16.2	*4.8*
净移民（千人）	-48	-168	-133
获得的侨汇（百万美元）	142	233	1,346
外国直接投资，净流入额（百万美元）	57	63	237
获得的净官方发展援助（百万美元）	812	431	931

塞尔维亚

欧洲和中亚 **中高收入经济体**

人口（百万）	7.3	人口增长率（百分比）	-0.4
陆地面积（千平方公里）	88	国家贫困率（占人口的百分比）	9.2
GNI，图表集法（10 亿美元）	41.0	人均 GNI，图表集法（美元）	5,630
PPP 衡量的 GNI（10 亿美元）	80.8	PPP 衡量的人均 GNI（美元）	11,090

	1990	2000	2010
人口			
最贫困的 20% 人口占国家消费/收入的份额（百分比）	..	*8.0*	*8.9*
出生时的预期寿命（岁）	*71*	72	74
总生育率（每个女性生育数）	*1.8*	1.5	1.4
青年女性生育率（每千名 15—19 岁女性生育数）	..	27	20
避孕普及率（占 15—49 岁已婚女性的百分比）	..	59	*41*
在熟练医护人员护理下的分娩（占总数的百分比）	..	98	*99*
5 岁以下儿童死亡率（每千人）	29	13	7
儿童营养不良，体重不足（占 5 岁以下儿童的百分比）	..	..	*1.8*
儿童麻疹免疫接种率（占 12—23 个月年龄组的百分比）	*82*	89	95
小学毕业率，总数（占适龄年龄组的百分比）	..	..	96
中学总入学率，总数（占适龄年龄组的百分比）	..	90	91
小学和中学中女孩与男孩的比率（百分比）	..	101	101
HIV 感染率（占 15—49 岁人口的百分比）	0.1	0.1	*0.1*
环境			
森林（千平方公里）	23	25	27
森林采伐（1990—2010 年，平均年度百分比）	..	-0.6	-1.0
淡水使用量（占内陆水资源的百分比）	..	..	..
获得改善的水资源的人口（占总人口的百分比）	99	99	99
获得改善的卫生设施的人口（占总人口的百分比）	..	92	92
人均能源使用量（千克石油当量）	2,550	1,771	*1,974*
人均二氧化碳排放量（吨）	5.9	5.5	*6.8*
人均用电量（千瓦时）	4,629	4,199	*4,224*
经济			
GDP（10 亿美元）	..	6.1	38.4
GDP 增长率（年度百分比）	-8.0	5.3	1.0
GDP 隐含价格平减指数（年度增长百分比）	..	77.4	9.0
农业增加值（占 GDP 的百分比）	..	20	9
工业增加值（占 GDP 的百分比）	..	30	27
服务业增加值（占 GDP 的百分比）	..	50	64
货物和服务出口（占 GDP 的百分比）	..	24	35
货物和服务进口（占 GDP 的百分比）	..	40	51
资本形成总额（占 GDP 的百分比）	..	9	23
中央政府收入（占 GDP 的百分比）	..	..	37.5
中央政府现金盈余/赤字（占 GDP 的百分比）	..	..	-3.9
政府与市场			
创办企业的时间（天）	..	*56*	13
股票市场资本总额（占 GDP 的百分比）	..	*4.9*	25.2
军费支出（占 GDP 的百分比）	..	5.5	2.2
移动电话用户（每 100 人）	..	..	136.0
互联网用户（每 100 人）	..	..	43.1
铺敷道路（占总数的百分比）	..	62.7	*63.2*
高科技出口（占制成品出口的百分比）	..	..	..
全球联系			
商品贸易（占 GDP 的百分比）	..	..	69
净易货贸易条件指数（2000 年 =100）	..	..	..
外债总额（10 亿美元）	17.8	11.5	32.2
债务还本付息总额（占出口的百分比）	..	..	30.9
净移民（千人）	27	-148	0
获得的侨汇（百万美元）	..	..	3,351
外国直接投资，净流入额（百万美元）	*126*	52	1,340
获得的净官方发展援助（百万美元）	..	1,134	651

塞舌尔

撒哈拉以南非洲地区 **中高收入经济体**

人口（千人）	87	人口增长率（百分比）	-0.9
陆地面积（平方公里）	460	国家贫困率（占人口的百分比）	..
GNI，图表集法（百万美元）	844.9	人均 GNI，图表集法（美元）	9,710
PPP 衡量的 GNI（百万美元）	1,835.1	PPP 衡量的人均 GNI（美元）	21,090

	1990	2000	2010
人口			
最贫困的 20% 人口占国家消费/收入的份额（百分比）	..	5.7	*3.7*
出生时的预期寿命（岁）	*71*	*73*	73
总生育率（每个女性生育数）	*2.7*	2.1	2.5
青年女性生育率（每千名 15—19 岁女性生育数）	..	..	..
避孕普及率（占 15—49 岁已婚女性的百分比）	..	..	..
在熟练医护人员护理下的分娩（占总数的百分比）	..	..	..
5 岁以下儿童死亡率（每千人）	17	14	14
儿童营养不良，体重不足（占 5 岁以下儿童的百分比）	*5.0*	..	..
儿童麻疹免疫接种率（占 12—23 个月年龄组的百分比）	86	97	99
小学毕业率，总数（占适龄年龄组的百分比）	..	107	133
中学总入学率，总数（占适龄年龄组的百分比）	..	105	119
小学和中学中女孩与男孩的比率（百分比）	..	103	104
HIV 感染率（占 15—49 岁人口的百分比）	..	..	..
环境			
森林（平方公里）	410	410	410
森林采伐（1990—2010 年，平均年度百分比）	..	0.0	0.0
淡水使用量（占内陆水资源的百分比）	..	..	..
获得改善的水资源的人口（占总人口的百分比）	..	..	..
获得改善的卫生设施的人口（占总人口的百分比）	..	..	..
人均能源使用量（千克石油当量）	537	..	*2,411*
人均二氧化碳排放量（吨）	1.6	7.0	*7.8*
人均用电量（千瓦时）	..	..	..
经济			
GDP（百万美元）	369	615	937
GDP 增长率（年度百分比）	7.0	4.3	6.2
GDP 隐含价格平减指数（年度增长百分比）	5.6	1.3	-0.8
农业增加值（占 GDP 的百分比）	5	3	*2*
工业增加值（占 GDP 的百分比）	16	29	*19*
服务业增加值（占 GDP 的百分比）	79	68	*79*
货物和服务出口（占 GDP 的百分比）	62	78	*116*
货物和服务进口（占 GDP 的百分比）	67	81	*124*
资本形成总额（占 GDP 的百分比）	25	25	*23*
中央政府收入（占 GDP 的百分比）	*51.1*	38.7	36.4
中央政府现金盈余/赤字（占 GDP 的百分比）	*-4.9*	-13.9	1.5
政府与市场			
创办企业的时间（天）	..	..	39
股票市场资本总额（占 GDP 的百分比）	..	..	..
军费支出（占 GDP 的百分比）	4.0	1.7	0.8
移动电话用户（每 100 人）	0.0	32.0	135.2
互联网用户（每 100 人）	0.0	7.2	40.8
铺敷道路（占总数的百分比）	56.9	*96.0*	*96.5*
高科技出口（占制成品出口的百分比）	*1*	2	3
全球联系			
商品贸易（占 GDP 的百分比）	66	87	112
净易货贸易条件指数（2000 年 = 100）	78	100	76
外债总额（百万美元）	185	304	1,510
债务还本付息总额（占出口的百分比）	9.1	4.2	5.7
净移民（千人）	..	..	..
获得的侨汇（百万美元）	7.5	3.2	10.8
外国直接投资，净流入额（百万美元）	20	24	167
获得的净官方发展援助（百万美元）	35.6	23.1	56.0

塞拉利昂

撒哈拉以南非洲地区		低收入经济体	
人口（百万）	5.9	人口增长率（百分比）	2.2
陆地面积（千平方公里）	72	国家贫困率（占人口的百分比）	*66.4*
GNI，图表集法（10 亿美元）	2.0	人均 GNI，图表集法（美元）	340
PPP 衡量的 GNI（10 亿美元）	4.9	PPP 衡量的人均 GNI（美元）	830

	1990	2000	2010
人口			
最贫困的 20% 人口占国家消费/收入的份额（百分比）	..	*6.1*	..
出生时的预期寿命（岁）	39	40	47
总生育率（每个女性生育数）	5.7	5.7	5.0
青年女性生育率（每千名 15—19 岁女性生育数）	..	146	120
避孕普及率（占 15—49 岁已婚女性的百分比）	*3*	4	*8*
在熟练医护人员护理下的分娩（占总数的百分比）	..	42	*42*
5 岁以下儿童死亡率（每千人）	276	233	174
儿童营养不良，体重不足（占 5 岁以下儿童的百分比）	25.4	24.7	*21.3*
儿童麻疹免疫接种率（占 12—23 个月年龄组的百分比）	..	37	82
小学毕业率，总数（占适龄年龄组的百分比）	..	..	*74*
中学总入学率，总数（占适龄年龄组的百分比）	16	*28*	..
小学和中学中女孩与男孩的比率（百分比）	*62*	*68*	..
HIV 感染率（占 15—49 岁人口的百分比）	0.1	0.9	*1.6*
环境			
森林（千平方公里）	31	29	27
森林采伐（1990—2010 年，平均年度百分比）	..	0.7	0.7
淡水使用量（占内陆水资源的百分比）	..	0.3	*0.3*
获得改善的水资源的人口（占总人口的百分比）	38	46	55
获得改善的卫生设施的人口（占总人口的百分比）	11	11	13
人均能源使用量（千克石油当量）	..	..	..
人均二氧化碳排放量（吨）	0.1	0.2	*0.2*
人均用电量（千瓦时）	..	..	..
经济			
GDP（百万美元）	650	636	1,905
GDP 增长率（年度百分比）	3.4	3.8	4.9
GDP 隐含价格平减指数（年度增长百分比）	70.6	6.1	14.4
农业增加值（占 GDP 的百分比）	47	58	49
工业增加值（占 GDP 的百分比）	19	28	21
服务业增加值（占 GDP 的百分比）	34	13	30
货物和服务出口（占 GDP 的百分比）	22	18	17
货物和服务进口（占 GDP 的百分比）	24	39	30
资本形成总额（占 GDP 的百分比）	10	7	16
中央政府收入（占 GDP 的百分比）	5.6	11.4	*11.8*
中央政府现金盈余/赤字（占 GDP 的百分比）	..	-9.3	*-3.2*
政府与市场			
创办企业的时间（天）	..	*26*	12
股票市场资本总额（占 GDP 的百分比）	..	..	..
军费支出（占 GDP 的百分比）	1.4	3.7	*2.3*
移动电话用户（每 100 人）	0.0	0.3	34.1
互联网用户（每 100 人）	0.0	0.1	*0.3*
铺敷道路（占总数的百分比）	10.6	7.9	..
高科技出口（占制成品出口的百分比）	..	28	..
全球联系			
商品贸易（占 GDP 的百分比）	44	25	58
净易货贸易条件指数（2000 年 = 100）	..	100	70
外债总额（10 亿美元）	1.2	1.2	0.8
债务还本付息总额（占出口的百分比）	10.0	74.8	2.6
净移民（千人）	63	-150	60
获得的侨汇（百万美元）	0.0	7.1	57.5
外国直接投资，净流入额（百万美元）	32.4	39.0	86.6
获得的净官方发展援助（百万美元）	59	181	475

新加坡

高收入经济体

人口（百万）	5.1	人口增长率（百分比）	1.8
陆地面积（平方公里）	710	国家贫困率（占人口的百分比）	..
GNI，图表集法（10亿美元）	203.4	人均GNI，图表集法（美元）	40,070
PPP衡量的GNI（10亿美元）	283.3	PPP衡量的人均GNI（美元）	55,790

	1990	2000	2010
人口			
最贫困的20%人口占国家消费/收入的份额（百分比）	..	*5.0*	..
出生时的预期寿命（岁）	76	78	82
总生育率（每个女性生育数）	1.9	*1.4*	1.2
青年女性生育率（每千名15—19岁女性生育数）	..	7	6
避孕普及率（占15—49岁已婚女性的百分比）	*65*	..	..
在熟练医护人员护理下的分娩（占总数的百分比）	..	*100*	..
5岁以下儿童死亡率（每千人）	8	4	3
儿童营养不良，体重不足（占5岁以下儿童的百分比）	..	3.3	..
儿童麻疹免疫接种率（占12—23个月年龄组的百分比）	84	96	95
小学毕业率，总数（占适龄年龄组的百分比）	..	..	..
中学总入学率，总数（占适龄年龄组的百分比）	..	..	..
小学和中学中女孩与男孩的比率（百分比）	..	..	..
HIV感染率（占15—49岁人口的百分比）	0.1	0.1	*0.1*
环境			
森林（平方公里）	20	20	20
森林采伐（1990—2010年，平均年度百分比）	..	0.0	0.0
淡水使用量（占内陆水资源的百分比）	..	..	..
获得改善的水资源的人口（占总人口的百分比）	100	100	100
获得改善的卫生设施的人口（占总人口的百分比）	99	100	100
人均能源使用量（千克石油当量）	3,760	4,778	*3,704*
人均二氧化碳排放量（吨）	15.4	11.8	6.7
人均用电量（千瓦时）	4,983	7,575	*7,949*
经济			
GDP（10亿美元）	36	96	209
GDP增长率（年度百分比）	10.1	9.1	14.5
GDP隐含价格平减指数（年度增长百分比）	4.4	3.6	-0.5
农业增加值（占GDP的百分比）	0	0	0
工业增加值（占GDP的百分比）	32	35	28
服务业增加值（占GDP的百分比）	68	65	72
货物和服务出口（占GDP的百分比）	177	192	211
货物和服务进口（占GDP的百分比）	167	180	183
资本形成总额（占GDP的百分比）	35	33	24
中央政府收入（占GDP的百分比）	25.4	26.2	18.1
中央政府现金盈余/赤字（占GDP的百分比）	10.5	11.2	8.0
政府与市场			
创办企业的时间（天）	..	*8*	3
股票市场资本总额（占GDP的百分比）	95.0	159.3	177.3
军费支出（占GDP的百分比）	4.6	4.6	3.8
移动电话用户（每100人）	1.7	68.2	145.5
互联网用户（每100人）	0.0	35.0	71.1
铺敷道路（占总数的百分比）	97.1	100.0	*100.0*
高科技出口（占制成品出口的百分比）	40	63	50
全球联系			
商品贸易（占GDP的百分比）	314	284	317
净易货贸易条件指数（2000年=100）	116	100	83
外债总额（百万美元）	..	..	..
债务还本付息总额（占出口的百分比）	..	..	..
净移民（千人）	121	254	722
获得的侨汇（百万美元）	..	..	..
外国直接投资，净流入额（10亿美元）	5.6	16.5	38.6
获得的净官方发展援助（百万美元）	-3.1	..	..

荷属圣马丁

高收入经济体

人口（千人）	38	人口增长率（百分比）	-3.3
陆地面积（平方公里）	34	国家贫困率（占人口的百分比）	..
GNI，图表集法（百万美元）	..	人均 GNI，图表集法（美元）	..
PPP 衡量的 GNI（百万美元）	..	PPP 衡量的人均 GNI（美元）	..

	1990	2000	2010
人口			
最贫困的 20% 人口占国家消费/收入的份额（百分比）	..	..	..
出生时的预期寿命（岁）	..	..	..
总生育率（每个女性生育数）	..	..	..
青年女性生育率（每千名 15—19 岁女性生育数）	..	..	..
避孕普及率（占 15—49 岁已婚女性的百分比）	..	..	..
在熟练医护人员护理下的分娩（占总数的百分比）	..	..	..
5 岁以下儿童死亡率（每千人）	..	..	..
儿童营养不良，体重不足（占 5 岁以下儿童的百分比）	..	..	..
儿童麻疹免疫接种率（占 12—23 个月年龄组的百分比）	..	..	..
小学毕业率，总数（占适龄年龄组的百分比）	..	..	..
中学总入学率，总数（占适龄年龄组的百分比）	..	..	..
小学和中学中女孩与男孩的比率（百分比）	..	..	..
HIV 感染率（占 15—49 岁人口的百分比）	..	..	..
环境			
森林（平方公里）	..	..	..
森林采伐（1990—2010 年，平均年度百分比）	..	..	..
淡水使用量（占内陆水资源的百分比）	..	..	..
获得改善的水资源的人口（占总人口的百分比）	..	..	..
获得改善的卫生设施的人口（占总人口的百分比）	..	..	..
人均能源使用量（千克石油当量）	..	..	..
人均二氧化碳排放量（吨）	..	..	..
人均用电量（千瓦时）	..	..	..
经济			
GDP（百万美元）	..	..	..
GDP 增长率（年度百分比）	..	..	..
GDP 隐含价格平减指数（年度增长百分比）	..	..	..
农业增加值（占 GDP 的百分比）	..	..	..
工业增加值（占 GDP 的百分比）	..	..	..
服务业增加值（占 GDP 的百分比）	..	..	..
货物和服务出口（占 GDP 的百分比）	..	..	..
货物和服务进口（占 GDP 的百分比）	..	..	..
资本形成总额（占 GDP 的百分比）	..	..	..
中央政府收入（占 GDP 的百分比）	..	..	..
中央政府现金盈余/赤字（占 GDP 的百分比）	..	..	..
政府与市场			
创办企业的时间（天）	..	..	..
股票市场资本总额（占 GDP 的百分比）	..	..	..
军费支出（占 GDP 的百分比）	..	..	..
移动电话用户（每 100 人）	..	..	..
互联网用户（每 100 人）	..	..	..
铺敷道路（占总数的百分比）	..	..	..
高科技出口（占制成品出口的百分比）	..	..	..
全球联系			
商品贸易（占 GDP 的百分比）	..	..	..
净易货贸易条件指数（2000 年 = 100）	..	..	..
外债总额（百万美元）	..	..	..
债务还本付息总额（占出口的百分比）	..	..	..
净移民（千人）	..	..	..
获得的侨汇（百万美元）	..	..	..
外国直接投资，净流入额（百万美元）	..	..	..
获得的净官方发展援助（百万美元）	..	..	..

斯洛伐克

高收入经济体

人口（百万）	5.4	人口增长率（百分比）	0.2
陆地面积（千平方公里）	49	国家贫困率（占人口的百分比）	..
GNI，图表集法（10亿美元）	91.5	人均GNI，图表集法（美元）	16,840
PPP衡量的GNI（10亿美元）	124.8	PPP衡量的人均GNI（美元）	22,980

	1990	2000	2010
人口			
最贫困的20%人口占国家消费/收入的份额（百分比）	*11.9*	*9.2*	*10.1*
出生时的预期寿命（岁）	71	73	75
总生育率（每个女性生育数）	2.1	1.3	1.4
青年女性生育率（每千名15—19岁女性生育数）	..	23	18
避孕普及率（占15—49岁已婚女性的百分比）	*74*	..	..
在熟练医护人员护理下的分娩（占总数的百分比）	100	100	*100*
5岁以下儿童死亡率（每千人）	18	12	8
儿童营养不良，体重不足（占5岁以下儿童的百分比）	..	..	..
儿童麻疹免疫接种率（占12—23个月年龄组的百分比）	..	98	98
小学毕业率，总数（占适龄年龄组的百分比）	*95*	94	*98*
中学总入学率，总数（占适龄年龄组的百分比）	*88*	85	*89*
小学和中学中女孩与男孩的比率（百分比）	*102*	101	*101*
HIV感染率（占15—49岁人口的百分比）	0.1	0.1	*0.1*
环境			
森林（千平方公里）	19	19	19
森林采伐（1990—2010年，平均年度百分比）	..	0.0	-0.1
淡水使用量（占内陆水资源的百分比）	..	*2.3*	*1.4*
获得改善的水资源的人口（占总人口的百分比）	100	100	100
获得改善的卫生设施的人口（占总人口的百分比）	100	100	100
人均能源使用量（千克石油当量）	4,025	3,293	3,180
人均二氧化碳排放量（吨）	*8.6*	6.8	*6.9*
人均用电量（千瓦时）	5,542	4,956	*4,925*
经济			
GDP（10亿美元）	11.7	28.7	87.3
GDP增长率（年度百分比）	-2.7	1.4	4.2
GDP隐含价格平减指数（年度增长百分比）	6.9	9.4	0.5
农业增加值（占GDP的百分比）	7	4	4
工业增加值（占GDP的百分比）	59	36	35
服务业增加值（占GDP的百分比）	33	59	61
货物和服务出口（占GDP的百分比）	27	70	81
货物和服务进口（占GDP的百分比）	36	73	82
资本形成总额（占GDP的百分比）	33	26	23
中央政府收入（占GDP的百分比）	..	*35.3*	*28.6*
中央政府现金盈余/赤字（占GDP的百分比）	..	*-3.2*	*-7.3*
政府与市场			
创办企业的时间（天）	..	*103*	18
股票市场资本总额（占GDP的百分比）	..	4.2	4.8
军费支出（占GDP的百分比）	*2.0*	1.7	1.1
移动电话用户（每100人）	0.0	23.1	109.1
互联网用户（每100人）	0.0	9.5	79.9
铺敷道路（占总数的百分比）	..	87.0	*87.1*
高科技出口（占制成品出口的百分比）	..	4	7
全球联系			
商品贸易（占GDP的百分比）	*91*	86	151
净易货贸易条件指数（2000年=100）	..	100	90
外债总额（百万美元）	..	..	..
债务还本付息总额（占出口的百分比）	..	..	..
净移民（千人）	-35.3	2.6	36.7
获得的侨汇（百万美元）	*79*	18	1,591
外国直接投资，净流入额（百万美元）	*199*	2,052	553
获得的净官方发展援助（百万美元）	..	..	..

斯洛文尼亚

高收入经济体

人口（百万）	2.0	人口增长率（百分比）	0.4
陆地面积（千平方公里）	20	国家贫困率（占人口的百分比）	..
GNI，图表集法（10 亿美元）	49.0	人均 GNI，图表集法（美元）	23,900
PPP 衡量的 GNI（10 亿美元）	54.4	PPP 衡量的人均 GNI（美元）	26,530

	1990	2000	2010
人口			
最贫困的 20% 人口占国家消费/收入的份额（百分比）	*9.3*	*8.7*	..
出生时的预期寿命（岁）	73	75	79
总生育率（每个女性生育数）	1.5	1.3	1.6
青年女性生育率（每千名 15—19 岁女性生育数）	..	10	5
避孕普及率（占 15—49 岁已婚女性的百分比）	..	..	..
在熟练医护人员护理下的分娩（占总数的百分比）	100	100	*100*
5 岁以下儿童死亡率（每千人）	10	5	3
儿童营养不良，体重不足（占 5 岁以下儿童的百分比）	..	..	..
儿童麻疹免疫接种率（占 12—23 个月年龄组的百分比）	*90*	95	95
小学毕业率，总数（占适龄年龄组的百分比）	*95*	96	*95*
中学总入学率，总数（占适龄年龄组的百分比）	88	101	*97*
小学和中学中女孩与男孩的比率（百分比）	*103*	103	99
HIV 感染率（占 15—49 岁人口的百分比）	0.1	0.1	*0.1*
环境			
森林（千平方公里）	12	12	13
森林采伐（1990—2010 年，平均年度百分比）	..	-0.4	-0.2
淡水使用量（占内陆水资源的百分比）	..	..	*3.0*
获得改善的水资源的人口（占总人口的百分比）	100	100	99
获得改善的卫生设施的人口（占总人口的百分比）	100	100	100
人均能源使用量（千克石油当量）	2,858	3,224	3,462
人均二氧化碳排放量（吨）	*6.5*	7.3	*8.5*
人均用电量（千瓦时）	5,335	5,778	*6,103*
经济			
GDP（10 亿美元）	17.4	20.0	46.9
GDP 增长率（年度百分比）	*-8.9*	4.3	1.4
GDP 隐含价格平减指数（年度增长百分比）	*94.9*	5.2	-1.1
农业增加值（占 GDP 的百分比）	6	3	2
工业增加值（占 GDP 的百分比）	42	36	32
服务业增加值（占 GDP 的百分比）	52	61	66
货物和服务出口（占 GDP 的百分比）	91	54	65
货物和服务进口（占 GDP 的百分比）	79	57	65
资本形成总额（占 GDP 的百分比）	17	27	23
中央政府收入（占 GDP 的百分比）	*39.8*	38.9	36.9
中央政府现金盈余/赤字（占 GDP 的百分比）	*3.2*	-1.1	-5.5
政府与市场			
创办企业的时间（天）	..	*60*	6
股票市场资本总额（占 GDP 的百分比）	..	12.7	20.1
军费支出（占 GDP 的百分比）	*2.2*	1.1	1.6
移动电话用户（每 100 人）	0.0	61.1	103.6
互联网用户（每 100 人）	0.0	15.1	69.3
铺敷道路（占总数的百分比）	72.0	100.0	*100.0*
高科技出口（占制成品出口的百分比）	3	5	5
全球联系			
商品贸易（占 GDP 的百分比）	*102*	95	127
净易货贸易条件指数（2000 年 =100）	..	100	89
外债总额（百万美元）	..	..	..
债务还本付息总额（占出口的百分比）	..	..	..
净移民（千人）	20.8	24.2	22.0
获得的侨汇（百万美元）	*38*	205	309
外国直接投资，净流入额（百万美元）	*111*	136	366
获得的净官方发展援助（百万美元）	*7.1*	60.8	..

所罗门群岛

东亚和太平洋地区 **中低收入经济体**

人口（千人）	538	人口增长率（百分比）	2.6
陆地面积（千平方公里）	29	国家贫困率（占人口的百分比）	..
GNI，图表集法（百万美元）	552.4	人均 GNI，图表集法（美元）	1,030
PPP 衡量的 GNI（百万美元）	1,191.7	PPP 衡量的人均 GNI（美元）	2,220

	1990	2000	2010
人口			
最贫困的 20% 人口占国家消费/收入的份额（百分比）	..	..	..
出生时的预期寿命（岁）	57	63	67
总生育率（每个女性生育数）	5.9	4.7	4.2
青年女性生育率（每千名 15—19 岁女性生育数）	..	71	67
避孕普及率（占 15—49 岁已婚女性的百分比）	..	*7*	*35*
在熟练医护人员护理下的分娩（占总数的百分比）	..	*85*	*70*
5 岁以下儿童死亡率（每千人）	45	35	27
儿童营养不良，体重不足（占 5 岁以下儿童的百分比）	*16.3*	..	*11.5*
儿童麻疹免疫接种率（占 12—23 个月年龄组的百分比）	70	85	68
小学毕业率，总数（占适龄年龄组的百分比）	61	..	..
中学总入学率，总数（占适龄年龄组的百分比）	14	21	*36*
小学和中学中女孩与男孩的比率（百分比）	84	90	*94*
HIV 感染率（占 15—49 岁人口的百分比）	..	..	..
环境			
森林（千平方公里）	23	23	22
森林采伐（1990—2010 年，平均年度百分比）	..	0.2	0.2
淡水使用量（占内陆水资源的百分比）	..	..	..
获得改善的水资源的人口（占总人口的百分比）	..	70	..
获得改善的卫生设施的人口（占总人口的百分比）	..	31	..
人均能源使用量（千克石油当量）	172	..	*129*
人均二氧化碳排放量（吨）	0.5	0.4	*0.4*
人均用电量（千瓦时）	..	..	..
经济			
GDP（百万美元）	303	435	679
GDP 增长率（年度百分比）	*6.0*	-14.3	7.0
GDP 隐含价格平减指数（年度增长百分比）	*7.2*	10.7	5.6
农业增加值（占 GDP 的百分比）	29	35	*39*
工业增加值（占 GDP 的百分比）	5	13	*6*
服务业增加值（占 GDP 的百分比）	66	53	*55*
货物和服务出口（占 GDP 的百分比）	30	24	31
货物和服务进口（占 GDP 的百分比）	65	39	62
资本形成总额（占 GDP 的百分比）	20	7	..
中央政府收入（占 GDP 的百分比）	..	..	..
中央政府现金盈余/赤字（占 GDP 的百分比）	..	..	..
政府与市场			
创办企业的时间（天）	..	*57*	43
股票市场资本总额（占 GDP 的百分比）	..	..	..
军费支出（占 GDP 的百分比）	..	..	..
移动电话用户（每 100 人）	0.0	0.3	5.6
互联网用户（每 100 人）	0.0	0.5	5.0
铺敷道路（占总数的百分比）	2.1	2.4	..
高科技出口（占制成品出口的百分比）	..	..	..
全球联系			
商品贸易（占 GDP 的百分比）	53	37	93
净易货贸易条件指数（2000 年 =100）	*85*	100	91
外债总额（百万美元）	120	155	215
债务还本付息总额（占出口的百分比）	11.8	7.1	5.9
净移民（千人）	-1.9	-0.7	0.0
获得的侨汇（百万美元）	..	4.3	2.9
外国直接投资，净流入额（百万美元）	10	13	238
获得的净官方发展援助（百万美元）	46	68	340

索马里

撒哈拉以南非洲地区		低收入经济体	
人口（百万）	9.3	人口增长率（百分比）	2.3
陆地面积（千平方公里）	638	国家贫困率（占人口的百分比）	..
GNI，图表集法（百万美元）	..	人均 GNI，图表集法（美元）	..
PPP 衡量的 GNI（百万美元）	..	PPP 衡量的人均 GNI（美元）	..

	1990	2000	2010
人口			
最贫困的 20% 人口占国家消费/收入的份额（百分比）	..	..	..
出生时的预期寿命（岁）	45	48	51
总生育率（每个女性生育数）	6.6	6.5	6.3
青年女性生育率（每千名 15—19 岁女性生育数）	..	72	69
避孕普及率（占 15—49 岁已婚女性的百分比）	..	*8*	*15*
在熟练医护人员护理下的分娩（占总数的百分比）	..	*34*	*33*
5 岁以下儿童死亡率（每千人）	180	180	180
儿童营养不良，体重不足（占 5 岁以下儿童的百分比）	..	22.8	*32.8*
儿童麻疹免疫接种率（占 12—23 个月年龄组的百分比）	30	24	46
小学毕业率，总数（占适龄年龄组的百分比）	..	..	..
中学总入学率，总数（占适龄年龄组的百分比）	..	..	*8*
小学和中学中女孩与男孩的比率（百分比）	..	..	*53*
HIV 感染率（占 15—49 岁人口的百分比）	0.1	0.2	*0.7*
环境			
森林（千平方公里）	83	75	67
森林采伐（1990—2010 年，平均年度百分比）	..	1.0	1.1
淡水使用量（占内陆水资源的百分比）	..	54.8	*22.4*
获得改善的水资源的人口（占总人口的百分比）	..	22	29
获得改善的卫生设施的人口（占总人口的百分比）	..	22	23
人均能源使用量（千克石油当量）	..	..	..
人均二氧化碳排放量（吨）	0.00	0.07	*0.07*
人均用电量（千瓦时）	..	..	..
经济			
GDP（百万美元）	917	..	..
GDP 增长率（年度百分比）	-1.5	..	..
GDP 隐含价格平减指数（年度增长百分比）	215.5	..	..
农业增加值（占 GDP 的百分比）	65	..	..
工业增加值（占 GDP 的百分比）	..	..	..
服务业增加值（占 GDP 的百分比）	..	..	..
货物和服务出口（占 GDP 的百分比）	10	..	..
货物和服务进口（占 GDP 的百分比）	38	..	..
资本形成总额（占 GDP 的百分比）	16	..	..
中央政府收入（占 GDP 的百分比）	..	..	..
中央政府现金盈余/赤字（占 GDP 的百分比）	..	..	..
政府与市场			
创办企业的时间（天）	..	..	..
股票市场资本总额（占 GDP 的百分比）	..	..	..
军费支出（占 GDP 的百分比）	*0.8*	..	..
移动电话用户（每 100 人）	0.0	1.1	6.9
互联网用户（每 100 人）	0.0	0.0	*1.2*
铺敷道路（占总数的百分比）	11.1	11.8	..
高科技出口（占制成品出口的百分比）	..	..	..
全球联系			
商品贸易（占 GDP 的百分比）	..	..	..
净易货贸易条件指数（2000 年 = 100）	..	100	106
外债总额（10 亿美元）	2.4	2.5	2.9
债务还本付息总额（占出口的百分比）	*47.6*	..	..
净移民（千人）	-632	-100	-300
获得的侨汇（百万美元）	..	..	..
外国直接投资，净流入额（百万美元）	6	0	112
获得的净官方发展援助（百万美元）	515	102	499

南非

撒哈拉以南非洲地区 **中高收入经济体**

人口（百万）	50.0	人口增长率（百分比）	1.4
陆地面积（千平方公里）	1,219	国家贫困率（占人口的百分比）	*23.0*
GNI，图表集法（10亿美元）	304.6	人均GNI，图表集法（美元）	6,090
PPP衡量的GNI（10亿美元）	517.9	PPP衡量的人均GNI（美元）	10,360

	1990	2000	2010
人口			
最贫困的20%人口占国家消费/收入的份额（百分比）	*3.0*	3.1	*2.7*
出生时的预期寿命（岁）	62	55	52
总生育率（每个女性生育数）	3.7	2.9	2.5
青年女性生育率（每千名15—19岁女性生育数）	..	75	54
避孕普及率（占15—49岁已婚女性的百分比）	57	*60*	..
在熟练医护人员护理下的分娩（占总数的百分比）	..	*91*	..
5岁以下儿童死亡率（每千人）	60	78	57
儿童营养不良，体重不足（占5岁以下儿童的百分比）	..	*10.1*	*8.7*
儿童麻疹免疫接种率（占12—23个月年龄组的百分比）	79	72	65
小学毕业率，总数（占适龄年龄组的百分比）	*76*	86	..
中学总入学率，总数（占适龄年龄组的百分比）	66	85	*94*
小学和中学中女孩与男孩的比率（百分比）	103	100	*99*
HIV感染率（占15—49岁人口的百分比）	0.7	16.1	*17.8*
环境			
森林（千平方公里）	82	69	57
森林采伐（1990—2010年，平均年度百分比）	..	0.0	0.0
淡水使用量（占内陆水资源的百分比）	29.7	27.9	*25.0*
获得改善的水资源的人口（占总人口的百分比）	83	86	91
获得改善的卫生设施的人口（占总人口的百分比）	71	75	79
人均能源使用量（千克石油当量）	2,667	2,600	*2,921*
人均二氧化碳排放量（吨）	9.5	8.4	*8.9*
人均用电量（千瓦时）	4,431	4,417	*4,532*
经济			
GDP（10亿美元）	112	133	364
GDP增长率（年度百分比）	-0.3	4.2	2.8
GDP隐含价格平减指数（年度增长百分比）	15.5	8.8	8.1
农业增加值（占GDP的百分比）	5	3	*3*
工业增加值（占GDP的百分比）	40	32	*31*
服务业增加值（占GDP的百分比）	55	65	*66*
货物和服务出口（占GDP的百分比）	24	28	26
货物和服务进口（占GDP的百分比）	19	25	27
资本形成总额（占GDP的百分比）	18	16	25
中央政府收入（占GDP的百分比）	..	26.3	*28.4*
中央政府现金盈余/赤字（占GDP的百分比）	..	-2.0	*-4.9*
政府与市场			
创办企业的时间（天）	..	*38*	19
股票市场资本总额（占GDP的百分比）	123.2	154.2	278.4
军费支出（占GDP的百分比）	3.7	1.5	1.2
移动电话用户（每100人）	0.0	19.0	100.8
互联网用户（每100人）	0.0	5.4	12.3
铺敷道路（占总数的百分比）	..	20.3	..
高科技出口（占制成品出口的百分比）	*7*	*7*	4
全球联系			
商品贸易（占GDP的百分比）	37	45	48
净易货贸易条件指数（2000年=100）	104	100	139
外债总额（10亿美元）	..	24.9	45.2
债务还本付息总额（占出口的百分比）	..	9.8	4.9
净移民（千人）	-123	200	700
获得的侨汇（百万美元）	136	344	1,119
外国直接投资，净流入额（百万美元）	-76	969	1,224
获得的净官方发展援助（百万美元）	*270*	486	1,032

南苏丹

撒哈拉以南非洲地区		中低收入经济体	
人口（百万）	..	人口增长率（百分比）	..
陆地面积（平方公里）	..	国家贫困率（占人口的百分比）	*50.6*
GNI，图表集法（百万美元）	..	人均GNI，图表集法（美元）	..
PPP衡量的GNI（百万美元）	..	PPP衡量的人均GNI（美元）	..

	1990	2000	2010
人口			
最贫困的20%人口占国家消费/收入的份额（百分比）	..	..	..
出生时的预期寿命（岁）	..	..	*62*
总生育率（每个女性生育数）	..	..	*3.9*
青年女性生育率（每千名15—19岁女性生育数）	..	..	..
避孕普及率（占15—49岁已婚女性的百分比）	..	..	..
在熟练医护人员护理下的分娩（占总数的百分比）	..	..	19
5岁以下儿童死亡率（每千人）	..	..	..
儿童营养不良，体重不足（占5岁以下儿童的百分比）	..	..	..
儿童麻疹免疫接种率（占12—23个月年龄组的百分比）	..	..	..
小学毕业率，总数（占适龄年龄组的百分比）	..	..	..
中学总入学率，总数（占适龄年龄组的百分比）	..	..	..
小学和中学中女孩与男孩的比率（百分比）	..	..	..
HIV感染率（占15—49岁人口的百分比）	..	..	..
环境			
森林（平方公里）	..	..	..
森林采伐（1990—2010年，平均年度百分比）	..	..	..
淡水使用量（占内陆水资源的百分比）	..	..	..
获得改善的水资源的人口（占总人口的百分比）	..	..	..
获得改善的卫生设施的人口（占总人口的百分比）	..	..	..
人均能源使用量（千克石油当量）	..	..	..
人均二氧化碳排放量（吨）	..	..	..
人均用电量（千瓦时）	..	..	..
经济			
GDP（百万美元）	..	..	..
GDP增长率（年度百分比）	..	..	..
GDP隐含价格平减指数（年度增长百分比）	..	..	..
农业增加值（占GDP的百分比）	..	..	..
工业增加值（占GDP的百分比）	..	..	..
服务业增加值（占GDP的百分比）	..	..	..
货物和服务出口（占GDP的百分比）	..	..	..
货物和服务进口（占GDP的百分比）	..	..	..
资本形成总额（占GDP的百分比）	..	..	..
中央政府收入（占GDP的百分比）	..	..	..
中央政府现金盈余/赤字（占GDP的百分比）	..	..	..
政府与市场			
创办企业的时间（天）	..	..	..
股票市场资本总额（占GDP的百分比）	..	..	..
军费支出（占GDP的百分比）	..	..	..
移动电话用户（每100人）	..	..	..
互联网用户（每100人）	..	..	..
铺敷道路（占总数的百分比）	..	..	..
高科技出口（占制成品出口的百分比）	..	..	..
全球联系			
商品贸易（占GDP的百分比）	..	..	..
净易货贸易条件指数（2000年=100）	..	..	..
外债总额（百万美元）	..	..	..
债务还本付息总额（占出口的百分比）	..	..	..
净移民（千人）	..	..	..
获得的侨汇（百万美元）	..	..	..
外国直接投资，净流入额（百万美元）	..	..	..
获得的净官方发展援助（百万美元）	..	..	..

西班牙

高收入经济体

人口（百万）	46.1	人口增长率（百分比）	0.4
陆地面积（千平方公里）	505	国家贫困率（占人口的百分比）	..
GNI，图表集法（10亿美元）	1,462.9	人均GNI，图表集法（美元）	31,750
PPP衡量的GNI（10亿美元）	1,465.2	PPP衡量的人均GNI（美元）	31,800

	1990	2000	2010
人口			
最贫困的20%人口占国家消费/收入的份额（百分比）	..	7.0	..
出生时的预期寿命（岁）	77	79	82
总生育率（每个女性生育数）	1.3	1.2	1.4
青年女性生育率（每千名15—19岁女性生育数）	..	9	12
避孕普及率（占15—49岁已婚女性的百分比）	..	*72*	*66*
在熟练医护人员护理下的分娩（占总数的百分比）	..	..	..
5岁以下儿童死亡率（每千人）	11	7	5
儿童营养不良，体重不足（占5岁以下儿童的百分比）	..	..	..
儿童麻疹免疫接种率（占12—23个月年龄组的百分比）	99	94	95
小学毕业率，总数（占适龄年龄组的百分比）	104	..	*102*
中学总入学率，总数（占适龄年龄组的百分比）	102	111	*119*
小学和中学中女孩与男孩的比率（百分比）	103	103	*102*
HIV感染率（占15—49岁人口的百分比）	0.4	0.4	*0.4*
环境			
森林（千平方公里）	138	170	182
森林采伐（1990—2010年，平均年度百分比）	..	-2.1	-0.7
淡水使用量（占内陆水资源的百分比）	*33.0*	33.4	*29.0*
获得改善的水资源的人口（占总人口的百分比）	100	100	100
获得改善的卫生设施的人口（占总人口的百分比）	100	100	100
人均能源使用量（千克石油当量）	2,319	3,029	2,781
人均二氧化碳排放量（吨）	5.9	7.3	*7.2*
人均用电量（千瓦时）	3,538	5,207	*6,006*
经济			
GDP（10亿美元）	521	581	1,407
GDP增长率（年度百分比）	3.8	5.0	-0.1
GDP隐含价格平减指数（年度增长百分比）	7.3	3.5	1.0
农业增加值（占GDP的百分比）	6	4	3
工业增加值（占GDP的百分比）	34	29	26
服务业增加值（占GDP的百分比）	61	66	72
货物和服务出口（占GDP的百分比）	16	29	26
货物和服务进口（占GDP的百分比）	19	32	28
资本形成总额（占GDP的百分比）	26	26	23
中央政府收入（占GDP的百分比）	..	31.1	24.9
中央政府现金盈余/赤字（占GDP的百分比）	..	-0.5	-5.2
政府与市场			
创办企业的时间（天）	..	*114*	28
股票市场资本总额（占GDP的百分比）	21.3	86.8	83.2
军费支出（占GDP的百分比）	1.7	1.2	1.1
移动电话用户（每100人）	0.1	60.3	112.0
互联网用户（每100人）	0.0	13.6	65.8
铺敷道路（占总数的百分比）	*99.0*	99.0	..
高科技出口（占制成品出口的百分比）	7	8	6
全球联系			
商品贸易（占GDP的百分比）	28	47	40
净易货贸易条件指数（2000年=100）	..	100	105
外债总额（百万美元）	..	..	..
债务还本付息总额（占出口的百分比）	..	..	..
净移民（千人）	-68	796	2,250
获得的侨汇（10亿美元）	2.2	4.9	10.5
外国直接投资，净流入额（10亿美元）	14.0	38.8	24.7
获得的净官方发展援助（百万美元）	..	..	..

斯里兰卡

南亚			中低收入经济体
人口（百万）	20.9	人口增长率（百分比）	0.9
陆地面积（千平方公里）	66	国家贫困率（占人口的百分比）	8.9
GNI，图表集法（10亿美元）	46.7	人均GNI，图表集法（美元）	2,240
PPP衡量的GNI（10亿美元）	104.6	PPP衡量的人均GNI（美元）	5,010

	1990	2000	2010
人口			
最贫困的20%人口占国家消费/收入的份额（百分比）	*8.7*	*6.8*	*6.9*
出生时的预期寿命（岁）	70	71	75
总生育率（每个女性生育数）	2.5	2.2	2.3
青年女性生育率（每千名15—19岁女性生育数）	..	28	23
避孕普及率（占15—49岁已婚女性的百分比）	*66*	70	*68*
在熟练医护人员护理下的分娩（占总数的百分比）	*94*	96	99
5岁以下儿童死亡率（每千人）	32	23	17
儿童营养不良，体重不足（占5岁以下儿童的百分比）	..	22.8	*21.6*
儿童麻疹免疫接种率（占12—23个月年龄组的百分比）	80	99	99
小学毕业率，总数（占适龄年龄组的百分比）	98	*107*	101
中学总入学率，总数（占适龄年龄组的百分比）	72	*85*	..
小学和中学中女孩与男孩的比率（百分比）	102	*103*	..
HIV感染率（占15—49岁人口的百分比）	0.1	0.1	*0.1*
环境			
森林（千平方公里）	24	21	19
森林采伐（1990—2010年，平均年度百分比）	..	1.2	1.1
淡水使用量（占内陆水资源的百分比）	18.5	24.6	*24.5*
获得改善的水资源的人口（占总人口的百分比）	67	80	91
获得改善的卫生设施的人口（占总人口的百分比）	70	82	92
人均能源使用量（千克石油当量）	318	444	*449*
人均二氧化碳排放量（吨）	0.2	0.5	*0.6*
人均用电量（千瓦时）	151	295	*408*
经济			
GDP（10亿美元）	8.0	16.3	49.6
GDP增长率（年度百分比）	6.4	6.0	8.0
GDP隐含价格平减指数（年度增长百分比）	20.1	7.3	7.3
农业增加值（占GDP的百分比）	26	20	13
工业增加值（占GDP的百分比）	26	27	29
服务业增加值（占GDP的百分比）	48	53	58
货物和服务出口（占GDP的百分比）	30	39	22
货物和服务进口（占GDP的百分比）	38	50	31
资本形成总额（占GDP的百分比）	22	28	28
中央政府收入（占GDP的百分比）	21.0	16.8	*14.9*
中央政府现金盈余/赤字（占GDP的百分比）	-5.2	-8.4	-6.6
政府与市场			
创办企业的时间（天）	..	*58*	35
股票市场资本总额（占GDP的百分比）	11.4	6.6	40.2
军费支出（占GDP的百分比）	2.3	5.0	2.8
移动电话用户（每100人）	0.0	2.3	83.2
互联网用户（每100人）	0.0	0.6	12.0
铺敷道路（占总数的百分比）	..	*85.8*	..
高科技出口（占制成品出口的百分比）	1	2	1
全球联系			
商品贸易（占GDP的百分比）	57	77	44
净易货贸易条件指数（2000年=100）	82	100	76
外债总额（10亿美元）	5.9	9.1	20.5
债务还本付息总额（占出口的百分比）	16.1	12.1	13.0
净移民（千人）	-137	-400	-250
获得的侨汇（10亿美元）	0.4	1.2	4.2
外国直接投资，净流入额（百万美元）	43	173	478
获得的净官方发展援助（百万美元）	728	275	581

圣基茨和尼维斯

拉丁美洲和加勒比地区 **中高收入经济体**

人口（千人）	52	人口增长率（百分比）	1.2
陆地面积（平方公里）	260	国家贫困率（占人口的百分比）	..
GNI，图表集法（百万美元）	615.2	人均 GNI，图表集法（美元）	11,830
PPP 衡量的 GNI（百万美元）	830.6	PPP 衡量的人均 GNI（美元）	15,970

	1990	2000	2010
人口			
最贫困的 20% 人口占国家消费/收入的份额（百分比）	..	..	..
出生时的预期寿命（岁）	*68*	*71*	..
总生育率（每个女性生育数）	*2.6*	*2.1*	..
青年女性生育率（每千名 15—19 岁女性生育数）	..	..	..
避孕普及率（占 15—49 岁已婚女性的百分比）	..	..	*54*
在熟练医护人员护理下的分娩（占总数的百分比）	..	99	*100*
5 岁以下儿童死亡率（每千人）	28	16	8
儿童营养不良，体重不足（占 5 岁以下儿童的百分比）	..	..	..
儿童麻疹免疫接种率（占 12—23 个月年龄组的百分比）	99	99	99
小学毕业率，总数（占适龄年龄组的百分比）	*118*	101	89
中学总入学率，总数（占适龄年龄组的百分比）	*86*	97	97
小学和中学中女孩与男孩的比率（百分比）	*99*	100	100
HIV 感染率（占 15—49 岁人口的百分比）	..	..	..
环境			
森林（平方公里）	110	110	110
森林采伐（1990—2007 年，平均年度百分比）	..	0.0	0.0
淡水使用量（占内陆水资源的百分比）	..	..	..
获得改善的水资源的人口（占总人口的百分比）	99	99	99
获得改善的卫生设施的人口（占总人口的百分比）	96	96	96
人均能源使用量（千克石油当量）	514	..	*1,645*
人均二氧化碳排放量（吨）	1.6	2.3	*4.9*
人均用电量（千瓦时）	..	..	..
经济			
GDP（百万美元）	159	381	652
GDP 增长率（年度百分比）	2.3	2.8	-5.0
GDP 隐含价格平减指数（年度增长百分比）	8.7	21.5	1.9
农业增加值（占 GDP 的百分比）	6	2	2
工业增加值（占 GDP 的百分比）	29	27	16
服务业增加值（占 GDP 的百分比）	65	71	82
货物和服务出口（占 GDP 的百分比）	52	39	27
货物和服务进口（占 GDP 的百分比）	83	65	45
资本形成总额（占 GDP 的百分比）	55	47	*31*
中央政府收入（占 GDP 的百分比）	28.3	*25.6*	28.9
中央政府现金盈余/赤字（占 GDP 的百分比）	0.6	*-9.0*	-3.9
政府与市场			
创办企业的时间（天）	..	..	19
股票市场资本总额（占 GDP 的百分比）	..	*56.5*	95.7
军费支出（占 GDP 的百分比）	..	..	..
移动电话用户（每 100 人）	0.0	2.7	153.8
互联网用户（每 100 人）	0.0	6.1	76.6
铺敷道路（占总数的百分比）	38.5	*42.5*	..
高科技出口（占制成品出口的百分比）	5	1	*0*
全球联系			
商品贸易（占 GDP 的百分比）	87	60	53
净易货贸易条件指数（2000 年 =100）	..	100	73
外债总额（百万美元）	44	156	203
债务还本付息总额（占出口的百分比）	3.4	12.6	23.2
净移民（千人）	..	..	..
获得的侨汇（百万美元）	19.3	27.1	43.9
外国直接投资，净流入额（百万美元）	49	96	120
获得的净官方发展援助（百万美元）	8.1	3.9	11.4

圣卢西亚

拉丁美洲和加勒比地区		中高收入经济体	
人口（千人）	174	人口增长率（百分比）	0.9
陆地面积（平方公里）	620	国家贫困率（占人口的百分比）	..
GNI，图表集法（10亿美元）	1.1	人均GNI，图表集法（美元）	6,560
PPP衡量的GNI（10亿美元）	1.8	PPP衡量的人均GNI（美元）	10,520

	1990	2000	2010
人口			
最贫困的20%人口占国家消费/收入的份额（百分比）	..	..	..
出生时的预期寿命（岁）	71	71	74
总生育率（每个女性生育数）	3.4	2.0	2.0
青年女性生育率（每千名15—19岁女性生育数）	..	65	58
避孕普及率（占15—49岁已婚女性的百分比）	*47*	*47*	..
在熟练医护人员护理下的分娩（占总数的百分比）	..	100	*100*
5岁以下儿童死亡率（每千人）	23	18	16
儿童营养不良，体重不足（占5岁以下儿童的百分比）	..	..	..
儿童麻疹免疫接种率（占12—23个月年龄组的百分比）	82	88	95
小学毕业率，总数（占适龄年龄组的百分比）	124	95	90
中学总入学率，总数（占适龄年龄组的百分比）	50	73	96
小学和中学中女孩与男孩的比率（百分比）	103	106	97
HIV感染率（占15—49岁人口的百分比）	..	..	..
环境			
森林（平方公里）	440	470	470
森林采伐（1990—2010年，平均年度百分比）	..	-0.6	-0.1
淡水使用量（占内陆水资源的百分比）	..	..	..
获得改善的水资源的人口（占总人口的百分比）	94	95	96
获得改善的卫生设施的人口（占总人口的百分比）	58	62	65
人均能源使用量（千克石油当量）	417	..	*760*
人均二氧化碳排放量（吨）	1.2	2.1	*2.3*
人均用电量（千瓦时）	..	..	..
经济			
GDP（百万美元）	397	721	1,198
GDP增长率（年度百分比）	23.5	0.0	3.1
GDP隐含价格平减指数（年度增长百分比）	3.2	4.1	5.1
农业增加值（占GDP的百分比）	15	7	3
工业增加值（占GDP的百分比）	18	19	17
服务业增加值（占GDP的百分比）	67	74	80
货物和服务出口（占GDP的百分比）	73	51	47
货物和服务进口（占GDP的百分比）	84	62	60
资本形成总额（占GDP的百分比）	26	29	33
中央政府收入（占GDP的百分比）	..	..	..
中央政府现金盈余/赤字（占GDP的百分比）	..	..	..
政府与市场			
创办企业的时间（天）	..	..	15
股票市场资本总额（占GDP的百分比）	..	..	..
军费支出（占GDP的百分比）	..	..	..
移动电话用户（每100人）	0.0	1.6	114.4
互联网用户（每100人）	0.0	5.1	40.1
铺敷道路（占总数的百分比）	..	..	..
高科技出口（占制成品出口的百分比）	*1*	6	*17*
全球联系			
商品贸易（占GDP的百分比）	100	55	59
净易货贸易条件指数（2000年=100）	..	100	103
外债总额（百万美元）	79	221	464
债务还本付息总额（占出口的百分比）	2.2	7.9	7.1
净移民（千人）	-4.3	-0.9	-1.0
获得的侨汇（百万美元）	16.1	26.4	31.4
外国直接投资，净流入额（百万美元）	45	54	110
获得的净官方发展援助（百万美元）	12.3	11.0	41.2

法属圣马丁

高收入经济体

人口（千人）	30	人口增长率（百分比）	1.4
陆地面积（平方公里）	54	国家贫困率（占人口的百分比）	..
GNI，图表集法（百万美元）	..	人均 GNI，图表集法（美元）	..
PPP 衡量的 GNI（百万美元）	..	PPP 衡量的人均 GNI（美元）	..

	1990	2000	2010
人口			
最贫困的 20% 人口占国家消费/收入的份额（百分比）	..	..	..
出生时的预期寿命（岁）	..	..	..
总生育率（每个女性生育数）	..	..	..
青年女性生育率（每千名 15—19 岁女性生育数）	..	..	..
避孕普及率（占 15—49 岁已婚女性的百分比）	..	..	..
在熟练医护人员护理下的分娩（占总数的百分比）	..	..	..
5 岁以下儿童死亡率（每千人）	..	..	..
儿童营养不良，体重不足（占 5 岁以下儿童的百分比）	..	..	..
儿童麻疹免疫接种率（占 12—23 个月年龄组的百分比）	..	..	..
小学毕业率，总数（占适龄年龄组的百分比）	..	..	..
中学总入学率，总数（占适龄年龄组的百分比）	..	..	..
小学和中学中女孩与男孩的比率（百分比）	..	..	..
HIV 感染率（占 15—49 岁人口的百分比）	..	..	..
环境			
森林（平方公里）	..	..	..
森林采伐（1990—2010 年，平均年度百分比）	..	0.0	0.0
淡水使用量（占内陆水资源的百分比）	..	..	..
获得改善的水资源的人口（占总人口的百分比）	..	..	..
获得改善的卫生设施的人口（占总人口的百分比）	..	..	..
人均能源使用量（千克石油当量）	..	..	..
人均二氧化碳排放量（吨）	..	..	..
人均用电量（千瓦时）	..	..	..
经济			
GDP（百万美元）	..	..	..
GDP 增长率（年度百分比）	..	..	..
GDP 隐含价格平减指数（年度增长百分比）	..	..	..
农业增加值（占 GDP 的百分比）	..	..	..
工业增加值（占 GDP 的百分比）	..	..	..
服务业增加值（占 GDP 的百分比）	..	..	..
货物和服务出口（占 GDP 的百分比）	..	..	..
货物和服务进口（占 GDP 的百分比）	..	..	..
资本形成总额（占 GDP 的百分比）	..	..	..
中央政府收入（占 GDP 的百分比）	..	..	..
中央政府现金盈余/赤字（占 GDP 的百分比）	..	..	..
政府与市场			
创办企业的时间（天）	..	..	..
股票市场资本总额（占 GDP 的百分比）	..	..	..
军费支出（占 GDP 的百分比）	..	..	..
移动电话用户（每 100 人）	..	..	..
互联网用户（每 100 人）	..	..	..
铺敷道路（占总数的百分比）	..	..	..
高科技出口（占制成品出口的百分比）	..	..	..
全球联系			
商品贸易（占 GDP 的百分比）	..	..	..
净易货贸易条件指数（2000 年 =100）	..	..	..
外债总额（百万美元）	..	..	..
债务还本付息总额（占出口的百分比）	..	..	..
净移民（千人）	..	..	..
获得的侨汇（百万美元）	..	..	..
外国直接投资，净流入额（百万美元）	..	..	..
获得的净官方发展援助（百万美元）	..	..	..

圣文森特和格林纳丁斯

拉丁美洲和加勒比地区 **中高收入经济体**

人口（千人）	109	人口增长率（百分比）	0.1
陆地面积（平方公里）	390	国家贫困率（占人口的百分比）	..
GNI，图表集法（百万美元）	688.4	人均 GNI，图表集法（美元）	6,320
PPP 衡量的 GNI（百万美元）	1,184.3	PPP 衡量的人均 GNI（美元）	10,870

	1990	2000	2010
人口			
最贫困的 20% 人口占国家消费/收入的份额（百分比）	..	..	..
出生时的预期寿命（岁）	69	70	72
总生育率（每个女性生育数）	3.0	2.4	2.1
青年女性生育率（每千名 15—19 岁女性生育数）	..	69	56
避孕普及率（占 15—49 岁已婚女性的百分比）	*58*	*58*	*48*
在熟练医护人员护理下的分娩（占总数的百分比）	..	100	*99*
5 岁以下儿童死亡率（每千人）	27	22	21
儿童营养不良，体重不足（占 5 岁以下儿童的百分比）	..	..	..
儿童麻疹免疫接种率（占 12—23 个月年龄组的百分比）	96	95	99
小学毕业率，总数（占适龄年龄组的百分比）	..	*90*	94
中学总入学率，总数（占适龄年龄组的百分比）	*60*	82	107
小学和中学中女孩与男孩的比率（百分比）	*107*	106	97
HIV 感染率（占 15—49 岁人口的百分比）	..	..	..
环境			
森林（平方公里）	250	260	270
森林采伐（1990—2010 年，平均年度百分比）	..	-0.3	-0.3
淡水使用量（占内陆水资源的百分比）	..	..	..
获得改善的水资源的人口（占总人口的百分比）	..	..	..
获得改善的卫生设施的人口（占总人口的百分比）	..	..	..
人均能源使用量（千克石油当量）	274	..	*642*
人均二氧化碳排放量（吨）	0.8	1.5	*1.8*
人均用电量（千瓦时）	..	..	..
经济			
GDP（百万美元）	198	397	705
GDP 增长率（年度百分比）	5.0	1.8	-1.3
GDP 隐含价格平减指数（年度增长百分比）	6.4	17.6	2.1
农业增加值（占 GDP 的百分比）	21	9	7
工业增加值（占 GDP 的百分比）	23	20	18
服务业增加值（占 GDP 的百分比）	56	72	75
货物和服务出口（占 GDP 的百分比）	66	45	25
货物和服务进口（占 GDP 的百分比）	77	50	55
资本形成总额（占 GDP 的百分比）	30	23	*23*
中央政府收入（占 GDP 的百分比）	25.6	25.9	25.7
中央政府现金盈余/赤字（占 GDP 的百分比）	..	*-1.4*	-0.8
政府与市场			
创办企业的时间（天）	..	..	10
股票市场资本总额（占 GDP 的百分比）	..	..	..
军费支出（占 GDP 的百分比）	..	..	..
移动电话用户（每 100 人）	0.0	2.2	120.9
互联网用户（每 100 人）	0.0	3.2	69.6
铺敷道路（占总数的百分比）	..	68.0	..
高科技出口（占制成品出口的百分比）	*0*	0	0
全球联系			
商品贸易（占 GDP 的百分比）	110	53	60
净易货贸易条件指数（2000 年 = 100）	..	100	118
外债总额（百万美元）	62	195	261
债务还本付息总额（占出口的百分比）	3.2	7.2	16.4
净移民（千人）	-6.7	-7.6	-5.0
获得的侨汇（百万美元）	15.6	22.5	30.6
外国直接投资，净流入额（百万美元）	7.7	37.7	99.7
获得的净官方发展援助（百万美元）	15.4	6.2	16.9

苏丹

撒哈拉以南非洲地区		中低收入经济体	
人口（百万）	43.6	人口增长率（百分比）	2.5
陆地面积（千平方公里）	2,506	国家贫困率（占人口的百分比）	*46.5*
GNI，图表集法（10亿美元）	55.3	人均GNI，图表集法（美元）	1,270
PPP衡量的GNI（10亿美元）	88.6	PPP衡量的人均GNI（美元）	2,030

	1990	2000	2010
人口			
最贫困的20%人口占国家消费/收入的份额（百分比）	..	..	*6.8*
出生时的预期寿命（岁）	53	57	61
总生育率（每个女性生育数）	6.0	5.3	4.4
青年女性生育率（每千名15—19岁女性生育数）	..	79	57
避孕普及率（占15—49岁已婚女性的百分比）	9	*7*	*8*
在熟练医护人员护理下的分娩（占总数的百分比）	69	..	*49*
5岁以下儿童死亡率（每千人）	125	114	103
儿童营养不良，体重不足（占5岁以下儿童的百分比）	*31.8*	38.4	*31.7*
儿童麻疹免疫接种率（占12—23个月年龄组的百分比）	57	58	90
小学毕业率，总数（占适龄年龄组的百分比）	..	37	*58*
中学总入学率，总数（占适龄年龄组的百分比）	*20*	25	*39*
小学和中学中女孩与男孩的比率（百分比）	*78*	*88*	*90*
HIV感染率（占15—49岁人口的百分比）	0.1	0.3	*1.1*
环境			
森林（千平方公里）	764	705	699
森林采伐（1990—2010年，平均年度百分比）	..	0.8	0.1
淡水使用量（占内陆水资源的百分比）	51.7	123.8	*57.6*
获得改善的水资源的人口（占总人口的百分比）	65	62	58
获得改善的卫生设施的人口（占总人口的百分比）	27	27	26
人均能源使用量（千克石油当量）	401	396	*372*
人均二氧化碳排放量（吨）	0.2	0.2	*0.3*
人均用电量（千瓦时）	48	63	*114*
经济			
GDP（10亿美元）	12.4	12.4	62.0
GDP增长率（年度百分比）	-5.5	8.4	4.5
GDP隐含价格平减指数（年度增长百分比）	66.2	8.7	17.6
农业增加值（占GDP的百分比）	41	42	24
工业增加值（占GDP的百分比）	15	22	33
服务业增加值（占GDP的百分比）	44	37	43
货物和服务出口（占GDP的百分比）	4	15	20
货物和服务进口（占GDP的百分比）	7	18	19
资本形成总额（占GDP的百分比）	11	18	23
中央政府收入（占GDP的百分比）	..	*8.0*	..
中央政府现金盈余/赤字（占GDP的百分比）	..	*-0.4*	..
政府与市场			
创办企业的时间（天）	..	..	36
股票市场资本总额（占GDP的百分比）	..	..	..
军费支出（占GDP的百分比）	2.6	4.7	..
移动电话用户（每100人）	0.0	0.1	40.5
互联网用户（每100人）	0.0	0.0	*10.2*
铺敷道路（占总数的百分比）	33.8	36.3	..
高科技出口（占制成品出口的百分比）	..	4	*29*
全球联系			
商品贸易（占GDP的百分比）	8	27	35
净易货贸易条件指数（2000年=100）	100	100	197
外债总额（10亿美元）	14.8	16.0	21.8
债务还本付息总额（占出口的百分比）	9.7	13.3	4.2
净移民（千人）	-459	-227	135
获得的侨汇（百万美元）	62	641	1,974
外国直接投资，净流入额（百万美元）	-31	392	2,064
获得的净官方发展援助（百万美元）	848	225	2,055

苏里南

拉丁美洲和加勒比地区			中高收入经济体
人口（千人）	525	人口增长率（百分比）	0.9
陆地面积（千平方公里）	164	国家贫困率（占人口的百分比）	..
GNI，图表集法（10亿美元）	*3.1*	人均GNI，图表集法（美元）	*5,920*
PPP衡量的GNI（10亿美元）	*4.0*	PPP衡量的人均GNI（美元）	*7,680*

	1990	2000	2010
人口			
最贫困的20%人口占国家消费/收入的份额（百分比）	..	*3.2*	..
出生时的预期寿命（岁）	67	68	70
总生育率（每个女性生育数）	2.7	2.7	2.3
青年女性生育率（每千名15—19岁女性生育数）	..	47	37
避孕普及率（占15—49岁已婚女性的百分比）	*48*	42	*46*
在熟练医护人员护理下的分娩（占总数的百分比）	..	85	*90*
5岁以下儿童死亡率（每千人）	52	40	31
儿童营养不良，体重不足（占5岁以下儿童的百分比）	..	11.4	*7.5*
儿童麻疹免疫接种率（占12—23个月年龄组的百分比）	65	84	89
小学毕业率，总数（占适龄年龄组的百分比）	*86*	*98*	*86*
中学总入学率，总数（占适龄年龄组的百分比）	57	*73*	*75*
小学和中学中女孩与男孩的比率（百分比）	116	*107*	*105*
HIV感染率（占15—49岁人口的百分比）	0.1	1.0	*1.0*
环境			
森林（千平方公里）	148	148	148
森林采伐（1990—2010年，平均年度百分比）	..	0.0	0.0
淡水使用量（占内陆水资源的百分比）	..	0.8	*0.5*
获得改善的水资源的人口（占总人口的百分比）	..	89	92
获得改善的卫生设施的人口（占总人口的百分比）	..	81	83
人均能源使用量（千克石油当量）	1,366	..	*1,400*
人均二氧化碳排放量（吨）	4.5	4.6	*4.7*
人均用电量（千瓦时）	..	..	..
经济			
GDP（百万美元）	399	892	*3,251*
GDP增长率（年度百分比）	-0.5	-0.1	*3.1*
GDP隐含价格平减指数（年度增长百分比）	43.9	54.8	*2.9*
农业增加值（占GDP的百分比）	9	11	*5*
工业增加值（占GDP的百分比）	24	25	*39*
服务业增加值（占GDP的百分比）	67	64	*56*
货物和服务出口（占GDP的百分比）	42	20	..
货物和服务进口（占GDP的百分比）	44	33	..
资本形成总额（占GDP的百分比）	11	12	..
中央政府收入（占GDP的百分比）	..	..	..
中央政府现金盈余/赤字（占GDP的百分比）	..	..	..
政府与市场			
创办企业的时间（天）	..	..	694
股票市场资本总额（占GDP的百分比）	..	..	..
军费支出（占GDP的百分比）	..	..	..
移动电话用户（每100人）	0.0	8.8	169.5
互联网用户（每100人）	0.0	2.5	31.6
铺敷道路（占总数的百分比）	24.0	26.0	..
高科技出口（占制成品出口的百分比）	..	8	12
全球联系			
商品贸易（占GDP的百分比）	237	104	*83*
净易货贸易条件指数（2000年=100）	..	100	132
外债总额（百万美元）	..	..	..
债务还本付息总额（占出口的百分比）	..	..	..
净移民（千人）	-4.8	-5.7	-5.0
获得的侨汇（百万美元）	0.5	1.3	4.3
外国直接投资，净流入额（百万美元）	-77	-148	-256
获得的净官方发展援助（百万美元）	61	34	104

斯威士兰

撒哈拉以南非洲地区		中低收入经济体	
人口（百万）	1.1	人口增长率（百分比）	1.1
陆地面积（千平方公里）	17	国家贫困率（占人口的百分比）	*69.2*
GNI，图表集法（10亿美元）	3.1	人均GNI，图表集法（美元）	2,950
PPP衡量的GNI（10亿美元）	5.7	PPP衡量的人均GNI（美元）	5,430

	1990	2000	2010
人口			
最贫困的20%人口占国家消费/收入的份额（百分比）	..	*4.5*	4.1
出生时的预期寿命（岁）	59	49	48
总生育率（每个女性生育数）	5.7	4.2	3.4
青年女性生育率（每千名15—19岁女性生育数）	..	105	74
避孕普及率（占15—49岁已婚女性的百分比）	*20*	28	49
在熟练医护人员护理下的分娩（占总数的百分比）	..	70	82
5岁以下儿童死亡率（每千人）	96	114	78
儿童营养不良，体重不足（占5岁以下儿童的百分比）	..	9.1	*7.3*
儿童麻疹免疫接种率（占12—23个月年龄组的百分比）	85	92	94
小学毕业率，总数（占适龄年龄组的百分比）	63	61	77
中学总入学率，总数（占适龄年龄组的百分比）	*49*	42	58
小学和中学中女孩与男孩的比率（百分比）	..	96	94
HIV感染率（占15—49岁人口的百分比）	2.3	22.3	*25.9*
环境			
森林（千平方公里）	4.7	5.2	5.6
森林采伐（1990—2010年，平均年度百分比）	..	-0.9	-0.8
淡水使用量（占内陆水资源的百分比）	..	39.5	*23.1*
获得改善的水资源的人口（占总人口的百分比）	39	52	71
获得改善的卫生设施的人口（占总人口的百分比）	48	52	57
人均能源使用量（千克石油当量）	358	..	*415*
人均二氧化碳排放量（吨）	0.5	1.2	*1.1*
人均用电量（千瓦时）	..	..	..
经济			
GDP（百万美元）	1,115	1,490	3,645
GDP增长率（年度百分比）	9.8	10.1	1.1
GDP隐含价格平减指数（年度增长百分比）	43.8	0.2	6.1
农业增加值（占GDP的百分比）	10	12	7
工业增加值（占GDP的百分比）	43	45	50
服务业增加值（占GDP的百分比）	46	43	42
货物和服务出口（占GDP的百分比）	59	76	58
货物和服务进口（占GDP的百分比）	69	90	77
资本形成总额（占GDP的百分比）	15	17	17
中央政府收入（占GDP的百分比）	..	25.6	..
中央政府现金盈余/赤字（占GDP的百分比）	..	-0.8	..
政府与市场			
创办企业的时间（天）	..	..	56
股票市场资本总额（占GDP的百分比）	1.5	4.9	*6.9*
军费支出（占GDP的百分比）	1.3	1.6	3.4
移动电话用户（每100人）	0.0	3.3	69.4
互联网用户（每100人）	0.0	1.0	9.0
铺敷道路（占总数的百分比）	..	*30.0*	..
高科技出口（占制成品出口的百分比）	..	0	*0*
全球联系			
商品贸易（占GDP的百分比）	109	131	89
净易货贸易条件指数（2000年=100）	100	100	110
外债总额（百万美元）	257	265	616
债务还本付息总额（占出口的百分比）	5.4	2.2	*2.1*
净移民（千人）	17.1	-12.0	-6.0
获得的侨汇（百万美元）	113	57	109
外国直接投资，净流入额（百万美元）	30	91	136
获得的净官方发展援助（百万美元）	53.6	13.1	92.0

瑞典

高收入经济体

人口（百万）	9.4	人口增长率（百分比）	0.9
陆地面积（千平方公里）	450	国家贫困率（占人口的百分比）	..
GNI，图表集法（10亿美元）	469.8	人均GNI，图表集法（美元）	50,100
PPP衡量的GNI（10亿美元）	372.6	PPP衡量的人均GNI（美元）	39,730

	1990	2000	2010
人口			
最贫困的20%人口占国家消费/收入的份额（百分比）	..	9.1	..
出生时的预期寿命（岁）	78	80	81
总生育率（每个女性生育数）	2.1	1.5	2.0
青年女性生育率（每千名15—19岁女性生育数）	..	8	6
避孕普及率（占15—49岁已婚女性的百分比）	..	..	..
在熟练医护人员护理下的分娩（占总数的百分比）	..	..	..
5岁以下儿童死亡率（每千人）	7	4	3
儿童营养不良，体重不足（占5岁以下儿童的百分比）	..	..	..
儿童麻疹免疫接种率（占12—23个月年龄组的百分比）	96	91	96
小学毕业率，总数（占适龄年龄组的百分比）	97	100	*94*
中学总入学率，总数（占适龄年龄组的百分比）	90	152	*100*
小学和中学中女孩与男孩的比率（百分比）	102	115	*99*
HIV感染率（占15—49岁人口的百分比）	0.1	0.1	*0.1*
环境			
森林（千平方公里）	273	274	282
森林采伐（1990—2010年，平均年度百分比）	..	0.0	-0.3
淡水使用量（占内陆水资源的百分比）	1.8	1.6	*1.5*
获得改善的水资源的人口（占总人口的百分比）	100	100	100
获得改善的卫生设施的人口（占总人口的百分比）	100	100	100
人均能源使用量（千克石油当量）	5,515	5,360	5,415
人均二氧化碳排放量（吨）	6.0	5.6	*5.3*
人均用电量（千瓦时）	15,836	15,682	*14,142*
经济			
GDP（10亿美元）	244	247	459
GDP增长率（年度百分比）	1.0	4.5	5.6
GDP隐含价格平减指数（年度增长百分比）	8.7	1.4	1.2
农业增加值（占GDP的百分比）	4	2	2
工业增加值（占GDP的百分比）	31	29	27
服务业增加值（占GDP的百分比）	65	69	71
货物和服务出口（占GDP的百分比）	30	47	50
货物和服务进口（占GDP的百分比）	30	40	44
资本形成总额（占GDP的百分比）	24	19	18
中央政府收入（占GDP的百分比）	..	42.2	*34.8*
中央政府现金盈余/赤字（占GDP的百分比）	..	..	..
政府与市场			
创办企业的时间（天）	..	*15*	15
股票市场资本总额（占GDP的百分比）	40.1	132.8	126.7
军费支出（占GDP的百分比）	2.5	2.0	1.2
移动电话用户（每100人）	5.4	71.8	116.1
互联网用户（每100人）	0.6	45.6	90.0
铺敷道路（占总数的百分比）	..	*31.2*	*24.4*
高科技出口（占制成品出口的百分比）	13	23	14
全球联系			
商品贸易（占GDP的百分比）	46	65	67
净易货贸易条件指数（2000年=100）	..	100	89
外债总额（百万美元）	..	..	..
债务还本付息总额（占出口的百分比）	..	..	..
净移民（千人）	132	49	266
获得的侨汇（百万美元）	153	438	688
外国直接投资，净流入额（10亿美元）	2.0	23.9	5.8
获得的净官方发展援助（百万美元）	..	..	..

瑞士

高收入经济体

人口（百万）	7.8	人口增长率（百分比）	1.1
陆地面积（千平方公里）	41	国家贫困率（占人口的百分比）	..
GNI，图表集法（10亿美元）	559.7	人均GNI，图表集法（美元）	71,520
PPP衡量的GNI（10亿美元）	391.0	PPP衡量的人均GNI（美元）	49,960

	1990	2000	2010
人口			
最贫困的20%人口占国家消费/收入的份额（百分比）	..	7.6	..
出生时的预期寿命（岁）	77	80	82
总生育率（每个女性生育数）	1.6	1.5	1.5
青年女性生育率（每千名15—19岁女性生育数）	..	5	4
避孕普及率（占15—49岁已婚女性的百分比）	..	..	..
在熟练医护人员护理下的分娩（占总数的百分比）	..	..	*100*
5岁以下儿童死亡率（每千人）	8	6	5
儿童营养不良，体重不足（占5岁以下儿童的百分比）	..	..	..
儿童麻疹免疫接种率（占12—23个月年龄组的百分比）	90	81	90
小学毕业率，总数（占适龄年龄组的百分比）	52	96	*95*
中学总入学率，总数（占适龄年龄组的百分比）	98	95	*95*
小学和中学中女孩与男孩的比率（百分比）	97	97	*98*
HIV感染率（占15—49岁人口的百分比）	0.2	0.3	*0.4*
环境			
森林（千平方公里）	12	12	12
森林采伐（1990—2010年，平均年度百分比）	..	-0.4	-0.4
淡水使用量（占内陆水资源的百分比）	..	6.5	*4.9*
获得改善的水资源的人口（占总人口的百分比）	100	100	100
获得改善的卫生设施的人口（占总人口的百分比）	100	100	100
人均能源使用量（千克石油当量）	3,621	3,481	3,361
人均二氧化碳排放量（吨）	6.4	5.4	*5.3*
人均用电量（千瓦时）	7,503	7,846	*8,021*
经济			
GDP（10亿美元）	238	250	528
GDP增长率（年度百分比）	3.7	3.6	2.7
GDP隐含价格平减指数（年度增长百分比）	4.6	1.1	0.1
农业增加值（占GDP的百分比）	3	2	1
工业增加值（占GDP的百分比）	32	27	27
服务业增加值（占GDP的百分比）	65	71	72
货物和服务出口（占GDP的百分比）	36	46	54
货物和服务进口（占GDP的百分比）	35	41	42
资本形成总额（占GDP的百分比）	30	23	19
中央政府收入（占GDP的百分比）	*20.1*	24.3	*18.3*
中央政府现金盈余/赤字（占GDP的百分比）	*0.0*	2.2	*1.3*
政府与市场			
创办企业的时间（天）	..	*20*	18
股票市场资本总额（占GDP的百分比）	67.2	317.0	232.9
军费支出（占GDP的百分比）	1.7	1.1	0.9
移动电话用户（每100人）	1.9	64.6	121.7
互联网用户（每100人）	0.6	47.0	82.2
铺敷道路（占总数的百分比）	..	*100.0*	*100.0*
高科技出口（占制成品出口的百分比）	16	22	25
全球联系			
商品贸易（占GDP的百分比）	56	65	70
净易货贸易条件指数（2000年=100）	..	100	81
外债总额（百万美元）	..	..	..
债务还本付息总额（占出口的百分比）	..	..	..
净移民（千人）	131	65	183
获得的侨汇（10亿美元）	0.9	1.1	2.6
外国直接投资，净流入额（10亿美元）	5.5	19.8	21.7
获得的净官方发展援助（百万美元）	..	..	..

叙利亚

中东和北非			中低收入经济体
人口（百万）	20.4	人口增长率（百分比）	2.0
陆地面积（千平方公里）	185	国家贫困率（占人口的百分比）	..
GNI，图表集法（10 亿美元）	56.3	人均 GNI，图表集法（美元）	2,750
PPP 衡量的 GNI（10 亿美元）	104.6	PPP 衡量的人均 GNI（美元）	5,120

	1990	2000	2010
人口			
最贫困的 20% 人口占国家消费/收入的份额（百分比）	..	7.7	..
出生时的预期寿命（岁）	71	74	76
总生育率（每个女性生育数）	5.3	3.6	2.9
青年女性生育率（每千名 15—19 岁女性生育数）	..	48	39
避孕普及率（占 15—49 岁已婚女性的百分比）	*40*	45	*54*
在熟练医护人员护理下的分娩（占总数的百分比）	*77*	*90*	*96*
5 岁以下儿童死亡率（每千人）	38	23	16
儿童营养不良，体重不足（占 5 岁以下儿童的百分比）	*11.5*	6.0	*10.1*
儿童麻疹免疫接种率（占 12—23 个月年龄组的百分比）	87	84	82
小学毕业率，总数（占适龄年龄组的百分比）	89	93	104
中学总入学率，总数（占适龄年龄组的百分比）	51	45	72
小学和中学中女孩与男孩的比率（百分比）	85	92	99
HIV 感染率（占 15—49 岁人口的百分比）	..	..	..
环境			
森林（千平方公里）	3.7	4.3	4.9
森林采伐（1990—2010 年，平均年度百分比）	..	-1.5	-1.3
淡水使用量（占内陆水资源的百分比）	..	*97.4*	*99.8*
获得改善的水资源的人口（占总人口的百分比）	86	87	90
获得改善的卫生设施的人口（占总人口的百分比）	85	88	95
人均能源使用量（千克石油当量）	849	998	*1,123*
人均二氧化碳排放量（吨）	3.0	4.0	*3.6*
人均用电量（千瓦时）	696	1,093	*1,563*
经济			
GDP（10 亿美元）	12.3	19.3	59.1
GDP 增长率（年度百分比）	7.6	2.7	3.2
GDP 隐含价格平减指数（年度增长百分比）	19.3	9.7	6.3
农业增加值（占 GDP 的百分比）	30	24	*23*
工业增加值（占 GDP 的百分比）	25	38	*31*
服务业增加值（占 GDP 的百分比）	45	38	*46*
货物和服务出口（占 GDP 的百分比）	28	35	35
货物和服务进口（占 GDP 的百分比）	28	29	36
资本形成总额（占 GDP 的百分比）	17	17	19
中央政府收入（占 GDP 的百分比）	21.9	..	..
中央政府现金盈余/赤字（占 GDP 的百分比）	..	..	..
政府与市场			
创办企业的时间（天）	..	*43*	13
股票市场资本总额（占 GDP 的百分比）	..	..	..
军费支出（占 GDP 的百分比）	6.4	5.3	3.9
移动电话用户（每 100 人）	0.0	0.2	57.7
互联网用户（每 100 人）	0.0	0.2	20.7
铺敷道路（占总数的百分比）	..	*93.6*	*90.3*
高科技出口（占制成品出口的百分比）	..	1	*2*
全球联系			
商品贸易（占 GDP 的百分比）	54	44	51
净易货贸易条件指数（2000 年 =100）	..	100	140
外债总额（10 亿美元）	17.4	22.2	4.7
债务还本付息总额（占出口的百分比）	..	6.8	3.9
净移民（千人）	-147	-130	-56
获得的侨汇（百万美元）	385	180	1,646
外国直接投资，净流入额（百万美元）	40	270	1,469
获得的净官方发展援助（百万美元）	883	159	137

塔吉克斯坦

欧洲和中亚			低收入经济体
人口（百万）	6.9	人口增长率（百分比）	1.4
陆地面积（千平方公里）	143	国家贫困率（占人口的百分比）	*46.7*
GNI，图表集法（10亿美元）	5.5	人均GNI，图表集法（美元）	800
PPP衡量的GNI（10亿美元）	14.7	PPP衡量的人均GNI（美元）	2,140

	1990	2000	2010
人口			
最贫困的20%人口占国家消费/收入的份额（百分比）	..	*8.4*	*8.3*
出生时的预期寿命（岁）	63	64	67
总生育率（每个女性生育数）	5.2	4.0	3.3
青年女性生育率（每千名15—19岁女性生育数）	..	33	27
避孕普及率（占15—49岁已婚女性的百分比）	..	34	*37*
在熟练医护人员护理下的分娩（占总数的百分比）	*90*	71	*83*
5岁以下儿童死亡率（每千人）	116	93	63
儿童营养不良，体重不足（占5岁以下儿童的百分比）	..	..	*15.0*
儿童麻疹免疫接种率（占12—23个月年龄组的百分比）	*68*	88	94
小学毕业率，总数（占适龄年龄组的百分比）	..	93	104
中学总入学率，总数（占适龄年龄组的百分比）	*102*	74	87
小学和中学中女孩与男孩的比率（百分比）	..	89	90
HIV感染率（占15—49岁人口的百分比）	0.1	0.1	*0.2*
环境			
森林（千平方公里）	4.1	4.1	4.1
森林采伐（1990—2010年，平均年度百分比）	..	-0.1	0.0
淡水使用量（占内陆水资源的百分比）	..	18.0	*74.8*
获得改善的水资源的人口（占总人口的百分比）	..	61	64
获得改善的卫生设施的人口（占总人口的百分比）	..	90	94
人均能源使用量（千克石油当量）	1,001	348	*342*
人均二氧化碳排放量（吨）	*1.3*	0.4	*0.5*
人均用电量（千瓦时）	3,346	2,177	*1,985*
经济			
GDP（10亿美元）	2.6	0.9	5.6
GDP增长率（年度百分比）	-0.6	8.3	3.8
GDP隐含价格平减指数（年度增长百分比）	6.2	22.7	15.4
农业增加值（占GDP的百分比）	33	27	21
工业增加值（占GDP的百分比）	38	39	22
服务业增加值（占GDP的百分比）	29	34	57
货物和服务出口（占GDP的百分比）	28	99	15
货物和服务进口（占GDP的百分比）	35	101	61
资本形成总额（占GDP的百分比）	25	9	23
中央政府收入（占GDP的百分比）	..	10.6	..
中央政府现金盈余/赤字（占GDP的百分比）	..	-0.8	..
政府与市场			
创办企业的时间（天）	..	..	24
股票市场资本总额（占GDP的百分比）	..	..	..
军费支出（占GDP的百分比）	*2.8*	1.2	..
移动电话用户（每100人）	0.0	0.0	86.4
互联网用户（每100人）	0.0	0.0	11.5
铺敷道路（占总数的百分比）	71.6	..	..
高科技出口（占制成品出口的百分比）	..	42	..
全球联系			
商品贸易（占GDP的百分比）	..	170	73
净易货贸易条件指数（2000年=100）	..	100	97
外债总额（10亿美元）	*0.0*	1.0	3.0
债务还本付息总额（占出口的百分比）	..	*12.4*	44.8
净移民（千人）	-83	-333	-296
获得的侨汇（百万美元）	..	*79*	2,254
外国直接投资，净流入额（百万美元）	*9.0*	23.5	15.8
获得的净官方发展援助（百万美元）	*12*	124	430

坦桑尼亚

撒哈拉以南非洲地区			低收入经济体
人口（百万）	44.8	人口增长率（百分比）	3.0
陆地面积（千平方公里）	947	国家贫困率（占人口的百分比）	*33.4*
GNI，图表集法（10亿美元）	23.4	人均GNI，图表集法（美元）	530
PPP衡量的GNI（10亿美元）	62.6	PPP衡量的人均GNI（美元）	1,430

	1990	2000	2010
人口			
最贫困的20%人口占国家消费/收入的份额（百分比）	*7.4*	7.3	*6.8*
出生时的预期寿命（岁）	51	50	57
总生育率（每个女性生育数）	6.2	5.7	5.5
青年女性生育率（每千名15—19岁女性生育数）	..	133	129
避孕普及率（占15—49岁已婚女性的百分比）	*10*	*25*	34
在熟练医护人员护理下的分娩（占总数的百分比）	*44*	*36*	49
5岁以下儿童死亡率（每千人）	155	130	92
儿童营养不良，体重不足（占5岁以下儿童的百分比）	*25.1*	*25.3*	16.2
儿童麻疹免疫接种率（占12—23个月年龄组的百分比）	80	78	92
小学毕业率，总数（占适龄年龄组的百分比）	*47*	*55*	90
中学总入学率，总数（占适龄年龄组的百分比）	5	6	*27*
小学和中学中女孩与男孩的比率（百分比）	97	97	*96*
HIV感染率（占15—49岁人口的百分比）	4.8	7.3	5.6
环境			
森林（千平方公里）	415	375	334
森林采伐（1990—2010年，平均年度百分比）	..	1.0	1.1
淡水使用量（占内陆水资源的百分比）	..	*5.4*	*5.4*
获得改善的水资源的人口（占总人口的百分比）	55	54	53
获得改善的卫生设施的人口（占总人口的百分比）	7	9	10
人均能源使用量（千克石油当量）	382	393	*451*
人均二氧化碳排放量（吨）	0.1	0.1	*0.2*
人均用电量（千瓦时）	51	58	*86*
经济[g]			
GDP（10亿美元）	4.3	10.2	23.1
GDP增长率（年度百分比）	7.0	4.9	7.0
GDP隐含价格平减指数（年度增长百分比）	22.4	7.6	7.7
农业增加值（占GDP的百分比）	46	33	28
工业增加值（占GDP的百分比）	18	19	25
服务业增加值（占GDP的百分比）	36	47	47
货物和服务出口（占GDP的百分比）	13	13	24
货物和服务进口（占GDP的百分比）	37	20	38
资本形成总额（占GDP的百分比）	26	17	31
中央政府收入（占GDP的百分比）	..	..	..
中央政府现金盈余/赤字（占GDP的百分比）	..	..	..
政府与市场			
创办企业的时间（天）	..	*31*	29
股票市场资本总额（占GDP的百分比）	..	2.3	5.5
军费支出（占GDP的百分比）	2.0	1.3	*1.0*
移动电话用户（每100人）	0.0	0.3	46.8
互联网用户（每100人）	0.0	0.1	11.0
铺敷道路（占总数的百分比）	..	*8.6*	6.7
高科技出口（占制成品出口的百分比）	..	1	3
全球联系			
商品贸易（占GDP的百分比）	32	22	50
净易货贸易条件指数（2000年=100）	107	100	139
外债总额（10亿美元）	6.4	7.1	8.7
债务还本付息总额（占出口的百分比）	32.9	12.4	3.0
净移民（千人）	68	-206	-300
获得的侨汇（百万美元）	..	8.0	24.8
外国直接投资，净流入额（百万美元）	0	463	433
获得的净官方发展援助（10亿美元）	1.2	1.1	3.0

泰国

东亚和太平洋地区			中高收入经济体
人口（百万）	69.1	人口增长率（百分比）	0.6
陆地面积（千平方公里）	513	国家贫困率（占人口的百分比）	*8.1*
GNI，图表集法（10亿美元）	286.6	人均GNI，图表集法（美元）	4,150
PPP衡量的GNI（10亿美元）	565.8	PPP衡量的人均GNI（美元）	8,190

	1990	2000	2010
人口			
最贫困的20%人口占国家消费/收入的份额（百分比）	5.9	6.2	*6.7*
出生时的预期寿命（岁）	72	73	74
总生育率（每个女性生育数）	2.1	1.7	1.6
青年女性生育率（每千名15—19岁女性生育数）	..	44	40
避孕普及率（占15—49岁已婚女性的百分比）	*66*	79	*80*
在熟练医护人员护理下的分娩（占总数的百分比）	..	99	*99*
5岁以下儿童死亡率（每千人）	32	18	13
儿童营养不良，体重不足（占5岁以下儿童的百分比）	*16.3*	..	*7.0*
儿童麻疹免疫接种率（占12—23个月年龄组的百分比）	80	94	98
小学毕业率，总数（占适龄年龄组的百分比）	..	*88*	..
中学总入学率，总数（占适龄年龄组的百分比）	29	*62*	*79*
小学和中学中女孩与男孩的比率（百分比）	*99*	*98*	*103*
HIV感染率（占15—49岁人口的百分比）	1.0	1.8	*1.3*
环境			
森林（千平方公里）	195	190	190
森林采伐（1990—2010年，平均年度百分比）	..	0.3	0.0
淡水使用量（占内陆水资源的百分比）	..	..	*13.1*
获得改善的水资源的人口（占总人口的百分比）	86	92	96
获得改善的卫生设施的人口（占总人口的百分比）	84	94	96
人均能源使用量（千克石油当量）	735	1,146	*1,504*
人均二氧化碳排放量（吨）	1.7	3.2	*4.2*
人均用电量（千瓦时）	703	1,443	*2,045*
经济			
GDP（10亿美元）	85	123	319
GDP增长率（年度百分比）	11.2	4.8	7.8
GDP隐含价格平减指数（年度增长百分比）	5.8	1.3	3.7
农业增加值（占GDP的百分比）	12	9	12
工业增加值（占GDP的百分比）	37	42	45
服务业增加值（占GDP的百分比）	50	49	43
货物和服务出口（占GDP的百分比）	34	67	71
货物和服务进口（占GDP的百分比）	42	58	64
资本形成总额（占GDP的百分比）	41	23	26
中央政府收入（占GDP的百分比）	..	*19.5*	20.3
中央政府现金盈余/赤字（占GDP的百分比）	..	*1.5*	-0.6
政府与市场			
创办企业的时间（天）	..	*33*	29
股票市场资本总额（占GDP的百分比）	28.0	24.0	87.2
军费支出（占GDP的百分比）	2.7	1.5	1.5
移动电话用户（每100人）	0.1	4.8	103.6
互联网用户（每100人）	0.0	3.7	21.2
铺敷道路（占总数的百分比）	*88.4*	98.5	..
高科技出口（占制成品出口的百分比）	21	33	24
全球联系			
商品贸易（占GDP的百分比）	66	107	119
净易货贸易条件指数（2000年=100）	119	100	98
外债总额（10亿美元）	28.1	79.7	71.3
债务还本付息总额（占出口的百分比）	16.9	16.3	4.8
净移民（千人）	505	596	492
获得的侨汇（10亿美元）	1.0	1.7	1.8
外国直接投资，净流入额（10亿美元）	2.4	3.4	9.7
获得的净官方发展援助（百万美元）	796	697	-11

东帝汶

东亚和太平洋地区		中低收入经济体	
人口（百万）	1.1	人口增长率（百分比）	2.2
陆地面积（千平方公里）	15	国家贫困率（占人口的百分比）	*49.9*
GNI，图表集法（10亿美元）	2.5	人均GNI，图表集法（美元）	2,220
PPP衡量的GNI（10亿美元）	4.0	PPP衡量的人均GNI（美元）	3,600

	1990	2000	2010
人口			
最贫困的20%人口占国家消费/收入的份额（百分比）	..	*6.7*	*9.0*
出生时的预期寿命（岁）	46	56	62
总生育率（每个女性生育数）	5.3	7.1	5.6
青年女性生育率（每千名15—19岁女性生育数）	..	71	58
避孕普及率（占15—49岁已婚女性的百分比）	*25*	*8*	22
在熟练医护人员护理下的分娩（占总数的百分比）	..	*24*	29
5岁以下儿童死亡率（每千人）	169	104	81
儿童营养不良，体重不足（占5岁以下儿童的百分比）	..	*40.6*	45.3
儿童麻疹免疫接种率（占12—23个月年龄组的百分比）	..	*56*	66
小学毕业率，总数（占适龄年龄组的百分比）	..	..	65
中学总入学率，总数（占适龄年龄组的百分比）	..	*34*	56
小学和中学中女孩与男孩的比率（百分比）	..	..	98
HIV感染率（占15—49岁人口的百分比）	..	..	..
环境			
森林（千平方公里）	9.7	8.5	7.4
森林采伐（1990—2010年，平均年度百分比）	..	1.2	1.4
淡水使用量（占内陆水资源的百分比）	..	..	*14.3*
获得改善的水资源的人口（占总人口的百分比）	..	54	69
获得改善的卫生设施的人口（占总人口的百分比）	..	39	47
人均能源使用量（千克石油当量）	..	..	*58*
人均二氧化碳排放量（吨）	..	*0.2*	*0.2*
人均用电量（千瓦时）	..	..	..
经济			
GDP（百万美元）	..	316	701
GDP增长率（年度百分比）	..	13.7	7.4
GDP隐含价格平减指数（年度增长百分比）	..	3.0	9.1
农业增加值（占GDP的百分比）	..	26	..
工业增加值（占GDP的百分比）	..	19	..
服务业增加值（占GDP的百分比）	..	56	..
货物和服务出口（占GDP的百分比）	..	..	..
货物和服务进口（占GDP的百分比）	..	..	..
资本形成总额（占GDP的百分比）	..	26	..
中央政府收入（占GDP的百分比）	..	..	..
中央政府现金盈余/赤字（占GDP的百分比）	..	..	..
政府与市场			
创办企业的时间（天）	..	..	103
股票市场资本总额（占GDP的百分比）	..	..	..
军费支出（占GDP的百分比）	..	..	2.8
移动电话用户（每100人）	0.0	*2.2*	53.4
互联网用户（每100人）	0.0	*0.0*	0.2
铺敷道路（占总数的百分比）	..	..	..
高科技出口（占制成品出口的百分比）	..	..	..
全球联系			
商品贸易（占GDP的百分比）	..	*46*	45
净易货贸易条件指数（2000年=100）	..	..	..
外债总额（百万美元）	..	..	..
债务还本付息总额（占出口的百分比）	..	..	..
净移民（千人）	4	-162	-50
获得的侨汇（百万美元）	..	..	..
外国直接投资，净流入额（百万美元）	..	5	280
获得的净官方发展援助（百万美元）	0	231	292

多哥

撒哈拉以南非洲地区		低收入经济体	
人口（百万）	6.0	人口增长率（百分比）	2.1
陆地面积（千平方公里）	57	国家贫困率（占人口的百分比）	*61.7*
GNI，图表集法（10亿美元）	3.0	人均GNI，图表集法（美元）	490
PPP衡量的GNI（10亿美元）	5.4	PPP衡量的人均GNI（美元）	890

	1990	2000	2010
人口			
最贫困的20%人口占国家消费/收入的份额（百分比）	..	..	*7.6*
出生时的预期寿命（岁）	53	55	57
总生育率（每个女性生育数）	6.3	5.1	4.1
青年女性生育率（每千名15—19岁女性生育数）	..	85	59
避孕普及率（占15—49岁已婚女性的百分比）	*34*	26	15
在熟练医护人员护理下的分娩（占总数的百分比）	*31*	49	60
5岁以下儿童死亡率（每千人）	147	124	103
儿童营养不良，体重不足（占5岁以下儿童的百分比）	*21.2*	*23.2*	*20.5*
儿童麻疹免疫接种率（占12—23个月年龄组的百分比）	73	58	84
小学毕业率，总数（占适龄年龄组的百分比）	35	69	74
中学总入学率，总数（占适龄年龄组的百分比）	21	34	*46*
小学和中学中女孩与男孩的比率（百分比）	58	69	*75*
HIV感染率（占15—49岁人口的百分比）	0.6	3.6	*3.2*
环境			
森林（千平方公里）	6.9	4.9	2.9
森林采伐（1990—2010年，平均年度百分比）	..	3.4	5.1
淡水使用量（占内陆水资源的百分比）	..	*1.2*	*1.2*
获得改善的水资源的人口（占总人口的百分比）	49	55	61
获得改善的卫生设施的人口（占总人口的百分比）	13	13	13
人均能源使用量（千克石油当量）	345	440	*445*
人均二氧化碳排放量（吨）	0.2	0.3	*0.2*
人均用电量（千瓦时）	94	98	*111*
经济			
GDP（百万美元）	1,628	1,329	3,153
GDP增长率（年度百分比）	-0.2	-0.8	3.4
GDP隐含价格平减指数（年度增长百分比）	3.0	-1.7	1.4
农业增加值（占GDP的百分比）	34	34	..
工业增加值（占GDP的百分比）	23	18	..
服务业增加值（占GDP的百分比）	44	48	..
货物和服务出口（占GDP的百分比）	33	31	*42*
货物和服务进口（占GDP的百分比）	45	51	*62*
资本形成总额（占GDP的百分比）	27	18	..
中央政府收入（占GDP的百分比）	..	..	17.6
中央政府现金盈余/赤字（占GDP的百分比）	..	..	0.6
政府与市场			
创办企业的时间（天）	..	*65*	84
股票市场资本总额（占GDP的百分比）	..	..	..
军费支出（占GDP的百分比）	3.1	*1.6*	*1.8*
移动电话用户（每100人）	0.0	1.0	40.7
互联网用户（每100人）	0.0	1.9	5.4
铺敷道路（占总数的百分比）	21.2	31.6	*21.0*
高科技出口（占制成品出口的百分比）	*1*	1	*0*
全球联系			
商品贸易（占GDP的百分比）	52	70	75
净易货贸易条件指数（2000年=100）	133	100	31
外债总额（10亿美元）	1.3	1.4	1.7
债务还本付息总额（占出口的百分比）	12.3	6.5	*4.4*
净移民（千人）	1	128	-5
获得的侨汇（百万美元）	27	34	333
外国直接投资，净流入额（百万美元）	18.2	41.9	41.1
获得的净官方发展援助（百万美元）	258	70	421

汤 加

东亚和太平洋地区		中低收入经济体	
人口（千人）	104	人口增长率（百分比）	0.5
陆地面积（平方公里）	750	国家贫困率（占人口的百分比）	..
GNI，图表集法（百万美元）	341.7	人均 GNI，图表集法（美元）	3,290
PPP 衡量的 GNI（百万美元）	476.6	PPP 衡量的人均 GNI（美元）	4,580

	1990	2000	2010
人口			
最贫困的 20% 人口占国家消费/收入的份额（百分比）	..	..	..
出生时的预期寿命（岁）	70	71	72
总生育率（每个女性生育数）	4.6	4.3	3.9
青年女性生育率（每千名 15—19 岁女性生育数）	..	22	20
避孕普及率（占 15—49 岁已婚女性的百分比）	..	33	*24*
在熟练医护人员护理下的分娩（占总数的百分比）	*92*	95	*98*
5 岁以下儿童死亡率（每千人）	25	20	16
儿童营养不良，体重不足（占 5 岁以下儿童的百分比）	..	..	..
儿童麻疹免疫接种率（占 12—23 个月年龄组的百分比）	86	95	99
小学毕业率，总数（占适龄年龄组的百分比）	128	*107*	..
中学总入学率，总数（占适龄年龄组的百分比）	97	106	..
小学和中学中女孩与男孩的比率（百分比）	99	102	..
HIV 感染率（占 15—49 岁人口的百分比）	..	..	..
环境			
森林（平方公里）	90	90	90
森林采伐（1990—2010 年，平均年度百分比）	..	0.0	0.0
淡水使用量（占内陆水资源的百分比）	..	..	..
获得改善的水资源的人口（占总人口的百分比）	100	100	100
获得改善的卫生设施的人口（占总人口的百分比）	96	96	96
人均能源使用量（千克石油当量）	266	..	*567*
人均二氧化碳排放量（吨）	0.8	1.2	*1.7*
人均用电量（千瓦时）	..	..	..
经济			
GDP（百万美元）	114	189	348
GDP 增长率（年度百分比）	-2.0	3.4	-0.5
GDP 隐含价格平减指数（年度增长百分比）	12.2	3.1	3.9
农业增加值（占 GDP 的百分比）	36	23	20
工业增加值（占 GDP 的百分比）	14	21	18
服务业增加值（占 GDP 的百分比）	50	56	62
货物和服务出口（占 GDP 的百分比）	34	15	13
货物和服务进口（占 GDP 的百分比）	65	47	60
资本形成总额（占 GDP 的百分比）	18	22	29
中央政府收入（占 GDP 的百分比）	..	..	..
中央政府现金盈余/赤字（占 GDP 的百分比）	..	..	..
政府与市场			
创办企业的时间（天）	..	*32*	16
股票市场资本总额（占 GDP 的百分比）	..	..	..
军费支出（占 GDP 的百分比）	..	..	..
移动电话用户（每 100 人）	0.0	0.2	52.2
互联网用户（每 100 人）	0.0	2.4	12.0
铺敷道路（占总数的百分比）	..	27.0	..
高科技出口（占制成品出口的百分比）	..	0	0
全球联系			
商品贸易（占 GDP 的百分比）	64	42	51
净易货贸易条件指数（2000 年 =100）	..	100	87
外债总额（百万美元）	44	65	144
债务还本付息总额（占出口的百分比）	3.5	*8.3*	9.1
净移民（千人）	-10.9	-8.7	-8.2
获得的侨汇（百万美元）	24.0	52.5	84.6
外国直接投资，净流入额（百万美元）	0.2	4.8	16.2
获得的净官方发展援助（百万美元）	29.8	18.8	70.5

特立尼达和多巴哥

高收入经济体

人口（百万）	1.3	人口增长率（百分比）	0.4
陆地面积（千平方公里）	5.1	国家贫困率（占人口的百分比）	..
GNI，图表集法（10亿美元）	20.6	人均GNI，图表集法（美元）	15,380
PPP衡量的GNI（10亿美元）	32.3	PPP衡量的人均GNI（美元）	24,050

	1990	2000	2010
人口			
最贫困的20%人口占国家消费/收入的份额（百分比）	5.5	..	..
出生时的预期寿命（岁）	69	68	70
总生育率（每个女性生育数）	2.4	1.6	1.6
青年女性生育率（每千名15—19岁女性生育数）	..	38	33
避孕普及率（占15—49岁已婚女性的百分比）	..	38	*43*
在熟练医护人员护理下的分娩（占总数的百分比）	..	96	*98*
5岁以下儿童死亡率（每千人）	37	32	27
儿童营养不良，体重不足（占5岁以下儿童的百分比）	..	4.4	..
儿童麻疹免疫接种率（占12—23个月年龄组的百分比）	70	90	92
小学毕业率，总数（占适龄年龄组的百分比）	*102*	87	91
中学总入学率，总数（占适龄年龄组的百分比）	85	76	*90*
小学和中学中女孩与男孩的比率（百分比）	102	103	*101*
HIV感染率（占15—49岁人口的百分比）	0.2	1.2	*1.5*
环境			
森林（千平方公里）	2.4	2.3	2.3
森林采伐（1990—2010年，平均年度百分比）	..	0.3	0.3
淡水使用量（占内陆水资源的百分比）	..	6.0	*6.0*
获得改善的水资源的人口（占总人口的百分比）	88	91	94
获得改善的卫生设施的人口（占总人口的百分比）	93	92	92
人均能源使用量（千克石油当量）	4,912	8,248	*15,158*
人均二氧化碳排放量（吨）	14.0	19.0	*37.4*
人均用电量（千瓦时）	2,697	3,916	*5,662*
经济			
GDP（10亿美元）	5.1	8.2	20.6
GDP增长率（年度百分比）	1.5	6.1	0.1
GDP隐含价格平减指数（年度增长百分比）	15.5	12.9	4.4
农业增加值（占GDP的百分比）	3	1	1
工业增加值（占GDP的百分比）	47	49	52
服务业增加值（占GDP的百分比）	50	49	47
货物和服务出口（占GDP的百分比）	45	59	*65*
货物和服务进口（占GDP的百分比）	29	45	*38*
资本形成总额（占GDP的百分比）	13	20	*11*
中央政府收入（占GDP的百分比）	*28.1*	*27.1*	*33.5*
中央政府现金盈余/赤字（占GDP的百分比）	*-0.2*	*2.0*	*-4.8*
政府与市场			
创办企业的时间（天）	..	..	43
股票市场资本总额（占GDP的百分比）	13.7	53.1	59.0
军费支出（占GDP的百分比）	*0.1*	..	..
移动电话用户（每100人）	0.0	12.5	141.3
互联网用户（每100人）	0.0	7.7	48.5
铺敷道路（占总数的百分比）	46.2	51.1	..
高科技出口（占制成品出口的百分比）	*0*	1	*0*
全球联系			
商品贸易（占GDP的百分比）	61	93	83
净易货贸易条件指数（2000年=100）	100	100	134
外债总额（百万美元）	..	..	..
债务还本付息总额（占出口的百分比）	..	..	..
净移民（千人）	-62.1	-19.8	-19.8
获得的侨汇（百万美元）	3	38	120
外国直接投资，净流入额（百万美元）	109	680	549
获得的净官方发展援助（百万美元）	17.8	-1.5	4.3

突尼斯

中东和北非			中高收入经济体
人口（百万）	10.5	人口增长率（百分比）	1.0
陆地面积（千平方公里）	164	国家贫困率（占人口的百分比）	*3.8*
GNI，图表集法（10亿美元）	43.9	人均GNI，图表集法（美元）	4,160
PPP衡量的GNI（10亿美元）	95.6	PPP衡量的人均GNI（美元）	9,060

	1990	2000	2010
人口			
最贫困的20%人口占国家消费/收入的份额（百分比）	5.9	6.0	5.9
出生时的预期寿命（岁）	70	73	75
总生育率（每个女性生育数）	3.6	2.1	2.0
青年女性生育率（每千名15—19岁女性生育数）	..	7	5
避孕普及率（占15—49岁已婚女性的百分比）	*50*	66	*60*
在熟练医护人员护理下的分娩（占总数的百分比）	69	90	*95*
5岁以下儿童死亡率（每千人）	49	28	16
儿童营养不良，体重不足（占5岁以下儿童的百分比）	*8.5*	3.5	*3.3*
儿童麻疹免疫接种率（占12—23个月年龄组的百分比）	93	95	97
小学毕业率，总数（占适龄年龄组的百分比）	80	88	*91*
中学总入学率，总数（占适龄年龄组的百分比）	44	76	*90*
小学和中学中女孩与男孩的比率（百分比）	85	98	*101*
HIV感染率（占15—49岁人口的百分比）	0.1	0.1	*0.1*
环境			
森林（千平方公里）	6	8	10
森林采伐（1990—2010年，平均年度百分比）	..	-2.7	-1.9
淡水使用量（占内陆水资源的百分比）	73.1	*67.6*	*61.7*
获得改善的水资源的人口（占总人口的百分比）	81	90	*94*
获得改善的卫生设施的人口（占总人口的百分比）	74	81	*85*
人均能源使用量（千克石油当量）	607	764	*881*
人均二氧化碳排放量（吨）	1.6	2.1	*2.4*
人均用电量（千瓦时）	638	991	*1,311*
经济			
GDP（10亿美元）	12.3	21.5	44.3
GDP增长率（年度百分比）	7.9	4.3	3.7
GDP隐含价格平减指数（年度增长百分比）	4.5	3.7	4.0
农业增加值（占GDP的百分比）	18	11	8
工业增加值（占GDP的百分比）	34	30	32
服务业增加值（占GDP的百分比）	49	58	60
货物和服务出口（占GDP的百分比）	44	40	49
货物和服务进口（占GDP的百分比）	51	43	54
资本形成总额（占GDP的百分比）	27	26	26
中央政府收入（占GDP的百分比）	30.7	26.5	29.0
中央政府现金盈余/赤字（占GDP的百分比）	-3.2	-2.4	-1.3
政府与市场			
创办企业的时间（天）	..	*11*	11
股票市场资本总额（占GDP的百分比）	4.3	13.2	24.1
军费支出（占GDP的百分比）	2.0	1.5	1.2
移动电话用户（每100人）	0.0	1.2	105.4
互联网用户（每100人）	0.0	2.7	36.6
铺敷道路（占总数的百分比）	76.1	68.4	*75.2*
高科技出口（占制成品出口的百分比）	2	3	5
全球联系			
商品贸易（占GDP的百分比）	74	67	87
净易货贸易条件指数（2000年=100）	109	100	95
外债总额（10亿美元）	7.7	11.3	21.6
债务还本付息总额（占出口的百分比）	27.0	21.9	10.4
净移民（千人）	-25.2	-55.6	-20.0
获得的侨汇（百万美元）	551	796	1,970
外国直接投资，净流入额（百万美元）	76	752	1,401
获得的净官方发展援助（百万美元）	393	222	551

土耳其

欧洲和中亚		中高收入经济体	
人口（百万）	72.8	人口增长率（百分比）	1.3
陆地面积（千平方公里）	784	国家贫困率（占人口的百分比）	*18.1*
GNI，图表集法（10亿美元）	719.9	人均GNI，图表集法（美元）	9,890
PPP衡量的GNI（10亿美元）	1,129.9	PPP衡量的人均GNI（美元）	15,530

	1990	2000	2010
人口			
最贫困的20%人口占国家消费/收入的份额（百分比）	..	5.6	5.7
出生时的预期寿命（岁）	63	69	74
总生育率（每个女性生育数）	3.0	2.4	2.1
青年女性生育率（每千名15—19岁女性生育数）	..	46	34
避孕普及率（占15—49岁已婚女性的百分比）	*63*	*71*	*73*
在熟练医护人员护理下的分娩（占总数的百分比）	*76*	*83*	*95*
5岁以下儿童死亡率（每千人）	80	43	18
儿童营养不良，体重不足（占5岁以下儿童的百分比）	*8.7*	*3.5*	..
儿童麻疹免疫接种率（占12—23个月年龄组的百分比）	78	87	97
小学毕业率，总数（占适龄年龄组的百分比）	88	..	*99*
中学总入学率，总数（占适龄年龄组的百分比）	47	71	*78*
小学和中学中女孩与男孩的比率（百分比）	81	82	*95*
HIV感染率（占15—49岁人口的百分比）	0.1	0.1	*0.1*
环境			
森林（千平方公里）	97	101	113
森林采伐（1990—2010年，平均年度百分比）	..	-0.5	-1.1
淡水使用量（占内陆水资源的百分比）	*14.8*	18.5	*18.8*
获得改善的水资源的人口（占总人口的百分比）	85	93	100
获得改善的卫生设施的人口（占总人口的百分比）	84	87	90
人均能源使用量（千克石油当量）	975	1,200	1,441
人均二氧化碳排放量（吨）	2.8	3.4	*4.0*
人均用电量（千瓦时）	926	1,643	*2,298*
经济			
GDP（10亿美元）	151	267	734
GDP增长率（年度百分比）	9.3	6.8	9.0
GDP隐含价格平减指数（年度增长百分比）	58.2	49.2	6.3
农业增加值（占GDP的百分比）	18	11	10
工业增加值（占GDP的百分比）	32	31	27
服务业增加值（占GDP的百分比）	50	57	64
货物和服务出口（占GDP的百分比）	13	20	21
货物和服务进口（占GDP的百分比）	18	23	27
资本形成总额（占GDP的百分比）	25	21	20
中央政府收入（占GDP的百分比）	..	..	24.4
中央政府现金盈余/赤字（占GDP的百分比）	..	..	-2.2
政府与市场			
创办企业的时间（天）	..	*38*	6
股票市场资本总额（占GDP的百分比）	12.7	26.1	41.8
军费支出（占GDP的百分比）	3.5	3.7	2.4
移动电话用户（每100人）	0.1	25.4	84.9
互联网用户（每100人）	0.0	3.8	39.8
铺敷道路（占总数的百分比）	..	*34.0*	*88.7*
高科技出口（占制成品出口的百分比）	1	5	2
全球联系			
商品贸易（占GDP的百分比）	23	31	41
净易货贸易条件指数（2000年=100）	109	100	92
外债总额（10亿美元）	49	117	294
债务还本付息总额（占出口的百分比）	33.8	38.9	36.7
净移民（千人）	-150	-150	-50
获得的侨汇（10亿美元）	3.2	4.6	0.9
外国直接投资，净流入额（10亿美元）	0.7	1.0	9.1
获得的净官方发展援助（10亿美元）	1.3	0.3	1.0

土库曼斯坦

欧洲和中亚			中低收入经济体
人口（百万）	5.0	人口增长率（百分比）	1.2
陆地面积（千平方公里）	488	国家贫困率（占人口的百分比）	..
GNI，图表集法（10 亿美元）	19.1	人均 GNI，图表集法（美元）	3,790
PPP 衡量的 GNI（10 亿美元）	37.8	PPP 衡量的人均 GNI（美元）	7,490

	1990	2000	2010
人口			
最贫困的 20% 人口占国家消费/收入的份额（百分比）	*6.9*	*6.1*	..
出生时的预期寿命（岁）	63	64	65
总生育率（每个女性生育数）	4.3	2.8	2.4
青年女性生育率（每千名 15—19 岁女性生育数）	..	21	18
避孕普及率（占 15—49 岁已婚女性的百分比）	..	62	*48*
在熟练医护人员护理下的分娩（占总数的百分比）	..	97	*100*
5 岁以下儿童死亡率（每千人）	98	74	56
儿童营养不良，体重不足（占 5 岁以下儿童的百分比）	..	10.5	..
儿童麻疹免疫接种率（占 12—23 个月年龄组的百分比）	*76*	96	99
小学毕业率，总数（占适龄年龄组的百分比）	..	..	..
中学总入学率，总数（占适龄年龄组的百分比）	..	..	..
小学和中学中女孩与男孩的比率（百分比）	..	..	..
HIV 感染率（占 15—49 岁人口的百分比）	..	..	..
环境			
森林（千平方公里）	41	41	41
森林采伐（1990—2010 年，平均年度百分比）	..	0.0	0.0
淡水使用量（占内陆水资源的百分比）	..	1,831.6	*100.8*
获得改善的水资源的人口（占总人口的百分比）	..	83	..
获得改善的卫生设施的人口（占总人口的百分比）	98	98	98
人均能源使用量（千克石油当量）	5,352	3,223	*3,933*
人均二氧化碳排放量（吨）	*7.2*	7.9	*9.7*
人均用电量（千瓦时）	2,293	1,698	*2,446*
经济			
GDP（10 亿美元）	3.2	2.9	20.0
GDP 增长率（年度百分比）	0.7	18.6	9.2
GDP 隐含价格平减指数（年度增长百分比）	6.3	9.8	-1.8
农业增加值（占 GDP 的百分比）	32	24	12
工业增加值（占 GDP 的百分比）	30	44	54
服务业增加值（占 GDP 的百分比）	38	31	34
货物和服务出口（占 GDP 的百分比）	39	96	52
货物和服务进口（占 GDP 的百分比）	27	81	55
资本形成总额（占 GDP 的百分比）	40	35	59
中央政府收入（占 GDP 的百分比）	..	..	..
中央政府现金盈余/赤字（占 GDP 的百分比）	..	..	..
政府与市场			
创办企业的时间（天）	..	..	..
股票市场资本总额（占 GDP 的百分比）	..	..	..
军费支出（占 GDP 的百分比）	..	*2.9*	..
移动电话用户（每 100 人）	0.0	0.2	63.4
互联网用户（每 100 人）	0.0	0.1	2.2
铺敷道路（占总数的百分比）	73.5	81.2	..
高科技出口（占制成品出口的百分比）	..	5	..
全球联系			
商品贸易（占 GDP 的百分比）	..	148	60
净易货贸易条件指数（2000 年 = 100）	..	100	196
外债总额（百万美元）	*276*	2,518	422
债务还本付息总额（占出口的百分比）	..	..	..
净移民（千人）	-34.7	-50.0	-54.5
获得的侨汇（百万美元）	..	..	..
外国直接投资，净流入额（百万美元）	*79*	131	2,083
获得的净官方发展援助（百万美元）	*6.6*	35.3	43.3

特克斯和凯科斯群岛

高收入经济体

人口（千人）	38	人口增长率（百分比）	2.9
陆地面积（平方公里）	950	国家贫困率（占人口的百分比）	..
GNI，图表集法（百万美元）	..	人均 GNI，图表集法（美元）	..
PPP 衡量的 GNI（百万美元）	..	PPP 衡量的人均 GNI（美元）	..

	1990	2000	2010
人口			
最贫困的 20% 人口占国家消费/收入的份额（百分比）	..	..	..
出生时的预期寿命（岁）	..	..	..
总生育率（每个女性生育数）	..	..	..
青年女性生育率（每千名 15—19 岁女性生育数）	..	..	..
避孕普及率（占 15—49 岁已婚女性的百分比）	..	..	..
在熟练医护人员护理下的分娩（占总数的百分比）	..	*88*	*100*
5 岁以下儿童死亡率（每千人）	..	..	..
儿童营养不良，体重不足（占 5 岁以下儿童的百分比）	..	..	..
儿童麻疹免疫接种率（占 12—23 个月年龄组的百分比）	..	..	..
小学毕业率，总数（占适龄年龄组的百分比）	..	*99*	..
中学总入学率，总数（占适龄年龄组的百分比）	..	*95*	..
小学和中学中女孩与男孩的比率（百分比）	..	*98*	..
HIV 感染率（占 15—49 岁人口的百分比）	..	..	..
环境			
森林（平方公里）	340	340	340
森林采伐（1990—2010 年，平均年度百分比）	..	0.0	0.0
淡水使用量（占内陆水资源的百分比）	..	..	..
获得改善的水资源的人口（占总人口的百分比）	100	100	100
获得改善的卫生设施的人口（占总人口的百分比）	..	97	..
人均能源使用量（千克石油当量）	..	..	..
人均二氧化碳排放量（吨）	..	0.8	*4.4*
人均用电量（千瓦时）	..	..	..
经济			
GDP（百万美元）	..	..	..
GDP 增长率（年度百分比）	..	..	..
GDP 隐含价格平减指数（年度增长百分比）	..	..	..
农业增加值（占 GDP 的百分比）	..	..	..
工业增加值（占 GDP 的百分比）	..	..	..
服务业增加值（占 GDP 的百分比）	..	..	..
货物和服务出口（占 GDP 的百分比）	..	..	..
货物和服务进口（占 GDP 的百分比）	..	..	..
资本形成总额（占 GDP 的百分比）	..	..	..
中央政府收入（占 GDP 的百分比）	..	..	..
中央政府现金盈余/赤字（占 GDP 的百分比）	..	..	..
政府与市场			
创办企业的时间（天）	..	..	..
股票市场资本总额（占 GDP 的百分比）	..	..	..
军费支出（占 GDP 的百分比）	..	..	..
移动电话用户（每 100 人）	..	..	..
互联网用户（每 100 人）	..	..	..
铺敷道路（占总数的百分比）	..	..	..
高科技出口（占制成品出口的百分比）	..	20	..
全球联系			
商品贸易（占 GDP 的百分比）	..	..	..
净易货贸易条件指数（2000 年 =100）	..	100	74
外债总额（百万美元）	..	..	..
债务还本付息总额（占出口的百分比）	..	..	..
净移民（千人）	..	..	..
获得的侨汇（百万美元）	..	..	..
外国直接投资，净流入额（百万美元）	0.0	0.4	96.9
获得的净官方发展援助（百万美元）	11.6	6.7	*15.4*

图瓦卢

东亚和太平洋地区			中低收入经济体
人口（千人）	10	人口增长率（百分比）	0.2
陆地面积（平方公里）	30	国家贫困率（占人口的百分比）	..
GNI，图表集法（百万美元）	46.7	人均 GNI，图表集法（美元）	4,760
PPP 衡量的 GNI（百万美元）	..	PPP 衡量的人均 GNI（美元）	..

	1990	2000	2010
人口			
最贫困的 20% 人口占国家消费/收入的份额（百分比）	..	..	..
出生时的预期寿命（岁）	..	..	..
总生育率（每个女性生育数）	..	..	..
青年女性生育率（每千名 15—19 岁女性生育数）	..	..	..
避孕普及率（占 15—49 岁已婚女性的百分比）	39	*32*	*31*
在熟练医护人员护理下的分娩（占总数的百分比）	100	*100*	*98*
5 岁以下儿童死亡率（每千人）	57	44	33
儿童营养不良，体重不足（占 5 岁以下儿童的百分比）	..	..	*1.6*
儿童麻疹免疫接种率（占 12—23 个月年龄组的百分比）	95	81	85
小学毕业率，总数（占适龄年龄组的百分比）	..	110	..
中学总入学率，总数（占适龄年龄组的百分比）	..	*80*	..
小学和中学中女孩与男孩的比率（百分比）	..	*112*	..
HIV 感染率（占 15—49 岁人口的百分比）	..	..	..
环境			
森林（平方公里）	10.0	10.0	10.0
森林采伐（1990—2010 年，平均年度百分比）	..	0.0	0.0
淡水使用量（占内陆水资源的百分比）	..	..	..
获得改善的水资源的人口（占总人口的百分比）	90	94	98
获得改善的卫生设施的人口（占总人口的百分比）	80	83	85
人均能源使用量（千克石油当量）	..	..	..
人均二氧化碳排放量（吨）	..	..	..
人均用电量（千瓦时）	..	..	..
经济			
GDP（百万美元）	8.8	13.9	31.4
GDP 增长率（年度百分比）	*3.6*	-1.0	-1.9
GDP 隐含价格平减指数（年度增长百分比）	*2.6*	14.5	4.0
农业增加值（占 GDP 的百分比）	..	..	..
工业增加值（占 GDP 的百分比）	..	..	..
服务业增加值（占 GDP 的百分比）	..	..	..
货物和服务出口（占 GDP 的百分比）	..	..	..
货物和服务进口（占 GDP 的百分比）	..	..	..
资本形成总额（占 GDP 的百分比）	..	..	..
中央政府收入（占 GDP 的百分比）	..	..	..
中央政府现金盈余/赤字（占 GDP 的百分比）	..	..	..
政府与市场			
创办企业的时间（天）	..	..	..
股票市场资本总额（占 GDP 的百分比）	..	..	..
军费支出（占 GDP 的百分比）	..	..	..
移动电话用户（每 100 人）	0.0	0.0	25.4
互联网用户（每 100 人）	0.0	5.2	25.0
铺敷道路（占总数的百分比）	..	..	..
高科技出口（占制成品出口的百分比）	..	*28*	..
全球联系			
商品贸易（占 GDP 的百分比）	58	36	52
净易货贸易条件指数（2000 年 =100）	..	..	..
外债总额（百万美元）	..	..	..
债务还本付息总额（占出口的百分比）	..	..	..
净移民（千人）	..	..	..
获得的侨汇（百万美元）	..	..	..
外国直接投资，净流入额（百万美元）	..	-0.9	1.5
获得的净官方发展援助（百万美元）	5.1	4.0	13.3

乌干达

撒哈拉以南非洲地区			低收入经济体
人口（百万）	33.4	人口增长率（百分比）	3.2
陆地面积（千平方公里）	242	国家贫困率（占人口的百分比）	*24.5*
GNI，图表集法（10亿美元）	16.6	人均GNI，图表集法（美元）	500
PPP衡量的GNI（10亿美元）	41.8	PPP衡量的人均GNI（美元）	1,250

	1990	2000	2010
人口			
最贫困的20%人口占国家消费/收入的份额（百分比）	*4.9*	5.9	*5.8*
出生时的预期寿命（岁）	47	46	54
总生育率（每个女性生育数）	7.1	6.9	6.1
青年女性生育率（每千名15—19岁女性生育数）	..	180	136
避孕普及率（占15—49岁已婚女性的百分比）	*5*	*23*	*24*
在熟练医护人员护理下的分娩（占总数的百分比）	*38*	*39*	*42*
5岁以下儿童死亡率（每千人）	175	144	99
儿童营养不良，体重不足（占5岁以下儿童的百分比）	*19.7*	*19.0*	*16.4*
儿童麻疹免疫接种率（占12—23个月年龄组的百分比）	52	57	55
小学毕业率，总数（占适龄年龄组的百分比）	..	*60*	57
中学总入学率，总数（占适龄年龄组的百分比）	11	16	28
小学和中学中女孩与男孩的比率（百分比）	78	91	99
HIV感染率（占15—49岁人口的百分比）	10.2	7.3	6.5
环境			
森林（千平方公里）	48	39	30
森林采伐（1990—2010年，平均年度百分比）	..	2.0	2.6
淡水使用量（占内陆水资源的百分比）	..	*0.5*	*0.5*
获得改善的水资源的人口（占总人口的百分比）	43	58	72
获得改善的卫生设施的人口（占总人口的百分比）	27	30	34
人均能源使用量（千克石油当量）	..	..	..
人均二氧化碳排放量（吨）	0.05	0.06	*0.12*
人均用电量（千瓦时）	..	..	..
经济			
GDP（10亿美元）	4.3	6.2	17.0
GDP增长率（年度百分比）	6.5	3.1	5.2
GDP隐含价格平减指数（年度增长百分比）	44.4	11.1	9.1
农业增加值（占GDP的百分比）	57	29	24
工业增加值（占GDP的百分比）	11	23	25
服务业增加值（占GDP的百分比）	32	48	50
货物和服务出口（占GDP的百分比）	7	11	24
货物和服务进口（占GDP的百分比）	19	22	34
资本形成总额（占GDP的百分比）	13	19	24
中央政府收入（占GDP的百分比）	..	10.8	*12.6*
中央政府现金盈余/赤字（占GDP的百分比）	..	-1.9	*-0.9*
政府与市场			
创办企业的时间（天）	..	*34*	34
股票市场资本总额（占GDP的百分比）	..	*0.6*	..
军费支出（占GDP的百分比）	3.3	2.5	1.7
移动电话用户（每100人）	0.0	0.5	38.4
互联网用户（每100人）	0.0	0.2	12.5
铺敷道路（占总数的百分比）	..	*23.0*	..
高科技出口（占制成品出口的百分比）	..	4	2
全球联系			
商品贸易（占GDP的百分比）	10	31	36
净易货贸易条件指数（2000年=100）	146	100	111
外债总额（10亿美元）	2.6	3.5	3.0
债务还本付息总额（占出口的百分比）	81.4	10.3	1.8
净移民（千人）	233	-46	-135
获得的侨汇（百万美元）	..	238	915
外国直接投资，净流入额（百万美元）	-6	161	817
获得的净官方发展援助（百万美元）	663	853	1,730

乌克兰

欧洲和中亚			中低收入经济体
人口（百万）	45.9	人口增长率（百分比）	-0.4
陆地面积（千平方公里）	604	国家贫困率（占人口的百分比）	*2.9*
GNI，图表集法（10亿美元）	137.8	人均GNI，图表集法（美元）	3,000
PPP衡量的GNI（10亿美元）	303.8	PPP衡量的人均GNI（美元）	6,620

	1990	2000	2010
人口			
最贫困的20%人口占国家消费/收入的份额（百分比）	*9.5*	*8.8*	*9.7*
出生时的预期寿命（岁）	70	68	70
总生育率（每个女性生育数）	1.8	1.1	1.4
青年女性生育率（每千名15—19岁女性生育数）	..	35	28
避孕普及率（占15—49岁已婚女性的百分比）	..	72	*67*
在熟练医护人员护理下的分娩（占总数的百分比）	100	100	*99*
5岁以下儿童死亡率（每千人）	21	18	13
儿童营养不良，体重不足（占5岁以下儿童的百分比）	..	4.1	..
儿童麻疹免疫接种率（占12—23个月年龄组的百分比）	*90*	99	94
小学毕业率，总数（占适龄年龄组的百分比）	94	91	98
中学总入学率，总数（占适龄年龄组的百分比）	96	99	96
小学和中学中女孩与男孩的比率（百分比）	102	100	99
HIV感染率（占15—49岁人口的百分比）	0.1	0.9	*1.1*
环境			
森林（千平方公里）	93	95	97
森林采伐（1990—2010年，平均年度百分比）	..	-0.3	-0.2
淡水使用量（占内陆水资源的百分比）	..	72.5	*27.6*
获得改善的水资源的人口（占总人口的百分比）	..	97	98
获得改善的卫生设施的人口（占总人口的百分比）	..	95	94
人均能源使用量（千克石油当量）	4,852	2,721	*2,507*
人均二氧化碳排放量（吨）	*12.3*	6.5	*7.0*
人均用电量（千瓦时）	4,787	2,778	*3,200*
经济			
GDP（10亿美元）	81.5	31.3	137.9
GDP增长率（年度百分比）	-6.3	5.9	4.2
GDP隐含价格平减指数（年度增长百分比）	16.3	23.1	15.0
农业增加值（占GDP的百分比）	26	17	8
工业增加值（占GDP的百分比）	45	36	31
服务业增加值（占GDP的百分比）	30	47	61
货物和服务出口（占GDP的百分比）	28	62	50
货物和服务进口（占GDP的百分比）	29	57	53
资本形成总额（占GDP的百分比）	27	20	19
中央政府收入（占GDP的百分比）	..	26.8	*34.6*
中央政府现金盈余/赤字（占GDP的百分比）	..	-0.6	-5.6
政府与市场			
创办企业的时间（天）	..	*40*	24
股票市场资本总额（占GDP的百分比）	..	6.0	28.6
军费支出（占GDP的百分比）	*0.5*	3.6	2.7
移动电话用户（每100人）	0.0	1.7	117.5
互联网用户（每100人）	0.0	0.7	44.6
铺敷道路（占总数的百分比）	93.7	96.7	*97.8*
高科技出口（占制成品出口的百分比）	..	5	4
全球联系			
商品贸易（占GDP的百分比）	..	91	81
净易货贸易条件指数（2000年=100）	..	100	119
外债总额（10亿美元）	*1*	12	117
债务还本付息总额（占出口的百分比）	..	18.6	40.7
净移民（千人）	2	-547	-40
获得的侨汇（百万美元）	..	33	5,607
外国直接投资，净流入额（百万美元）	*200*	595	6,495
获得的净官方发展援助（百万美元）	..	..	624

阿拉伯联合酋长国

高收入经济体

人口（百万）	7.5	人口增长率（百分比）	7.9
陆地面积（千平方公里）	84	国家贫困率（占人口的百分比）	..
GNI，图表集法（10亿美元）	*290.9*	人均GNI，图表集法（美元）	*41,930*
PPP衡量的GNI（10亿美元）	*351.0*	PPP衡量的人均GNI（美元）	*50,580*

	1990	2000	2010
人口			
最贫困的20%人口占国家消费/收入的份额（百分比）	..	..	..
出生时的预期寿命（岁）	72	75	77
总生育率（每个女性生育数）	4.4	2.6	1.7
青年女性生育率（每千名15—19岁女性生育数）	..	26	25
避孕普及率（占15—49岁已婚女性的百分比）	..	..	..
在熟练医护人员护理下的分娩（占总数的百分比）	..	*100*	*100*
5岁以下儿童死亡率（每千人）	22	12	7
儿童营养不良，体重不足（占5岁以下儿童的百分比）	..	..	..
儿童麻疹免疫接种率（占12—23个月年龄组的百分比）	80	94	94
小学毕业率，总数（占适龄年龄组的百分比）	97	86	..
中学总入学率，总数（占适龄年龄组的百分比）	64	85	..
小学和中学中女孩与男孩的比率（百分比）	104	102	..
HIV感染率（占15—49岁人口的百分比）	..	..	..
环境			
森林（千平方公里）	2.5	3.1	3.2
森林采伐（1990—2010年，平均年度百分比）	..	-2.4	-0.2
淡水使用量（占内陆水资源的百分比）	..	1,679.3	*2,032.0*
获得改善的水资源的人口（占总人口的百分比）	100	100	100
获得改善的卫生设施的人口（占总人口的百分比）	97	97	98
人均能源使用量（千克石油当量）	11,258	11,331	*8,588*
人均二氧化碳排放量（吨）	28.8	37.1	*25.0*
人均用电量（千瓦时）	8,594	12,722	*11,464*
经济			
GDP（10亿美元）	51	104	298
GDP增长率（年度百分比）	18.3	10.9	1.4
GDP隐含价格平减指数（年度增长百分比）	3.3	11.5	8.5
农业增加值（占GDP的百分比）	..	*2*	*1*
工业增加值（占GDP的百分比）	..	*50*	*54*
服务业增加值（占GDP的百分比）	..	*48*	*46*
货物和服务出口（占GDP的百分比）	..	*49*	78
货物和服务进口（占GDP的百分比）	..	*41*	69
资本形成总额（占GDP的百分比）	..	*22*	25
中央政府收入（占GDP的百分比）	..	*6.5*	..
中央政府现金盈余/赤字（占GDP的百分比）	..	*0.1*	..
政府与市场			
创办企业的时间（天）	..	*19*	13
股票市场资本总额（占GDP的百分比）	..	5.5	35.2
军费支出（占GDP的百分比）	..	6.3	5.4
移动电话用户（每100人）	1.9	47.1	145.4
互联网用户（每100人）	0.0	23.6	78.0
铺敷道路（占总数的百分比）	94.2	100.0	..
高科技出口（占制成品出口的百分比）	*0*	1	*3*
全球联系			
商品贸易（占GDP的百分比）	69	81	128
净易货贸易条件指数（2000年=100）	..	100	163
外债总额（百万美元）	..	..	..
债务还本付息总额（占出口的百分比）	..	..	..
净移民（千人）	260	469	3,077
获得的侨汇（百万美元）	..	..	..
外国直接投资，净流入额（百万美元）	-116	-506	3,948
获得的净官方发展援助（百万美元）	3.5	..	..

英国

高收入经济体

人口（百万）	62.2	人口增长率（百分比）	0.7
陆地面积（千平方公里）	244	国家贫困率（占人口的百分比）	..
GNI，图表集法（10亿美元）	2,377.2	人均GNI，图表集法（美元）	38,200
PPP衡量的GNI（10亿美元）	2,230.6	PPP衡量的人均GNI（美元）	35,840

	1990	2000	2010
人口			
最贫困的20%人口占国家消费/收入的份额（百分比）	..	*6.1*	..
出生时的预期寿命（岁）	76	78	80
总生育率（每个女性生育数）	1.8	1.6	1.9
青年女性生育率（每千名15—19岁女性生育数）	..	29	30
避孕普及率（占15—49岁已婚女性的百分比）	*70*	76	*84*
在熟练医护人员护理下的分娩（占总数的百分比）	..	*99*	..
5岁以下儿童死亡率（每千人）	9	7	5
儿童营养不良，体重不足（占5岁以下儿童的百分比）	..	..	..
儿童麻疹免疫接种率（占12—23个月年龄组的百分比）	87	88	93
小学毕业率，总数（占适龄年龄组的百分比）	..	..	..
中学总入学率，总数（占适龄年龄组的百分比）	84	102	*102*
小学和中学中女孩与男孩的比率（百分比）	102	101	*101*
HIV感染率（占15—49岁人口的百分比）	0.1	0.1	*0.2*
环境			
森林（千平方公里）	26	28	29
森林采伐（1990—2010年，平均年度百分比）	..	-0.7	-0.3
淡水使用量（占内陆水资源的百分比）	*8.2*	*10.0*	*8.8*
获得改善的水资源的人口（占总人口的百分比）	100	100	100
获得改善的卫生设施的人口（占总人口的百分比）	100	100	100
人均能源使用量（千克石油当量）	3,597	3,785	3,282
人均二氧化碳排放量（吨）	10.0	9.2	*8.5*
人均用电量（千瓦时）	5,357	6,115	*5,692*
经济			
GDP（10亿美元）	1,013	1,477	2,262
GDP增长率（年度百分比）	0.8	4.5	2.1
GDP隐含价格平减指数（年度增长百分比）	7.7	0.6	2.9
农业增加值（占GDP的百分比）	2	1	1
工业增加值（占GDP的百分比）	34	27	22
服务业增加值（占GDP的百分比）	64	72	78
货物和服务出口（占GDP的百分比）	24	28	30
货物和服务进口（占GDP的百分比）	26	29	33
资本形成总额（占GDP的百分比）	20	18	15
中央政府收入（占GDP的百分比）	..	37.1	*36.0*
中央政府现金盈余/赤字（占GDP的百分比）	..	1.6	*-10.9*
政府与市场			
创办企业的时间（天）	..	*13*	13
股票市场资本总额（占GDP的百分比）	83.8	174.5	137.4
军费支出（占GDP的百分比）	3.8	2.4	2.6
移动电话用户（每100人）	1.9	73.8	130.3
互联网用户（每100人）	0.1	26.8	84.7
铺敷道路（占总数的百分比）	100.0	100.0	*100.0*
高科技出口（占制成品出口的百分比）	24	32	21
全球联系			
商品贸易（占GDP的百分比）	40	43	43
净易货贸易条件指数（2000年=100）	..	100	103
外债总额（百万美元）	..	..	..
债务还本付息总额（占出口的百分比）	..	..	..
净移民（千人）	99	429	1,020
获得的侨汇（10亿美元）	2.1	3.6	7.5
外国直接投资，净流入额（10亿美元）	34	122	53
获得的净官方发展援助（百万美元）	..	..	..

美国

高收入经济体

人口（百万）	309.3	人口增长率（百分比）	0.8
陆地面积（千平方公里）	9,832	国家贫困率（占人口的百分比）	..
GNI，图表集法（10亿美元）	14,645.6	人均GNI，图表集法（美元）	47,340
PPP衡量的GNI（10亿美元）	14,635.6	PPP衡量的人均GNI（美元）	47,310

	1990	2000	2010
人口			
最贫困的20%人口占国家消费/收入的份额（百分比）	..	5.4	..
出生时的预期寿命（岁）	75	77	78
总生育率（每个女性生育数）	2.1	2.1	2.1
青年女性生育率（每千名15—19岁女性生育数）	..	46	33
避孕普及率（占15—49岁已婚女性的百分比）	71	*73*	*79*
在熟练医护人员护理下的分娩（占总数的百分比）	*99*	*99*	..
5岁以下儿童死亡率（每千人）	11	9	8
儿童营养不良，体重不足（占5岁以下儿童的百分比）	..	*1.1*	..
儿童麻疹免疫接种率（占12—23个月年龄组的百分比）	90	91	92
小学毕业率，总数（占适龄年龄组的百分比）	..	99	104
中学总入学率，总数（占适龄年龄组的百分比）	92	93	96
小学和中学中女孩与男孩的比率（百分比）	99	100	100
HIV感染率（占15—49岁人口的百分比）	0.5	0.5	*0.6*
环境			
森林（千平方公里）	2,963	3,002	3,040
森林采伐（1990—2010年，平均年度百分比）	..	-0.1	-0.1
淡水使用量（占内陆水资源的百分比）	16.4	16.8	*15.6*
获得改善的水资源的人口（占总人口的百分比）	99	99	99
获得改善的卫生设施的人口（占总人口的百分比）	100	100	100
人均能源使用量（千克石油当量）	7,672	8,057	7,225
人均二氧化碳排放量（吨）	19.5	19.5	*18.0*
人均用电量（千瓦时）	11,713	13,671	*12,914*
经济			
GDP（10亿美元）	5,751	9,899	14,587
GDP增长率（年度百分比）	1.9	4.2	3.0
GDP隐含价格平减指数（年度增长百分比）	3.8	2.2	0.8
农业增加值（占GDP的百分比）	2	1	*1*
工业增加值（占GDP的百分比）	28	23	*20*
服务业增加值（占GDP的百分比）	70	75	*79*
货物和服务出口（占GDP的百分比）	10	11	13
货物和服务进口（占GDP的百分比）	11	15	16
资本形成总额（占GDP的百分比）	18	21	15
中央政府收入（占GDP的百分比）	..	*20.1*	16.9
中央政府现金盈余/赤字（占GDP的百分比）	..	*0.5*	-10.0
政府与市场			
创办企业的时间（天）	..	*6*	6
股票市场资本总额（占GDP的百分比）	53.2	152.6	117.5
军费支出（占GDP的百分比）	5.3	3.0	4.8
移动电话用户（每100人）	2.1	38.8	90.2
互联网用户（每100人）	0.8	43.1	74.2
铺敷道路（占总数的百分比）	..	*66.2*	*67.4*
高科技出口（占制成品出口的百分比）	33	34	20
全球联系			
商品贸易（占GDP的百分比）	16	21	22
净易货贸易条件指数（2000年=100）	103	100	97
外债总额（百万美元）	..	..	..
债务还本付息总额（占出口的百分比）	..	..	..
净移民（千人）	3.8	8.5	5.0
获得的侨汇（10亿美元）	1.2	4.4	5.3
外国直接投资，净流入额（10亿美元）	48	321	236
获得的净官方发展援助（百万美元）	..	..	..

乌拉圭

拉丁美洲和加勒比地区		中高收入经济体	
人口（百万）	3.4	人口增长率（百分比）	0.3
陆地面积（千平方公里）	176	国家贫困率（占人口的百分比）	18.6
GNI，图表集法（10 亿美元）	34.3	人均 GNI，图表集法（美元）	10,230
PPP 衡量的 GNI（10 亿美元）	45.7	PPP 衡量的人均 GNI（美元）	13,620

	1990	2000	2010
人口			
最贫困的 20% 人口占国家消费/收入的份额（百分比）	*5.3*	4.7	4.9
出生时的预期寿命（岁）	72	75	76
总生育率（每个女性生育数）	2.5	2.2	2.0
青年女性生育率（每千名 15—19 岁女性生育数）	..	65	60
避孕普及率（占 15—49 岁已婚女性的百分比）	..	*77*	*78*
在熟练医护人员护理下的分娩（占总数的百分比）	..	*100*	*100*
5 岁以下儿童死亡率（每千人）	23	17	11
儿童营养不良，体重不足（占 5 岁以下儿童的百分比）	..	*5.4*	..
儿童麻疹免疫接种率（占 12—23 个月年龄组的百分比）	97	89	95
小学毕业率，总数（占适龄年龄组的百分比）	95	97	*106*
中学总入学率，总数（占适龄年龄组的百分比）	81	98	*90*
小学和中学中女孩与男孩的比率（百分比）	..	105	*104*
HIV 感染率（占 15—49 岁人口的百分比）	0.1	0.3	*0.5*
环境			
森林（千平方公里）	9	14	17
森林采伐（1990—2010 年，平均年度百分比）	..	-4.4	-2.1
淡水使用量（占内陆水资源的百分比）	..	5.3	*2.6*
获得改善的水资源的人口（占总人口的百分比）	96	98	100
获得改善的卫生设施的人口（占总人口的百分比）	94	96	100
人均能源使用量（千克石油当量）	724	937	*1,224*
人均二氧化碳排放量（吨）	1.3	1.6	*2.5*
人均用电量（千瓦时）	1,245	2,043	*2,671*
经济			
GDP（10 亿美元）	9.3	22.8	39.1
GDP 增长率（年度百分比）	0.3	-1.9	8.5
GDP 隐含价格平减指数（年度增长百分比）	106.8	3.5	5.1
农业增加值（占 GDP 的百分比）	9	7	9
工业增加值（占 GDP 的百分比）	35	25	26
服务业增加值（占 GDP 的百分比）	56	69	65
货物和服务出口（占 GDP 的百分比）	24	17	27
货物和服务进口（占 GDP 的百分比）	18	20	26
资本形成总额（占 GDP 的百分比）	12	14	19
中央政府收入（占 GDP 的百分比）	23.8	24.7	30.9
中央政府现金盈余/赤字（占 GDP 的百分比）	0.5	-3.0	-0.9
政府与市场			
创办企业的时间（天）	..	*45*	7
股票市场资本总额（占 GDP 的百分比）	*1.7*	0.7	0.4
军费支出（占 GDP 的百分比）	2.9	1.3	1.5
移动电话用户（每 100 人）	0.0	12.4	132.2
互联网用户（每 100 人）	0.0	10.6	47.9
铺敷道路（占总数的百分比）	..	*10.0*	..
高科技出口（占制成品出口的百分比）	*3*	2	6
全球联系			
商品贸易（占 GDP 的百分比）	33	25	39
净易货贸易条件指数（2000 年 = 100）	116	100	100
外债总额（10 亿美元）	4.4	8.4	11.3
债务还本付息总额（占出口的百分比）	40.8	27.2	12.4
净移民（千人）	-30.0	-26.0	-50.0
获得的侨汇（百万美元）	..	*0*	103
外国直接投资，净流入额（百万美元）	42	269	1,627
获得的净官方发展援助（百万美元）	52.4	17.4	49.0

乌兹别克斯坦

欧洲和中亚			中低收入经济体
人口（百万）	28.2	人口增长率（百分比）	1.6
陆地面积（千平方公里）	447	国家贫困率（占人口的百分比）	..
GNI，图表集法（10亿美元）	36.1	人均GNI，图表集法（美元）	1,280
PPP衡量的GNI（10亿美元）	87.7	PPP衡量的人均GNI（美元）	3,110

	1990	2000	2010
人口			
最贫困的20%人口占国家消费/收入的份额（百分比）	*10.6*	*7.8*	..
出生时的预期寿命（岁）	67	67	68
总生育率（每个女性生育数）	4.1	2.6	2.5
青年女性生育率（每千名15—19岁女性生育数）	..	25	13
避孕普及率（占15—49岁已婚女性的百分比）	..	67	*65*
在熟练医护人员护理下的分娩（占总数的百分比）	..	96	*100*
5岁以下儿童死亡率（每千人）	77	63	52
儿童营养不良，体重不足（占5岁以下儿童的百分比）	..	*7.1*	*4.4*
儿童麻疹免疫接种率（占12—23个月年龄组的百分比）	*84*	99	98
小学毕业率，总数（占适龄年龄组的百分比）	..	95	*93*
中学总入学率，总数（占适龄年龄组的百分比）	101	88	*106*
小学和中学中女孩与男孩的比率（百分比）	..	98	*98*
HIV感染率（占15—49岁人口的百分比）	0.1	0.1	*0.1*
环境			
森林（千平方公里）	30	32	33
森林采伐（1990—2010年，平均年度百分比）	..	-0.5	-0.2
淡水使用量（占内陆水资源的百分比）	..	364.8	*118.3*
获得改善的水资源的人口（占总人口的百分比）	90	89	87
获得改善的卫生设施的人口（占总人口的百分比）	84	91	100
人均能源使用量（千克石油当量）	2,261	2,058	*1,758*
人均二氧化碳排放量（吨）	*5.3*	4.9	*4.6*
人均用电量（千瓦时）	2,383	1,780	*1,636*
经济			
GDP（10亿美元）	13.4	13.8	39.0
GDP增长率（年度百分比）	1.6	3.8	8.5
GDP隐含价格平减指数（年度增长百分比）	4.0	47.3	18.5
农业增加值（占GDP的百分比）	33	34	20
工业增加值（占GDP的百分比）	33	23	35
服务业增加值（占GDP的百分比）	34	43	45
货物和服务出口（占GDP的百分比）	29	25	31
货物和服务进口（占GDP的百分比）	48	22	31
资本形成总额（占GDP的百分比）	32	16	26
中央政府收入（占GDP的百分比）	..	..	..
中央政府现金盈余/赤字（占GDP的百分比）	..	..	..
政府与市场			
创办企业的时间（天）	..	*29*	14
股票市场资本总额（占GDP的百分比）	..	0.2	..
军费支出（占GDP的百分比）	..	1.2	..
移动电话用户（每100人）	0.0	0.2	74.2
互联网用户（每100人）	0.0	0.5	19.4
铺敷道路（占总数的百分比）	79.0	87.3	..
高科技出口（占制成品出口的百分比）	..	..	..
全球联系			
商品贸易（占GDP的百分比）	..	40	52
净易货贸易条件指数（2000年=100）	..	100	152
外债总额（10亿美元）	*0.1*	4.6	7.4
债务还本付息总额（占出口的百分比）	..	..	..
净移民（千人）	-451	-400	-518
获得的侨汇（百万美元）	..	..	..
外国直接投资，净流入额（百万美元）	*9*	75	822
获得的净官方发展援助（百万美元）	*2*	186	229

瓦努阿图

东亚和太平洋地区 **中低收入经济体**

人口（千人）	240	人口增长率（百分比）	2.5
陆地面积（千平方公里）	12	国家贫困率（占人口的百分比）	..
GNI，图表集法（百万美元）	633.4	人均 GNI，图表集法（美元）	2,640
PPP 衡量的 GNI（百万美元）	1,035.4	PPP 衡量的人均 GNI（美元）	4,310

	1990	2000	2010
人口			
最贫困的 20% 人口占国家消费/收入的份额（百分比）	..	..	..
出生时的预期寿命（岁）	63	68	71
总生育率（每个女性生育数）	4.9	4.5	3.9
青年女性生育率（每千名 15—19 岁女性生育数）	..	60	52
避孕普及率（占 15—49 岁已婚女性的百分比）	*15*	*28*	*38*
在熟练医护人员护理下的分娩（占总数的百分比）	..	*88*	*74*
5 岁以下儿童死亡率（每千人）	39	23	14
儿童营养不良，体重不足（占 5 岁以下儿童的百分比）	..	..	*11.7*
儿童麻疹免疫接种率（占 12—23 个月年龄组的百分比）	66	61	52
小学毕业率，总数（占适龄年龄组的百分比）	*83*	92	83
中学总入学率，总数（占适龄年龄组的百分比）	*18*	35	55
小学和中学中女孩与男孩的比率（百分比）	*93*	101	97
HIV 感染率（占 15—49 岁人口的百分比）	..	..	..
环境			
森林（千平方公里）	4.4	4.4	4.4
森林采伐（1990—2010 年，平均年度百分比）	..	0.0	0.0
淡水使用量（占内陆水资源的百分比）	..	..	..
获得改善的水资源的人口（占总人口的百分比）	62	76	90
获得改善的卫生设施的人口（占总人口的百分比）	..	41	57
人均能源使用量（千克石油当量）	159	..	*157*
人均二氧化碳排放量（吨）	0.5	0.4	*0.4*
人均用电量（千瓦时）	..	..	..
经济			
GDP（百万美元）	158	272	699
GDP 增长率（年度百分比）	11.7	5.9	3.0
GDP 隐含价格平减指数（年度增长百分比）	-1.0	2.2	2.8
农业增加值（占 GDP 的百分比）	21	23	*20*
工业增加值（占 GDP 的百分比）	14	11	*10*
服务业增加值（占 GDP 的百分比）	65	66	*70*
货物和服务出口（占 GDP 的百分比）	47	39	47
货物和服务进口（占 GDP 的百分比）	73	48	54
资本形成总额（占 GDP 的百分比）	33	20	*25*
中央政府收入（占 GDP 的百分比）	26.1	*19.4*	..
中央政府现金盈余/赤字（占 GDP 的百分比）	-7.8	*-0.7*	..
政府与市场			
创办企业的时间（天）	..	*39*	35
股票市场资本总额（占 GDP 的百分比）	..	..	..
军费支出（占 GDP 的百分比）	..	..	..
移动电话用户（每 100 人）	0.0	0.2	118.9
互联网用户（每 100 人）	0.0	2.1	8.0
铺敷道路（占总数的百分比）	21.6	23.9	..
高科技出口（占制成品出口的百分比）	20	0	*2*
全球联系			
商品贸易（占 GDP 的百分比）	73	42	48
净易货贸易条件指数（2000 年＝100）	..	100	92
外债总额（百万美元）	38	74	148
债务还本付息总额（占出口的百分比）	2.3	1.1	1.7
净移民（千人）	-2.5	-7.1	0.0
获得的侨汇（百万美元）	8.2	34.7	6.4
外国直接投资，净流入额（百万美元）	13.1	20.3	38.9
获得的净官方发展援助（百万美元）	50	46	108

委内瑞拉

拉丁美洲和加勒比地区 **中高收入经济体**

人口（百万）	28.8	人口增长率（百分比）	1.6
陆地面积（千平方公里）	912	国家贫困率（占人口的百分比）	*28.5*
GNI，图表集法（10亿美元）	334.1	人均GNI，图表集法（美元）	11,590
PPP衡量的GNI（10亿美元）	350.2	PPP衡量的人均GNI（美元）	12,150

	1990	2000	2010
人口			
最贫困的20%人口占国家消费/收入的份额（百分比）	*4.5*	*4.0*	*4.3*
出生时的预期寿命（岁）	71	73	74
总生育率（每个女性生育数）	3.4	2.8	2.5
青年女性生育率（每千名15—19岁女性生育数）	..	93	88
避孕普及率（占15—49岁已婚女性的百分比）	*58*	*70*	..
在熟练医护人员护理下的分娩（占总数的百分比）	..	94	..
5岁以下儿童死亡率（每千人）	33	25	18
儿童营养不良，体重不足（占5岁以下儿童的百分比）	6.7	3.9	*3.7*
儿童麻疹免疫接种率（占12—23个月年龄组的百分比）	61	84	79
小学毕业率，总数（占适龄年龄组的百分比）	79	83	94
中学总入学率，总数（占适龄年龄组的百分比）	55	60	83
小学和中学中女孩与男孩的比率（百分比）	*105*	105	102
HIV感染率（占15—49岁人口的百分比）	..	..	..
环境			
森林（千平方公里）	520	492	463
森林采伐（1990—2010年，平均年度百分比）	..	0.6	0.6
淡水使用量（占内陆水资源的百分比）	..	1.3	*0.7*
获得改善的水资源的人口（占总人口的百分比）	90	92	..
获得改善的卫生设施的人口（占总人口的百分比）	82	89	..
人均能源使用量（千克石油当量）	2,205	2,321	*2,357*
人均二氧化碳排放量（吨）	6.2	6.3	*6.1*
人均用电量（千瓦时）	2,463	2,655	*3,152*
经济			
GDP（10亿美元）	47	117	392
GDP增长率（年度百分比）	6.5	3.7	-1.5
GDP隐含价格平减指数（年度增长百分比）	41.7	29.5	46.7
农业增加值（占GDP的百分比）	5	4	*4*
工业增加值（占GDP的百分比）	61	50	*54*
服务业增加值（占GDP的百分比）	34	46	*42*
货物和服务出口（占GDP的百分比）	39	30	29
货物和服务进口（占GDP的百分比）	20	18	17
资本形成总额（占GDP的百分比）	10	24	21
中央政府收入（占GDP的百分比）	24.5	21.2	..
中央政府现金盈余/赤字（占GDP的百分比）	3.0	-1.2	..
政府与市场			
创办企业的时间（天）	..	*141*	141
股票市场资本总额（占GDP的百分比）	17.8	6.9	1.0
军费支出（占GDP的百分比）	*1.9*	1.5	0.9
移动电话用户（每100人）	0.0	22.4	96.7
互联网用户（每100人）	0.0	3.4	35.9
铺敷道路（占总数的百分比）	35.6	33.6	..
高科技出口（占制成品出口的百分比）	4	3	5
全球联系			
商品贸易（占GDP的百分比）	53	42	27
净易货贸易条件指数（2000年=100）	90	100	216
外债总额（10亿美元）	33.2	42.3	55.6
债务还本付息总额（占出口的百分比）	23.3	16.8	8.8
净移民（千人）	75.0	40.0	40.0
获得的侨汇（百万美元）	1	17	143
外国直接投资，净流入额（10亿美元）	0.5	4.7	1.2
获得的净官方发展援助（百万美元）	76.4	76.1	53.3

越南

东亚和太平洋地区 **中低收入经济体**

人口（百万）	86.9	人口增长率（百分比）	1.0
陆地面积（千平方公里）	331	国家贫困率（占人口的百分比）	*14.5*
GNI，图表集法（10亿美元）	101.1	人均GNI，图表集法（美元）	1,160
PPP衡量的GNI（10亿美元）	267.0	PPP衡量的人均GNI（美元）	3,070

	1990	2000	2010
人口			
最贫困的20%人口占国家消费/收入的份额（百分比）	*7.8*	*7.5*	*7.4*
出生时的预期寿命（岁）	65	72	75
总生育率（每个女性生育数）	3.6	2.0	1.8
青年女性生育率（每千名15—19岁女性生育数）	..	26	24
避孕普及率（占15—49岁已婚女性的百分比）	53	74	*80*
在熟练医护人员护理下的分娩（占总数的百分比）	..	70	*88*
5岁以下儿童死亡率（每千人）	51	35	23
儿童营养不良，体重不足（占5岁以下儿童的百分比）	*40.7*	26.7	*20.2*
儿童麻疹免疫接种率（占12—23个月年龄组的百分比）	88	97	98
小学毕业率，总数（占适龄年龄组的百分比）	..	98	..
中学总入学率，总数（占适龄年龄组的百分比）	35	64	77
小学和中学中女孩与男孩的比率（百分比）	..	93	102
HIV感染率（占15—49岁人口的百分比）	0.1	0.2	*0.4*
环境			
森林（千平方公里）	94	117	138
森林采伐（1990—2010年，平均年度百分比）	..	-2.3	-1.6
淡水使用量（占内陆水资源的百分比）	..	..	*9.3*
获得改善的水资源的人口（占总人口的百分比）	57	77	95
获得改善的卫生设施的人口（占总人口的百分比）	37	56	76
人均能源使用量（千克石油当量）	368	476	*745*
人均二氧化碳排放量（吨）	0.3	0.7	*1.5*
人均用电量（千瓦时）	98	295	*918*
经济			
GDP（10亿美元）	6.5	31.2	106.4
GDP增长率（年度百分比）	5.1	6.8	6.8
GDP隐含价格平减指数（年度增长百分比）	42.1	3.4	11.9
农业增加值（占GDP的百分比）	39	25	21
工业增加值（占GDP的百分比）	23	37	41
服务业增加值（占GDP的百分比）	39	39	38
货物和服务出口（占GDP的百分比）	36	55	78
货物和服务进口（占GDP的百分比）	45	57	88
资本形成总额（占GDP的百分比）	13	30	39
中央政府收入（占GDP的百分比）	..	..	..
中央政府现金盈余/赤字（占GDP的百分比）	..	..	..
政府与市场			
创办企业的时间（天）	..	*63*	44
股票市场资本总额（占GDP的百分比）	..	*0.4*	19.2
军费支出（占GDP的百分比）	7.9	*2.1*	2.2
移动电话用户（每100人）	0.0	1.0	177.2
互联网用户（每100人）	0.0	0.3	27.9
铺敷道路（占总数的百分比）	23.5	*43.9*	*47.6*
高科技出口（占制成品出口的百分比）	..	11	6
全球联系			
商品贸易（占GDP的百分比）	80	97	148
净易货贸易条件指数（2000年=100）	..	100	101
外债总额（10亿美元）	23.3	12.8	35.1
债务还本付息总额（占出口的百分比）	..	7.5	1.7
净移民（千人）	-332	-287	-431
获得的侨汇（10亿美元）	..	1.3	8.3
外国直接投资，净流入额（10亿美元）	0.2	1.3	8.0
获得的净官方发展援助（10亿美元）	0.2	1.7	2.9

美属维尔京群岛

高收入经济体

人口（千人）	110	人口增长率（百分比）	0.0
陆地面积（平方公里）	350	国家贫困率（占人口的百分比）	..
GNI，图表集法（10亿美元）	..	人均GNI，图表集法（美元）	..
PPP衡量的GNI（百万美元）	..	PPP衡量的人均GNI（美元）	..

	1990	2000	2010
人口			
最贫困的20%人口占国家消费/收入的份额（百分比）	..	..	..
出生时的预期寿命（岁）	75	78	79
总生育率（每个女性生育数）	3.1	2.1	1.8
青年女性生育率（每千名15—19岁女性生育数）	..	43	24
避孕普及率（占15—49岁已婚女性的百分比）	..	*78*	..
在熟练医护人员护理下的分娩（占总数的百分比）	..	*98*	..
5岁以下儿童死亡率（每千人）	..	..	..
儿童营养不良，体重不足（占5岁以下儿童的百分比）	..	..	..
儿童麻疹免疫接种率（占12—23个月年龄组的百分比）	..	..	..
小学毕业率，总数（占适龄年龄组的百分比）	..	..	..
中学总入学率，总数（占适龄年龄组的百分比）	..	..	..
小学和中学中女孩与男孩的比率（百分比）	..	..	..
HIV感染率（占15—49岁人口的百分比）	..	..	..
环境			
森林（平方公里）	240	220	200
森林采伐（1990—2010年，平均年度百分比）	..	0.7	0.8
淡水使用量（占内陆水资源的百分比）	..	..	..
获得改善的水资源的人口（占总人口的百分比）	..	..	..
获得改善的卫生设施的人口（占总人口的百分比）	..	..	..
人均能源使用量（千克石油当量）	..	..	..
人均二氧化碳排放量（吨）	..	..	..
人均用电量（千瓦时）	..	..	..
经济			
GDP（百万美元）	1,565	..	..
GDP增长率（年度百分比）	*7.1*	..	..
GDP隐含价格平减指数（年度增长百分比）	*4.1*	..	..
农业增加值（占GDP的百分比）	..	..	..
工业增加值（占GDP的百分比）	..	..	..
服务业增加值（占GDP的百分比）	..	..	..
货物和服务出口（占GDP的百分比）	..	..	..
货物和服务进口（占GDP的百分比）	..	..	..
资本形成总额（占GDP的百分比）	..	..	..
中央政府收入（占GDP的百分比）	..	..	..
中央政府现金盈余/赤字（占GDP的百分比）	..	..	..
政府与市场			
创办企业的时间（天）	..	..	..
股票市场资本总额（占GDP的百分比）	..	..	..
军费支出（占GDP的百分比）	..	..	..
移动电话用户（每100人）	0.0	32.2	..
互联网用户（每100人）	0.0	13.8	*27.2*
铺敷道路（占总数的百分比）	..	..	..
高科技出口（占制成品出口的百分比）	..	..	..
全球联系			
商品贸易（占GDP的百分比）	..	..	..
净易货贸易条件指数（2000年=100）	..	..	..
外债总额（百万美元）	..	..	..
债务还本付息总额（占出口的百分比）	..	..	..
净移民（千人）	-11.5	-5.1	-3.6
获得的侨汇（百万美元）	..	..	..
外国直接投资，净流入额（百万美元）	..	..	..
获得的净官方发展援助（百万美元）	..	..	..

西岸和加沙

中东和北非			中低收入经济体
人口（百万）	4.2	人口增长率（百分比）	2.7
陆地面积（千平方公里）	6.0	国家贫困率（占人口的百分比）	*21.9*
GNI，图表集法（10 亿美元）	..	人均 GNI，图表集法（美元）	..
PPP 衡量的 GNI（10 亿美元）	..	PPP 衡量的人均 GNI（美元）	..

	1990	2000	2010
人口			
最贫困的 20% 人口占国家消费/收入的份额（百分比）	..	..	*7.4*
出生时的预期寿命（岁）	68	71	73
总生育率（每个女性生育数）	6.5	5.4	4.5
青年女性生育率（每千名 15—19 岁女性生育数）	..	81	50
避孕普及率（占 15—49 岁已婚女性的百分比）	..	51	50
在熟练医护人员护理下的分娩（占总数的百分比）	..	97	*99*
5 岁以下儿童死亡率（每千人）	45	31	22
儿童营养不良，体重不足（占 5 岁以下儿童的百分比）	..	..	*2.2*
儿童麻疹免疫接种率（占 12—23 个月年龄组的百分比）	..	..	..
小学毕业率，总数（占适龄年龄组的百分比）	..	98	95
中学总入学率，总数（占适龄年龄组的百分比）	..	81	86
小学和中学中女孩与男孩的比率（百分比）	..	102	104
HIV 感染率（占 15—49 岁人口的百分比）	..	..	..
环境			
森林（平方公里）	90	90	90
森林采伐（1990—2010 年，平均年度百分比）	..	0.0	-0.1
淡水使用量（占内陆水资源的百分比）	..	*34.4*	*49.9*
获得改善的水资源的人口（占总人口的百分比）	..	92	85
获得改善的卫生设施的人口（占总人口的百分比）	..	89	92
人均能源使用量（千克石油当量）	..	..	..
人均二氧化碳排放量（吨）	..	0.3	*0.5*
人均用电量（千瓦时）	..	..	..
经济			
GDP（10 亿美元）	..	4.1	..
GDP 增长率（年度百分比）	..	-5.6	..
GDP 隐含价格平减指数（年度增长百分比）	..	2.9	..
农业增加值（占 GDP 的百分比）	..	..	..
工业增加值（占 GDP 的百分比）	..	..	..
服务业增加值（占 GDP 的百分比）	..	..	..
货物和服务出口（占 GDP 的百分比）	..	16	..
货物和服务进口（占 GDP 的百分比）	..	71	..
资本形成总额（占 GDP 的百分比）	..	33	..
中央政府收入（占 GDP 的百分比）	..	..	..
中央政府现金盈余/赤字（占 GDP 的百分比）	..	..	..
政府与市场			
创办企业的时间（天）	..	*106*	49
股票市场资本总额（占 GDP 的百分比）	..	18.6	..
军费支出（占 GDP 的百分比）	..	..	..
移动电话用户（每 100 人）	0.0	0.2	*44.5*
互联网用户（每 100 人）	0.0	1.2	36.4
铺敷道路（占总数的百分比）	..	*100.0*	*91.7*
高科技出口（占制成品出口的百分比）	..	..	..
全球联系			
商品贸易（占 GDP 的百分比）	..	..	..
净易货贸易条件指数（2000 年 = 100）	..	..	..
外债总额（百万美元）	..	..	..
债务还本付息总额（占出口的百分比）	..	..	..
净移民（千人）	-39.4	70.0	-90.0
获得的侨汇（10 亿美元）	..	1.0	1.2
外国直接投资，净流入额（百万美元）	..	62	*264*
获得的净官方发展援助（百万美元）	*179*	685	2,519

也门共和国

中东和北非		中低收入经济体	
人口（百万）	24.1	人口增长率（百分比）	3.1
陆地面积（千平方公里）	528	国家贫困率（占人口的百分比）	*34.8*
GNI，图表集法（10亿美元）	28.1	人均GNI，图表集法（美元）	1,170
PPP衡量的GNI（10亿美元）	60.1	PPP衡量的人均GNI（美元）	2,500

	1990	2000	2010
人口			
最贫困的20%人口占国家消费/收入的份额（百分比）	..	*7.4*	*7.2*
出生时的预期寿命（岁）	56	60	65
总生育率（每个女性生育数）	8.7	6.5	5.2
青年女性生育率（每千名15—19岁女性生育数）	..	98	71
避孕普及率（占15—49岁已婚女性的百分比）	*10*	*23*	*28*
在熟练医护人员护理下的分娩（占总数的百分比）	*16*	*27*	*36*
5岁以下儿童死亡率（每千人）	128	100	77
儿童营养不良，体重不足（占5岁以下儿童的百分比）	*29.6*	*43.1*	..
儿童麻疹免疫接种率（占12—23个月年龄组的百分比）	69	71	73
小学毕业率，总数（占适龄年龄组的百分比）	..	56	63
中学总入学率，总数（占适龄年龄组的百分比）	..	43	44
小学和中学中女孩与男孩的比率（百分比）	..	55	75
HIV感染率（占15—49岁人口的百分比）	..	..	..
环境			
森林（千平方公里）	5.5	5.5	5.5
森林采伐（1990—2010年，平均年度百分比）	..	0.0	0.0
淡水使用量（占内陆水资源的百分比）	139.1	161.4	*168.6*
获得改善的水资源的人口（占总人口的百分比）	67	60	55
获得改善的卫生设施的人口（占总人口的百分比）	24	39	53
人均能源使用量（千克石油当量）	210	267	*324*
人均二氧化碳排放量（吨）	0.8	0.8	*1.0*
人均用电量（千瓦时）	123	139	*219*
经济			
GDP（10亿美元）	5.6	9.6	31.3
GDP增长率（年度百分比）	6.3	6.2	8.0
GDP隐含价格平减指数（年度增长百分比）	*12.0*	23.3	24.7
农业增加值（占GDP的百分比）	24	14	8
工业增加值（占GDP的百分比）	34	46	29
服务业增加值（占GDP的百分比）	41	40	63
货物和服务出口（占GDP的百分比）	12	41	30
货物和服务进口（占GDP的百分比）	17	34	34
资本形成总额（占GDP的百分比）	12	19	12
中央政府收入（占GDP的百分比）	16.2	*23.4*	..
中央政府现金盈余/赤字（占GDP的百分比）	-6.7	*-2.3*	..
政府与市场			
创办企业的时间（天）	..	*72*	12
股票市场资本总额（占GDP的百分比）	..	..	..
军费支出（占GDP的百分比）	6.6	4.9	*4.4*
移动电话用户（每100人）	0.0	0.2	46.1
互联网用户（每100人）	0.0	0.1	12.3
铺敷道路（占总数的百分比）	9.1	..	*8.7*
高科技出口（占制成品出口的百分比）	..	*0*	*0*
全球联系			
商品贸易（占GDP的百分比）	40	66	59
净易货贸易条件指数（2000年=100）	..	100	150
外债总额（10亿美元）	6.4	5.1	6.3
债务还本付息总额（占出口的百分比）	11.1	5.9	2.8
净移民（千人）	-50	-100	-135
获得的侨汇（10亿美元）	1.5	1.3	1.2
外国直接投资，净流入额（百万美元）	-131	6	56
获得的净官方发展援助（百万美元）	450	311	666

赞比亚

撒哈拉以南非洲地区			中低收入经济体
人口（百万）	12.9	人口增长率（百分比）	1.6
陆地面积（千平方公里）	753	国家贫困率（占人口的百分比）	*59.3*
GNI，图表集法（10亿美元）	13.8	人均GNI，图表集法（美元）	1,070
PPP衡量的GNI（10亿美元）	17.8	PPP衡量的人均GNI（美元）	1,380

	1990	2000	2010
人口			
最贫困的20%人口占国家消费/收入的份额（百分比）	*3.0*	*6.2*	*3.6*
出生时的预期寿命（岁）	47	42	48
总生育率（每个女性生育数）	6.5	6.1	6.3
青年女性生育率（每千名15—19岁女性生育数）	..	153	142
避孕普及率（占15—49岁已婚女性的百分比）	*15*	*22*	*41*
在熟练医护人员护理下的分娩（占总数的百分比）	*51*	*47*	*47*
5岁以下儿童死亡率（每千人）	183	157	111
儿童营养不良，体重不足（占5岁以下儿童的百分比）	*21.2*	*19.6*	*14.9*
儿童麻疹免疫接种率（占12—23个月年龄组的百分比）	90	85	91
小学毕业率，总数（占适龄年龄组的百分比）	..	63	103
中学总入学率，总数（占适龄年龄组的百分比）	21	*20*	..
小学和中学中女孩与男孩的比率（百分比）	*87*	91	*96*
HIV感染率（占15—49岁人口的百分比）	12.7	14.4	*13.5*
环境			
森林（千平方公里）	528	511	495
森林采伐（1990—2010年，平均年度百分比）	..	0.3	0.3
淡水使用量（占内陆水资源的百分比）	*1.7*	2.2	*1.7*
获得改善的水资源的人口（占总人口的百分比）	49	54	61
获得改善的卫生设施的人口（占总人口的百分比）	46	47	48
人均能源使用量（千克石油当量）	687	612	*617*
人均二氧化碳排放量（吨）	0.3	0.2	*0.2*
人均用电量（千瓦时）	779	610	*635*
经济			
GDP（10亿美元）	3.3	3.2	16.2
GDP增长率（年度百分比）	-0.5	3.6	7.6
GDP隐含价格平减指数（年度增长百分比）	106.4	30.0	11.7
农业增加值（占GDP的百分比）	21	22	9
工业增加值（占GDP的百分比）	51	25	37
服务业增加值（占GDP的百分比）	28	52	54
货物和服务出口（占GDP的百分比）	36	27	44
货物和服务进口（占GDP的百分比）	37	41	35
资本形成总额（占GDP的百分比）	17	17	22
中央政府收入（占GDP的百分比）	20.4	*19.7*	17.4
中央政府现金盈余/赤字（占GDP的百分比）	..	*1.8*	-1.5
政府与市场			
创办企业的时间（天）	..	*35*	18
股票市场资本总额（占GDP的百分比）	..	7.3	17.4
军费支出（占GDP的百分比）	3.7	*1.8*	1.7
移动电话用户（每100人）	0.0	1.0	42.1
互联网用户（每100人）	0.0	0.2	10.1
铺敷道路（占总数的百分比）	16.6	*22.0*	..
高科技出口（占制成品出口的百分比）	2	0	1
全球联系			
商品贸易（占GDP的百分比）	77	55	77
净易货贸易条件指数（2000年=100）	207	100	189
外债总额（10亿美元）	6.9	5.7	3.7
债务还本付息总额（占出口的百分比）	14.7	20.8	1.9
净移民（千人）	28.6	83.5	-85.0
获得的侨汇（百万美元）	..	*36.3*	43.7
外国直接投资，净流入额（百万美元）	203	122	1,041
获得的净官方发展援助（百万美元）	475	795	913

津巴布韦

撒哈拉以南非洲地区 **低收入经济体**

人口（百万）	12.6	人口增长率（百分比）	0.8
陆地面积（千平方公里）	391	国家贫困率（占人口的百分比）	*72.0*
GNI，图表集法（10亿美元）	5.8	人均GNI，图表集法（美元）	460
PPP衡量的GNI（百万美元）	..	PPP衡量的人均GNI（美元）	..

	1990	2000	2010
人口			
最贫困的20%人口占国家消费/收入的份额（百分比）	..	..	..
出生时的预期寿命（岁）	61	45	50
总生育率（每个女性生育数）	5.2	3.9	3.3
青年女性生育率（每千名15—19岁女性生育数）	..	88	58
避孕普及率（占15—49岁已婚女性的百分比）	*43*	*54*	*59*
在熟练医护人员护理下的分娩（占总数的百分比）	*70*	*73*	66
5岁以下儿童死亡率（每千人）	78	115	80
儿童营养不良，体重不足（占5岁以下儿童的百分比）	*8.0*	*11.5*	*14.0*
儿童麻疹免疫接种率（占12—23个月年龄组的百分比）	87	75	84
小学毕业率，总数（占适龄年龄组的百分比）	94	*90*	..
中学总入学率，总数（占适龄年龄组的百分比）	47	*45*	..
小学和中学中女孩与男孩的比率（百分比）	96	94	..
HIV感染率（占15—49岁人口的百分比）	10.1	24.8	*14.3*
环境			
森林（千平方公里）	222	189	156
森林采伐（1990—2010年，平均年度百分比）	..	1.6	1.9
淡水使用量（占内陆水资源的百分比）	..	*21.0*	*21.0*
获得改善的水资源的人口（占总人口的百分比）	79	80	80
获得改善的卫生设施的人口（占总人口的百分比）	41	40	40
人均能源使用量（千克石油当量）	888	790	*763*
人均二氧化碳排放量（吨）	1.5	1.1	*0.7*
人均用电量（千瓦时）	862	853	*1,026*
经济			
GDP（10亿美元）	8.8	6.6	7.5
GDP增长率（年度百分比）	7.0	-2.7	9.0
GDP隐含价格平减指数（年度增长百分比）	-0.9	0.3	17.5
农业增加值（占GDP的百分比）	16	18	17
工业增加值（占GDP的百分比）	33	25	29
服务业增加值（占GDP的百分比）	50	57	53
货物和服务出口（占GDP的百分比）	23	39	37
货物和服务进口（占GDP的百分比）	23	36	56
资本形成总额（占GDP的百分比）	17	14	1
中央政府收入（占GDP的百分比）	24.1	..	..
中央政府现金盈余/赤字（占GDP的百分比）	-2.6	..	..
政府与市场			
创办企业的时间（天）	..	*97*	90
股票市场资本总额（占GDP的百分比）	27.3	36.8	153.6
军费支出（占GDP的百分比）	4.7	5.2	1.3
移动电话用户（每100人）	0.0	2.1	61.3
互联网用户（每100人）	0.0	0.4	11.5
铺敷道路（占总数的百分比）	14.0	*19.0*	..
高科技出口（占制成品出口的百分比）	1	2	1
全球联系			
商品贸易（占GDP的百分比）	41	57	84
净易货贸易条件指数（2000年=100）	98	100	107
外债总额（10亿美元）	3.3	3.8	5.0
债务还本付息总额（占出口的百分比）	23.1	..	..
净移民（千人）	121	-200	-900
获得的侨汇（百万美元）	0.8	..	..
外国直接投资，净流入额（百万美元）	-12	23	105
获得的净官方发展援助（百万美元）	334	176	738

注释

a. 包括中国台湾。

b. 包括中国香港。

c. 估计值不同于中国政府的官方统计值中公布的军费开支估计值：2000 年为 1.2%，2009 年为 1.5%（见中国国家统计局网站，www. stats. gov. cn）。

获得改善的卫生设施——拥有足够的处理排泄物设施（私人或共用的，但不是公共的）的人口比例，这些设施可以有效地防止人类、动物和蚊蝇与粪便的接触。改善的设施范围包括从简单而有防护的厕坑到具有排水管线的直冲式厕所。为了保证有效，设施必须得到正确安装并适当地维护。（世界卫生组织）

获得改善的水资源——从改善的水源合理获得足够用水的人口比例。改善的水源包括诸如接入家庭的水、公共水管、受到保护的蓄水池、受到保护的井、泉以及雨水收集。未经改善的水源包括未保护的井和泉、自动售水机抽取的水、瓶装水和油罐卡车中的水。合理地获得足够的量意味着每人每天从距离居住区 1 公里范围内的水源可获取至少 20 升水。（世界卫生组织）

青年女性生育率——每千名 15—19 岁女性的生育数量。（联合国人口署）

在熟练医护人员护理下的分娩——在经过培训的医护人员护理下分娩的百分比，护理内容包括在女性怀孕、分娩和产后期间给予必要的监护、照顾和忠告，引导产妇自己分娩以及照顾新生儿。（联合国儿童基金会、宏观国际）

人均二氧化碳排放量——化石燃料燃烧和水泥生产所产生的二氧化碳排放量除以年中人口数量。它们包括在消费固态、液态和气态燃料以及气态闪光时产生的二氧化碳。（二氧化碳信息分析中心）

中央政府现金盈余/赤字——指收益（包括赠款）减去支出和非金融资产的净获得额。在 2005 年前的版本中，非金融资产包括在收入和支出总额中。现金盈余/赤字的概念最接近于早期的总预算盈余（缺少的仍然是贷款减去债务偿还，该项被记作金融资产净获得额下的融资项目）。（国际货币基金组织）

中央政府收入——来自税收、社会捐款以及其他诸如罚金、收费、租金和来自财产销售的收入。赠款通常也被认为是中央政府收入的一部分，但这里不包括该项收益。（国际货

币基金组织)

儿童麻疹免疫接种率——指在调查时接种了麻疹疫苗的12—23 个月的儿童所占的百分比，接种是在 12 个月之内或调查之前的任何时间。儿童在接种 1 次麻疹疫苗后被认为对麻疹有足够的免疫力。（世界卫生组织、联合国儿童基金会）

儿童营养不良，体重不足——相对于其年龄，体重低于国际参照人口中值即 0—59 个月的平均数两个标准差的 5 岁以下儿童所占百分比。数据与世界卫生组织 2006 年公布的最新儿童成长标准一致。(世界卫生组织)

避孕普及率——15—49 岁结婚或者同居女性（或者其性伴侣）采取任何形式的避孕措施所占的百分比。(联合国儿童基金会、宏观国际)

森林采伐——天然林永久性地转换为其他用途，包括林农轮作、永久性农业、牧业、拓居地以及基础设施建设。森林面积减少不包括已砍伐但准备重植的面积，也不包括采集薪柴、酸沉降或森林火灾所导致的森林退化的面积。负数表示森林面积的增加。(联合国粮食与农业组织)

人均用电量——用电量为发电厂和热力、电力综合工厂的发电量减去输变电损耗和热力、电力厂的自用量，再加上进口减去出口，除以年中人口数量。(国际能源署)

人均能源使用量——在转化为其他最终用途的燃料之前，主要能源的使用量，等于国内生产量加进口量和存量变化，减去出口量和用于国际运输中的船舶和飞机用燃料，除以年中人口数量。(国际能源机构)

货物和服务出口——提供给世界其他地区的所有货物与服务的价值，包括商品、货运、保险、运输、旅游、版税、特许权费和其他服务的价值。劳动收入及财产收益（以前称为要素服务）和转移支付不在其中。(世界银行、经济合作与发展组织、联合国)

外国直接投资，净流入额——投资者为获得其本国之外企业经营中持久的管理利益而进行的投资所形成的净流入量。它是股票、收益再投资、其他长期资本以及国际收支平衡表中显示的短期资本之和。净流入量是指报告期的新投资减去投资收回。（世界银行、国际货币基金组织）

森林——自然生长或人工种植的立木所覆盖的地区，无论其是否是生产性的。（联合国粮食与农业组织）

淡水使用量——对居民、工业和农业淡水使用的估计总量，但不包括在水存储地点的蒸腾损失。国内的水资源仅仅指国内可更新的水资源，即包括一个国家内降水产生的河川和地表水径流量。因为不包括来自其他国家的河川径流，因为从不可更新的含水地层抽取或咸水淡化厂生产的淡水量很大，或者因为水的重复利用规模很大，水的使用量可以超过可更新的淡水总量。（联合国粮食与农业组织、世界资源研究所）

GDP（国内生产总值）——以购买者价格计算的国内生产总值。即一个经济体内所有居民创造的总增加值之和加上任何产品税，减去不包括在产品价值中的任何补贴。计算中没有扣除成套设备资产的折旧或自然资源的损耗和退化。（世界银行、经济合作与发展组织、联合国）

GDP 增长率——国内生产总值一年的实际增长率。（世界银行、经济合作与发展组织）

GDP 隐含价格平减指数——一个经济体整体上一年的价格变化率。（世界银行、经济合作与发展组织、联合国）

GNI（国民总收入）——国内生产总值（GDP）加上境外营业收入的净收益（雇员获得的报酬和收入）。国内生产总值（GDP）指所有居民生产者创造的增加值的总和，加上未统计在估计产值中的产品税（减去补贴）。（世界银行）

人均 GNI——利用世界银行图表集方法将国民总收入转化成美元之后除以年中人口数量。国民总收入（GNI）指所有居民生产者创造的增加值的总和，加上未统计在估计产值中的任何产品税（减去补贴），加上境外营业收入的净收益（雇员获得的报酬和财产收入）。以本币计算的 GNI 通常要以官方汇率（与各经济体的比较）转化成美元。世界银行图表集方法通常用于熨平价格和汇率的波动。将给定年份及其前两年的汇率加以平均，对各个国家、欧元区、日本、英国和美国不同的通货膨胀率加以调整。（世界银行）

购买力平价衡量的 GNI——利用购买力平价将 GNI 转化成国际美元。对于 GNI 来讲，一国际美元所具有的购买力与美国美元在美国的购买力相同。（世界银行）

购买力平价衡量的人均 GNI——利用购买力平价将 GNI 转化成国际美元，除以年中人口数量。对于 GNI 来讲，一国际美元所具有的购买力与美国美元在美国的购买力相同。（世界银行）

资本形成总额——由新增固定资产支出加上库存的净变动值构成。固定资产包括改良后的土地（围栏、水渠、排水沟等）；厂房、机器和设备的购置；建设公路、铁路以及学校、办公室、医院、私人住宅和工商业建筑等的修建。库存是企业为满足生产、销售或引进项目的暂时需要或应付意外变化而贮存的商品。依照 1993 年 SNA，贵重物品的净收入也被认为是主要的构成。（世界银行、经济合作与发展组织、联合国）

中学总入学率——指占总的中学教育入学人数（不考虑年龄，与官方中学教育相对应的年龄组的人口）的比率。中学教育由更专业化的教师向学生提供更专业或技术性的、导向性的教育，从而开启学生终生学习与发展的基本能力和基本目标。（联合国教科文组织统计研究所）

高科技出口——具有较高的研究与开发强度的产品，包括诸如航空航天、计算机、药品、科研设备和电子设备等。（联合国商品贸易统计数据库）

HIV 感染率——15—49 岁的人口感染 HIV 的百分比。（联

合国艾滋病合作规划署、世界卫生组织）

货物和服务进口——提供给世界其他国家的所有货物和服务的价值，包括商品、货运、保险、运输、旅游、版税、特许权费和其他服务。劳务和财产收入（以前称要素性服务）作为转移支付不包括在内。（世界银行、经济合作与发展组织、联合国）

互联网用户——使用国际互联网络的人数。（国际电信联盟）

出生时的预期寿命——假定出生时死亡格局在其一生中保持不变，一名新生儿可能生存的年数。（欧洲统计局、联合国人口署、世界银行）

商品贸易——以现值美元衡量的商品出口和进口之和。（世界贸易组织、世界银行）

军费支出——包括用于武装力量的所有日常开支和资本开支，武装力量包括维和部队、国防部以及从事国防项目的其他政府机构、准武装力量（如果他们受过训练并装备了武器）以及军事空间活动等。这些开支包括军职人员和文职人员，其中包括军事人员的退休金以及向军事人员提供的社会服务、运转和维护费用、采购、军事研究与开发以及军事援助（包括在援助国的军费开支内）等。民间防御以及用于以往军事活动的日常开支不包括在内，例如，退役军人的福利，复员、转业以及武器的销毁等。该定义并不适用于所有国家，然而，这需要更为详细的信息，而不仅仅是军费预算和预算外军费开支项目中所包含的内容。（斯德哥尔摩国际和平研究所）

移动电话用户——利用蜂窝技术而获得公共交换台电话网使用权的手机用户，包括非预付话费和预付话费用户。（国际电信联盟）

国家贫困率——生活在国家贫困线以下的人口所占百分比。国家的估计值基于来自家庭调查的加权人口分组的估计数。

词汇表

数据来自2000年以来最新获得的数据。斜体字数据表示近几年的数据，而非2008年的数据。（世界银行）

净易货贸易条件——相对于以2000年为基年的出口价格指数与相应的进口价格指数之比。（联合国贸易与发展会议、国际货币基金组织）

净移民——一段期间内的外国向本国移民人数减本国向外国移民人数，包括公民和非公民。数据为1085—1990年、1995—2000年和2005—2010年各时期的估计数。（联合国人口署）

获得的净官方发展援助——为满足发展援助委员会所定义的官方发展援助的资金流量（净偿还额），并且要拨付给发展援助委员会受援国名单上的国家和地区。（经济合作与发展组织）

铺敷道路——用混凝土浇筑的或用鹅卵石铺成的，以碎石和碳氢化合黏结料或用沥青铺敷路面的道路占一国所有道路里程的百分比，按长度衡量。（国际道路联合会）

人口——年中所有居民的估计数，无论其法律地位或公民权状况如何，该数字不包括在避难国非永久居住的难民，他们通常被认为是来源国人口的一部分。（欧洲统计局、联合国人口署、世界银行）

人口增长率——相对于前一年年中人口的指数增长率。（世界银行）

小学毕业率，总数——完成最后一年小学教育的学生所占的百分比。其计算如下：完成最后一年小学教育的学生人数减去该年级的复读人数，然后除以达到官方规定的毕业年龄的儿童总数。因为国际教育标准分类1976（ISCED76）向国际教育标准分类1997（ISCED97）的转换，1999年之前的数据与1999年以来的数据并不具有可比性。（联合国教科文组织统计研究所）

小学和中学中女孩与男孩的比率——指小学与中学中女性与男性总入学率之比。（联合国教科文组织统计研究所）

获得的侨汇——由移民劳工的经常性转移支付、非移民劳工的工资和薪金组成。（国际货币基金组织、世界银行）

最贫困的20%人口占国家消费或者收入的份额——最贫困的1/5人口的消费或者收入在总的国家消费或者收入中占有的份额。（世界银行）

创办企业的时间——指在法律上创办一个企业而必须完成的程序所需要的日历天数。如果某项程序将加剧额外的成本，那么选择最快的程序将不惜成本。表中给出的2010年的数据为2011年6月的数据。（世界银行）

股票市场资本总额——指股票价格乘以已发行的股票数量所得的价值。（标准普尔）

陆地面积——一国的总面积，包括内陆水体和部分沿海水道。（联合国粮食与农业组织）

债务还本付息总额——对长期债务（政府债务、政府担保债务以及私人未担保的债务）的本金偿还和实际利息支付、短期债务的利息支付以及国际货币基金组织贷款的偿还（重新购买和付费），以占出口的百分比表示。出口涉及一般商品和服务出口总价值、非居民劳工就业赔偿收入、海外投资收入。（世界银行、国际货币基金组织）

外债总额——拖欠非居民的以外币、商品和服务形式偿付的债务。外债总额是长期外债、短期债务和国际货币基金组织贷款使用的总和。以本币偿还的债务不包括在内。（世界银行）

总生育率——一个女性育龄期结束时，如按目前特定年龄生育率生育孩子的话，可能生育的孩子数量。（欧洲统计局、联合国人口署、世界银行）

词汇表

5岁以下儿童死亡率——在当前特定年龄组别死亡率情况下，一名新生儿在5岁以前死亡的概率。（联合国儿童基金会、世界卫生组织、世界银行、联合国人口署）

农业增加值——农业部门（国际工业标准分类1—5项，包括林业和渔业）净产出的加总减去中间产品的投入。（世界银行、经济合作与发展组织、联合国）

工业增加值——工业部门（国际工业标准分类10—45项，包括采矿、制造业、建筑、电力、供水和煤气）净产出的加总减去中间产品的投入。（世界银行、经济合作与发展组织、联合国）

服务业增加值——服务业部门（国际工业标准分类50—99项）净产出的加总减去中间产品的投入。这部分属残余的来源，不可能恰当地反映服务产出总量，其中包括银行业和金融服务业。（世界银行、经济合作与发展组织、联合国）

词汇表

小学和中学中女孩与男孩的比率——指小学与中学中女性与男性总入学率之比。（联合国教科文组织统计研究所）

获得的侨汇——由移民劳工的经常性转移支付、非移民劳工的工资和薪金组成。（国际货币基金组织、世界银行）

最贫困的20%人口占国家消费或者收入的份额——最贫困的1/5人口的消费或者收入在总的国家消费或者收入中占有的份额。（世界银行）

创办企业的时间——指在法律上创办一个企业而必须完成的程序所需要的日历天数。如果某项程序将加剧额外的成本，那么选择最快的程序将不惜成本。表中给出的2010年的数据为2011年6月的数据。（世界银行）

股票市场资本总额——指股票价格乘以已发行的股票数量所得的价值。（标准普尔）

陆地面积———国的总面积，包括内陆水体和部分沿海水道。（联合国粮食与农业组织）

债务还本付息总额——对长期债务（政府债务、政府担保债务以及私人未担保的债务）的本金偿还和实际利息支付、短期债务的利息支付以及国际货币基金组织贷款的偿还（重新购买和付费），以占出口的百分比表示。出口涉及一般商品和服务出口总价值、非居民劳工就业赔偿收入、海外投资收入。（世界银行、国际货币基金组织）

外债总额——拖欠非居民的以外币、商品和服务形式偿付的债务。外债总额是长期外债、短期债务和国际货币基金组织贷款使用的总和。以本币偿还的债务不包括在内。（世界银行）

总生育率———个女性育龄期结束时，如按目前特定年龄生育率生育孩子的话，可能生育的孩子数量。（欧洲统计局、联合国人口署、世界银行）

词汇表

5岁以下儿童死亡率——在当前特定年龄组别死亡率情况下，一名新生儿在5岁以前死亡的概率。（联合国儿童基金会、世界卫生组织、世界银行、联合国人口署）

农业增加值——农业部门（国际工业标准分类1—5项，包括林业和渔业）净产出的加总减去中间产品的投入。（世界银行、经济合作与发展组织、联合国）

工业增加值——工业部门（国际工业标准分类10—45项，包括采矿、制造业、建筑、电力、供水和煤气）净产出的加总减去中间产品的投入。（世界银行、经济合作与发展组织、联合国）

服务业增加值——服务业部门（国际工业标准分类50—99项）净产出的加总减去中间产品的投入。这部分属残余的来源，不可能恰当地反映服务产出总量，其中包括银行业和金融服务业。（世界银行、经济合作与发展组织、联合国）

图书在版编目（CIP）数据

2012年世界发展数据手册/世界银行著；王辉译．—北京：中国财政经济出版社，2013.8

书名原文：The Little Data Book 2012

ISBN 978－7－5095－3762－6

Ⅰ．①2…　Ⅱ．①世…②王…　Ⅲ．①世界经济—经济发展—统计数据—2012—手册　Ⅳ．①F112－62

中国版本图书馆CIP数据核字（2012）第142692号

责任编辑：付克华　　　　责任校对：李香杰

封面设计：北平面

2012年世界发展数据手册

中国财政经济出版社出版

URL：http://www.cfeph.cn

E-mail：cfeph@cfeph.cn

社址：北京市海淀区阜成路甲28号　邮政编码：100142

发行处电话：88190406　财经书店电话：64033436

北京财经印刷厂印刷　各地新华书店经销

787×1092毫米　24开　10.5印张　230 000字

2013年8月第1版　2013年8月北京第1次印刷

定价：25.00元

图字：01－2013－6178

ISBN 978－7－5095－3762－6/F·3081

（图书出现印装问题，本社负责调换）

本社质量投诉电话：010－88190744

反盗版举报热线：88190492、88190446

图书在版编目（CIP）数据

2012年世界发展数据手册/世界银行著；王辉译．—北京：中国财政经济出版社，2013.8

书名原文：The Little Data Book 2012

ISBN 978-7-5095-3762-6

Ⅰ.①2… Ⅱ.①世… ②王… Ⅲ.①世界经济—经济发展—统计数据—2012—手册 Ⅳ.①F112-62

中国版本图书馆CIP数据核字（2012）第142692号

责任编辑：付克华　　　　责任校对：李香杰

封面设计：北平面

2012年世界发展数据手册

中国财政经济出版社出版

URL：http://www.cfeph.cn

E-mail：cfeph@cfeph.cn

社址：北京市海淀区阜成路甲28号　邮政编码：100142

发行处电话：88190406　财经书店电话：64033436

北京财经印刷厂印刷　各地新华书店经销

787×1092毫米　24开　10.5印张　230 000字

2013年8月第1版　2013年8月北京第1次印刷

定价：25.00元

图字：01-2013-6178

ISBN 978-7-5095-3762-6/F·3081

（图书出现印装问题，本社负责调换）

本社质量投诉电话：010-88190744

反盗版举报热线：88190492、88190446